文革死难者的时代意义在于：

用滴血的眼泪控诉着文革的罪恶；
以生命的代价警示了历史的教训！

——献给：

清华师生员工因文革的死难者！
校外人员因清华文革的死难者！
毕业校友因清华文革的死难者！

Copyright © 2024 by Remembering Publishing, LLC. USA

ISBN： 978-1-68560-132-4  (Paperback)
　　　 978-1-68560-133-1  (eBook)
Remembering Publishing, LLC
RememPub@gmail.com

SOLIDIFIED LIFE
　　- Records of the Victims of the Cultural Revolution
　　at Tsinghua University
Edited by Sun Nutao

凝固的生命——清华文革死难者实录

孙怒涛  主编

出　版：美国华忆出版社
版　次：2024 年 8 月 第一版，第一次印刷
字　数：347 千字

All rights reserved.
No part of this book may be reproduced in any form or by any electronic or mechanical means, including information storage and retrieval systems, without permission in writing from the publisher. The only exception is by a reviewer, who may quote short excerpts in review.

作品内容受国际知识产权公约保护，版权所有，侵权必究

# 凝固的生命

## ——清华文革死难者实录

# SOLIDIFIED LIFE

*- Records of the Victims of the Cultural Revolution at Tsinghua University*

孙怒涛　主编

*Edited by Sun Nutao*

美国华忆出版社

Remembering Publishing, LLC

# 目　录

序　言　　要铭记，不要遗忘　　　何　蜀 ......................1

前　言 / 后　记　　　周文业 ......................6

**第一部分　　综述和简介　　周文业 ......................11**

　　一、综　述 ......................13
　　　　1、概述和统计　/ 13
　　　　2、分时期简介　/ 19
　　　　3、时间排序名单　/ 26
　　　　4、分类名单　/ 30
　　　　5、教师资料表　/ 34

　　二、简　介 ......................36
　　　　1、干部 3 人　/ 36
　　　　2、教授 4 人　/ 36
　　　　3、副教授 2 人　/ 37
　　　　4、讲师 7 人　/ 38
　　　　5、助教 2 人　/ 39
　　　　6、教师 6 人　/ 40
　　　　7、职员 3 人　/ 41
　　　　8、大学生 16 人　/ 42
　　　　9、中学生 2 人　/ 45
　　　　10、清华工人 7 人　/ 45
　　　　11、外单位工人 6 人　/ 46

第二部分　　死难者小传和纪念文章　　周文业　孙怒涛......49

  一、干　部..................................................51
    刘承娴（1931—1968）　/ 52
    黄志冲（1934—1968）　/ 59
    李文才（1923—1969）　/ 65

  二、教　授..................................................69
    陈祖东（1912—1968）　/ 70
    周华章（1918—1968）　/ 92
    李丕济（1912—1968）　/ 114
    邹致圻（1911—1968）　/ 129

  三、副教授..................................................135
    黄报青（1929—1968）　/ 136
    周寿宪（1925—1976）　/ 153

  四、讲　师..................................................169
    周定邦（1930—1967）　/ 170
    张义春（1921—1968）　/ 173
    徐毓英（1932—1968）　/ 174
    程国英（1922—1968）　/ 175
    程应铨（1919—1968）　/ 180
    路学铭（1927—1969）　/ 210
    杨哲明（1933—1971）　/ 211

  五、助　教..................................................212
    史明远（1936—1966）　/ 213
    王大树（1938—1969）　/ 222

  六、教　师..................................................224
    刘澍华（1937—1966）　/ 225
    赵晓东（1909—1968）　/ 233
    殷贡璋（1926—1968）　/ 239

王慧琛（1927—1968）/ 239
　　杨景福（1932—1968）/ 241
　　栗乃志（1946—1971）/ 249

七、职　员 .................................................................. 254
　　周久庵（1907—1968）/ 255
　　杨树立（1936—1968）/ 277
　　李玉珍（1910—1968）/ 286

八、大学生 .................................................................. 290
　　侯协兴（1937—1966）/ 291
　　张怀怡（1945—1967）/ 293
　　李磊落（1945—1967）/ 302
　　肖化时（1943—1967）/ 347
　　刘仁堂（1944—1967）/ 349
　　羌于正（1945—1967）/ 351
　　李鸿顺（1941—1967）/ 357
　　谢晋澄（1945—1968）/ 366
　　姜文波（1946—1968）/ 403
　　孙华栋（1944—1968）/ 418
　　许恭生（1944—1968）/ 427
　　卞雨林（1947—1968）/ 439
　　朱玉生（1946—1968）/ 442
　　杨志军（1946—1968）/ 458
　　钱平华（1943—1968）/ 463
　　荐　健（1946—1970）/ 486
　　陈贯良（1946—1971）/ 494

九、中学生 .................................................................. 498
　　郭兰蕙（1947—1966）/ 499
　　范崇勇（　？—1968）/ 517

## 十、清华工人 ......518

　　王　章（1933—1966）　/519
　　佟英亮（1908—1967）　/522
　　段洪水（1949—1968）　/523
　　范仲玉（　？—1968）　/525
　　于贵麟（1928—1968）　/526
　　邢孝若（1907—1969）　/527
　　韩启明（1923—1971）　/528

## 十一、校外人员 ......529

　　罗征敷（1940—1968）　/530
　　韩忠现（1932—1968）　/548
　　李文元（1932—1968）　/551
　　王松林（1932—1968）　/554
　　潘志宏（1938—1968）　/557
　　张旭涛（1929—1968）　/559
　　郭佑妹（1908—1968）　/561

## 十二、文革中毕业的清华校友 ......564

　　滕清泉（1941—1970）　/565
　　李介谦（1944—1971）　/567
　　郑广平（1938—1971）　/570
　　王崇基（1943—1971）　/580
　　蔡　达（1944—1972）　/584

## 附录 ......590

　　清华文革死难者名录　孙怒涛　/590
　　站直了，别趴下！——致文革死难者亲属　孙怒涛　/599
　　《清华文革死难者实录》征稿启事　孙怒涛　/604

## 编后记　孙怒涛 ......605

# 序　言
## 要铭记，不要遗忘

何　蜀

读着这本不算厚重的书稿，其内容引发的思绪却异常沉重。

那场被称为"史无前例"的"浩劫""大动乱"的文化大革命，已经过去几十年了，"革命不是请客吃饭"，"要奋斗就会有牺牲，死人的事是经常发生的"……但是，文化大革命中到底"非正常"死了多少人，有多少人成了文革祭坛上的"牺牲"，却至今是个难以了解的未知数。

本书稿中列出的清华大学文革死难者的情况，我大多在前些年已陆续从王友琴的《文革受难者》、唐少杰的《一叶知秋——清华大学1968年"百日大武斗"》和《清华文革非正常死亡名单》、唐金鹤的《倒下的英才》、邱心伟的《老照片故事》及孙怒涛主编的几本有关清华文革回忆与反思的书中读到过。现在能将有关死难者的小传、回忆文章、照片及不同角度的统计图表等集中起来，汇编成书，实在是功在千秋，难能可贵。

为什么说是难能可贵？不经其事不知难。多年以来，我一直在搜集重庆文革武斗中的死难者名单，深知其中的艰难。除了因时过境迁，资料难找外，还有不少人为的障碍，特别是多年来日甚一日的对于文革研究的打压与封禁，造成一些死难者亲属的不愿配合，收集资料者会被冷漠地拒绝，甚至会遭到严厉训斥。若不是因内心还有那么一点还原历史真相的兴趣与责任感，谁还会坚持做这样费力不讨好的事？此书稿中有关在收集两位清华学生死难者情况时的遭遇，就十分典型。

一位是李鸿顺，清华大学工程物理系604班学生，文革初期在首都三司驻杭州联络站工作，那时是叱咤风云的"革命小将"。1967年4月份以后以"清华井冈山"记者的身份在浙江活动。9月份，在毛泽东南巡到达杭州前，李鸿顺曾应邀与驻守在杭州刘庄、汪庄（毛泽东当年南巡时常住的园林别墅）的部队有所接触，因而引起中央安全部门的警觉。9月17日，李鸿顺离开上海去舟山。由舟山回杭州时被密捕解押北京。此后一直处于失踪状态，时年28岁。书稿中说："诡异的是，明明是清华学子，但在清华的档案里已被完全抹去，没有了丝毫痕迹。1968年2月，团派总部告诉李鸿顺班上同学他已死于监狱……"（孙怒涛《李鸿顺》条目）"无论学校当局，还是他的同学，至今不知道他被捕和身故的真相和缘由。"（姚志修《李鸿顺在浙江的日子》）当年与李鸿顺同案被抓进秦城监狱关了八年的清华校友林刚，1975年出狱后，经一再上诉，1980年5月才获得平反。1984年前后，一位曾参与为林刚作出平反决定的中办工作人员出差到林刚定居的昆明，顺便过问他反映的工作安排问题尚未妥善解决一事，谈到李鸿顺时，说李鸿顺被关押后不久就自杀了。但更多的详情没有讲。（林刚《关于李鸿顺的一点回忆》）

孙怒涛曾经托人在清华档案室查找李鸿顺的档案，得到的回答居然是：查无此人，就像清华从来没有这个学生似的。李鸿顺同系同班同学的搜索结果也是同样。据1968年曾参加毕业分配工作的工物系老师说，在工（军）宣队掌握的毕业生名单中就没有李鸿顺这个名字。他们根本不知道有这么个人。近年来有清华校友找清华校友会的领导，也只得到一个"文革档案按规定，任何人不许查看"的回复……

另一位姓郑的清华校友，在离研究生毕业还有一二个月时遭遇了文革，后来分配到外地的工作单位，在"清查五一六"运动中被迫害自杀。让人遗憾的是，其家属坚决反对在《清华文革死难者实录》书中出现其名字，说是担心载入其真名后女儿会遭到"网暴"，并且振振有词地质问本书的编者："你能保证绝对不会有网暴的可能性吗？""你能承担得起网暴的严重后果吗？"……可见那种几十年来的"心有余悸"是何等根深蒂固！为此，本书主编孙怒涛只好在书中勉强给郑校友用了一个化名。

更令人感慨的是孙怒涛在《编后记》中记载的这件事："2024年初，我将《清华文革死难者实录》征稿启事发布在几个清华大群上，以期收集更多的死难者资料。三天后，杭州市西湖区的国保、网信办、文化局三部门联合对我约谈'喝茶'，要我不得公开征稿。我问，难道收集整理文革死难者的资料，这有错吗？他们不敢说有错，只说会有不可预测的负面影响。我对此嗤之以鼻，直言我将继续做下去！"

"这有错吗？他们不敢说有错，只说会有不可预测的负面影响"——既然是"不可预测"，那他们又怎么能肯定就会有"负面影响"？他们有什么权利来做这样的"预测"？

这不能不让人想到另外两个国家的政府与社会公众如何对待历史大事件中的非正常死难者。

在以色列——

1953年，根据以色列国会通过的《犹太大屠杀纪念法》，为纪念600余万在第二次世界大战时期被纳粹屠杀的犹太人建立犹太大屠杀纪念馆。1955年开始收集大屠杀遇害者的姓名，制作遇害者证词。1961年纪念礼堂落成。1962年纪念国际义人（承担巨大个人风险援救犹太人的非犹太人）的大道开通。1968年专门收藏遇害者证词（1950年代开始进行大约44000位大屠杀幸存者的证词录音工作）的名字堂建成。1973年历史馆开幕。1982年艺术馆开幕。1987年专为纪念150万遇害犹太儿童的儿童纪念馆建成。1992年专为纪念二战中约5000个被摧毁或受重创的犹太社区的被毁灭社区山谷建成。1995年大屠杀研究国际学院新楼建成，并举行第一届大屠杀教育国际研讨会。1996年国际义人花园开园。1999年大屠杀遇害者姓名中央数据库开始电子化。2005年历史馆新馆开馆。2005年3月15日以色列犹太大屠杀纪念馆的大屠杀博物馆正式开幕，四十位国家领导人和当时的联合国秘书长科菲·安南都出席了开幕典礼。

如今以色列犹太大屠杀纪念馆为全球最大的大屠杀博物馆。

在美国——

1979年，由一群参加过越南战争的退伍老兵成立的非营利性组织"越战退伍军人纪念基金会"，请愿建立越南战争阵亡将士纪念碑。1980年7月1日美国国会批准，决定在美国首都华盛顿的中心区域，林肯纪念堂的东北，国家大草坪（The National Mall）附近的宪法花园建立越战纪念碑。建设纪念碑的资金全部由私人捐助。当年秋天，美国建筑家学会在全国公开征集纪念碑设计方案，投稿者必须是年满18岁以上的美国公民。1981年5月1日，由8位国际知名的艺术家和建筑大师组成的评定委员会从征集到的1421个应征方案（设计者全部匿名）中，投票选出登记为1026号的方案为最佳设计。设计者是出生于美国俄亥俄州、年仅21岁的耶鲁大学建筑系大三华裔女生林璎（她的父亲林桓是林徽因同父异母的弟弟）。

1982年11月13日，越战纪念碑揭幕。这座异乎寻常的纪念碑，不是人们熟悉的那种高耸于地面的白色碑体，而是平卧地面、全长500英尺的倒V字型（也可视为"人"字型）黑色花岗岩碑墙，两面黑色花岗岩墙体在中轴相交处高约3米，两端逐渐延伸降低，直至消失到地面之下，东端指向华盛顿纪念碑，西端指向林肯纪念堂。这个设计像大地上一道巨大的伤疤，意味着"战争给大地带来伤痕，战争解除了，伤疤却不会消失"。碑墙上按照阵亡日期的顺序，刻有全部58267名在越南战争中阵亡或失踪军人的姓名。在纪念碑的入口前有户外阅读架，里面有阵亡将士名册，来寻找亲友在墙上名字的人可以依年次（1959～1975）在这名册里查找名字和它在墙上的位置。

如今越战纪念碑已成为美国十大最受欢迎的建筑遗址之一。

从国家政府，到社会公众，他们怎么都没有顾虑"会有不可预测的负面影响"？

中国人不是"自古以来"就一直注重"以史为鉴"吗？历史都是由人的活动组成的，不关注历史中具体的人的命运，"以史为鉴"岂不成了空话？别人在努力铭记，我们却在刻意遗忘，两相比较，难道不感到汗颜？

我们今天没有条件为文革死难者建立实体的纪念馆、纪念碑，但我们可以先把纸上的、网络上的纪念馆与纪念碑建立起来，一个家庭、一个家族、一个单位、一条街道、一个社区、一个地区……力所能及地一点一点做，尽可能把现在还能够抢救到的记忆与史料抢救下来，留给后人，留给历史。

　　无须预测，完全可以肯定：不久的将来，在中国大地上终会建立起文革死难者纪念馆、纪念碑。而本书，即是那纪念馆、纪念碑的众多奠基石中的一块。

2024 年 4 月清明于重庆风江阁

# 前　言

周文业（自9）

本书是对清华大学在"文革"（1966～1976）十年期间，非正常死亡人员的实录。据不完全统计清华大学"文革"中非正常死亡人员有近60人（据唐少杰统计有58人）。

所谓"清华大学'文革'非正常死亡"，我们觉得应包括以下几种情况：

1、清华大学教职工、学生在清华园内非正常死亡；
2、清华大学教职工、学生在清华园以外非正常死亡；
3、非清华大学人员在清华园内非正常死亡；
4、清华大学教职工、学生在"文革"期间因受迫害而导致死亡。

本书是由史际平发起，得到孙立哲等一批清华子弟和家属们的大力支持，我们完全是民间运作。

本书的编辑思路是：

- 尽量忠实记录历史事实，而不加任何评论。
- 以死亡人物生平为主，不仅记录其死亡情况，还尽量记录其一生，特别是教师。
- 因为有关清华"文革"的书已经很多，因此对事件的背景一般不再做详细介绍。

本书分为两部分。

第一部分是资料汇编。主要是对清华大学在"文革"（1966～1976）十年期间，非正常死亡人员的综述和简介，其中很多资料来源自其他学者的研究。

第二部分是小传和纪念文章。由于很多人物（尤其是学生、工人）资料缺乏，难以编写小传，所以文章主要是教师的小传和纪念文章，主要依靠家属和亲历者来编写。

除文字外，本书特别注意收集死亡人员的照片，希望每人至少有一张照片。但要做到这一点非常困难。

本书参考了以下资料：
- 王友琴《文革受难者》，香港开放杂志出版社，2004年，572页，记载659人，其中清华24人；
- 唐少杰《清华文革非正常死亡名单》，2010年，记载清华58人，"唐少杰"<tangshj@mail.tsinghua.edu.cn>；
- 唐金鹤《倒下的英才》，香港科华图书出版社，2009年，546页；
- 唐少杰《一叶知秋——清华大学1968年"百日大武斗"》，香港中文大学出版社，2003年，348页。

本书有些文字直接引自上述资料，并在书中加以说明。有些内容是根据上述资料改写，就不一一注明。

对王友琴等先生对此书的大力支持，我们深表感谢！

# 后　记

在编写完《清华名师风采》和夫人卷《寸草心——清华名师风采夫人卷》后，2012年5月11日编委们聚会商议下一步行动计划。编委史际平提出，可以编辑一本纪念清华"文革"中非正常死亡人员的书，并讲述了他在文革中亲眼所见周华章等人跳楼自杀的情景。孙立哲也回忆起当年在清华游泳池中发现程应铨自杀的尸体，以及文革中的很多事情。大家都觉得此事值得做，我们应该把当年亲眼所见的历史事实记录下来。

"文革"中我正在清华读书。我是1963年清华附中第一届高中毕业生，毕业后考入清华大学自动控制系。"文革"开始，我就跑回北大家中，是个"逍遥派"，两派哪边也没有参加。大串联我哪里也没有去。直到 727 工宣队进校，我才返回清华。一日工宣队找我谈话，原来是我在清华附中高中一事"东窗事发"。

我在清华附中高中时，和一个爱好文学的同学一起研究唐诗，一时心血来潮，为十大元帅每人写一首七律。当时是否写彭德怀，我很犹豫。后来觉得是同学之间看，不外传，无所谓。我所写彭诗最后两句大意是："不料一朝违人愿，一生功绩化为灰"。前几年在纽约会一高中和大学的女同学，她竟然还记得这最后两句诗，使我十分惊讶。事后我也没当回事，直到大学也无事。

去年一位清华附中高中同学，现定居美国，我们编的《清华名师风采》收入了他父母，他回国我送他一套书。顺便谈及附中写"反诗"一事。他才告诉我，在高中时此事已经被他们发现，他是年级团支部三位委员之一。为讨论此事，他们秘密到附近圆明园开会商议如何处理我。一位委员主张把我揪出来批判。他和另一位同学坚决反对，最终决定不处理。

不料，1968 年清华工宣队进校"清理阶级队伍"时，不知谁竟然把我高中写"反诗"一事告发了，说我为彭德怀"鸣冤叫屈"，攻击伟大领袖！当时这可是个大罪！工宣队要我写交代材料。我一人跑到图书馆，把我真实想法等全部写了出来。我也就因此被隔离审查，全年级拍毕业合影，工宣队也不许我参加。还差点被留校、不许分配。最终由于我"认罪"态度好，我哥哥周广业去工宣队替我说清，说我大姐在太原，可以管教我，于是工宣队把我分到了太原。

但到太原后，由于工宣队往我档案中塞入大量交代材料，无单位敢接收我。一些太原分到无线电六厂同学找到厂里的军代表，军代表二话没说，就通知人事处接收了我。但人事科王秀芳看到我的档案后，吓了一大跳。我档案中被工宣队塞入很多材料，这对我今后一生都极为不利。于是她没有和我打招呼，亲自到清华、北大外调，落实我的情况，最终把我档案中所有材料清除掉，事后才告诉我。对此我非常感谢她，我 1995 年离开太原返回北京前，特地去她家看望，表示感谢。

我至今还不知是高中哪位同学告发了我。事后，很多同学认为告发者是高中我们班的书记，她也参与圆明园讨论，也是我清华大学同学。但她明确通过其他同学告诉我，绝不是她告发了我。另一位参与圆明园讨论的同学，也是我大学同学，是否是她告发了我，我也没有去核实。还有同学说是另一位高中同学在"文革"中交代时，告发了我，我也不想去核实了。

这次整理清华"文革"非正常死亡情况，发现清华"清理阶级队伍"时，清华有24人死亡，超过武斗时死亡20人，是清华"文革"中死亡最多的时期。回想当年我被清理，关在宿舍，不许外出，但工宣队没有大规模对我进行批判。我当时年轻，心里也很坦然，我为彭德怀鸣冤叫屈，问心无愧，工宣队也没有给我很大压力，因此我也没有想到去自杀。但清华有这样多教师、学生想不开而走上了绝路，真是令人感慨万分。

我们自九年级同班同学谢晋澄也在武斗中死亡。他个子不高，在我们班很不突出。没想到，"文革"开始后，他到昆明成为当地造反派的一个负责人，曾参与批斗当时云南省委书记阎红彦。阎突然去世后，周总理曾亲自派飞机把谢晋澄等接到北京，他曾当面向总理汇报。后来谢晋澄参加了"四一四"，据同学樊程讲述，在"百日武斗"中，他和谢晋澄并排手持长矛，在九饭厅西操场和团派对峙。团派的一辆汽车从后面冲来，樊程听到汽车声响，赶紧闪到旁边。而谢只顾向前冲，没有听到后面汽车冲来，结果被汽车撞到而死。这次整理非正常死亡，樊程应我的要求，把他亲历的过程写了出来，也是对谢晋澄同学的纪念吧。

我希望能分别联系到非正常死亡学生的年级同学，请他们写文章回忆，当然这很不容易。

清华"文革"中非正常死亡，据唐少杰统计不到60人，和王友琴统计的北大63人很接近。这人数和全国非正常死亡总人数比较，是很少的。但他们都是我们身边的人，很多人是在我们面前去世的，我们有责任把这些事情写出来。

这就是我们编辑这本书的初衷。

在我们做这项工作之前,已经有很多人做过类似的工作。如:王友琴的《文革受难者》,香港开放杂志出版社,2004 年,572 页,记载了"文革"中非正常死亡的 659 人,其中清华 24 人;唐少杰《清华文革非正常死亡名单》,2010 年,记载清华 58 人;唐金鹤《倒下的英才》,香港科华图书出版社,2009 年,546 页;唐少杰《一叶知秋—清华大学 1968 年"百日大武斗"》,香港中文大学出版社,2003 年,348 页。

我们编写此书参考了上述文献,并得到王友琴等人的无私帮助,她提供了《文革受难者》的电子版,对我们编写此书帮助极大,对此我们非常感谢!

周文业<br>2012 年 5 月 30 日

# 第一部分

# 综述和简介

周文业

# 一、综 述

## 1、概述和统计

本节简略介绍清华"文革"各个历史时期,及各个时期中非正常死亡情况。

清华大学从 1966 年 6 月 2 日贴出第一张大字报开始,到 1976 年 10 月 6 日粉碎"四人帮",迟群、谢静宜下台,共计约 10 年 4 个月。期间可分为六个时期,分别是:

一、工作组时期,1966 年 6 月 9 日至 7 月 29 日,共计 1 个月 20 天,期间非正常死亡 1 人。

二、红卫兵时期,1966 年 7 月 29 日至 1966 年 12 月 19 日,共计 4 个月 21 天,期间非正常死亡 4 人。

三、井冈山兵团时期,1966 年 12 月 19 日至 1967 年 5 月 29 日,共计 5 个月 10 天,期间非正常死亡 2 人。

四、两派对立时期,1967 年 5 月 29 日至 1968 年 4 月 23 日,共计 10 个月 25 天,期间有 7 人非正常死亡。

五、百日武斗时期,1968 年 4 月 23 日至 1968 年 7 月 27 日,共计 3 个月 4 天(俗称"百日武斗"),期间有 20 人非正常死亡。

六、迟群、谢静宜时期,1968 年 7 月 27 日至 1976 年 10 月 6 日,共计 7 年 2 月 9 天,期间有 24 人非正常死亡。

以下对上述非正常死亡人员做各种分类分析统计。

表1 清华大学"文革"各时期非正常死亡表

| 死亡 | 工作组 | 红卫兵 | 井冈山 | 两派对立 | 百日武斗 | 迟、谢 | 合计 |
|---|---|---|---|---|---|---|---|
|  | 1 | 4 | 2 | 7 | 20 | 24 | 58 |

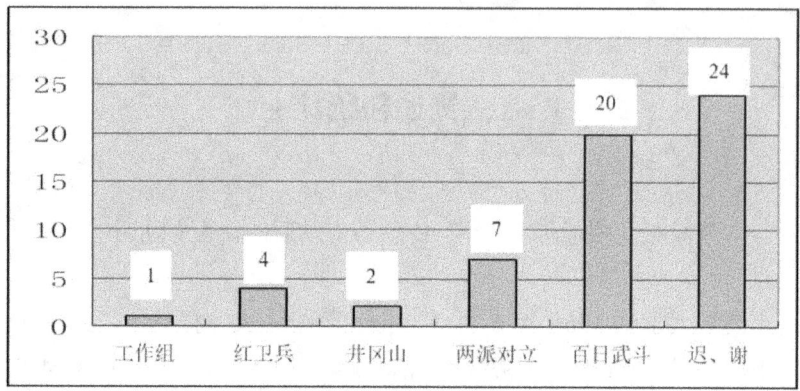

表2 清华大学"文革"逐年非正常死亡表

| | 1966 | 1967 | 1968 | 1969 | 1970 | 1971 | 1972 | 1973 | 1974 | 1975 | 1976 | 合计 |
|---|---|---|---|---|---|---|---|---|---|---|---|---|
| 死亡 | 5 | 7 | 35 | 4 | 2 | 2 | 2 | 0 | 0 | 0 | 1 | 58 |

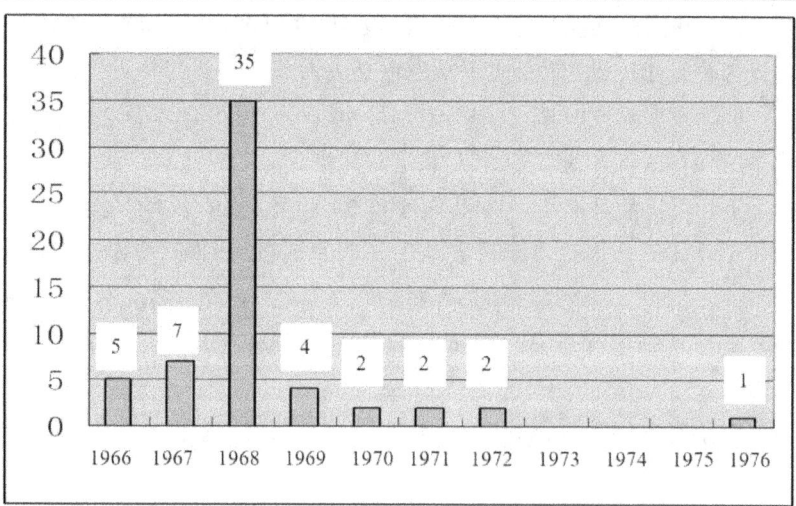

**表3　清华大学"文革"1968、1969年逐月非正常死亡表**

| 年 | 1968 | | | | | | | | 1969 | | | |
|---|---|---|---|---|---|---|---|---|---|---|---|---|
| 月 | 4 | 5 | 6 | 7 | 8 | 9 | 10 | 11 | 12 | 1 | 2 | 3 | 4 |
| 死亡 | 2 | 4 | 3 | 10 | 1 | 3 | 1 | 6 | 2 | 1 | 1 | 0 | 1 |

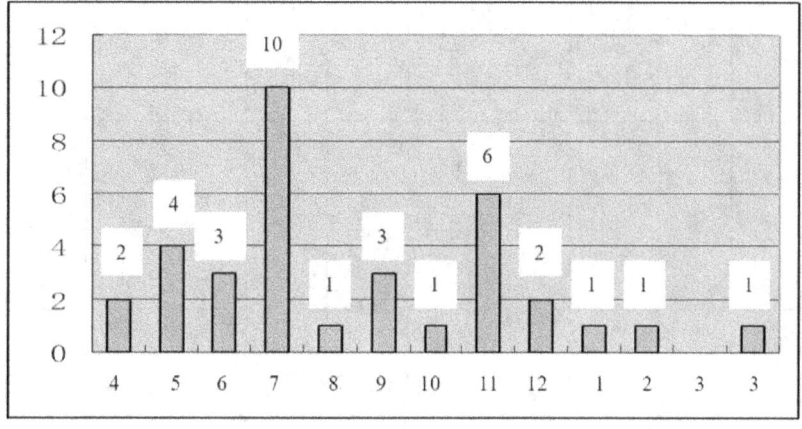

清华非正常死亡58人中45人都死在清华园内,只有13人死在清华园外,即:

- 北京十三陵: 　　　　　1人;
- 北京林业科学院附近: 　1人;
- 北京大学朗润园: 　　　1人;
- 北京香山公园: 　　　　2人;
- 大兴县红星公社某村庄: 1人;
- 湖南常德: 　　　　　　1人;
- 湖北武汉长江: 　　　　2人;
- 辽宁鞍山: 　　　　　　1人;
- 江苏南通: 　　　　　　1人;
- 山东泰山舍身崖: 　　　1人;
- 江西南昌郊外鲤鱼洲农场:1人。

## 表4 清华大学"文革"分单位非正常死亡表

| 单位 | 机关 | 土建系 | 动农系 | 自控系 | 无线电 | 工化系 | 精仪系 | 数力系 | 电机系 |
|---|---|---|---|---|---|---|---|---|---|
| 干部 | 刘承娴 | | | | | 黄志冲 | | | |
| 教师 | | 黄报青 程国英 程应铨 | | 史明远 | 周寿宪 | 李文才 | 徐毓英 杨哲明 | | 王大树 |
| 学生 | | 侯协兴 姜文波 朱玉生 | 羌于正 荐健 | 谢晋澄 钱平华 | 肖化时 刘庆 | 卞雨林 | | 张怀怡 | 李磊落 杨志军 陈贯良 |
| 职工 | | | 杨树立 | 于贵麟 | | | 佟英亮 | | |
| 合计 | 1 | 6 | 3 | 4 | 3 | 3 | 3 | 1 | 4 |

| 单位 | 机械系 | 水利系 | 冶金系 | 基础部 | 体育 | 图书馆 | 其他 | 附中 | 外单位 |
|---|---|---|---|---|---|---|---|---|---|
| 教师 | 邹致圻 | 周定邦 陈祖东 李丕济 | | 周华章 王慧琛 殷贡璋 杨景福 | 张义春 | | 栗乃志 | 刘澍华 赵晓东 | |
| 学生 | | | | 孙华栋 许恭生 | | | | 郭兰蕙 | 范崇勇 |

| 职工 | | | | | 周久庵 李玉珍 邢孝若 | 王章段 洪水 范仲玉 韩启明 | | 罗征敷 韩忠现 李文元 王松林 潘志宏 张旭涛 |
|---|---|---|---|---|---|---|---|---|
| 合计 | 1 | 3 | 2 | 4 | 1 | 3 | 5 | 3 | 7 |

按照单位统计总结如下：

- 死亡最多的单位是土建系，教师3人、学生3人，合计6人。
- 没有任何死亡的单位只有工程物理系。

表5 清华大学"文革"学生非正常死亡表

| 系 | 土建系 | | | 无线电 | | 工化系 | 数力系 |
|---|---|---|---|---|---|---|---|
| 班级 | 给7 | 给01 | 房01 | 无76 | 无91 | 化003 | 力91 |
| 学生 | 侯协兴 | 姜文波 | 朱玉生 | 肖化时 | 刘 庆 | 卞雨林 | 张怀怡 |

| 系 | 自控系 | | 电机系 | | 动农系 | | 冶金系 |
|---|---|---|---|---|---|---|---|
| 班级 | 自94 | 自82 | 电9 | 电01 | 农9 | 汽02 | 焊82 |
| 学生 | 谢晋澄 | 钱平华 | 李磊落 | 杨志军 陈贯良 | 羌于正 | 荐 健 | 孙华栋 许恭生 |

清华大学"文革"中共计有 16 名大学生非正常死亡，统计如下：
- 分年级统计：67 届（五年级）2 人，68 届（四年级）2 人，69 届（三年级）5 人，70 届（二年级）6 人，00 届（一年级）1 人。
- 分系统计：共分布在 8 个系，14 个年级。

表6 清华大学"文革"非正常死亡情况表

| 死亡 | 跳楼 | 服毒 | 上吊 | 投水 | 武斗 | 压死 | 窒息 |
|---|---|---|---|---|---|---|---|
| 教师 | 刘承娴<br>周华章<br>李丕济<br>邹致圻<br>黄报青<br>周寿宪<br>周定邦<br>路学铭<br>刘澍华<br>赵晓东<br>杨景福<br>李玉珍 | 史明远<br>王大树 | 黄志冲<br>李文才<br>陈祖东<br>张义春<br>徐毓英<br>杨哲明<br>王慧琛<br>殷贡璋 | 程应铨 | | | |
| 职员 | | | | 周久庵 | 杨树立 | | |
| 学生 | 侯协兴<br>张怀怡<br>荐 健 | 郭兰蕙 | | | 李磊落<br>肖化时<br>刘 庆<br>羌于正<br>姜文波<br>孙华栋<br>卞雨林<br>朱玉生<br>杨志军<br>钱平华<br>范崇勇 | 谢晋澄<br>陈贯良 | |
| 工人 | 邢孝若 | | 王 章<br>佟英亮 | 于贵麟 | 段洪水<br>范仲玉<br>韩忠现<br>李文元<br>王松林<br>潘志宏<br>张旭涛 | | 罗征敷 |
| 总数 | 16 | 3 | 10 | 3 | 18 | 2 | 1 |

# 2、分时期简介

### 一、工作组时期

1966年6月9日至7月29日，"文革"开始，工作组进校掌权，共计1个月20天。

1966年5月25日北大聂元梓等人贴出第一张大字报。6月2日《人民日报》发表大字报全文，并发表评论员文章。同日清华贴出第一张大字报，"文革"开始。清华党委受冲击。

1966年6月13日，以叶林为组长的工作组进校，代行党委职权。6月21日，王光美作为工作组成员，进驻清华。6月23日工化系三年级化九学生蒯大富等贴大字报质问工作组。

在此期间，非正常死亡只1人。

- 1966年7月5日，清华自控系助教史明远，男，1936年生，共青团员，在京郊十三陵服毒药身亡，终年30岁。

7月29日工作组离校。

### 二、红卫兵时期

1966年7月29日至1966年12月19日，为红卫兵肆虐时期，共计4个月21天。

1966年5月29日毛泽东复信给清华附中红卫兵组织，红卫兵运动兴起，在清华开展大规模批斗"黑帮"和"反动学术权威"。

在此期间，非正常死亡4人，多数是被批斗后自杀。

- 1966年8月20日，郭兰蕙，女，19岁，清华附属中学高中二年级学生。因所谓"家庭出身不好"，遭红卫兵同学的"批斗"，服毒药后，被阻拦救治，身亡。
- 1966年8月26日，侯协兴，男，1937年生。清华建工系给7班学生。在清华2号楼五楼（层）上，跳下自杀。
- 1966年8月27日，刘澍华，男，1937年生。清华附中物理教师，附中校团委副书记，中共党员。被批斗后，凌晨在清华公寓小区，从高烟囱跳下自杀。
- 1966年9月25日，王章，男，1933年生，清华行政生活处第三饭厅炊事员。不满于清华工作组的作法，在清华生物馆内被关押，上吊身亡。

1966年9月24日以蒯大富为首的"清华井冈山红卫兵"成立。
1966年12月19日以蒯大富为首的井冈山兵团正式成立。

### 三、井冈山兵团时期

1966年12月19日至1967年5月29日，为井冈山兵团掌权时期，共计5个月10天。

1966年12月19日以蒯大富为首的井冈山兵团正式成立，1967年1月6日蒯大富等在清华公开批斗王光美。

在此期间，非正常死亡2人，都是被批斗后自杀。
- 1967年1月9日，佟英亮，男，1908年生，清华精密仪器系门卫，在北京林业科学院附近上吊身亡。
- 1967年3月25日，张怀怡，男，1945年生，清华工程数学力学系力901班学生，团支部书记，中共预备党员，因其日记被发现有"反革命言论"，受到批判，跳楼身亡。

4月14日"四一四串联会"成立，1967年5月29日沈如槐等成立井冈山兵团"四一四"总部。

### 四、两派对立时期

1967年5月29日至1968年4月23日，井冈山兵团和"四一四"对立，共计10个月25天。

1967年5月29日沈如槐等成立井冈山兵团"四一四"总部，从此，清华分裂为"团派"和"四一四"两大派。此后，两派不时发生小规模武斗。1968年1月4日，清华发生第一次大规模武斗。此后，开始有人陆续在清华武斗中死亡。直到1968年4月23日，两派大规模武斗开始。

在两派武斗期间，共有 7 人非正常死亡，多数是武斗中死亡。
- 1967 年 12 月 25 日，周定邦，男，1930 年生，清华水力系水力学教研组讲师，1953 年加入中共，1957 年左右被开除党籍。在宿舍跳楼身亡。
- 1968 年 1 月 18 日，黄报青，男，1929 年生，清华土木建筑系党支委员、副教授，民用建筑教研组副主任，中共党员，跳楼身亡。
- 1968 年 4 月 4 日，罗征敷，男，28 岁。北京第一机床厂工人，团派抓捕其兄罗征启未遂，将其绑架，遭毒打后被用棉丝塞嘴装入汽车后箱内拉回清华，窒息死亡。

还有 4 名学生在外地武斗中死亡。
- 1967 年 8 月 7 日，李磊落，男，22 岁。清华电机系电 9 班学生。在湖南常德参加群众武斗时，遭遇机枪扫射致死。
- 1967 年 8 月 11 日，肖化时，男。清华无线电系无 706 班学生。中共党员。参加武汉造反派群众组织的横渡长江的活动中，与武汉"百万雄师"进行武斗致死。
- 1967 年 8 月中旬，刘庆（刘仁堂），男，23 岁。清华无线电系无 91 班学生。在辽宁鞍山市参加当地群众武斗时致死。
- 1967 年 8 月 29 日，羌于正，男，22 岁。清华动力与农业机械工程系农 9 班学生。在江苏南通市参加当地群众武斗时致死。

## 五、百日武斗时期

1968 年 4 月 23 日至 1968 年 7 月 27 日，井冈山兵团和"四一四"两派爆发"百日武斗"，共计 3 个月 4 天，即"百日"。

1968 年 4 月 23 日，两派在旧电机馆用长矛展开武斗，由此震惊中外的清华"百日武斗"开始，并影响到全国各高校，陆续陷入了武斗的混乱局面。

在此清华武斗期间死亡 18 人，成为清华"文革"中死亡的一个高潮。

- 1968年4月26日，姜文波，男，清华建筑系给01班学生。被团派武斗群众追赶，跳（坠）楼，摔死。
- 1968年4月29日，谢晋澄，男，24岁。清华自动控制系自94班学生。武斗中被团派汽车撞压致死。
- 1968年5月15日，孙华栋，男，清华冶金系焊82班（无线电系无01班）学生。被团派武斗人员绑架，遭毒打致死。
- 1968年5月30日，许恭生，男，24岁。清华冶金系冶82（焊8）班学生。大武斗中，被四一四派群众长矛乱刺（失血过多），致死。
- 1968年5月30日，段洪水，男，19岁。清华修建队工人。武斗中，在攻搂（打东区浴室）时，被（坚守东区浴室的）四一四派群众长矛刺中，（由梯子）摔（至地上）下梯子致死。
- 1968年5月30日，卞雨林，男。清华化工系003班学生。武斗时，胸口被团派武斗者射出的毒箭（体育比赛用箭）击中致死。
- 1968年6月4日，周久庵，男，1907年生。清华图书馆职员。民盟盟员。在北京大学朗润园附近水沟内溺水自杀。
- 1968年6月12日，刘承娴，女，清华统战部副部长。中共党员。在团派看守处跳（坠）楼，死亡。
- 1968年6月，张义春，男，1921年生。清华体育教研组讲师。在宿舍自缢身亡。
- 1968年7月4日，朱玉生，男。清华土建系房01班学生。武斗对峙中，在科学馆外战壕中（西北角）被（闻亭处的老团岗哨开）枪弹射中，致死。
- 1968年7月5日，杨志军，男。清华电机系电01班学生。武斗对峙中，在科学馆外修筑战壕时被枪弹击中致死。
- 1968年7月6日，杨树立，男。清华动农系实验室实验员。驾驶（在）土装甲车外出购菜（坦克内，由动农馆返回焊接馆途中），被团派开枪击（射穿土坦克，子弹射）中心脏（土坦克内的杨树立的肺部，杨被立即送往北医三院抢救，不幸抢救无效，死在手术台上。
- 1968年7月18日，钱平华，女，25岁，清华自控系自82班学生，从家乡返校，在清华主楼前，被团派开枪击中死亡。

直到1968年7月27日，北京3万余工人、解放军组织宣传队进入清华，制止武斗。百日武斗终于结束。当天在制止武斗过程中，又有5位工人死亡。
- 韩忠现，男，36岁。北京第一食品厂革委会委员。在9003大楼休息时，被团派长矛刺死。
- 李文元，男，36岁。北京橡胶四厂工人。在9003大楼外被团派开枪打死。
- 王松林，男，36岁。北京第二机床厂副科长。在学生宿舍10号楼里被手榴弹炸死。
- 潘志宏，男，30岁。北京供电局工人。在学生宿舍12号楼附近被手榴弹炸死。
- 张旭涛，男，39岁。北京541厂工人。在东大操场南端的撤退路上被团派长矛刺死。

另外，1968年7月28日凌晨，在制止武斗中在清华还有2人死亡。
- 范崇勇，男。清华中等技校学生。乘车撤离途中，自己人的手榴弹拉环拉出，因翻车爆炸致死。
- 范仲玉，男。清华修建队工人。乘车撤离途中，自己人的手榴弹拉环拉出，因翻车爆炸致死。

在此期间非正常死亡总计为20人，有13人是在两派武斗中死亡，有7位是7月27-28日在制止武斗中死亡，其中有5位是制止武斗的工人。

## 六、迟群、谢静宜时期

1968年7月27日至1976年10月6日，为迟群、谢静宜掌权时期，共计7年2月9天。

1968年7月27日北京3万余工人、解放军组织宣传队进入清华，制止武斗。7月28日凌晨毛泽东等召见蒯大富等北京高校造反派领袖，对他们进行了严厉批评。由此工宣队进校，迟群、谢静宜掌权。9月中旬，在迟群主持下，由工宣队组织全校"清理阶级队伍"。导致很多师生自杀身亡，总计24人，成为清华"文革"中死亡人数的又一个高潮。

- 1968年8月9日，赵晓东，男，1910年生。清华附中体育教研组组长。中教二级教师。在"清理阶级队伍运动"中被关押，在清华附中四楼（层）跳下身亡。
- 1968年9月20，陈祖东，男，1912年生。清华水利系施工教研组主任，教授。在"清理阶级队伍运动"中被追查他自己和别人的"历史问题"，在圆明园遗址上吊自杀。
- 1968年9月26日，黄志冲，男，1934年生。清华工程化学系党总支副书记。在清华荷花池二宿舍本人住室自缢。
- 1968年9月30日，周华章，男，1918年生，清华基础部数学教研室教授。民盟盟员。在其住所跳楼自杀。
- 1968年10月9日，徐毓英，女，1932年生。清华精密仪器系讲师。中共党员。离校出走，死于武汉长江（不详）。
- 1968年11月6日，王慧琛，女，41岁。清华基础部外语教研室教师。"清理阶级队伍运动"中，在北京香山公园与丈夫殷贡璋一起上吊自杀身亡。
- 1968年11月6日，殷贡璋，男，42岁。清华基础部外语教研室教师。"清理阶级队伍运动"中，在北京香山公园与妻子王慧琛一起上吊自杀身亡。
- 1968年11月6日，杨景福，男，36岁。清华基础部外语教研室教师。"清理阶级队伍运动"中，跳楼自杀身亡。
- 1968.年11月12日，程国英，男，1922年生。清华建筑系美术教研组副主任，讲师。在清华园荷花池南边土坡上自缢身亡。
- 1968年11月28日，于贵麟，男，1928年生。清华自动控制系工人。在陶然亭公园南豁口投河自杀。

- 1968年11月29日，李丕济，男，1912年生。清华水利系教授。"清理阶级队伍运动"中被关押，跳楼自杀身亡。
- 1968年12月10日，邹致圻，男，57岁。清华机械系教授。"清理阶级队伍运动"中，跳楼自杀身亡。
- 1968年12月13日，程应铨，男，49岁。清华土木系讲师。1957年被划为"右派分子"。在"清理阶级队伍"运动中被"审查"，投水自杀身亡。
- 1969年1月9日，李文才，男，46岁。清华工程化学系副主任。副总支书记。"清理阶级队伍运动"中，在家中上吊自杀。
- 1969年2月8日，路学铭（路学周），男，41岁。清华体育教研室讲师。"清理阶级队伍运动"中，跳楼自杀。
- 1969年4月23日，李玉珍，女，58岁。清华图书馆职员。在"清理阶级队伍运动"中，跳楼自杀。
- 1969年5月24日，王大树，男，31岁。清华电机系助教。在"清理阶级队伍运动"中，在大兴县红星公社一村庄附近服毒自杀。
- 1969年12月29日，邢孝若，女，1907年生，清华图书馆在编临时工（采编），在清华16公寓跳楼重伤，1970年5月19日死亡。
- 1970年3月，荐健，男，1946年生。清华动力与农业机械工程系汽车02班学生。共青团员。在泰山舍身崖跳下身亡。
- 1971年2月9日，杨哲明，男，1933年生。清华精密仪器系工程制图教研组党支部书记、讲师。在精密仪器系楼馆内上吊身亡。
- 1971年2月11日，栗乃志，男，1946年生。清华试验化工厂学生党支部书记、教师。在清华2号楼四层楼顶层跳楼身亡。
- 1971年7月18日，韩启明，男，1923年生。原清华大学汽车队司机，后调原籍河南杞县医院，清查"五一六"时调回清华重审。在清华校外大石桥处割断大动脉血管自杀。

1969年清华在江西鲤鱼州建立农场,在四川绵阳建立分校。
- 1971年3月,陈贯良,男,1946年生。清华电机系01班学生。共青团员。在清华大学江西南昌郊外鲤鱼洲农场跨越马路时,趁势钻进行驶中的拖拉机下,被辗压身亡。
- 1976年5月,周寿宪,男,1925年生,清华电子工程系副教授,在其住所跳楼自杀。

1976年10月6日党中央粉碎"四人帮",迟群、谢静宜被隔离审查。10月16日北京市委联络组进校,"文革"结束。1977年春天,联络组撤走,4月29日刘达就任清华党委书记。清华进入新的历史时期。

在迟群、谢静宜掌权期间,共有24人非正常死亡,多数是在"清理阶级队伍"中自杀身亡。

## 3、时间排序名单

| 姓名 | 年龄 | 性别 | 职务 | 所属部门 | 党派 | 死亡日期 | 死亡情况 |
|---|---|---|---|---|---|---|---|
| 一、工作组时期1人 | | | | | | | |
| 史明远 | 30 | 男 | 助教 | 自控系 | 共青团员 | 1966-7-5 | 服毒药身亡 |
| 二、红卫兵时期4人 | | | | | | | |
| 郭兰蕙 | 19 | 女 | 高中二年级学生 | 清华附中 | | 1966-8-20 | 红卫兵批斗服毒身亡 |
| 侯协兴 | 29 | 男 | 给7班学生 | 建工系 | | 1966-8-26 | 跳楼自杀 |
| 刘澍华 | 29 | 男 | 物理教师 | 清华附中 | 中共党员 | 1966-8-27 | 从高烟囱跳下自杀 |
| 王 章 | 33 | 男 | 炊事员 | 第三饭厅 | | 1966-9-25 | 被关押上吊身亡 |
| 三、井冈山兵团时期2人 | | | | | | | |
| 佟英亮 | 59 | 男 | 门卫 | 精密仪器系 | | 1967-1-9 | 上吊身亡 |

| 张怀怡 | 22 | 男 | 力 901 班学生 | 工程数学力学系 | 中共预备党员 | 1967-3-25 | 跳楼身亡 |

**四、两派对立时期 7 人**

| 李磊落 | 22 | 男 | 电9班学生 | 电机系 | | 1967-8-7 | 湖南常德武斗时致死 |
|---|---|---|---|---|---|---|---|
| 肖化时 | | 男 | 无706班学生。 | 无线电系 | 中共党员 | 1967-8-11 | 武汉武斗致死 |
| 刘庆 | 23 | 男 | 无91班学生 | 无线电系 | | 1967-8-中 | 辽宁鞍山武斗时致死 |
| 羌于正 | 22 | 男 | 农9班学生日在 | 动农系 | | 1967-8-29 | 江苏南通武斗时致死 |
| 周定邦 | 37 | 男 | 讲师 | 水力系 | 中共党员 | 1967-12-25 | 跳楼身亡 |
| 黄报青 | 39 | 男 | 副教授 | 土木建筑系 | 中共党员 | 1968-1-18 | 跳楼身亡 |
| 罗征敷 | 28 | 男 | 工人 | 北京一机床 | | 1968-4-4 | 绑架毒打后窒息死亡 |

**五、百日武斗时期 20 人**

| 姜文波 | 22 | 男 | 给01班学生 | 建筑系 | | 1968-4-26 | 武斗坠楼摔死 |
|---|---|---|---|---|---|---|---|
| 谢晋澄 | 24 | 男 | 自94班学生 | 自动控制系 | | 1968-4-29 | 武斗中汽车撞压致死 |
| 孙华栋 | 22 | 男 | 无01班学生 | 无线电系 | | 1968-5-15 | 被绑架毒打致死 |
| 许恭生 | 24 | 男 | 焊82班学生 | 冶金系 | | 1968-5-30 | 武斗中被刺死 |
| 卞雨林 | 21 | 男 | 化003班学生 | 化工系 | | 1968-5-30 | 武斗时中箭致死 |
| 段洪水 | 19 | 男 | 工人 | 修缮科 | | 1968-5-30 | 武斗中由梯子摔死 |
| 张义春 | 47 | 男 | 讲师 | 体育教研组 | | 1968-6-00 | 自缢身亡 |
| 周久庵 | 61 | 男 | 职员 | 图书馆 | 民盟 | 1968-6-4 | 溺水自杀 |

| 姓名 | 年龄 | 性别 | 职务 | 单位 | 政治面貌 | 死亡日期 | 死亡原因 |
|---|---|---|---|---|---|---|---|
| 刘承娴 | 37 | 女 | 副部长 | 统战部 | 中共党员 | 1968-6-12 | 坠楼后不治身亡 |
| 朱玉生 | 22 | 男 | 房01班学生 | 土木建筑系 | | 1968-7-4 | 武斗中弹而死 |
| 杨志军 | | 男 | 电01班学生 | 电机系 | | 1968-7-5 | 武斗中中弹致死 |
| 杨树立 | | 男 | 实验员 | 动农系 | | 1968-7-6 | 武斗中中枪弹而死 |
| 钱平华 | 25 | 女 | 自82班学生 | 自动控制系 | | 1968-7-18 | 中枪弹而死 |
| 韩忠现 | 36 | 男 | 革委会委员 | 北京第一食品厂 | | 1968-7-27 | 被团派长矛刺死 |
| 李文元 | 36 | 男 | 工人 | 北京橡胶四厂 | | 1968-7-27 | 被团派开枪打死 |
| 王松林 | 36 | 男 | 副科长 | 北京第二机床厂 | | 1968-7-27 | 被手榴弹炸死 |
| 潘志宏 | 30 | 男 | 工人 | 北京供电局 | | 1968-7-27 | 被手榴弹炸死 |
| 张旭涛 | 39 | 男 | 工人 | 北京541厂 | | 1968-7-27 | 被团派长矛刺死 |
| 范崇勇 | | 男 | 学生 | 某中等技校 | | 1968-7-28 | 武斗中被手榴弹炸死 |
| 范仲玉 | | 男 | 工人 | 修建队 | | 1968-7-28 | 武斗中手榴弹炸死 |

**六、迟群、谢静宜时期24人**

| 姓名 | 年龄 | 性别 | 职务 | 单位 | 政治面貌 | 死亡日期 | 死亡原因 |
|---|---|---|---|---|---|---|---|
| 赵晓东 | 58 | 男 | 中教二级教师 | 清华附中 | | 1968-8-9 | 跳楼身亡 |
| 陈祖东 | 56 | 男 | 教研组主任,教授 | 水利系 | | 1968-9-20 | 上吊自杀 |
| 黄志冲 | 34 | 男 | 党总支副书记 | 工程化学系 | 中共党员 | 1968-9-26 | 自缢 |
| 周华章 | 60 | 男 | 教授 | 数学教研室 | 民盟 | 1968-9-30 | 跳楼自杀 |
| 徐毓英 | 36 | 男 | 讲师 | 精仪系 | | 1968-10-9 | 死于长江 |
| 王慧琛 | 41 | 女 | 教师 | 外语教研室 | | 1968-11-6 | 上吊自杀身亡 |
| 殷贡璋 | 42 | 男 | 教师 | 外语教研室 | | 1968-11-6 | 上吊自杀身亡 |

| 姓名 | 年龄 | 性别 | 职务 | 单位 | 政治面貌 | 死亡日期 | 死亡方式 |
|---|---|---|---|---|---|---|---|
| 杨景福 | 36 | 男 | 教师 | 外语教研室 | | 1968-11-6 | 跳楼自杀身亡 |
| 程国英 | 46 | 男 | 讲师 | 建筑系 | | 1968-11-12 | 自缢身亡 |
| 于贵麟 | 40 | 男 | 工人 | 自动控制系 | | 1968-11-28 | 投河自杀 |
| 李丕济 | 56 | 男 | 教授 | 水利系 | | 1968-11-29 | 跳楼自杀 |
| 邹致圻 | 57 | 男 | 教授 | 机械系 | | 1968-12-10 | 跳楼自杀身亡 |
| 程应铨 | 49 | 男 | 讲师 | 土木系 | | 1968-12-13 | 投水自尽 |
| 李文才 | 46 | 男 | 系副主任副总支书记 | 工程化学系 | 中共党员 | 1969-1-9 | 上吊自杀 |
| 路学铭 | 41 | 男 | 讲师 | 体育教研室 | | 1969-2-8 | 跳楼自杀 |
| 李玉珍 | 58 | 女 | 职员 | 图书馆 | | 1969-4-23 | 跳楼自杀 |
| 王大树 | 31 | 男 | 助教 | 电机系 | | 1969-5-24 | 服毒自杀 |
| 荐健 | 24 | 男 | 汽车02班学生 | 动农系 | 共青团员 | 1970-3- | 泰山舍身崖跳下身亡 |
| 邢孝若 | 62 | 女 | 在编采编临时工 | 图书馆 | | 1970-5-19 | 跳楼重伤死亡 |
| 杨哲明 | 38 | 男 | 党支部书记、讲师 | 精密仪器系 | | 1971-2-9 | 上吊身亡 |
| 栗乃志 | 22 | 男 | 党支部书记、教师 | 化工厂 | | 1971-2-11 | 跳楼自杀 |
| 韩启明 | 45 | 男 | 司机 | 汽车队 | | 1971-7-18 | 割腕自杀 |
| 陈贯良 | 25 | 男 | 电01班学生 | 电机系 | 共青团员 | 1971-3-00 | 鲤鱼洲农场拖拉机下辗压身亡 |
| 周寿宪 | 43 | 男 | 副教授 | 电子工程系 | | 1976-5-00 | 跳楼自杀 |

## 4、分类名单

| 姓名 | 年龄 | 性别 | 职务 | 所属部门 | 党派 | 死亡日期 | 死亡情况 |
|---|---|---|---|---|---|---|---|
| **一、干部3人** | | | | | | | |
| 刘承娴 | 37 | 女 | 副部长 | 统战部 | 中共党员 | 1968-6-12 | 坠楼后不治身亡 |
| 黄志冲 | 34 | 男 | 党总支副书记 | 工程化学系 | 中共党员 | 1968-9-26 | 自缢 |
| 李文才 | 46 | 男 | 系副主任副总支书记 | 工程化学系 | 中共党员 | 1969-1-9 | 上吊自杀 |
| **二、教授4人** | | | | | | | |
| 陈祖东 | 56 | 男 | 教研组主任，教授 | 水利系 | | 1968-9-20 | 上吊自杀 |
| 周华章 | 60 | 男 | 教授 | 数学教研室 | 民盟 | 1968-9-30 | 跳楼自杀 |
| 李丕济 | 56 | 男 | 教授 | 水利系 | | 1968-11-29 | 跳楼自杀 |
| 邹致圻 | 57 | 男 | 教授 | 机械系 | | 1968-12-10 | 跳楼自杀 |
| **三、副教授2人** | | | | | | | |
| 黄报青 | 39 | 男 | 副教授 | 土木建筑系 | 中共党员 | 1968-1-18 | 跳楼身亡 |
| 周寿宪 | 43 | 男 | 副教授 | 电子工程系 | | 1976-5-00 | 跳楼自杀 |
| **四、讲师7人** | | | | | | | |
| 周定邦 | 37 | 男 | 讲师 | 水力系 | 中共党员 | 1967-12-25 | 跳楼身亡 |
| 张义春 | 47 | 男 | 讲师 | 体育教研组 | | 1968-6-00 | 自缢身亡 |
| 徐毓英 | 36 | 女 | 讲师 | 精仪系 | | 1968-10-9 | 死于长江 |
| 程国英 | 46 | 男 | 讲师 | 建筑系 | | 1968-11-12 | 自缢身亡 |

| 程应铨 | 49 | 男 | 讲师 | 土木系 | | 1968-12-13 | 投水自尽 |
|---|---|---|---|---|---|---|---|
| 路学铭 | 41 | 男 | 讲师 | 体育教研室 | | 1969-2-8 | 跳楼自杀 |
| 杨哲明 | 38 | 男 | 党支部书记、讲师 | 精密仪器系 | | 1971-2-9 | 上吊身亡 |

**五、助教 2 人**

| 史明远 | 30 | 男 | 助教 | 自控系 | 共青团员 | 1966-7-5 | 服毒身亡 |
|---|---|---|---|---|---|---|---|
| 王大树 | 31 | 男 | 助教 | 电机系 | | 1969-5-24 | 服毒自杀 |

**六、教师 6 人**

| 刘澍华 | 29 | 男 | 物理教师 | 清华附中 | 中共党员 | 1966-8-27 | 从高烟囱跳下自杀 |
|---|---|---|---|---|---|---|---|
| 赵晓东 | 58 | 男 | 中教二级教师 | 清华附中 | | 1968-8-9 | 跳楼身亡 |
| 王慧琛 | 41 | 女 | 教师 | 外语教研室 | | 1968-11-6 | 上吊自杀身亡 |
| 殷贡璋 | 42 | 男 | 教师 | 外语教研室 | | 1968-11-6 | 上吊自杀身亡 |
| 杨景福 | 36 | 男 | 教师 | 外语教研室 | | 1968-11-6 | 跳楼自杀身亡 |
| 栗乃志 | 22 | 男 | 党支部书记、教师 | 化工厂 | | 1971-2-11 | 跳楼自杀 |

**七、职员 3 人**

| 周久庵 | 61 | 男 | 职员 | 图书馆 | 民盟 | 1968-6-4 | 溺水自杀 |
|---|---|---|---|---|---|---|---|
| 杨树立 | | 男 | 实验员 | 动农系 | | 1968-7-6 | 武斗中中枪弹而死 |
| 李玉珍 | 58 | 女 | 职员 | 图书馆 | | 1969-4-23 | 跳楼自杀 |

**八、大学生 16 人**

| 侯协兴 | 29 | 男 | 给 7 班学生 | 建工系 | | 1966-8-26 | 跳楼自杀 |
|---|---|---|---|---|---|---|---|
| 张怀怡 | 22 | 男 | 力 901 班学生 | 工程数学力学系 | 中共预备党员 | 1967-3-25 | 跳楼身亡 |

| 姓名 | 年龄 | 性别 | 班级 | 系 | 政治面貌 | 死亡日期 | 死因 |
|---|---|---|---|---|---|---|---|
| 李磊落 | 22 | 男 | 电9班学生 | 电机系 | | 1967-8-7 | 湖南常德武斗时致死 |
| 肖化时 | | 男 | 无706班学生 | 无线电系 | 中共党员 | 1967-8-11 | 武汉武斗致死 |
| 刘 庆 | 23 | 男 | 无91班学生 | 无线电系 | | 1967-8-中 | 辽宁鞍山武斗时致死 |
| 羌于正 | 22 | 男 | 农9班学生 | 动农系 | | 1967-8-29 | 江苏南通武斗时致死 |
| 谢晋澄 | 24 | 男 | 自94班学生 | 自动控制系 | | 1968-4-29 | 武斗中汽车撞压致死 |
| 姜文波 | 22 | 男 | 给01班学生 | 建筑系 | | 1968-4-26 | 武斗坠楼摔死 |
| 孙华栋 | 22 | 男 | 无01班学生 | 无线电系 | | 1968-5-15 | 被绑架毒打致死 |
| 许恭生 | 24 | 男 | 焊82班学生 | 冶金系 | | 1968-5-30 | 武斗中被刺死 |
| 卞雨林 | 21 | 男 | 化003班学生 | 化工系 | | 1968-5-30 | 武斗时中箭致死 |
| 朱玉生 | 22 | 男 | 房01班学生 | 土木建筑系 | | 1968-7-4 | 武斗中弹而死 |
| 杨志军 | | 男 | 电01班学生 | 电机系 | | 1968-7-5 | 武斗中中弹致死 |
| 钱平华 | 25 | 女 | 自82班学生 | 自动控制系 | | 1968-7-18 | 中枪弹而死 |
| 荐 健 | 24 | 男 | 汽车02班学生 | 动农系 | 共青团员 | 1970-3- | 泰山舍身崖跳下身亡 |
| 陈贯良 | 25 | 男 | 电01班学生 | 电机系 | 共青团员 | 1971-3-00 | 鲤鱼洲农场拖拉机下被碾压身亡 |

### 九、中学生2人

| 姓名 | 年龄 | 性别 | 班级 | 学校 | | 死亡日期 | 死因 |
|---|---|---|---|---|---|---|---|
| 郭兰蕙 | 19 | 女 | 高中二年级学生 | 清华附中 | | 1966-8-20 | 红卫兵批斗服毒身亡 |
| 范崇勇 | | 男 | 学生 | 某中等技校 | | 1968-7-27 | 武斗中被手榴弹炸死 |

## 十、清华工人 7 人

| 姓名 | 年龄 | 性别 | 职务 | 单位 | | 死亡日期 | 死亡原因 |
|---|---|---|---|---|---|---|---|
| 王章 | 33 | 男 | 炊事员 | 第三饭厅 | | 1966-9-25 | 被关押上吊身亡 |
| 佟英亮 | 59 | 男 | 门卫 | 精密仪器系 | | 1967-1-9 | 上吊身亡 |
| 段洪水 | 19 | 男 | 工人 | 修缮科 | | 1968-5-30 | 武斗中由梯子摔死 |
| 范仲玉 | | 男 | 工人 | 修建队 | | 1968-7-28 | 武斗中手榴弹炸死 |
| 于贵麟 | 40 | 男 | 工人 | 自动控制系 | | 1968-11-28 | 投河自杀 |
| 邢孝若 | 62 | 女 | 在编采编临时工 | 图书馆 | | 1970-5-19 | 跳楼重伤死亡 |
| 韩启明 | 45 | 男 | 司机 | 汽车队 | | 1971-7-18 | 割腕自杀 |

## 十一、外单位工人 6 人

| 姓名 | 年龄 | 性别 | 职务 | 单位 | | 死亡日期 | 死亡原因 |
|---|---|---|---|---|---|---|---|
| 罗征敷 | 28 | 男 | 工人 | 北京一机床 | | 1968-4-4 | 绑架毒打后窒息死亡 |
| 韩忠现 | 36 | 男 | 革委会委员 | 北京第一食品厂 | | 1968-7-27 | 被团派长矛刺死 |
| 李文元 | 36 | 男 | 工人 | 北京橡胶四厂 | | 1968-7-27 | 被团派开枪打死 |
| 王松林 | 36 | 男 | 副科长 | 北京第二机床厂 | | 1968-7-27 | 被手榴弹炸死 |
| 潘志宏 | 30 | 男 | 工人 | 北京供电局 | | 1968-7-27 | 被手榴弹炸死 |
| 张旭涛 | 39 | 男 | 工人 | 北京541厂 | | 1968-7-27 | 被团派长矛刺死 |

## 5、教师资料表

| 姓名 | 性别 | 出生 | 终年 | 职称 | 单位 | | 大学 | | 学位 | | 回国时间 | 死亡 | |
|---|---|---|---|---|---|---|---|---|---|---|---|---|---|
| | | | | | 单位 | 职务 | 毕业 | 学校 | 学位 | 学校 | | 时间 | 情况 |
| 陈祖东 | 男 | | 56 | 教授 | 水利系 | 教研组主任 | | | | | | 1968-9-20 | 上吊自杀 |
| 周华章 | 男 | | 60 | 教授 | 基础部 | | | | | | | 1968-9-30 | 跳楼自杀 |
| 李丕济 | 男 | | 56 | 教授 | 水利系 | | | | | | | 1968-11-29 | 跳楼自杀 |
| 邹致圻 | 男 | | 57 | 教授 | 机械系 | | | | | | | 1968-12-10 | 跳楼自杀 |
| 黄报青 | 男 | | 39 | 副教授 | 土建系 | | | | | | | 1968-1-18 | 跳楼身亡 |
| 周寿宪 | 男 | | 43 | 副教授 | 电子系 | | | | | | | 1976-5-00 | 跳楼自杀 |
| 周定邦 | 男 | | 37 | 讲师 | 水力系 | | | | | | | 1967-12-25 | 跳楼身亡 |

| 姓名 | 性别 | 年龄 | 职称 | 单位 | 职务 | | | | | 死亡日期 | 死亡方式 |
|---|---|---|---|---|---|---|---|---|---|---|---|
| 张义春 | 男 | 47 | 讲师 | 体育组 | | | | | | 1968-6-00 | 自缢身亡 |
| 徐毓英 | 男 | 36 | 讲师 | 建筑系 | | | | | | 1968-11-12 | 自缢身亡 |
| 程应铨 | 男 | 49 | 讲师 | 土木系 | | | | | | 1968-12-13 | 投水自尽 |
| 路学铭 | 男 | 41 | 讲师 | 体育室 | | | | | | 1969-2-8 | 跳楼自杀 |
| 杨哲明 | 男 | 38 | 讲师 | 精仪系 | 党支部书记 | | | | | 1971-2-9 | 上吊身亡 |
| 史明远 | 男 | 30 | 助教 | 自控系 | | | | | | 1966-7-5 | 服毒身亡 |
| 王大树 | 男 | 31 | 助教 | 电机系 | | | | | | 1969-5-24 | 服毒自杀 |

## 二、简 介

### 1、干部 3 人

#### 1、刘承娴（1931—1968）

女，1931年生，37岁，河北省人。清华大学党委统战部副部长，中共党员。1968年4月中旬，清华井冈山兵团一派关押了所谓"罗文李饶"案中的罗征启、文学宓、李康、饶慰慈、刘承娴（均为清华大学中层干部）等人，并殴打折磨他们。1968年6月12日，刘承娴在团派的关押楼中坠楼，被送往北京积水潭医院进行大手术后，昏迷中又被团派人员从病房掳走，6月18日不幸身亡。

#### 2、黄志冲（1934—1968）

男，1934年生，34岁，著名化学家黄子卿次子，中共党员，1954年清华大学土木工程系毕业后留校任教，后任工程化学系党总支副书记，1968年9月26日在清华荷花池二宿舍本人住室自缢。

#### 3、李文才（1923—1969）

男，46岁。清华工程化学系副主任。中共党员，系副总支书记。"清理阶级队伍运动"中，1969年1月9日在家中上吊自杀。

### 2、教授 4 人

#### 1、陈祖东（1912—1968）

男，1912年生，56岁。浙江湖州人。清华水利系施工教研组主任，教授（1955年）。早年毕业于清华大学，随后去美国、印度考察工程建设。曾在上海龙华机场任总工程师，解放后任清华大学水利系教授。他是陈立夫的堂兄弟，在"清理阶级队伍运动"中被追查他自己和别人的"历史问题"，1968年9月20日在圆明园遗址上吊自杀。

### 2、周华章（1918—1968）

男，1918年生，60岁。清华基础部数学教研室教授（1957年）。民盟盟员。曾参与运筹学、自动控制、计算机科学等专业的创建。1968年9月30日在其住所9公寓33号的（三楼）阳台跳楼自杀。详见本书第二部分其小传和回忆。

### 3、李丕济（1912—1968）

男，1912年生，56岁。清华水利系教授。早年留学德国，后任清华大学水利系教授（1947年），对国家水利建设颇有贡献。"清理阶级队伍运动"时被关在水利馆大楼，1968年11月29日跳楼自杀。详见本书第二部分其小传和回忆。

### 4、邹致圻（1911—1968）

男，1911年生，57岁。清华大学机械系教授（1952年），留学美国麻省理工学院MIT，曾任副系主任兼制造教研组主任，1958年领导我国第一台数控铣床的开发。"清理阶级队伍运动"中遭迫害，1968年12月10日从15公寓401号住宅中跳楼自杀身亡。

## 3、副教授2人

### 1、黄报青（1929—1968）

男，1929年生，39岁。清华土木建筑系党支委员、副教授，民用建筑教研组副主任。中共党员。文革开始时不同意中央给原高教部长、清华校长党委书记蒋南翔定性为反革命修正主义分子、走资派，为此遭殴打、侮辱和批斗，但他誓死坚持，曾自杀未遂，后精神恍惚，最后于 1968 年 1 月 18 日跳楼身亡。

### 2、周寿宪（1925—1976）

男，1925 年生，43 岁。1951 年 26 岁时获美国密执安大学博士学位，从 1951 年开始在美国宝来公司从事带状磁心移位寄存器、半导体脉冲电路等的研究工作。1955 从美国留学回国，任清华大学电子工程系副教授。1956 年参与制订我国计算机科学发展的规划，兼任中科院计算技术研究所筹备委员会委员，1956 年与北京大学徐献瑜、北京航空学院蒋士騛等，参加中国科学院考察苏联计算技术考察团（团长闵乃大），以便考察回来后在大学筹设计算技术专业。曾参与清华大学计算机专业的创建，是我国计算机科学的创建人之一。文革中被送到江西鲤鱼洲清华五七干校，被长期摧残后患上精神病，但军宣队员说他是装的，常拳打脚踢谩骂侮辱，后因病情严重送回北京，1976 年 5 月在其住所跳楼自杀。

## 4、讲师 7 人

### 1、周定邦（1930—1967）

男，1930 年生。37 岁。清华水力系水力学教研组讲师。1953 年加入中共，1957 年左右被开除党籍。1967 年 12 月 25 日在宿舍跳楼身亡。

### 2、张义春（1921—1968）

男，1921 年生。47 岁。清华体育教研组讲师。1968 年 6 月在宿舍自缢身亡。

### 3、徐毓英（1932—1968）

女，1932 年生。36 岁。清华精密仪器系讲师。中共党员。1968 年 10 月 9 日离校出走，死于武汉长江（不详）。

### 4、程国英（1922—1968）

男，1922年生。46岁。清华建筑系美术教研组副主任，讲师。在"清理阶级队伍运动"中被"审查"，1968年11月12日在清华园荷花池南边土坡上自缢身亡。

### 5、程应铨（1919—1968）

男，1919年生，49岁。清华土木系讲师。1957年被划为"右派分子"。在"清理阶级队伍"运动中被"审查"，1968年12月13日在清华游泳池内投水自杀身亡。

### 6、路学铭（路学周）（1927—1969）

男，41岁。清华体育教研室讲师。"清理阶级队伍运动"中，1969年2月8日跳楼自杀。

### 7、杨哲明（1933—1971）

男，1933年生。38岁。清华精密仪器系工程制图教研组党支部书记、讲师。1971年2月9日在精密仪器系楼馆内上吊身亡。

## 5、助教2人

### 1、史明远（1936—1966）

男，1936年生，30岁。清华自控系助教，共青团员。1966年7月5日在京郊十三陵服毒药身亡。

### 2、王大树（1938—1969）

男，31岁。清华电机系助教。在"清理阶级队伍运动"中受到迫害，1969年5月24日在大兴县红星公社一村庄附近服毒自杀。

# 6、教师 6 人

### 1、刘澍华（1937—1966）

男，1937年生，26岁。清华大学附属中学物理教师，中共党员，附中团委副书记。1966年8月26日晚上（8月27日凌晨？），在该校红卫兵组织的"斗争会"上，遭到红卫兵的毒打和侮辱，当晚从清华大学内公寓小区的高烟囱上跳下自杀身亡。

### 2、赵晓东（1909—1968）

男，1909年生，59岁。清华附中体育教研组组长，中教二级教师。他毕业于东北大学体育系，是中国第一批有大学学历的运动员之一。在"清理阶级队伍"运动中被关押和斗争。1968年8月9日，又在五楼大教室受到大会"批斗"。"批斗会"后，他下楼梯时从窗户跳下自杀。

### 3、王慧琛（1927—1968）

女，41岁。清华基础部外语教研室教师。"清理阶级队伍运动"中，1968年11月6日在北京香山公园与丈夫清华大学基础课讲师殷贡璋一起上吊自杀身亡。

### 4、殷贡璋（1926—1968）

男，42岁。清华基础部外语教研室教师。"清理阶级队伍运动"中，1968年11月6日在北京香山公园与妻子清华大学基础课讲师王慧琛一起上吊自杀身亡。

### 5、杨景福（1932—1968）

男，36岁。清华基础部外语教研室教师。"清理阶级队伍运动"中，1968年11月6日跳楼自杀身亡。

## 6、栗乃志（1946—1971）

男，1946年生。25岁。清华试验化工厂学生党支部书记、教师。1971年2月11日在清华2号楼四层楼顶层跳楼身亡。

# 7、职员3人

### 1、周久庵（1907—1968）

男，1907年生，61岁，湖南常德人。国立北平大学法学硕士，曾任军政部被服厂课员、文书、股长，河南通志馆秘书，天津扶轮中学教员，西南联大文书组主任，清华大学秘书处文书组主任，长期担任梅贻琦秘书。解放后任清华图书馆职员。民盟盟员。1968年6月4日去北京大学朗润园看望其妹妹，在附近水沟内溺水自杀。

### 2、杨树立

男，河南人，清华动农系实验室实验员。1968年7月6日驾驶（在）土装甲车外出购菜（坦克内，由动农馆返回焊接馆途中），被团派开枪击（射穿土坦克，子弹射）中心脏（土坦克内的杨树立的肺部，杨被立即送往北医三院抢救，不幸抢救无效，死在手术台上。）致死。

另一种说法：1968年7月6日中午，乘坐土坦克由动农馆返回焊接馆时，从二校门西南山包地堡中射出的穿甲子弹打穿土坦克车钢板后射中杨，弹头停留在其脊椎内，杨中枪弹而死。

### 3、李玉珍（1911—1969）

女，58岁。清华图书馆职员。在"清理阶级队伍运动"中，1969年4月23日跳楼自杀。

## 8、大学生 16 人

### 67 级 2 人

#### 1、侯协兴（1937—1966）

男，1937 年生。29 岁。清华建工系给 7 班学生。1966 年 8 月 26 日在清华 2 号楼五楼（层）上，跳下自杀。

#### 2、肖化时（1943—1967）

男，清华无线电系无 706 班学生。中共党员。1967 年 8 月 11 日参加武汉造反派群众组织的横渡长江的活动中，与武汉"百万雄师"进行武斗致死。

### 68 级 2 人

#### 1、钱平华（1943—1968）

女，1944 年生（?），25 岁。江苏苏州人，清华大学自动控制系自 82 班学生。1968 年 7 月 18 日中午，在清华大学两派武斗时期，她上身穿着天蓝色短袖衬衫，下面穿了一条黑裙子，从苏州家乡返回学校，在清华大学主楼前被从 9003 教学大楼方向射来的子弹打中肺部而死。

#### 2、许恭生（1944—1968）

男，1944 年生，24 岁。江西临川人，清华大学冶金系焊 8 班学生，学校击剑队队员。1968 年 5 月 30 日，在清华大学两派武斗中，在校园内的东大操场北侧荒地上，不慎摔倒后，被一拥而上的四一四派人员用长矛乱刺，许失血过多而死。

## 69级5人

### 1、张怀怡（1945—1967）

男，1945年生。22岁。清华工程数学力学系力901班学生，团支部书记。中共预备党员，校举重体操队队员，因其日记被发现有"反革命言论"，受到批判，1967年3月25日.跳楼身亡。

### 2、谢晋澄（1945—1968）

男，1945年生，23岁。江苏人，清华大学自动控制系自94班学生。曾在云南昆明参加文革，领导造反派冲击云南省委和领导。1968年4月29日下午，在团派前往九饭厅抢粮时，在九饭厅前的广场上，被团派的汽车从后面强行撞倒，碾压致死。

### 3、李磊落（1945—1967）

男，22岁。清华电机系电9班学生。1967年8月7日在湖南常德参加群众武斗时，遭遇机枪扫射致死。

### 4、刘 庆（刘仁堂）（1944—1967）

男，23岁。清华无线电系无91班学生。1967年8月中旬在辽宁鞍山市参加当地群众武斗时致死。

### 5、羌于正（1945—1967）

男，22岁。清华动力与农业机械工程系农9班学生。1967年8月29日在江苏南通市参加当地群众武斗时致死。

## 70级6人

### 1、杨志军（1946—1968）

男，1946年生（？），河北保定安国县人，清华大学电机系电01班学生。1968年7月5日早上，在科学馆楼内，由墙壁上的观察孔向外观看时，突被从观察孔射入的一颗子弹击中颈动脉，当场倒地，血向外喷射不止，很快身亡。

另一种说法：1968年7月5日武斗对峙中，在科学馆外修筑战壕时被枪弹击中致死。

### 2、陈贯良（1946—1971）

男，1946年生，25岁。清华电机系电01班学生。共青团员。1971年3月在清华大学江西南昌郊外鲤鱼洲农场跨越马路时，趁势钻进行驶中的拖拉机下，被辗压身亡。

### 3、孙华栋（1946—1968）

男，1946年生（？），22岁。北京市人，清华大学无线电系无01班学生，学校航海队骨干队员。1968年5月15日傍晚，孙在校园内骑自行车途经一教学楼时，被团派抓进一教楼内，后遭到连续毒打几个小时，被打得遍体鳞伤，内脏出血，以致死亡。孙死亡后被团派人员送到阜外医院，然后弃尸医院，逃之夭夭。

### 4、姜文波（1946—1968）

男，1946年生（？），河北唐山人，清华大学土木建筑系给01班学生。1968年4月27（26？）日，在清华大学学生宿舍二号楼内被团派成员追赶，在二号楼的西北部坠楼致死。

### 5、朱玉生（1946—1968）

男，1946年生（？），江苏徐州人，清华大学土木建筑系房01班学生。1968年7月4日凌晨2时左右，在科学馆大楼外的西北角值班放哨，被设在闻亭的团派岗哨发现后开枪，朱中弹而死。

### 6、荐　健（1946—1970）

男，1946年生。24岁。清华动力与农业机械工程系汽车02班学生。共青团员。1970年3月在泰山舍身崖跳下身亡。

00 级 1 人

### 1、卞雨林（1947—1968）

男，1947 年生（?），21 岁。江苏泰兴人，清华大学工程化学系化 003 班学生。1968 年 5 月 30 日清晨，在清华大学两派武斗中，在校园内东大操场西侧跑道的北半部被毒箭（体育比赛用箭）射中，当场倒地，口吐白沫，很快死亡。

## 9、中学生 2 人

### 1、郭兰蕙（1947—1966）

女，19 岁，清华附属中学高中二年级学生。1966 年 8 月 20 日，因所谓"家庭出身不好"，遭红卫兵同学的"批斗"，服毒药后，被阻拦救治，身亡。

### 2、范崇勇

男，北京某（一说清华）中等技校学生，1968 年 7 月 28 日凌晨乘车撤离途中，自己人的手榴弹拉环拉出，因翻车爆炸致死。

## 10、清华工人 7 人

### 1、王 章（1933—1966）

男，1933 年生。33 岁。清华行政生活处第三饭厅炊事员。不满于清华工作组的作法，在清华生物馆内被关押，1966 年 9 月 25 日上吊身亡。

### 2、佟英亮（1908—1967）

男，1908 年生。59 岁。清华精密仪器系门卫。1967 年 1 月 9 日在北京林业科学院附近上吊身亡。

### 3、段洪水（1949—1968）

男，19 岁。清华大学修缮科（修建队？）工人。1968 年 5 月 30 日清晨，在清华大学两派武斗中，攀登梯子强攻东区浴室，被坚守东区浴室的四一四派的长矛刺中，由梯子摔下，当场死亡。

### 4、范仲玉

男，清华修建队（修缮科？）工人。1968 年 7 月 28 日凌晨乘车撤离途中，自己人的手榴弹拉环拉出，因翻车爆炸致死。

### 5、于贵麟（1928—1968）

男，1928 年生，40 岁。清华自动控制系工人。1968 年 11 月 28 日在陶然亭公园南豁口投河自杀。

### 6、邢孝若（1907—1969）

女，1907 年生，62 岁。清华图书馆在编临时工（采编）。1969 年 12 月 29 日在清华 16 公寓跳楼重伤，1970 年 5 月 19 日死亡。

### 7、韩启明（1923—1971）

男，1923 年生。48 岁。原清华大学汽车队司机，后调原籍河南杞县医院，清查"五一六"时调回清华重审。1971 年 7 月 18 日在清华校外大石桥处割断大动脉血管自杀。

## 11、外单位工人 6 人

### 1、罗征敷（1940—1968）

罗征敷，男，28 岁。北京第一机床厂工人，他的哥哥罗征启是清华大学干部。1968 年 4 月 4 日，清华"井岗山兵团保卫组"要抓他的哥哥没有抓到，抓了与清华大学并不相干的他，用擦车棉纱堵住他的嘴，将他塞入汽车后车厢拉回清华，途中罗征敷被活活闷死。

### 2、韩忠现（1932—1968）

男，36 岁。北京第一食品厂革委会委员。1968 年 7 月 27 日在 9003 大楼休息时，被团派长矛刺死。

### 3、李文元（1932—1968）

李文元，男，36 岁，北京橡胶四厂工人。1968 年 7 月 27 日，被派作为"首都工农毛泽东思想宣传队"成员进入清华大学。在清华 9003 大楼被"井冈山兵团"的人开枪打死。

### 4、王松林（1932—1968）

王松林，男，36 岁，北京第二机床厂副科长。1968 年 7 月 27 日，被派作为"首都工农毛泽东思想宣传队"成员进入清华大学制止两派武斗。在学生宿舍 10 号楼里，被手榴弹炸死。

### 5、潘志鸿（1938—1968）

潘志鸿，男，30 岁，北京市供电局工人。1968 年 7 月 27 日，作为"首都工农毛泽东思想宣传队"成员被派进入清华大学。当晚在学生宿舍 12 号楼附近，被追赶的"井冈山兵团"的人用手榴弹炸死。

### 6、张旭涛（1929—1968）

张旭涛，男，39 岁，北京 541 厂工人。1968 年 7 月 27 日，被派作为"首都工农毛泽东思想宣传队"成员进入清华大学。傍晚 6 点钟左右，在东大操场南端，被追赶的"井冈山兵团"的人用手榴弹炸死（一说长矛刺死）。

# 第二部分

# 死难者小传和纪念文章

周文业　孙怒涛

# 一、干 部

刘承娴
黄志冲
李文才

# 刘承娴（1931—1968）

孙怒涛　编辑

刘承娴，女，1931年出生。1949年考入北京农业大学园艺系，1951年转入由农大园艺系与清华大学建筑系合办的城市绿化专业。1953年毕业后留在清华大学建筑系当教师。1959年调至清华党委统战部工作，文革前任党委统战部副部长。在团派制造的"罗文李饶反革命集团"冤案中，刘承娴被认定为重要成员。1968年4月14日被绑架，受尽酷刑。6月12日，刘承娴跳楼逃跑受重伤，被送往北京积水潭医院进行大手术。专案组把还在昏迷中的她从医院的病床上强行掳走抓回，于6月18日被迫害致死。殁年37岁。

刘承娴老师（1931—1968）
（1967年留影）

一、干部

## 刘承娴被蒯大富迫害致死[1]

胡鹏池（精8）、陈楚三（数6）、周宏余（物00）
摘自唐金鹤著《倒下的英才》

"罗文李饶反革命集团"的第五号人物刘承娴老师，被老团迫害致死。

土建系五年级学生章和邦用"扫堂脚"、踢肚子折磨刘老师；电机系二年级学生唐元时，不仅打刘老师耳光，对她连续摔打、用烟头烧脸、脚踢腹部、甚至用棍子捅……刘老师在遭受法西斯般的酷刑和人身侮辱的情况下，于1968年6月12日[2]跳楼了。刘老师跳楼后，被老团用假名辗转多地，最后送往北京积水潭医院进行大手术。手术刚刚做完，罗文李饶专案组中"刘承娴组"组长、工物系三年级学生夏毅带领一帮老团，不管刘老师的死活，就把还在昏迷中的刘老师，从医院的病床上强行掳走；手术后的刘老师得不到及时的治疗，在6月18日离开了人世[3]。可怜的刘老师留下了两个幼小的孩子，一个五岁，一个两岁。

这些老团连一个快死的人都不肯放过，他们简直就是一群披着人皮的豺狼！

楼老师[4]告诉我：在北京积水潭医院的手术台上，施行手术的医生认识刘老师；在就要施行手术麻醉之前，医生摘下了口罩，他叫刘承娴的名字，刘承娴张开了眼睛；这个医生问她："你认识我吗？"刘老师叫出了这个医生的名字。手术以后，当刘老师还处在昏迷中，又被老团从医院病床上强行掳走了，使她无法得到进一步的治疗。6月18日，刘老师走了。

---

1 摘自唐金鹤著《倒下的英才》第三版，标题为编者所加。
2 据邱心伟、原蜀育编《大事日志》记载，"刘承娴于5月31日在200#团派专案组关押点跳楼受重伤"
3 据邱心伟、原蜀育编《大事日志》记载，"原清华党委统战部副部长刘承娴被迫害致死"的日期是1968年6月12日。
4 楼老师，即刘承娴的丈夫楼庆西老师，文革前为校党委监委副书记。

我听了以后非常气愤。我想,大手术以后,病人还躺在病床上昏迷,老团就不管病人的死活,把病人从病床上掳走,这还是人干的事吗?真是一群畜生,毫无人性!

**编者的话**

刘承娴生前担任清华大学校党委统战部副部长。文革中被蒯大富凭空捏造为"罗文李饶反革命集团"成员,非法关押两个月左右,于1968年6月12日被残酷迫害致死。

根据原蜀育、邱心伟编《清华文革亲历史料实录 大事日志》记载,团保卫部绑架刘承娴的具体时间是1968年4月14日,同时被绑架的还有文学宓。

刘承娴、文学宓被绑架的日子,正是414成立一周年。当天,团专案组内保卫组头头李木松、陈奋光二人就将文学宓、刘承娴等被关押的干部"轮流毒打一遍",以发泄他们对这些干部支持同情414的愤恨。李木松是水利系67级学生,资料记载他"专门打人,以打人取乐",陈奋光是工物系68级学生,资料记载他"专门打人,用酷刑毒打逼供",这些"专门打人"的打手,竟然"以打人取乐",以"酷刑毒打"受害人为乐事,真是禽兽不如!有校友告知,这两人已先后去世,真是应了一句老话:"恶人必遭天谴";但他们在世时对自己的反人性暴行没有一丝一毫忏悔,在另一个世界又有何颜见刘承娴老师?他们的灵魂怎能安息?

有关资料记载,担任"刘承娴专案组"组长的是夏毅,工物系69级学生。夏毅的主要罪行是:"毒打刘,逼刘在12:00前交代,致使刘跳楼受伤。后又强迫刘提前出院,对刘的迫害致死负有直接责任。"专案组的主要打手是冯家驷和唐元时,这两人都是电机系70级学生。冯家驷"采用各种刑具拔牙、灌氨水逼害干部",文学宓被冯家驷掰断三颗牙,贾春旺被冯家驷夹碎两颗牙,饶慰慈被冯家驷用带钉子的木棍毒打;刘承娴已被迫害去世,毒打残害她的打手中肯定少不了冯家驷。有关资料记载了唐元时迫害刘承娴的具体罪行:他在"刘承娴跳楼前，对刘进行残酷折磨，打耳光、连续摔打、烟头烧脸、脚踢腹部、用棍子捅……对其他被关押的干部、群众也打过。"曾有一位女校友给胡鹏池打电话说：请你们注意资料中出现的"用棍子捅……"如果估计不错的话，是指用棍子捅女性的阴部。

除了专案组人员，还有其他的打人凶手。章和邦，是土建系67级学生，团总部军事动态组副组长，他"68年3-8月，参加对罗征启、文学宓等同志的刑讯逼供。68年5月31日上午，章伙同打人凶手唐元时残酷毒打刘承娴同志，采用'扫堂脚'、踢肚子等法西斯手段毒打折磨，致使刘于当天下午跳楼重伤，而后死亡。"据此，刘承娴跳楼的日期应为1968年5月31日，与原蜀育、邱心伟编《清华文革亲历史料实录大事日志》中记载的刘承娴跳楼日期相同。

夏毅、冯家驷、唐元时、章和邦、李木松、陈奋光等打人凶手，文革后清查时均被"记录在案"。

唐金鹤书中说，刘承娴去世日期是1968年6月18日，而原蜀育、邱心伟编《清华文革亲历史料实录大事日志》中记载的刘承娴去世日期是6月12日。编者注意到，唐少杰著《清华大学"文化大革命"中的"非正常死亡"》一文中，刘承娴被迫害致死的日期也是1968年6月12日。编者曾致信唐少杰先生询问来源，唐少杰先生表示，这是"根据清华档案馆的档案记载"中的死亡日期，"刘承娴老师的记载是跳楼后经过多天的折磨后抢救无效死亡"。编者还注意到，罗征启回忆录《清华文革亲历记》中也提及，他在汕头避难时收到一信，说刘承娴"6月12日凌晨，因伤重不幸去世"。因此，编者认为，刘承娴老师的去世日期为6月12日，也许更可靠。

夏毅、冯家驷等凶手当年都是年轻学生，刘承娴是我们的老师，而且是女老师啊！你们把刘老师抓来残酷折磨，打耳光，踢肚子，还用烟头烧脸、连续摔打……你们怎么对自己的老师、而且是女老师下得去手？你们的同情心哪里去了？你们的人性哪里去了？如果当年是"鬼"迷心窍、中"毒"太深，为什么之后的几十年仍然没有自省、没有忏悔、没有道歉？

刘承娴老师离开我们五十多年了，当年残酷毒打迫害致死刘老师的夏毅、冯家驷、唐元时、章和邦等凶手，以及专案组的"直接主持者"陈继芳，都已年逾古稀，可是至今没有听说他们对惨无人地道迫害致死刘老师的罪行有过忏悔和愧疚！这正是我们不得不公开点名揭露他们当年罪行的原因。

【上文引自胡鹏池、陈楚三、周宏余编：《从生物馆到 200 号——清华文革蒯氏黑牢》，时代文化出版社，2021 年，354 页】

## 楼庆西老师的回忆和思考

楼庆西老师的信件

怒涛学弟：

　　感谢你没有忘记对文化大革命运动的往事，感谢你对我及我的家人的关心。

　　发生在上世纪六十年代的那场运动，拨乱反正的党中央已经作出结论。这是一场错误的政治运动，给我们国家和民族带来巨大的灾难。在这场史无前例的运动中,有多少无辜的干部、知识分子和群众受到迫害,有成千上万的人失去了宝贵的生命,我的妻子刘承娴也是其中之一。她的被害使我承受了中年丧妻、孩子们幼年丧母的两大人生之痛。如今半个世纪过去了,但这种人生之痛将永久地留在记忆之中。

我的妻子刘承娴1931年出生。1949年考入北京农业大学园艺系学习,1951年转入由农大园艺系与清华大学建筑系合办的城市绿化专业学习,这是我国绿化专业第一届学生。1953年毕业后留在清华大学建筑系当教师,1959年调至清华党委统战部工作,成为一名政工和业务双肩挑的干部。1968年被清华蒯大富为首的造反派以莫须有的罪名打成反革命被迫害而死。打倒四人帮后得以平反,证明刘承娴是一位忠于党,忠于人民的好干部,好老师。

打倒四人帮后,我曾经见过一幅油画,作者是谁记不清了。画的是国家主席刘少奇去世后,他的尸体平卧在床上,他的满头白发垂落至地面。画面构图简洁,用蓝色和白色的色调,画作名称为"共和国主席之死",看了使人受到莫大的震撼。一个社会主义国家的主席都受到含冤而亡,何况普通的百姓。我看过不少写文化革命往事的回忆,多为诉说本人或亲友受迫害的往事,但却没有看到那些当年不可一世的造反派回忆自己言行的回忆。对于广大造反派而言,他们都是错误路线的执行者,在某种程度上看也是受害者。但对于那些手持棍棒、皮鞭去抽打昔日的师长、领导,甚至用法西斯的酷刑去对待受害者,他们是怎样想的?怎么下得了手?我们今天不是追究他们的责任,要他们做什么忏悔,只要求他们说出当时真实的思想,以便后人能够更清楚地看到错误路线对人们毒害之深,将人性扭曲到何种程度。

中国素有"隔代修史"的传统,这是因为人类社会所经历的某一段历史或者某一历史事件,往往需要几代人的努力才能比较全面的认识,从而得到应有的经验与教训,而这一切必须建立在更多的历史事实的基础之上。清华虽然只是一座学校,但它又是文革重灾区之一,因此记录下这一时在清华发生的事实,对于后人研究与认识这一历史无疑是有价值的。

我衷心希望你的工作获得成功！

清华大学建筑系教师　楼庆西<br>2023 年 12 月于北京，时年 93 岁

楼庆西老师近影

【编者注：楼庆西老师（1949 级工学院营建学系）是刘承娴老师的丈夫，文革前是校党委监委副书记。当我设法联系上他，告知我正在编辑《清华文革死难者实录》，请他为不幸遇难的妻子写篇回忆纪念文时，他慨然允诺。很快，楼老师非常认真地抄写了上面这封信件拍照传给我，令我十分感动，并致谢！】

## 文革受难者——刘承娴

以下为王友琴《文革受难者》一书中的有关记述：

刘承娴，女，清华大学统战部副部长，1968 年 4 月中旬，清华大学"井岗山兵团"关押了刘承娴等清华大学中层干部并殴打折磨他们。1968 年 6 月 12 日，刘承娴在被关押的地方坠楼身亡。

一、干部

# 黄志冲（1934—1968）

周文业、孙怒涛　编辑

黄志冲（1934—1968），男，1934年生，著名化学家黄子卿次子，中共党员，1954年清华大学土木工程系毕业后留校任教，后任工程化学系党总支副书记，1968年9月26日在清华荷花池二宿舍本人住室自缢。终年34岁。

黄志冲（1934—1968）
（此照片摄于1963年，陈中平提供，李劲修复）

父亲　黄子卿（1900—1982），物理化学家和化学教育家。从事过电化学、生物化学、热力学和溶液理论等多方面的研究。曾精确测定了热力学温标的基准点—水的三相点，并在溶液理论方面颇有建树。他毕生从事化学教育事业，不遗余力地培育人才。他是中国物理化学的奠基人之一。1921年清华留美预备班第7期结业。1922年入美国威斯康星大学，主修化学，1924年毕业，获理学学士学位。随即转入康奈尔大学，1925年获理学硕士学位。同年入麻省理工学院化学系，攻读博士学位。后因公费到期，1927年结业回国。1929年9月应聘任清华大学化学系教授，从此长期在清华任教。1930年与夏静仁女士结婚，共生有四子。1952年全国高等学校进行院系调整，黄子卿被调至北京大学化学系做教授，任物理化学教研室主任。1955年选为中国科学院数理化学部委员（院士），1981年任化学部委员。

母亲　夏静仁（1912—2004），浙江杭州人，毕生协助黄子卿的工作与事业，并教育子女。2004年8月病逝。

儿子　黄宗耘，北京科技大学毕业后先在首钢工作，后赴美留学获美国阿拉巴马州奥本大学硕士学位。现在美国某制药公司工作，从事研发。

大哥　黄志渊，中石化石油化工科学研究院教授级高工，终生从事科学研究工作。1949年考入清华大学化工系，后选派赴苏联留学，回国后一直从事炼油化工新催化剂的研究开发，其中主要负责的苯和乙烯液相烷基化生产乙苯的项目获国家科技进步二等奖。儿子黄忆宁，北京大学化学系学士、硕士，加拿大麦吉尔大学化学系博士，现为加拿大西安大略大学化学系终身教授。

大嫂　李惠生，新华社对外部教授级译审。

大弟　黄志洵，1958年毕业于解放军通信工程学院无线电工程系，现为中国传媒大学信息工程学院教授、电磁场与微波技术专业博士生导师，中国科学院电子学研究所客座研究员。曾主持设计一系列电子仪器和设备，终生从事科学研究工作，在国内外发表科学论文百余篇。曾获国家级科技进步奖；专著《截止波导理论导论》获全国优秀科技图书奖；专著《超光速研究的理论与实验》获以已故王淦昌院

抗战爆发，黄子卿南下昆明任教西南联大，夫人夏静仁和孩子在北平留影

士命名的优秀图书奖。是《现代基础科学发展论坛》召集人。女儿孙晓薇，在对外经贸大学毕业后曾任北京市某中学英语教师，现任美国某企业驻华代表处首席代表。

大弟媳 李英，在电子仪器厂做质量检验工作。

小弟 黄志潜，1959年毕业于北京航空学院发动机系，1968年毕业于清华大学机械系研究生班，后进入石油工业，曾任中国石油物资装备总公司副总经理兼总工程师，教授级高级工程师。在机械工程领域从事科研、教学和技术管理，主持研发和推广了多项石油装备、技术与材料。著有《黄志潜文集》两卷。儿子黄海明，1993年毕业于北京航空航天大学自动控制系，美国得克萨斯A&M大学空间工程系硕士。后回国在通讯设备及仪器制造行业从事技术管理。儿子陈海鹏，1996年毕业于北京大学化学系，后为美国宾夕法尼亚州匹兹堡大学化学系硕士、西北大学凯洛格商学院MBA。现在美国某制药公司从事营销管理。

小弟媳 郭树玲，中国航天科技集团公司空间技术研究院研究员。

黄子卿与夫人夏静仁及三个儿子合影

全家福

工化系研究生陈中平（化研63）、刘云清（化研65）及郁强（化8）的回忆：

1958年12月22日，毛泽东对《清华大学物理数研组对待教师宁"左"勿右》的文件作了批示。这个文件提道：清华大学公共教研组党总支检查了物理数研组支部的工作，发现该教研组支部对知识分子政策存在一些宁"左"勿右的问题。

毛泽东的批示是：建议将此件印发给全国一切大专学校、科学研究机关的党委、总支、支委阅读，并讨论一次，端正方向，争取一切可能争取的教授、讲师、助教、研究人员，为无产阶级的教育事业和文化科学事业服务，你看如何？交学艺术团体、报社、杂志社和出版机关的党委、总支，也应发去，也应讨论一次，请酌定。

当时，物理教研组的党支部书记正是黄志冲！

此事，清华大学党委已经自己检查纠正了这种错误做法。毛批示后，清华大学党委并未对黄志冲进行处分，不久后还调任工化系党总支副书记。

在清理阶级队伍运动中，黄志冲的这个历史问题被上纲上线说成是反毛的，因此遭受了极大的政治压力。这可能就是他被逼上吊自杀的重要原因。

## 一、干部

工化系校友赵世琦（化5）的回忆：

我1965年毕业后就留在工化系高分子教研组当教师。留校出我意外。原以为是当时支部书记刘茂林看上了我，前几年我当面问过刘茂林老师，他说是黄志冲的主意，令我意外。由于留校后马上去延庆四清，回校时已是66年

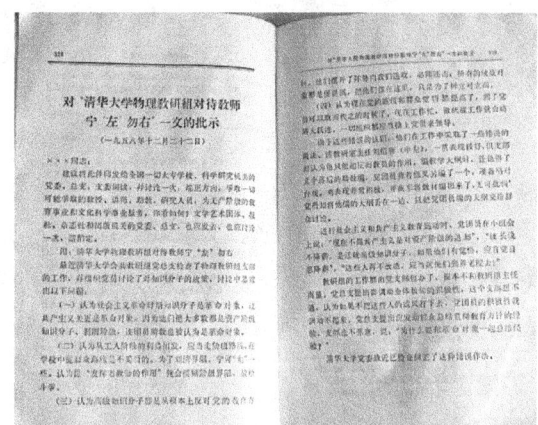

毛泽东的批示和清华大学的文件（赵世琦提供）

6月文革之中，故对以前黄志冲的直观感觉已很模糊了。据教研组老师讲，黄志冲老师是一个很有能力也非常肯干的领导者。我对黄志冲老师印象深刻的是1968年7月27日工宣队进校后的情况。我当时是团派，虽思想较左，但主张文斗反对武斗，因此军代表工宣队叫我当教研组两派大联合的头头。当时工宣队要求两派消除派性大联合，要把矛头对准党内走资本主义的当权派，于是系里各个教研组就有了一个重要的活动，多次轮流批判系党委领导人。黄志冲自杀那天上午正好轮到高分子教研组批判他，我主持。那天他在会上的表现不同以往，原来黄志冲和系里有些领导人不同，不承认自己是反党反毛主席的。但是在那天的批判会上他情绪低落，低着头，不管大家批判他什么，他都承认，不做任何辩解。不记得下午是否还有其他教研组的批判，反正黄志冲就是在那天夜里自杀了。我常想，那天上午批判他的高分子教研组正是他在1958年工程化学系成立时亲手创立的塑料专业，而批判会的主持人又是他自己主张留校的人。可以想象，黄志冲当时的心境该是多么悲凉！多么绝望！走资本主义道路的当权派跑不了了，因为这是当时斗争的大方向！反党反毛主席帽子脱不掉了，就没有活路了！第二天早上，工宣队叫我和教研组的汪昆华老师一起

到荷二舍宿舍去看护他的遗体。听工宣队员讲，当晚黄志冲的妻子闹肚子，去位于西大操场体育馆南侧校医院看病，黄志冲就在室内上吊了。妻子回来后见状跑到三院向工化系工宣队报告，再一起回到荷花池二宿舍时，人已去了。我和汪昆华去的时候，他的遗体已经放下来躺在宿舍的床上，一条被子盖着全身。上午，他的父亲北大教授黄子卿一个人来到荷二宿舍。他进门之后，走近床前，用手掀开了盖在黄志冲头上的被子，默默地凝视了他一会儿，又把被子盖在他的头上，转身走出了房门，自始至终没说一句话。我只见过黄子卿教授这一次，他那悲凉的神情令我不忘！

一、干部

# 李文才（1923—1969）

孙怒涛　编辑

李文才，男，1923年出生。清华大学工程化学系副主任、党总支副书记、110教研室主任。中共党员。

1969年1月9日，在清理阶级队伍运动中，因"三青团"的历史问题，在巨大的政治压力下，在家中上吊自尽。殁年46岁。

李文才（1923—1969）
（陈中平提供，李劲修复）

## 痛惜李文才老师

陈中平（化研63）

我简单说一下对李文才老师的一些片段印象，同时也介绍一点背景。

1952年，清华院系调整以后，理科几乎全部并入北大。清华的化学系、化工系的人才大部分都流失了。化学方面像黄志冲老师的父亲黄子卿，是物理化学的权威，以及其他若干位权威泰斗都去了北大，化工系主任高崇熙教授在三反五反运动中自杀。

清华化学方面的权威，仅剩了一个德高望重的张子高先生，被树立为红专典型，蒋南翔多次表扬过他。张子高和我父亲也有点渊源。父亲与他在全国政协见面，我父亲说：我的儿子也考到清华了。但张子高是在化学教研组，那时没有化学系，我是在工程物理系，我也没有找过他，他也没有关注过我，我跟他没有任何交集。

李文才老师是清华石油系毕业的。我是在研究生的时候听其他同学说起，他是清华石油系毕业的。院系调整时，石油系调入新成立的北京石油学院，清华又损失了一批地质与化工人才。解放初期，李文才去石油部当过部长的秘书。我估计他在北平解放以前就加入了中共，资历相对来说是算老的。后来又调回清华工作，他的妻子是化学教研室的郭日娴老师。工化系成立之后，他就在系里担任系总支副书记，主要是做政工方面的工作。他和学生的接触似乎少一点，但是研究生是由他管的，所以我对他还是有一些印象。

这里要说到"一罐奶粉的风波"。1964年的时候，我母亲去北京拜访李烛尘夫妇，她跟李夫人一起到东华门外部长级的特供商店购物。后来我母亲坐了出租车跑到清华三号楼给我送了一罐 KLIM 奶粉。因为出租车等着，我没有留她坐多久，也没带她逛逛校园。当时的政治氛围，是以阶级斗争为纲，"资产阶级和无产阶级争夺下一代"，是一个焦点。母亲的来去，表面似乎很平静，但我预感到已经引起一些人的关注。半个月以后，我在研究生班上遭到批判，责令我写检查。我花了好几天时间，深挖资产阶级思想根源。然后在班上做自我检讨，李文才老师是亲自到场的。从这次检查以后，没有为"奶粉事件"再找过我的麻烦。我就感觉李文才老师对人还是比较宽厚，比较宽容的。

李文才老师没有给我们讲过课，所以我对他的学问、授课等方面不是很清楚。但是从我们和他比较小范围接触，他讲话态度很从容温和。他当时在工化系 110（铀提炼与精制工艺学）教研组任教。后来他获得了一个到英国去进修的机会，说明他的业务基础还是很好的。1965 年的春夏之交，他要出国了。研究生班 65 年 4 月与他（以及汪家鼎、滕藤和 110 的徐志固老师）合影留念，谁知后来竟成为一个永诀的照片。他到英国去进修为期两年，所以文革初期的那种暴风式的冲击，他应该没有赶上。他回国的时间，大概是在清华两派严重对立，由"文斗"进一步发展到"武斗"的时候，我估计他也进入了"监管劳改"的"黑帮"行列。

我毕业分配离校后，得知李文才老师去世的噩耗。听说因为他没有介入 65 年以后蒋南翔抵制文革的种种行动，所以工宣队是准备先"解放"他，并予以"三结合"的。但是他有一个历史问题，他参加过三青团。这个历史问题，说大不大，说小也不小，他肯定也都早已交代过了。但是在"宽大处理"之前，照例必须进行一番严厉的警告。在高压恐怖之下，这一番恐吓如雷霆万钧，据说竟成为他自杀的主要原因，我是感到非常惋惜的。

谨以此短文，悼念在文革期间无辜受害的李文才老师。

工化系 302 班毕业合影（1963 年，前左 5 是李文才老师）

工化系研究生合影(1965年,前左6是李文才老师)

## 二、教 授

陈祖东
周华章
李丕济
邹致圻

# 陈祖东（1912—1968）

周文业　编辑

陈祖东，男，1912年生，浙江湖州人。清华水利系施工教研组主任，教授（1955年）。早年毕业于清华大学，随后去美国、印度考察工程建设。曾在上海龙华机场任总工程师，解放后任清华大学水利系教授。他是陈立夫、陈果夫的堂兄弟，在"清理阶级队伍运动"中被追查他自己和别人的"历史问题"，1968年9月20日在圆明园遗址上吊自杀。终年56岁。

陈祖东（1912—1968）

## 文革受难者——陈祖东

以下为王友琴《文革受难者》一书中的有关记述：

陈祖东，1912年生，浙江湖州人，清华大学水力系教授。在"清理阶级队伍运动"中被追查他自己和别人的"历史问题"，1968年9月20日在圆明园废墟上吊自杀身亡，时年56岁。

陈祖东1935年毕业于清华大学，曾到美国、印度考察工程，抗战时期在贵州主持兵工厂，1949年时是上海龙华飞机场总工程师，1955年到清华大学水利系任教，三级教授。

陈祖东去世前，已经有三个月没有领到工资。这是对他作为"牛鬼蛇神"和"审查对象"的惩罚。他反复被审讯、斥责，被强迫"交代"他的"历史问题"。1949年国民党政府离开大陆的时候，他得到了离开上海的飞机票，没有使用，留在上海。在1949年以前，他曾经集体填表加入过国民党。在1955年的"肃清反革命"运动中，他已经遭到严厉整肃。在1957年"反右派"运动前的"大鸣大放"中，他已经什么都不敢说，所以侥幸逃过，没有被划为"右派分子"。在1968年，他受到了比以前更加严重的迫害。

1968年4月，毛泽东发表"最高指示"，声称文革的实质是"无产阶级文化大革命，实质上是在社会主义条件下，无产阶级反对资产阶级和一切剥削阶级的政治大革命，是中国共产党及其领导下的广大革命人民群众和国民党反动派长期斗争的继续，是无产阶级和资产阶级阶级斗争的继续。""国民党反动派的残渣余孽"在1967年就已经成为文革指导性文件中常常使用的一个词语。就在这些理论的指导下，陈祖东成为文革的迫害对象。

另外，给他很大压力还有，他不但被审讯追问他自己的"历史问题"，还被追问别人的"历史问题"，他被迫"揭发"以前的同学同事在"解放前"即1949年共产党执政前的"历史问题"。陈祖东告诉家人，要他冤枉自己，还可以；要他作证说别人做了什么什么，他不能那样做。

在1968年开始的"清理阶级队伍运动"中，建立了大量的"专案组"，他们除了在本单位里面"深掘细挖"也就是通过审讯、"隔离审查"和"斗争会"等手段抓出所谓"阶级敌人"，还大量到外地外单位找和"审查对象"有关系和人"调查"，有一个专门术语叫"外调"。"外调"人员拿着自己单位的"革命委员会"的介绍性，找到要找的那个人的单位的"革命委员会",一起配合迫使那个人"揭发"和做"旁证"。陈祖东说的和"外调人员"打交道的情况,在当时是非常普遍和典型的。

文革之后,有的作者发表了文章和书,写他们在文革中的经历。笔者曾经注意到:有些人在文中提到他们在文革中向上报告了别人的事情,像别人和自己的私人谈话内容等等,给那个人带来了麻烦甚至灾难,但是平平静静地写过去,并不觉得自己做了不对的事情。他们似乎觉得,他们检举的事情,本身是真的,不是他们编造的,他们检举了并没有什么不对。

这在某种程度上是因为文革时代,在恐怖的压力下和邀功请赏的心理下,作伪证的人都比比皆是,而且大量作伪证的人在文革后既没有受惩罚也没有受到道德谴责。这种情况下,有些作者也就觉得只要说的是真的,就没有什么错,也就在他们的文章中把这些事情无所谓地提过。他们不觉得告密是不道德的,所以也就把他们告密的事情不经意地写了出来。在这方面,文革造成的中国人道德水准方面的堕落,真的需要认真的思考和清理。

在这种背景下,陈祖东所说的痛苦,给了笔者非常深的印象。显然,在他看来,告密违反了他的道德准则,所以他对于要"交代""揭发"别人的"历史问题"感到痛苦。他是个有道德观念的人。对一个保持了道德观念的像他这样的人来说,"革命"不但在身体和物质方面残酷打击了他,而且在良心方面摧残他。

9月20日傍晚,陈祖东告诉妻子,学校里叫他去"交代问题"。这是以前有过的事情,他的妻子没有感觉特别。当时命令人去谈话,把人关起来不准回家,是经常发生的事情,人们必须承受甚至已经习惯了。陈祖东离开了家以后,一直没有回家。他的妻子开着灯等他,等了一夜。

第二天,学校的人来叫他的妻子去认尸体。家中别的三个孩子都在外地工作。他的妻子和一个女儿到了圆明园的一片树林里。陈祖东吊死在一棵树上。他们立刻认出他来。

陈祖东在外地的三个孩子都没有为他的死回家。当时还在北京的一个女儿不久后被分配到西北的农场。陈祖东的妻子原来是一个工厂的会计，那时已经病退。她去了在东北阿城的另一个女儿家。陈祖东就这样人亡家破。

陈祖东死亡后，清华大学的广播喇叭里有人发表讲话，说陈祖东"畏罪自杀""自绝于党""自绝于人民""罪该万死""变成了不齿于人类的狗屎堆"等等。这套残酷而恶毒的话并不是一个人的发明创造，当时那些受迫害而自尽的人们，都被这样声讨咒骂。

清华大学迫害知识分子的整套手段，被总结成文，作成中共中央文件，传达到全国，成为示范。无数人被这套"经验"害死。在清华大学，"工宣队"进校后整死了24个人。这里只收集到10个受难者的名字。其中和陈祖东在同一个系的有李丕济教授。1968年11月29日，李丕济被关押在水利系的水力实验室中时，跳楼自杀。那是陈祖东死亡50天之后。李丕济比陈祖东年长一岁。

1978年，陈祖东得到"平反"。文革前，清华大学有108名教授，曾经被人开玩笑说好像《水浒传》里有"108将"。陈祖东就是这"108将"之一。陈祖东的家人听说，到1978年，这108人只死剩下40多人了。

## 桐梓天门河水电厂　见证历史风云[1]

天门河水电厂位于贵州省遵义市桐梓县，距县城东郊 5 公里，今鞍山区天门乡境内。1939 年修建，历经三年半建成发电。时过境迁，这座由当年国民党政府修建用于抗日兵工厂用电的贵州省首座水力发电厂，经过六十余载，两台机组如今依然运转正常，并被列为省级文物保护单位。

1938 年抗日战争时期，依靠桐梓境内九坝沟的天然绝壁等独特

---

1　http://www.265gz.com/n2139c16.aspx
　　也有人称：天门河水电站 1 号机组是 1945 年 4 月 15 日投产的，2 号是同年 6 月 2 日。http://lt.cjdby.net/thread-926485-1-1.html

地理位置，国民党四十一兵工厂由广西融县迁桐梓设厂生产武器。为了给兵工厂提供电力，国民党兵工总署遂决定修建发电厂，特设水电工程处，由总工程师陈祖东（又名陈华夫，四十一兵工厂动力处长，解放后于清华大学水力系任教）负责设计，工程师孟觉负责具体施工。电厂在上方水坝（后改名小西湖）筑坝蓄水，水坝占地二十余亩，蓄水四十余万立方。库水经暗渠引至上天门山崖下，并在山崖下由人工凿成洞穴安装发电机组。电站经众多民工苦战三年半，修成贵州历史上第一座水力发电站。

1942年，国民党兵工总署购两台美国奇异公司（今通用电器公司）当年最新产品发电机组，发电机系封闭型、伞式三相交流同步发电机。发电机航运至印度，由驻印美军空运越喜马拉雅山运抵中国，机件总重量达100吨，仅发电机组机芯就达到3吨，并创举中印空运重件的最高纪录。发电机总装机容量576千瓦，安放在地下凿洞石砌发电机房内，两台发电机安放中央，呈前后排列。机组自投运发电至今运行60余载，依然状况良好，机体上铭牌清晰可见。

1946年，抗日战争胜利后，兵工厂随之裁撤。1947年元月，贵州省接管电站，职工20余人。桐梓县成立"电气事业管理委员会"，发电供县城照明。1948年由贵州省移交桐梓县管理经营后，到1949年7月，桐梓解放前夕，时任该县县长陈茂柏命令将电厂炸毁，负责电厂经营管理的王首应、金祖善力拒执行，并由工人组织的护厂队日夜职守，全力保护电厂安全，电厂才得以完整保留。

经历了抗战时期的天门河水电厂，解放后由桐梓县人民政府接管。1949年底交由八五厂（遵义铁合金厂桐梓冶炼分厂专用电源），发电厂成为该厂的重要生产场地，并建成锰铁冶炼厂，在这里炼出了中国第一炉金属锰。1954年，贺龙同志率领西南局有关领导到桐梓视察，对水电厂的管理给予了很高的评价。至1992年，发电厂拥有职工33人，年发电量114.95万千瓦时，发电设备年利用率1996小时，年创造利润30万元，发电主供天门河冶炼厂生产。

二、教 授

# 天门河水电站：地下溶洞里"运转着的文物"[2]

贵州遵义市娄山关镇一处深山沟里，近 67 岁的天门河水电站仍在运行。这座建在溶洞中的水电站是贵州最早的水力发电站。桐梓县文物管理所所长刘健称其为"运转着的文物"。

## 地下溶洞里"运转着的文物"

天门河水电站装机容量为 2×288 千瓦，1939 年开工建设，1942 年正式发电。

最近，记者前往天门河水电站采访，距离橙色欧式风格的电站主控室老远，就听到了发电机"嗡嗡"的运转声。

走进主控室，屋顶上悬挂着一个泛黄的吊扇，拧开墙上的开关，3 片木头扇叶便转起来。"这可是古董。"值班师傅笑着说。

门卫室已残破不堪，破漏的窗户颜色泛黄，地上满是零碎的砖土瓦片。

进入地下的发电机房，出现在记者眼前的是两个褪色大字："二号"。转到背面，借着手电筒的光亮，两面铭牌上的字迹依然清晰："GENERAL ELECTRIC""MADE IN U.S.A""YEAR 1942"……刘健指着铭牌上的英文告诉记者："这是当年国民政府兵工署出面向美国方面订购的水力发电机成套设备。其中混流式水轮机由美国勒菲尔公司制造，发电机则由美国奇异（通用）公司制造。"

"近 67 年的'古董'至今仍在运转发电，这是一个奇迹。"

"水电站的工人换了一拨又一拨，而发电机'嗡嗡'的运转声历经风雨，穿越时空……"刘健说。

眼下，有 10 多名员工坚守在天门河水电站，以保证发电工作正常运转。

---

[2] http://www.shuigong.com/news/related/20090323/news27670.shtml

**我国最早的溶洞水电工程**

抗战期间，大批兵工厂随国民政府内迁，其中广州石林兵工厂、河南巩县兵工厂、江陵兵工厂、沈阳兵工厂，迁至贵州桐梓后，合并为第41兵工厂。

因前方战事吃紧，武器弹药供不应求，后方兵工厂仅靠两台柴油机作为原动力发电，显得力不从心。后来又因柴油奇缺，发电机组不能正常运行，而影响了后方兵工厂的生产。为了解决这一难题，国民政府决定建造一座水电站。第41兵工厂随即成立水电工程处，由清华大学教授陈祖东出任处长兼总工程师，邀请国内5所大学的专家、教授一同参与设计。

时至今日，天门河水电厂地下水轮机房入口的门楣上依然从左至右镌刻着这5所大学的校徽：西北大学、东北大学、清华大学、浙江大学、工业大学。

当年为了防备日军轰炸，天门河水电站的重要设备安装在人工开凿的地下岩溶洞中。由于贵州是世界上喀斯特地貌发育最为完备的地区之一，且拥有众多天然溶洞，因此，当年有许多兵工厂、兵械库藏身于溶洞。

1942年，天门河水电站电站1号机组正式投产发电，两个月后，2号机组相继投产发电。

"这不仅是我国罕见的建设在溶洞中的水电站，也是唯一一座至今仍在正常运转的溶洞水电站。"刘健说。

**即将功成身退**

天门河水电站创造的"奇迹"不止一桩。

水电站建造之初，为了让从美国订购的两台发电机组顺利运抵桐梓，驻印美军空运部安排巨型军用运输机将百余吨零部件经"驼峰航线"，翻越喜马拉雅山直接运抵昆明，又经过公路转运至桐梓县。其中，重达7吨的电机芯成功运抵昆明，创造了中印空运重件历史上的纪录。

利用天门河水电工程发电,从事军工生产的第41兵工厂生产了大量中正式步枪和捷克式轻机枪,为前方军队将士奋勇抗击日军提供了重要的武器支持。

"可以说,天门河水电站见证了中国人民不屈不挠、坚持抗战的英勇历史。与此同时,见证了中美两国人民在反法西斯战斗中结成的珍贵友谊。"刘健说。

时过境迁,如今的遵义已被现代化电网覆盖,并成为国家"西电东送"的重要基地。天门河水库建设正在电站上游如火如荼进行。水库一旦建成,将承担桐梓县县城的供水和防洪重担。

"届时,天门河水将被拦腰截断,水电站将功成身退。"刘健说。

陈祖东与妻儿全家合影

10年前,美国勒菲尔公司得知自己上世纪40年代生产的机组还在服役,曾派人到桐梓查看,并提出用200万美元回购机组作为企业产品的形象和文化象征,被桐梓县政府婉拒。

"我们认为,从文物的角度来说,发电机组的历史意义已远远超过了它的经济价值。2006年,贵州省政府将天门河水电站列为省级文物保护单位。待其结束历史使命后,将在原址上修建一个水电博物馆。"刘健说。

## 贵州桐梓县溶洞里 抗战时期美国 GE 发电机还在正常运行

在贵州桐梓县,抗日战争时期,美国帮助在抗战后方修建的一座地下水电站为当时的地下兵工厂提供电力。为防止日军飞机轰炸,这两台发动机安装在地下，地点极为隐秘。一座水电站建在位于一个大天坑的地下溶洞里，飞机从上面飞过都看不到。一条小河，也不知道水来自哪里？到了断崖下就断流了不知去向（这是喀斯特地貌地区常见的现象）。70年过去了，这两台发电机还在发电。

当时的第41兵工厂（原广东第一兵工厂迁来内地，厂长为钟道锠（映奎）将军）厂址选定在修公路时发现的一个大溶洞（其洞口高15米，宽8米，主洞长520米，高度一般为87.5米，宽度为50至60米），时称付家龙洞。用竹木棍绑作支架，铁皮盖顶修有简易厂房，边建厂，边生产。

1939年初兵工厂正式投入军用武器生产，只生产中正式步枪，供给抗战前线；1939年底，兵工厂开始制造捷克式轻机枪。随后，兵工厂修建了厂部办公厅，并改建、扩建厂房。同时，在当地新招了部分普工、学工，兵工厂人数达4000多人。

第41兵工厂要完成生产任务，首先必须保证电力供应。初迁至此，仅以两台大功率的柴油机发电供应。由于大部分国际交通线被阻断（贵州晴隆滇缅公路24道拐抗战公路已经列入第6批全国文物保护单位），运输困难，油料进口有限。三十辆汽车组成的运输队，每日轮换去重庆拉柴油，仍供不应求，严重影响生产。为解决电力紧张，第41兵工厂厂长钟道昌（又名映奎）提出，修建水电厂。

军政部兵工署第41兵工厂为修建电站，在此处筑起一条拦河坝蓄水发电。1942年，当电站即将落成时，水坝内已变成一个面积百余亩，蓄水达40多万方的山间湖泊了。两岸峭壁悬崖，四处水草丛生，形成了宛如梦幻仙境的一道景观。将水坝命名为"中正坝"，还在湖心岛上盖起了古朴典雅的楼台亭阁，湖中修建成"三潭映月"等仿西湖格局的景观，就好像把杭州西湖搬到了这边远山区。电站的总工程师、清华大学的著名教授陈祖东先生，便将这里正式取名为"小西湖"，并作有《歌石工》一诗，镌刻在大坝方形水泥纪念碑塔上。湖心亭的柱子上贴着的对联"一湖西子水，半壁桂林山"。

电厂配电房的通风口，有"发动天然"碑刻，为参事李华英题。六角形蓄水池石壁上，刻有"兵工策源"，为兵工署长杨继曾题写。

水库堤坝有一座四方形石塔，西面刻着蒋介石手书"中正坝"；南面为《歌石工》，东面为土木工程修建过程的记述。

当时通往国外的国际通道，大都被占去，为了让从美国订购的两台发电机组顺利运抵，机器只得由美国海运至印度。陈祖东又两次去印度，经协议由驻印美军空运部承运。总重百余吨，由美军卡尔少校押运，经印度越过喜马拉雅山"驼峰航线"空运至昆明，创造了当时中印空运重件纪录。再用十轮大卡（汽车）运到电站。

1942年4月15日，水力发电机一号机安装完毕，开始发电。发电机为美国GE公司（当时译名：奇异公司）1942年出品，是两座三相交流同期发电机，带有高低压发电、继电及自用电控制屏六块。发电机出线电压为6600V，不需要升压变压器，就可直供用户。水轮机为中型混流式水轮机，总功率为1,000匹马力，并带有伍德华式（woodward是生产调速器的著名厂家，现在我国还在进口该公司的调速器产品）液压、自动及手动两用调速机各2套。机器安装工作由水电工程处及兵工厂第五所担任，主要负责人有工程处处长陈祖东、工程师孟觉和第五所主任郭维藩等。

兵工厂的核心部分是工务处，主要负责全厂的生产。工务处下设工政课，成品检验课和八个制造所：第一所生产步枪，第二所生产轻机枪，第三所机器维修，第四所铣机枪弹膛、枪管、车零件、工具样板；第五所动力发电、供水；第六所铸铁，第七所翻砂、金焊铆；第八所木工。在兵工厂员工的辛勤努力下，一天生产的武器，可以装备一个连队（120人）。1944年9月兵工署报告该月产量，步枪1,000枝，捷克式轻机枪300挺。

1945年1月15日刘守愚为厂长，同年4月15日题写碑记，嵌在洞道内的石壁上，记录发电机和水轮机购进、运输、安装的过程。"伐石着辞以志创业维艰"。洞壁上镌有一组参与水电厂设计的5所大学的标志图案（清华大学、浙江大学、东北大学、西北大学等）。陈立夫写的"入天门而夺天工"等题记。

1946年7月抗战胜利复员，其时有职员258名，工人2,192名。第41厂奉令结束运往重庆移交第二十一厂。水电厂归于地方政府。1950年移交给遵义铁合金集团桐梓冶炼分厂作为电源，炼出了新中国第一炉低碳锰铁。时至今日，由于工人们的精心维护和保养，加上机组自身的优良质量，使其运行一直非常稳定。主控装置上密布多种形状的电表，表面已泛黄，与水电厂同龄的"元老级"电表，虽服役多年，但仍未"下岗"。一把木质叶片的吊扇悬于天花板上，同样是当年的舶来品，依然转动如常。

幸运的是1958年大炼钢铁时期没有把这些设备拿去熔掉，在文革时期没有让红卫兵把它破坏。据说，前些年原生产厂家美国勒菲尔公司，获悉自己的产品相隔近70多年后还在正常服役时，深感惊讶，曾派员到此查看，表示愿出巨资回购或以同类新产品交换，遭婉拒。

"西安事变"后张学良将军被从开阳刘育乡幽禁地转到名曰"小西湖"的此处，从1944年冬到1947年春，在这里度过了两年3个月。

令人感慨的是这些设备的质量。与贵州桐梓溶洞中水电站情况类似，博主在1990年左右还带学生到南京下关电厂实习（民国时期的首都电厂），几十年前的设备都还正常运行。现根据当时我的实习笔记整理出下关电厂设备规范：1919年GE1000KW，锅炉美HEINE公司1.57MPA；1930年GE750kw，瑞士1600kw发电机组。1933德国西门子5000kw×2发电机组，锅炉捷克。1936-1937年，西门子10000kw×2；1956年捷克12000kw×2+75T*3锅炉。1947年划拨联合国救济总署2000kw×3发电机组。与那些粗制滥造、一用就坏的"跃进货""东洋货""歪货"相比真是天壤之别。

附：

1、《歌石工》

嗟嗟石工，黄帝子孙。不期而会，众志成城。胼手胝脚，风暴雨淋；夜以继日，无时安宁。或钻隧道，鸠面鹄形；或涉冰流，澈骨寒心；冬无寸被，夏抗蚊蝇，衣不蔽体，食止酸辛。已惟一饱，妻孥何存。偶为山怒，折肢亡身。来如落叶，去如飘萍，岂免苛虐；胡云功成，君甘劳力，我愧劳心，劳心沾誉，劳力埋名。悠悠溱水，巍巍天门，象尔石工，终古留馨。中华民国三十三年陈祖东撰，周承彦书

### 2、溶洞电厂内碑记内容

本厂天门河水力电厂，创始于前厂长钟映奎（即钟道锟）先生。聘中国工程学会及中国水利工程学会会员陈君祖东，总司工程之事。三十一年兴建，越两载而坝渠、机房诸工先后告成。全部机件为美国最新出品，年前由美运抵印度。陈君两度飞印，藉署长俞公大维、副署长杨公继曾之力商，承驻印美军空运部（ATO.USAF.CBI）惠拨军用巨型机，越喜马拉雅山空运来华，共计百吨。尤重达三吨之电机芯，因美军机场主管卡尔德少校（MAJ.J.W.BEARD）等之毅力，安然运抵国内，破中印空运重件最高纪录，至可感佩。装机工作由水电工程处与第五所合办，陈主任祖东，郭主任维璠，工程师孟觉、钱艮美、毓麟、孙钟和、华慰曾，监工员夏望南、邱友于，匠目梁奕璋、胡振英，领首刘纪明、徐长发诸君主之；导水钢管唐镜君监督之；修配机件本厂各制造所分任之。机房工程深入地下，凿镂砌结，极具匠心。设计监造者陈君祖东、孟君觉也；承建者万记公司边君万生也。自斯，江海浩瀚，蒸而为云、凝而为雨者皆得，为本厂动力之原料。变态往复，不涸不竭，取不加力，用不繁赀，大自然之功能备矣。今乃赐之于本厂，以利济于造兵。然微映奎、祖东诸君子之力，则何克臻此，守愚乐观厥成。为伐石着辞，以志创业维艰之意焉。

3、陈祖东（又名陈华夫）是陈果夫陈立夫的堂兄弟，1912年生，浙江湖州人，清华大学水力系教授。1968年9月20日身亡时年56岁。陈祖东1935年毕业于清华大学，曾到美国、印度考察工程，1949年时是上海龙华飞机场总工程师，1956年到清华大学水利系任教授。[3]

---

3 http://blog.tianya.cn/blogger/post_show.asp?BlogID=19755&PostID=2639776

## 大山深处惊现抗战时期美帝发电机
## 两台发电机 80 年了一直在发电！[4]

  大山深处惊现抗战时期美帝国主义的发电机！从一位朋友那里得到消息，前不久，几个德国人来到中国，沿着滇缅公路一带寻找抗日战争时期，美国帮助国民\*\*在抗战后方修建的一座地下水电站，是为当时的地下兵工厂提供电力，为的是想把这两台发电机高价买走。他们知道在三十年代，美国利用驼峰航线向位于滇缅公路的大山深处运送并安装了两台当时最先进的发电机组。这次几个德国人专程来到中国寻找，一旦找到要不惜重金买走！

  滇缅公路长达 2000 多公里，都处于大山深处，当地人烟稀少，为了防止小鬼子的飞机轰炸，这两台发动机安装在地下，地点极为隐秘，寻找的难度极大，最后未能找到。

  有句话："踏破铁蹄无匿处，得来全不费工夫哦"。后来这两台发电机被我找到了！为了寻找美帝国主义的发电机，我的康康四处奔走。只要听说有发电机的地方就有康康的轮胎印子。康康去不了的地方就弃车徒步。

  原来这座水电站建在位于一个大天坑的地下溶洞里，飞机从上面飞过都看不到的。外面没有水坝，只有一条小河，也不知道水来自哪里？流量很大，到了断崖下就断流了，水就不知去向。没想到的是 70 多年过去了，这两台发电机还在发电，山里的村民只知道他们这里有电站，根本不知道什么美帝国主义的发电机。

  一个月后的一天，当地人给了我点线索……

  我找到这个天坑，天坑下面有一条小河。也不知道水来自哪里？流量很大，到了断崖下就断流了，水就不知去向。断崖高度有几百米，仔细瞧，在半中腰有栈道。山的另一侧有个山洞，美国的发电机就在下面。

---

[4] http://www.xcar.com.cn/bbs/viewthread.php?tid=12663647

二、教　授

走进洞里，看见这块石碑，石碑上记载着这座地下电站的背景，碑上写着：……当时小日本鬼子切断了滇缅公路运输线，这两台发电机是通过重型运输机，通过驼峰航线运过来的。这可是文物啊。

洞有两层，天然的，下面这层装有水轮机，只能看到水轮机的上半部分，下半部分是涡轮，水就从下面流过。这根轴直接驱动上面的发电机，连轴承都没有换过。

励磁发电机和主发电机是做在一起的！上面小的是励磁机，下面大的是主发电机。

励磁机铭牌上面写着 general electric 通用电器直流电发电机那个 logo 一个字母 g，和一个字母 e，合在一起好像个龙字。

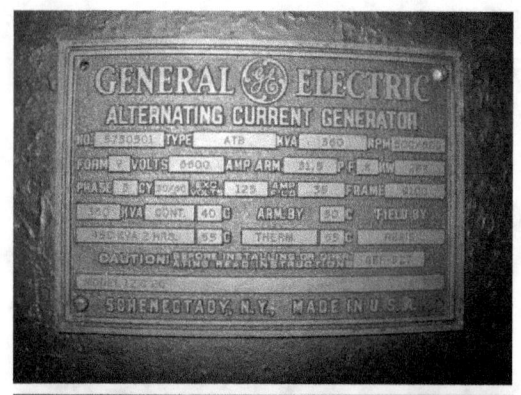

1939年，军政部兵工署第四十一兵工厂为修建电站，在此处筑起一条拦河大坝，准备蓄水发电。

1942年，当电站即将落成时，被围住的水坝内已变成一个面积百余亩，蓄水达40多万方的山间湖泊了。两岸峭壁悬崖，四处水草丛生，天地间鹰飞鱼跃，形成了宛如梦幻仙境的一道景观。

4月15日，水力发电机一号机安装完毕，开始发电。

发电机全部机件为美国奇异公司1942年出品，是两座封闭型、伞式、三相交流同期发电机，带有高低发电、继电及自用屏电壁六块。

水轮机为中型法南西斯立式，美国勒菲尔公司出品，总马力为1,000匹，并带有伍德华式油压机、自动及手动两用HB型、卧式缸之调速机各有二部。

总重百余吨，由美国卡尔少校押运，经印度越过喜马拉雅山空运而来，创造了当时中印空运重件纪录。

为了让从美国订购的两台发电机组顺利运抵，驻印美军空运部安排巨型军用运输机将百余吨零部件经"驼峰航线"，翻越喜马拉雅山直接运抵昆明，再用十轮大卡（汽车）运来。

机器安装工作由水电工程处及第五所担任，主要负责人有工程处处长陈祖东、工程师孟觉和第五所主任郭维藩等。

1942年，水电站1号机组正式投产发电，两个月后，2号机组相继投产发电。

第41兵工厂，厂址选定修公路时发现的一个大溶洞（其洞口高15米，宽8米，主洞长520米，高度一般为87.5米，宽度为50至60米），时称付家洞，用竹木棍绑作支架，铁皮盖顶修有简易厂房，边建厂，边生产。1939年初，兵工厂正式投入军用武器生产，只生产中正式步枪，供给抗战前线；1939年底，兵工厂开始制造捷克式轻机枪。随后，兵工厂修建了厂部办公厅，并改建，扩建厂房。同时，在当地新招了部分普工、学工，兵工厂人数达四千多人。兵工厂的核心部分是工务处，主要负责全厂的生产。工务处下设工政课，成品检验课和八个制造所：第一所生产步枪，第二所生产轻机枪，第三所机器维修，第四所铣机枪弹膛、枪管、车零件、工具样板；第五所动力发电、供水；第六所铸铁，第七所翻砂、金焊铆；第八所木工。在兵工厂员工的辛勤努力下，一天生产的武器，可以装备一个连队（120人）。

第41兵工厂要完成生产任务，首先必须保证电力供应。初迁至此，仅以两台大功率的柴油机发电供应。由于大部分国际交通线被阻断，运输困难，油料进口有限。三十辆汽车组成的运输队，每日轮换去重庆拉柴油，仍供不应求，严重影响生产。为解决电力紧张，第41兵工厂厂长钟道昌（又名映奎）提出，修建水电厂。

当时通往国外的国际通道，大都被占去，机器只得由美国海运至印度。陈祖东又两次去印度，经协议由驻印美空运部承运。卡尔少校等以巨型运输机飞越喜马拉雅山，空运昆明。

电机房直立通风口处，上首刻有齿轮，齿轮圈内有一柄弓箭。下端石壁上伸出一只龙头，整个图案将"东水向西流，飞剑斩龙头"的民谚之意融入其中。配电房的通风口，有"发动天然"碑刻，为参事李华英题。六角形蓄水池石壁上，刻有"兵工策源"四字。为国民\*\*兵工署长杨继曾书写。水库堤坝有一座四方形石塔，西面刻着蒋介石手书"中正坝"；南面为《石工歌》，东面为土木工程修建过程的记述。

这是当年国民政府兵工署出面向美国方面订购的水力发电机成套设备。由陈祖东去美国办理。

其中混流式水轮机由美国勒菲尔公司制造，发电机则由美国奇异（通用）公司制造。

看看主发电机铭牌和生产日期：

水电涡轮机组由位于美国俄亥俄州斯普林菲尔德市的 The James Leffel 公司于 1942 年生产。

看看配电柜电表就知道还在发电。

水电站装机容量为 2×288 千瓦，1939 年开工建设，1942 年正式发电。这两台美国发电机近 80 年来一直在发电，不能不说是奇迹啊！

1945 年 1 月 15 日任命刘守愚为第四十一兵工厂厂长，同年 4 月 15 日题写了该碑记："伐石着辞以志创业维艰"。颂扬的人员包括美军军官 maj.j.w.beard。其时有职员 258 名，工人 2,192 名。1946 年 7 月因胜利复员，裁并兵工事业。第 41 厂奉令结束。

为了美化当时的电站环境，"有关部门"不仅将这一水坝命名为"中正坝"，还在湖心岛上盖起了古朴典雅的楼台亭阁，种植了无数的碧桃绿柳、名花异草。还在湖中修建成"三潭映月""柳浪闻莺"等仿西湖格局的诸多景观。大功告成，人们放眼一望，就好像整个杭州西湖搬来了这边远山区似的。因此，当时主建电站的总工程师、清华大学的著名教授陈祖东先生，便将这里正式取名为"小西湖"。并作有《歌石工》一诗，镌刻在大坝方形水泥纪念碑塔上。现将全诗录存于下：

| 嗟嗟石工 | 黄帝子孙 | 不期而会 | 众志成城 |
| 胼手胝脚 | 风暴雨淋 | 夜以继日 | 无时安宁 |
| 或钻隧道 | 鸠面鹄形 | 或涉冰流 | 澈骨寒心 |
| 冬无寸被 | 夏抗蚊蝇 | 衣不蔽体 | 食止酸辛 |
| 己惟一饱 | 妻孥何存 | 偶为山怒 | 折肢亡身 |
| 来如落叶 | 去如飘萍 | 岂免苛虐 | 胡云功成 |
| 君甘劳力 | 我愧劳心 | 劳心沾誉 | 劳力埋名 |
| 悠悠溱水 | 巍巍天门 | 象尔石工 | 终古留馨 |
| | 中华民国三十三年谷旦 | | 周承彦书 |

"西安事变"后，当年意气风发、挥斥方遒的少年将军，在处于国难当头之时，被蒋介石从开阳刘育乡幽禁地转到此处，从1944年冬到1947年春，张将军在这里度过了两年又3个月的无奈时光。时至今日，悠悠岁月已成为历史，回首往昔，令人遐想无限。据当地人介绍，张将军来后不久，湖心岛南端的柳树下又修起了一个平台，上面还新盖了一间草亭。于是，当地老百姓便会常常看到张学良将军在特务副官和赵四小姐的陪同下，从他居住的平房下到湖边，再踏上专用的渡船到湖心岛去钓鱼。

经过"文化大革命"十年浩劫，纪念塔上的石刻诗也遭到令人痛心疾首的破坏、铲毁。

前几年，当地将这一可供开发利用的旅游资源承包给了当地的村民。这些村民自然深知这块风水宝地即将会给他们今后的生活带来什么，于是便倾其能力，投工投劳，开山筑路，修屋造房，开餐馆、建山庄，甚至还建成了一座有关张学良将军的陈列室，不过，毕竟资金、能力有限，要想把这里建成一个名副其实可供人们观赏、休闲的旅游圣地，并非易事。就在我们驱车来这里的那天，虽然也驻足浏览村建起的简陋的张将军陈列室，观赏了小西湖的山光水色，欣赏了偏桥翠竹、后村桃花、天门幻景、湖心倒影等天然风光，然而所有这些都无处不留下了残缺受损的痕迹，给人留下了无尽的深思。

这两台发电机能留到现在的主要原因是这里地处大山深处，人烟稀少，交通不便，知道的人很少。还要感谢精心保养这两台发电机的工人，五几年大炼钢铁时期没有把它拿去熔掉，在文革的打到美帝、打到苏修时期没有让红卫兵把它破坏。

回来后，我把这一发现告诉了当地电视台，可他们这样回答我："电视台是党的喉舌，不能宣扬美帝国主义。"

陈祖东（又名陈华夫）是陈果夫陈立夫的堂兄弟，1912年生，浙江湖州人，清华大学水力系教授。1968年9月20日在圆明园废墟上吊自杀身亡，时年56岁。陈祖东1935年毕业于清华大学，曾到美国、印度考察工程，1949年时是上海龙华飞机场总工程师，1956年到清华大学水利系任教。

## 陈祖东和第41厂（原广东兵工厂）

1912年中华民国成立，建立广东兵工厂。1935年，改称广东第一兵器制造厂，七七事变后，奉令迁往广西融县，12月22日开始拆卸机器，一星期内拆竣下船。广东第二兵工厂亦全部拆卸迁到重庆。

1938年1月奉令改称第四十一工厂。1939年12月24日，柳州受敌威胁，奉令迁往贵州桐梓。1945年1月15日任命刘守愚为厂长。

4月15日，天门河水力发电机一号机安装完毕，开始发电。发电机全部机件为美国奇异公司1942年出品，是两座封闭型、伞式、三相交流同期发电机，带有高低发电、继电及自用屏电壁六块。水轮机为中型法南西斯立式，美国勒菲尔公司出品，总马力为1,000匹，并带有伍德华式油压机、自动及手动两用HB型、卧式缸之调速机各有二部。总重百余吨，全部机件散装由飞机空运至昆明，再用大卡车（汽车）运来桐梓天门洞。

机器安装工作由水电工程处及第五所担任，主要负责人有工程处处长陈祖东、工程师孟觉和第五所主任郭维藩等。

1947年1月4日将广州区兵工厂接收处改立第80工厂。

1946年7月因胜利复员，裁并兵工事业。第41厂奉令结束，与第1厂，第27厂将机器运往重庆移交给第21厂。

## 小西湖碑文石刻与题字[5]

杨隆昌

碑碣是记录一个地域，一个时期的重要事件的石刻。它除供书法、雕刻艺术欣赏外，还是保存历史资料的一种方法。

---

[5] http://www.gztongzi.gov.cn/Html/LYJD/2007-5/27/2007052707527150655406453.html

## 二、教　授

　　小西湖境内的碑文石刻比较多，一般只知道堤坝四方塔上的《石工歌》《中正坝》，对其它碑刻知道的甚少。最近应约写一篇小文章，发现了一些鲜为人知的碑文、石刻、题词，将它记录下来，以飨读者。

　　这些碑文石刻，一是记述历史；二是名人题词，三是歌颂劳动人民；四是镌石图案。记述抗战时期41兵工厂变迁与发展的碑文，嵌镶于付家洞老洞门口左边。一些糊涂人于1964年用水泥将它抹掉，现只见碑形，无文字。去掉水泥还可复原。

　　记述天门河水电厂，土木工程建筑经过的石碑，嵌于小西湖四方塔上，字已铲掉，无法辨认。

　　水电厂电机房石壁上的碑刻，记录发电机、水轮机购进、运输、安装的过程。全文是：

本厂天门河水力发电厂创始于前厂长钟映奎先生　聘中国工程学会会员及水利工程学会会员陈君祖东　总司工程之事三十一年兴建　越两载而坝群机房诸工程先后告成　全部机件为美国最新出品　年前由美运于印度　陈君两次飞往印度　兵工署长俞公大维副署长杨公继曾之力商承驻印美军空运部（ATCUSAFCBI）惠承美军用巨型机越喜马拉雅山空运来此　共计百吨尤重达三吨之电机芯因美军机场军官卡尔少校MAFACBARD等之毅力安然运抵国内　破中印空运重件最高纪录　至今感佩装机工作由水电工程处与第五所合办　陈主任祖东郭主任维藩工程师孟觉钱×姜×孙×钟和华慰曾监工员夏望南邱友　于匠目梁奕憬胡正英领首刘继明徐长发主之　导水钢管唐钱君监督之修配机件本厂各制造所分任之　机房工程深入地下×镂砌结独具匠心　设计监造者陈君祖东孟君觉也承建者万记公司边君万生也自斯江海浩翰蒸而为云凝而为雨者皆得为本厂动力之原料变态不涸不竭收不加力用不繁资大自然之功能备矣今乃赐之于本厂以利济于造兵然微映奎祖东诸君子之力则克臻此守愚乐观厥成为伐石着辞以志创业维艰之忆焉

民国三十四年四月十五日<br>军政部兵工署第四十一兵工厂厂长刘守愚

二十年代松树坪的黄道彬，曾于上天门顶上修建寨子，寨子石门上写了一副对联。上联是"圯上受书好寻黄石"脚下记"民国十四年春公建。"下联是"天河洗甲大启鸿图"落款是"寨主黄道彬题兼书"。横联"天桥"。

名人题字："中正坝"三字，题于小西湖四方形石塔上。后被铲掉，何人写无法辩认。

水电厂机房门楣上"入天门而夺天工"，陈立夫题。陈立夫曾任 CC 派的头领、中统局长、民国政府教育部长、行政院委员等职。

配电房后面，地下通气孔顶端上石碑文："发动天然"李华英题，李华英，云南下关人，二十年代至三十年代，任国民党军政部少将、中将参事。1937 年 5 月李华英以国民党中央考察团成员在陕北考察红军。红军前敌指挥部参谋长左权曾与李华英合过影。

电厂六角蓄水池的石壁上碑刻为"天门河水电厂 41 兵工厂厂长钟道昌（又名钟映奎）题，中华民国三十三年"。

小西湖的碑文石刻中歌颂劳动人民的《石工歌》流传久远。陈祖东（又名陈华夫，解放后任北京清华大学水利系教授）着《石工歌》全文是：

| 嗟嗟石工 | 黄帝子孙 | 不期而会 | 众志成城 |
| 胼手胝脚 | 风暴雨淋 | 夜以继日 | 无时安宁 |
| 或钻隧道 | 鸠面鹄形 | 或涉冰流 | 澈骨寒心 |
| 冬无寸被 | 夏抗蚊蝇 | 衣不蔽体 | 食止酸？ |
| 已惟一饱 | 妻孥何存 | 偶为山怒 | 折肢亡身 |
| 来如落叶 | 去如飘萍 | 岂免苛虐 | 胡云功成 |
| 君甘劳力 | 我愧劳心 | 劳心沾誉 | 劳力埋名 |
| 悠悠溱水 | 巍巍天门 | 象尔石工 | 终古留馨 |
| | 中华民国三十三年谷旦 | | 周承彦书 |

碑文系隶书，1964 年被铲掉，无法辨认，至今口碑广为流传。

小西湖除了碑文外，还有石刻。这些石刻很精致。发电厂水轮机房石门上，有一组石刻，是当年参加水电厂设计的几所大学留下纪念，以图案表示。

清华大学的图案是一头展翅翱翔的鹰。鹰中间是"清华"二字；浙江大学是倒立的三角形，三角形中间是一只腾飞的鸟，鸟脚下是"浙大"二字；东北大学是多边形，上部阔，下部窄，有三道水波纹，上部为"东北"二字，一个圆圈；西北大学是圆圈圈住"西北"二字，西北二字随圆圈形组成；工大，工字在上，大字在下，由圆圈套住。雕刻十分隽秀而清晰，没有受到污损，保存完好，是小西湖石刻的佼佼者。

发电机房通风道，"天门河水电厂"碑文上首刻有齿轮，齿轮圆圈系两把宝剑。碑文下端是从石壁上伸出来一只镂刻精致的老龙头。整个图案把"东水向西流，飞剑斩龙头"的掌故意会于此。

进入小西湖山垭口，竖有一块"小西湖"碑刻，桐梓县人民政府立。小西湖除碑文石刻外，还有一些题字，而未刻成碑保存的有：中共中央统战部副部长、全国政协常委童小鹏题字"张学良将军囚禁处"；原贵州省副省长冉砚农题"小西湖"以及中国作家协会会员、《山花》主编、贵州省书法家文志强题"一湖西子水，半壁桂林山"等。

小西湖的碑文石刻，除供旅游参观外，也为研究过去的历史提供资料。

# 周华章（1918—1968）

周文业　编辑

## 1、小传

周华章，1918年农历二月初七生于上海，祖籍江苏江阴。父周曦臣，1912年随第一批江阴人到上海求发展，从事纺织行业。

周华章（1918—1968）

华章五岁入江阴辅延小学读书，三年级后回上海。1928年9月考入上海同济大学附中，自此开始独立生活。

1934年夏，考取清华大学物理系。大一时患病休学一学期，后转到地学系气象专业。1935年，参加"一二·九"运动。抗战爆发后，跟随学校先迁至长沙，后又参加200人的步行迁校队，一路克服艰辛，到达昆明。

1938年9月毕业后，向往抗战的华章由系主任介绍到军政部学兵队任教官，月余后到西安陶峙岳所在第一军任实地教官（秘书名

1949年留影

义),与陶成忘年之交。当时他常到堂叔所在的商务印书馆(西安),读了许多史书。

　　1941年春,周华章到遵义的浙江大学报考历史学研究生,被拒,却邂逅在化学系就读的老乡章臣懿,一见钟情。后到重庆报考南开大学经济研究所,于1943年10月在南开经济研究所硕士毕业。1944年春与章臣懿结为伉俪。1945年母亲病重来信催周华章回沪,周华章独自带一岁的儿子乘船回到上海。

　　1945年抗战胜利后不久,母亲和大哥相继去世,华章独自挑起了家庭的重担,以一己之力撑起十口之家(三个孩子、四个弟弟妹妹,还有老保姆),他时常身兼二、三职,拼命工作,写稿。但每到开学时,仍为支付弟妹的学费四处举债。

1952年6月,在美国芝加哥大学校园里

1947年，周华章考上了自费公派留学（当时经济学没有公费指标，政府以很低的价格卖给考取的学生一笔美金，人到美国后即可领取这笔美金）。当时正值恶性通胀，物价飞涨，华章向亲友借贷，以美金结算，人到美国立即寄回美金还债，这样才解决问题。1949年3月，华章乘船离沪赴美求学。

1952年在美国芝加哥大学

1949年7月，华章进入芝加哥大学经济系，当时芝大聚集了一批世界一流的经济学人才，后来他的导师中有三人获诺贝尔奖。华章于1952年6月毕业，获数理经济学博士学位。

1953年1月，华章冲破重重阻力回到了新中国，迫不及待地到北京去等待分配工作，在履历表上的工作志愿一栏，他写下：希望教育界，但不限制，由组织上决定之。在地区一栏，他填的是：不拘地点，凡组织上认为我最能发挥服务力量之处，无一处不可。

1956年在华纺演出京剧剧照

由于回国前的精神磨难和体力透支，一向健壮的华章得了颈椎结核，带上笨重的钢夹套，休养了一年。1954年2月，尚未完全康复的华章到上海华东纺织工学院（以下简称华纺）工作，带着钢夹套的华章走上了大学的讲台，后又担任了华纺的院务委员会委员、公共教研组政治学习班班长及部门委员会主席的职务。先后被评为副教授和教授。

## 二、教授

1957年春，华章调至北京中科院力学所，并与许国志、刘源张一起参加运筹所的筹建工作，发表了首篇关于"运筹科学"的文章。因组织关系落在清华大学，便在清华开数理统计课，培训本校教师

1957年秋，南菁中学部分在京读书的学生到家做客

和工厂的科研人员，还经常到工厂去帮助解决生产实际问题。

1958年下半年，华章在"拔白旗"运动中受到严厉批判，被学校停止了中科院的工作，调到基础课数学教研组教书。

在上世纪50年代，他预感到数理统计分支在工业中有广阔的应用前景，为此深入工厂、工地，带领技术人员进行质量控制试验研究，在大量实践中得出的第一手数据，解决了许多工厂难题。

60年代，他写出了《工业技术应用数理统计学》，此书凝聚了华章数年心血。1957年到"文革"前，发表了一系列相关文章。此外，他精通德语和英语，翻译了不少文章书籍。

"文革"开始后，一切工作中止，他被扣上"特务、反动学术权威、漏网右派、现行反革命"的大帽子，整天无休无止地写交代材料。

1968年9月30日，

1961年10月颐和园长廊

年仅51岁的华章终于绝望，弃世而去。

在清华期间，1957年住荷花池一宿舍，1957～1968年9月住9公寓33号。

## 2、亲友

### 亲属

**夫人 章臣懿**：1918年生于江苏江阴，父章露浓，江阴辅延小学教员。1941年毕业于浙江大学化学系，先后到重庆中央工业试验所和资渝炼钢厂工作。1944年初结婚，解放后到江阴南菁中学任教，1956年调入上海华东纺织工学院任教，1958年调入清华大学基础课化学教研组任教。1975年退休。

**大弟 周龙章**：德国汉诺威大学工学博士，台湾台南成功大学教授，曾任工学院院长。

**小弟 周鸿章**：上海宝钢设备部高工。

**长子 周鼎蓉**，1944年10月23日出生，北京工业大学机械制造专业毕业，北京地毯机修厂工程师。

**长女 周晓渝**，1945年12月1日出生，北京建工学院化工、陶瓷水泥专业毕业，河南新乡三中高级教师。

**次女 周小虹**，1947年12月8日出生，清华大学化学与化工系师资班毕业，中国石油大学副教授。

**妻弟 章臣樾**，章臣懿弟弟，南京东南大学教授，博导。

关系较密切的远亲：顾明远，尤华骏，沙际云（已故）。

### 友人

叶笃正（1916— ），清华同学，同乡，曾任中科院副院长。夫人冯慧，中科院研究员，章臣懿浙大同学。

陶峙岳（1892—1988），国民党起义将领，曾任新疆军区副司令，新疆生产建设兵团司令，已故。

沙镇家（1927— ），整形医院会计。

胡玉和（1918— ），清华同学，同乡，鞍山钢铁公司高工。

## 二、教 授

### 3、年表

| 时期 | 时间 | 岁数 | 地 点 | 简 历 |
|---|---|---|---|---|
| 童年 | 1917 | 出生 | 上海 | 农历二月初七生于上海 |
| 小学中学12年 | 1922 | 5 | 江苏江阴 | 入江阴辅延小学读书 |
| | 1928 | 11 | 上海 | 上海同济大学附中学习 |
| 清华西南联大4年 | 1934 | 17 | 北京 | 考取清华物理系 |
| | 1937 | 20 | 湖南长沙 | 随学校迁至长沙临时大学 |
| | 1937 | 20 | 云南昆明 | 西南联大学习 |
| 任职任教12年 | 1938 | 21 | | 大学毕业到军政部学兵队任教官 |
| | 1938 | 21 | 陕西西安 | 西安陶峙岳第一军任实地教官(秘书名义) |
| | 1941 | 24 | 贵州遵义 | 邂逅浙大化学系就读老乡章臣懿,一见钟情 |
| | 1941 | 24 | 四川重庆 | 报考南开大学经济研究所 |
| | 1943 | 26 | 四川重庆 | 南开经济研究所硕士毕业 |
| | 1944 | 27 | 四川重庆 | 与章臣懿结为伉俪 |
| | 1945 | 28 | 上海 | 因母亲病重独自带一岁儿子乘船回到上海 |
| | 1946 | 29 | 上海 | 夫人章臣懿带女儿回到上海 |
| | 1946 | 29 | 上海 | 母亲去世 |
| | 1947 | 30 | 上海 | 大哥去世,华章以一已之力撑起十口之家 |
| | 1947 | 30 | 上海 | 考取自费公派留学 |
| | 1949 | 32 | 上海 | 乘船离沪赴美求学 |
| 留学美国4年 | 1949 | 32 | 美国芝加哥 | 芝加哥大学经济系攻读博士学位 |
| | 1952 | 35 | 美国芝加哥 | 毕业获数理经济学博士学位 |
| 回国任职4年 | 1953 | 36 | 上海 | 冲破重重阻力回到新中国 |
| | 1954 | 37 | 上海 | 到上海华东纺织工学院工作 |
| | 1957 | 40 | 北京 | 借调到北京中科院力学所工作 |
| 任教清华11年 | 1957 | 40 | 北京 | 调到清华,开设数理统计应用课 |
| | 1958 | 41 | 北京 | 在清华开展的"拔白旗"运动受到严厉批判 |
| | 1958 | 41 | 北京 | 从中科院调清华基础课数学教研组任教 |
| | 1966 | 49 | 北京 | 文革中被扣上特务、反动学术权威、漏网右派、现行反革命大帽子 |
| | 1968 | 51 | 北京 | 9月30日逝世,终年51岁 |

本篇由周小红编写,并提供照片。

## 4、生平地图

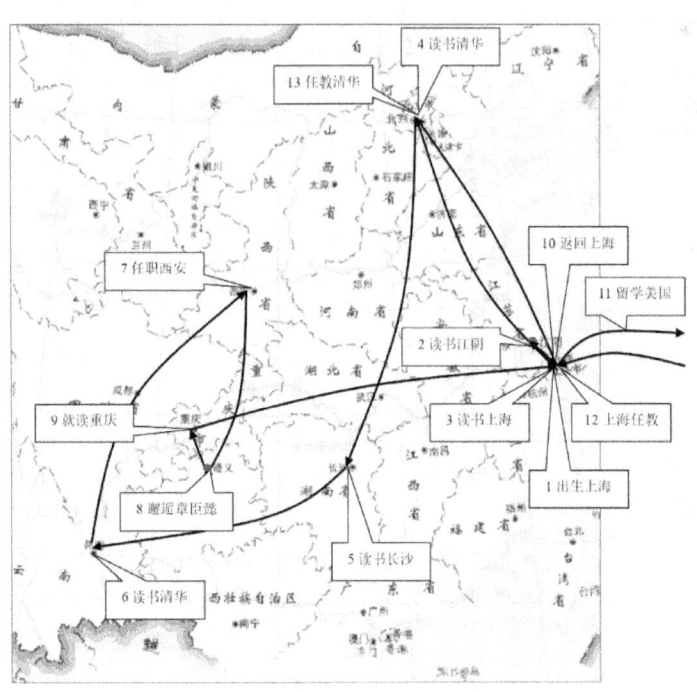

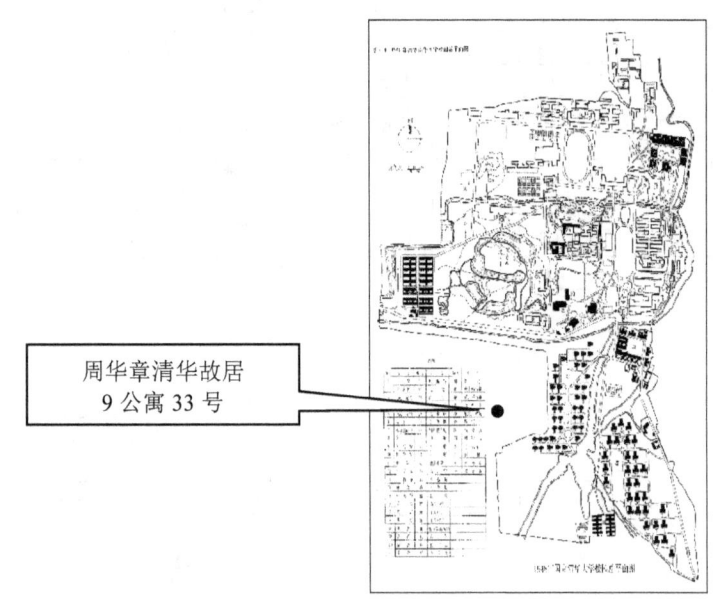

周华章清华故居
9公寓33号

# 忆华章

章臣懿口述　周小虹整理

## 一、遵义邂逅　永结同心

抗战爆发后，我就读的浙大搬到遵义上课。1941年春，是毕业前的最后一个学期了，一天，有个外来的客人找我，我好奇地去见他，只见是个个子不高，肤色黝黑的年轻人，我不认识。他自我介绍，他是我江阴同乡，小学时曾在同一小学校里同过两年学，但比我高一班，后来随家搬到上海去了。江阴地方小，校中同学也不多，我仔细回忆，依稀记得有这样一个人，但从未接触过。在人地生疏的遵义看到老乡，心中十分高兴。他说他是清华毕业的，这次来遵义，想报考史地系的研究生，因是转行，浙大拒绝了他。他暂住大学同窗叶笃正宿舍里。此后，他每隔几天就来找我聊天，我觉得他知识很广博，思维敏捷，记忆力特别强，和他聊天很有意思，渐渐我们就熟悉了。

华章从1928年11岁考上上海同济附中起就独立生活了，学校离家很远，他很少回家，六年中学毕业后又考到清华，离家愈来愈远。独立生活锻炼了他，使他养成吃苦耐劳的好习惯。清华迁往大西南时，他当时正在南京气象台实习，得到消息后，立即赶往长沙，参加了200人的步行团，风餐露宿、斗志昂扬地走到昆明。他在清华读地学系气象专业，大学毕业后，由于工作无着，由黄师岳（赴滇步行团团长）介绍认识了驻军在西安的陶峙岳。陶很欣赏他，为了满足他读书的愿望，给了他一个闲差（中校秘书）做些接待、动动笔头的工作，每月能领份工资，当时华章堂叔是西安商务印书馆经理，那段时间他常常扎到商务印书馆读书，与陶也很讲得来，成了忘年之交。他酷爱读书，兴趣很广，后来又爱上了读史地，尤其是历史，从古代的到现代的，读了不少。

他到遵义后，研究生没做成，又没有工作，在遵义住了一个多月，就离开到重庆朋友家去了，到重庆后，经常给我写信，他很能写，内容也充实，看了很有滋味，得益不少。二、三月的通信，增加了相互了解感情渐渐接近了。

我毕业后，浙大让我留校，但我却打算到重庆去工作，导师王序介绍我到重庆中央工业试验所（中工所）工作。那时交通很不方便，每天有一班车从贵阳到重庆，晚上住旅馆，车经遵义时要有空座才能买票上车。第一天我白等了半天，只得回校，第二天再去总算等上了。华章知道我那几天可能会到，而那一段时间日寇疲劳轰炸，日夜有飞机在头上转，使你日夜不得安心工作睡觉。他担心我人地生疏，不会躲警报钻防空洞，因此天天去汽车站接我，连接了三天，总算接到，就立即送我到郊区我表叔家，他才安心了。

华章当时打算考南开经济研究所，那时南开已并入西南联大，但经济所和南开中学在重庆。苦读了几个月经济，竟然考上了。就像当年考清华一样，用一个暑假恶补英语（中学六年学的是德语），考上了清华。研究所在重庆沙坪坝，离中工所不太远，过了嘉陵江，再走上一段路就到了。我们每星期都能见面，我觉得他是个正直善良，刻苦读书，积极上进，且乐于助人的年轻人，每星期日的相聚渐渐成为我们生活中最快乐和不可缺少的事。

1942年暑假，我的弟弟在上海中学毕业，来渝投靠我，要考重庆中央大学，我父亲是小学教师，无力栽培他，我当然义不容辞。中工所待遇低，托友人另找工作，调到资源委员会资渝炼钢厂，炼钢厂是个新办的厂，待遇高，工作忙，但距南开也较远，要坐3-4小时的小木船才能到达。

我自幼体质较弱，到重庆后很不适应，夏天烈日如火，其他时间天气总是阴沉沉充满了雾，很少见太阳。生活艰苦，营养不良，不少人因此得了肺病。那个时代，还没有治肺病的药，只有靠自己的抵抗力，得肺病死在重庆的人也不少。我在那里工作很忙，矿样铁样钢样整天分析没完没了。几个月做下来我支持不住发高烧病倒了。烧退了，养了一段时间，身体仍不能恢复，四肢无力，颈部还长了一个包，经医生检查，肺部无病，诊断是淋巴结核。我失去了劳动力，无法工作了，有谁来管我？我没有家，孤苦无依的我，几乎丧失了活下去的勇气。幸亏我的堂姑母收留了我，华章常老远赶来安慰我鼓励我，还带我去看病。医生叮嘱说，只有离开重庆，到气候好的地方去休养，会好起来的。那时他在经济研究所尚未毕业，等到暑假毕业后，他放弃在重庆找工作，立即带着我去了成都。我九岁时父母就给我订了亲，给我找了个家境殷实的人家，因此无人敢追我，但华章冲破了封建阻力，锲而不舍地追我，在我最困难的时候，不离不弃，对我体贴入微，令我万分感动，我决心此生不管多苦多难，永远和他在一起，终身相伴。我的身体也神奇地好起来了，1944年初，我们在成都结婚了。同年冬天生下儿子鼎蓉，次年冬天又生下女儿小渝，我两次生孩子都犯了淋巴结核的老毛病，身体一直不好，家庭的重担是华章一个人挑的，他经常同时做二、三份工作，还写些文章换些稿费贴补家用。我觉得有华章在，就有了主心骨，他办法多，遇事总能想出办法解决。为了生活，几次搬家，颠沛流离，日子虽不宽裕，但很温馨，其乐融融。

## 二、风雨同舟　患难与共

1945年秋抗战胜利了。全国人民欣喜若狂。在大西南许多人离家八、九年了，争先恐后都想回家。交通拥挤极了。长江水位低，一时走不了很多人，年底，华章接到家信，母亲病重，催他回家。他着急要马上走，但我身体不好，鼎蓉才一岁多，小渝刚出生不久，不能同行，为减轻我的负担，不会带孩子的他独自带着鼎蓉走了，一路的狼狈可想而知，先到江阴，将鼎蓉放在我父母处，立即赶回上海。1946年我弟弟放暑假，我同他一起离开了重庆。秋天我到了上海华章的家，他家中大变了，他父亲以前办厂，家境还可以，抗战期间他父亲去世了，仅留下江阴一栋老房子和上海几间厂房，家中有母亲、大哥、两弟两妹。大哥不务正业，家境每况愈下，依靠卖东西度日。华章回家后，这个担子就压在他身上了。他时常身兼二、三职，记得他每周给一家英文报社写经济动态专栏，还编制上海各种物价指数。他写文章很快，据龙章弟回忆，一次他让龙章弟到报社送稿，只用半个小时就写完了。他还到中学兼课，数语史地外都能教，所以总能找到些课来兼。我身体较弱，又有孩子拖累，无法工作，一家人全靠他一人工作，生活十分困难，更不幸的是1946年4月母亲去世，1947年大哥去世，母兄去世后，他就是一家之长了，弟弟妹妹要上学，两个嗷嗷待哺的孩子，（1947年冬还添了小虹）还有一个老保姆（27岁守寡后到周家，由周家养老送终），华章以一己之力撑起了这个家。酷爱读书的华章横下一条心，再苦再难也要把弟妹拉扯上大学。那一段时间真是艰难呀！常常为吃饭发愁，一家人挤在一间带阁楼的小屋里，晚上华章小妹就睡在凳子上。我坚决支持华章栽培弟妹的想法，我认为上大学有了专业知识才能在社会上立足。华章除了拼命工作外，不得不向亲友借钱。尤其是每到开学时，为支付弟妹的学费，四处借贷，华章有个同窗好友，家中为其筹集了一笔款做生意，他邀华章同做，但华章也不会做生意，两人赔了不少钱，华章每遇借不到钱时，还到帐上借钱，解放后因为与他失去联系，至今也没有还上，每每想起此事，心中总觉得不安。

华章早有出国深造的想法，1947年考上了自费公派留学，（当时经济学没有公费指标）政府以很低的价格卖给考取的学生一定数额的一笔美金，人到美国后就可以领取这笔美金。一般人办完手续后就出国了，而华章背了一个家庭包袱脱不了身。那时大弟龙章在同济大学读书，1948年才能毕业，小妹在震旦大学，1949年暑毕业，小弟读高中，大妹有精神病在家休养。一家人要生活，弟妹要读书，不能停下。通货膨胀，物价飞涨，借贷无门。因此华章想出向亲友借贷，以美金结算，人到美国，立即寄回美金还债，这样才解决了问题。现在回想起那时的艰辛生活，心里却常常泛起一种幸福温馨的感觉，十口之家虽贫穷，但相处融洽，兄弟姐妹间感情极深，华章弟妹对人也同样是热情诚恳，先人后己，对我的关心照顾至今仍绵绵不断，慰藉着我的心。

### 三、出国求学　艰难回归

1948年暑假龙弟同济毕业，由导师介绍到台湾一所学校任教，华章也积极准备出国，49年1月，龙章到台湾去工作，同年3月，

## 二、教　授

华章乘船离开了上海。他到美后立刻寄回美金还债。

华章走时已到解放前夕，物价飞涨，百业凋敝，民不聊生。我们对国民党的腐败深恶痛绝，我的表弟、同学在新四军，通过他们我对共产党的情况也有些了解，一心希望共产党快来，国家才有希望。五月下旬，

1949年3月24日摄于戈登号码头

上海终于解放了。早上出门看到解放军都睡在马路上，纪律严明，我兴奋地想，生活有盼头了！华章和我早就计划好，他走后我就回江阴去投奔我的父母，请老人照顾孩子，我就能工作了。

七月初我回江阴，想当个中学化学教师，但都已满额，我就在一个私立学校教高中物理与数学，待遇很低。当时家中除了父母，还有我姐姐的遗孤，与鼎蓉同岁，四个孩子：两个五岁，一个四岁，一个两岁。母亲身体不好，我不得不请了一个保姆帮忙，我们称她为黄家婶。

1951年全县教师暑假集中学习，学习后调整教师队伍，我被调到江阴南菁中学教化学，南菁规模大，是省立中学，在江苏有名气，待遇也高。华章小妹在上海工作，她负担小弟念大学，同时帮我买全家衣服，我们的生活较解放前好多了。我白天在学校工作，回家照顾孩子，晚上才能备课，整天忙忙碌碌，但劲头十足，我跟踪教学新进展，带领学生创办实验室，与同学关系十分融洽，我觉得生活很有意义。我写信把发生的一切详尽地告诉华章，让他毕业后尽快回国，参加新中国的建设。

1949年7月，华章进入芝加哥大学经济系攻读博士学位，当时

芝大聚集了一批世界一流的经济学人才，后来有4人获得诺贝尔奖，其中也包括他的导师。华章在1952年6月毕业，获得数理经济学博士学位。论文曾送普林斯顿大学，该校教授曾有回信促其分批刊载于学术性杂志，但华章当时已获准回国，故未发表。

华章在刚到美国时就公开表明了他对国民党政权的决绝和对新中国的向往，曾在会上大谈新中国的进展，他所在的芝加哥大学以左倾闻名美国，被反动当局视为"最危险的学校"。美国共产党在这里有很大的影响，校外开设了发行宣传共产主义思想和社会主义阵营各国情况书刊的书店，华章是这里的常客。由于订阅美共报纸以及参加"中国科协驻美分会"的多次活动，传播其"留美通讯"内刊，华章受到移民局的警告…在美国国务院安全小组已被建立"存档"。*注

华章在来信中，对新中国的向往热爱跃然纸上。取得博士学位后，决心立即回国，当时正值美国发动朝鲜战争，不准留学生回国。华章在学习期间勤工俭学常帮联合国做一些翻译工作，并在国际数理经济学会做过临时性研究工作，由该会会长介绍在学会中编写"就业，国民收入即价格水准论题解"并在以油印件在会上流通，因此找工作并不难，但他为了尽快回国，筹措回国旅费，到火车站当了搬运工。1953年初，美国对留学生回国之事终于有了松动，机会终于来了。华章立即到处筹借归国旅费，踏上了归国的路程。他在后来给于光远的信中曾提过一句："……因回国前受了很多磨折，说来很长，到北京不数日就发病，……"他为回国所受的磨难由此可见一斑。

### 四、赤子之心　报效祖国

1953年1月，华章终于冲破重重阻力回到了新中国。回到江阴没待几天，虽身体已不适仍迫不及待地到北京去等待分配工作，在履历表上的工作志愿一栏，他只写了一句：希望教育界，但不限制，由组织上决定之。在地区一栏，他填的是：不拘地点，凡组织上认为我最能发挥服务力量之处，无一处不可。

早在1951年9月岭南大学校长曾有电请华章去任教，华章当时就准备回国的，但回国手续不能解决，1953年1月到京后，北大经

济系代主任希望华章去任教，但上报学校时，教务处以初由美国回来的人不相宜任教经济系为由驳回，由于回国前的精神磨难和体力透支，一向健壮的华章终于病倒了，他到上海去看病，经医生检查，他得了颈椎结核，带上了笨重的钢夹套，休养了一年。

1954年2月，尚未完全康复的华章经介绍到了上海华东纺织工学院（以下简称华纺）工作，带着钢夹套的华章走上了大学的讲台。我当时还在南菁中学教书，本来华纺答应我当年8月调入的，但却赶上了肃反运动，调动的事暂停，直到1956年8月我才调入华纺，调入后工作上要马上适应大学教学，工作很紧张，华章更忙，因为概率论不是自己的专长，为充实自己，他每周到很远的复旦大学去参加教师的概率论讨论组，为了让学纺织的青年教师尽快进入数学统计在纺织工业中应用的研究课题，他每星期日义务为纺织系助教讲解高等数理统计理论，办了一学期班。此时的华章朝气蓬勃，浑身是劲，还担任了华纺的院务委员会委员，公共教研组政治学习班班长及部门委员会主席的职务。先后被评为副教授和教授。

他内心强烈渴望发挥自己的专长，为祖国建设出力，1956年3月18日，他给时任中宣部科学干部处长的于光远写了一封长信，表达了报效祖国迫切的心情，他在信中写道："……1、虽然技术经济学与数理统计，与概率论都有关系，因此后述二者我也有相当了解，但我的专业是前者，特别是前者与国际经济的关系及计划经济的关系。我想了解有没有更能发挥我的潜力的工作岗位？如果有，我不计地点（边疆也可以），不计待遇名义，不过希望与家属一起去。我对工作并无成见，主要以发挥潜力为主，又，我是民盟盟员。2、如果现在还不能确定有没有这种工作，能否在暑假中找到一个机会让我试用技术经济学方法来研究一些问题，看看效果如何。"3、4、均为想为国家联络国外开明或倾向社会主义的知名专家教授。他的心情我太了解了，就是一心要报国，为国家做出贡献来。

在华纺的日子里，华章和同事很融洽，每逢周末，同事之间轮番作东吃饭，和学生关系也很好。他兴趣广泛，是个京戏迷，平时在家嘴里常常哼唱着，兴之所至更会亮开嗓门唱一段，他还会拉京胡，在华纺时,他还登台演出,记得有一次演四进士中的宋士杰,现在还有一张剧照。后来到了清华,也在清华大礼堂登过台。

学期结束时我对工作也比较熟悉了,心中松了一口气,但这时华章告诉我,他马上要调入北京中科院工作了,因看我太忙,一直没有告诉我。他是如何调北京的事,我也没问,后来还是听老朋友沙镇家说起,在1956年向科学进军时,于光远到上海发掘人才,找到他谈过话。我们在一起只有半年,就又要分开了。他告诉我到暑假就来接我们到北京去,我这才安下心来。

1956 年上海全家福,前排左起为周华章大妹周静贞,长女周晓渝,次女周小虹,小妹周荷贞抱着其长女,老太太为家中老保姆张家婶(20岁守寡到周家,带大周华章及几个弟妹,全家视为亲人养老送终,时年68岁,周华章从老家江阴把她接到上海家里住了半年),大妹之子;第二排为子周鼎蓉和小妹夫。第三排左起为保姆王家婶,章臣懿,周华章,大妹夫,周鸿章。

1957 年春,华章到北京后,给我来信说他的工作在中科院力学所,关系都在清华大学,说这是组织上的安排。1957 年暑假,华章到上海来接我们到北京去,到了清华,学校对我们照顾得很周到,我们起先住在静斋,九公寓落成后我们就搬进了新房。一家人又团聚了,当时真高兴呀!搬入九公寓 33 号后,我教过的南菁中学在京就读的学生来看望我们,其中还有好友的儿女,华章和他们都很熟悉,华章对人热情,也喜欢热闹,学生们来了,他总是很高兴。华章还喜

欢旅游,每逢放暑假,
他都要出去走走,我们
到过太原、杭州、大连
等地。有一年学校组织
到颐和园度假,我们住
在与十七孔桥相连的
龙王庙,还有一年暑假
学校组织去潭柘寺小
住了几天,华章总是兴
致勃勃地参加,他的记
忆力很强,对诸如颐和
园,故宫的一些历史名
胜的典故如数家珍,在
颐和园照了相。1964年

1959年在亚非疗养院

暑假我们到杭州游览,华章在寄给龙章的蒋庄照片背面还写下了简略的游记:"……第二天雇一游船,游西湖一日,船泊蒋庄,上去照了一张相片。现在蒋庄、花港观鱼、高庄三名胜合为西山公园,布置极为精美,非解放前可比。西湖四周很多工人疗养所,设备完善,为劳动人民工余休养之处。"

## 五、深入基层　严谨治学

调入清华后,新学期开始了,我在化学教研组工作,开始上课,工作压力很大,华章在中科院参加运筹所的筹建工作,同时他还在清华开课,我很奇怪,问他开什么课,他说是数理统计应用方面的课,有许多外面工厂的人来听课,也有本校的教师。每次课结束后,总有一些人到我家来讨论和问问题,有京棉一厂、二厂、砖瓦厂、电机厂的厂长和总工,他们讨论的都是工厂的问题,主要是抽样检查质量控制方面的新方法,为了解决问题,华章还经常到工厂去,他常说实践经验太少,要多到工厂去了解,才能解决问题。记得华章常常为了想一个问题而不睡觉,我睡眠很差,有时到了半夜2、3点钟他还不睡,我也睡不着,我就要催他,他一动不动地坐在沙发上,像一个雕像一样。有时想明白了,就高高兴兴地上床来睡觉了。他每天到科学院力学所去上班,当时他做的工作我也不了解,现在才知道他是和许国志、刘源张一起做了新中国运筹学方面的开创性的工作,还发表了第一篇关于"运筹科学"的文章。在清华他当时还在电机系筹办招生工作,但由于种种原因,运筹专业班流产了。

1958年下半年,清华开展了"拔白旗"运动,似乎是针对高级知识分子的,他受到了严厉的批判,这是他回国后经受的第一次大风浪,从此,他的尊严、傲气一扫而尽。接着通知他不能再去力学所上班,就到清华数学教研组上大学的数理统计课。不能从事心爱的工作,对他来说是个很大的打击,此后,他曾一次又一次的要求调到中科院去,但都没有成功。但是对工厂来人要求他解决问题,他仍是十分热心,后来教研组有人对他经常接待工厂来人也进行了限制,有时来人不到教研组去找他,而是直接到家里来了,他常说,国家给了我这么好的条件,这么高的工资,应当好好多做些工作。

华章一直很勤奋努力,他常说有人说我聪明,其实我并不聪明,我就是用功罢了。在书房里,总可以看见他不是看书就是写东西,我只知道他在20世纪60年代出了上下两册书:工业技术应用数理统计学,这两本书凝聚着华章的数年的心血,在上世纪五十年代,他就以敏锐的目光和判断能力预感到这一门刚从繁杂难用的概率论脱胎而出的数理统计分支,以它的简明易用将会在以质量控制为中心的工业技术方面有着广阔的应用前景。因此他亲自在北京棉纺厂带领该厂的技术人员进行质量控制试验研究,筛选当时国外的最新研究成果,据当时帮他

周华章夫妇在清华

计算过书中例题的朱林楠和郭嘉诚回忆，书中的例题，都是自己动手在大量实践中得出的，并在多个工厂进行试验和指导。郭嘉诚回忆说，为了写那两本书，他深入工厂，工地，不畏艰苦，为了解决棉纱质量与环境（温度、湿度、操作）的关系，取得适合生产的数据，他一次次到京棉某厂去，在闷热潮湿环境下，在震耳的

1963年4月周华章夫妇在颐和园

机器声中取数据；为了解决钢筋质量标准问题，他又一次次到石景山某钢厂去，做了大量的现场调查工作，提出了符合当时工艺水平的最佳值；为了解决建筑用预制构件的公差问题，他又跑工地，对钢模板和木模板的工艺质量标准进行研究，提出最佳建筑质量和成本控制……这样的例子还很多，他大都是得到解决办法后，就地给工厂工地的技术员开学习班，进行讲解。当时计算全靠笔头，工作量极大，他先教如何算方差，计算分布函数等，然后经常抽查我们的数据，在浩瀚的例子中选出很少一部分写入书中，既重视质量控制又重视经济核算，为当时工厂生产提供了指导，培训了人才。他的不怕苦，不畏难，严

1963年4月于颐和园全家照，左起第二人起，依次为周华章、夫人、周小虹、周小渝和周鼎蓉

谨的科学作风给我留下了深刻的印象！

据不完全统计从1957年到1966年文革前，他还发表了一些相关文章，但大量的讲课讲义都没有留下。此外

1963年到太原和周鸿章弟弟一家合影

他还进行不少翻译工作，他精通德语和英语，能读法文俄文和日文书籍。直到1978年，还有来约稿的信，让他继续翻译未完的工作。

在生活上他十分简朴，有时我嫌他穿得太寒酸了，一年到头好像总是穿一件半旧的蓝制服，家里也没有什么像样值钱的东西。但他对买书却很舍得花钱，在外面一看到专业上的新书，立刻就要买，身上钱不够就让人家给他留下书，自己马上回家拿钱去买，还到国外去定新书，从美国回来时，没有给我和孩子们买东西，除了一条用过的羊毛毯外，就是一堆书了。对于亲友，他总是十分慷慨，只要开口说孩子读书没有钱，他总是二话不说就给钱或到邮局去寄钱。在帮助别人方面，我们每月都支出不少，这一点他们周家的人都是一样的，他的弟弟和妹妹，除了神经病的大妹外，对人都是十分热忱慷慨大方的。我们两人的工资加起来有300多，可直到文革，家里也没有存款，记得有一次他在北大医院住院做手术，出院时必须要交100元钱，我说我到学校去借吧，他马上阻止我说不行，我们工资这么高还借钱影响不好，还是找朋友借吧。我只好去找朋友去借钱。

## 六、动乱岁月　魂断清华

1966年6月，文革开始了，一切都乱了套，到处是红卫兵、大字报、学校停了课，工厂停了工，领导都做了黑帮走资派被挂牌子揪斗游街。我们整天提心吊胆，对发生的一切百思不解，不知什么时候

厄运会降临到自己头上。华章十分焦虑，他一心想工作，却无事可做，他没有什么不清楚的历史问题，却让他整天写材料。一天晚上红卫兵终于来抄家了，家里没有什么贵重的东西可抄，他们只抄走了一沓信件和通讯录，后来发还时我看了一下，其中有2封信是华罗庚先生

1964年暑假，周华章和小妹周荷贞及其长女在杭州花港观鱼合影

写的，信中盛赞了他的自编讲课教材，希望尽快看到下册，其余信大都是和龙章弟的通信。龙章1949年初到台湾任教后，于1959年到西德留学，到西德后设法与华章联络上了，两人开始通信，当时通信也是受到监视的，华章在信中动员他回国，还经常寄去人民画报，由于龙章的爱人在台湾工作，龙章没有回来，但他却动员了一对夫妻回来了，这对夫妻还到我家来过。但当时这些信却是华章里通外国、特务嫌疑的证据了。真是天晓得！但那时的逻辑就是这样的，只要和台湾的人有关系就是特务！

华章的历史是清白的，受到怀疑的一个问题是1938年夏天，他大学毕业后曾到陶峙岳的部队里待了一年多，但此时，陶肯定也要当"走资派""反动军阀"了。华章认为自己的问题就不好说了。他一向是个能吃能睡的人，但那时也常常辗转反侧，心情不佳，不知运动到何时结束，前景如何。当时外面很乱，清华团派和414开始武斗，整天大喇叭叫个不停。

直到1968年夏天，工宣队进校了，好像一切正规起来了，但是

工宣队一进校就宣布华章不能离开学校，数学教研组分成几个小组，每个组有重点批判对象，华章就是重点。他在教研组受到了怎样的批判我不知道，因为我自己也得天天按时上班，参加运动。华章被责令写交代材料。整天不是写就是批。他给自己总结了扣到他头上的四顶帽子：特务、反动学术权威、漏网右派、现行反革命。促成他最后下决心的一张大字报题目是：周华章是人还是鬼？大字报揭发他的反动言论：反对江青，说江青是三流演员；包庇蒋南翔，说蒋的治理学校的方法也有对的地方；反对林彪，说林彪说的毛泽东思想的是四个顶峰不科学等等，这些都是在小组会上讨论性的发言，现在是反革命的罪证了。华章告诉我，一心报国，却戴了四顶帽子，想工作却再也没有机会，以后只剩一条路：独自去劳改了，没有活着的意义了。

我十分着急，因为我不会做思想工作，我每天要去参加运动，不能看着他，我去找了工宣队的师傅，把情况作了介绍，工宣队师傅说，我们有什么办法？我提出了3个方案：一是工宣队看住他，工宣队说没有人；二是让工宣队找教研组的人看住他，工宣队说你自己去找，我说我是什么身份，能让教研组派人，只有你们出面了，但工宣队还是不肯；最后一个方案是让工宣队把他关到牛棚里，这样他就没有机会自杀了，但工宣队说不行，牛棚里的人是确有证据的人，周华章还在审查中，没有确凿的证据关他，我们要犯错误的。就这样，无动于衷的工宣队什么也没有做，失去了挽救他的最后希望。真是叫天天不应，叫地地不灵呀！

万分痛心的事终于在1968年9月30日发生了！他走了，带着满腔的报国情怀，带着无比的绝望！他没有等到今天的好时光！如果他能活到今天，一定会以最大的热情参加今天的建设热潮的。华章，我的亲人，你安息吧！

## 后 记

自从今年（2007年）7月初我征询了母亲和两位叔叔（两个姑姑均已辞世）的意见决定参加《家在清华》的征文投稿后不久，母亲收到了父亲当年的同窗好友叶笃正先生转寄来的一篇文章初稿：《新中国管理科学的开创者之一——纪念周华章'运筹科学'首文发表50周年》一文,作者是湖南大学的许康教授和纽约市立大学的徐义保先生,文章内容翔实,可以看出下了很大的功夫,不少事情我们都不大了解,看后令人感动。

父亲生于1917年,今年(2007年)是他90周年诞辰,两位素不相识的人为纪念我父亲90诞辰已经拿起了笔,我们岂能不写呢!我和姐姐小渝、我家挚友沙镇家、胡玉和,表哥朱林楠等纷纷写了纪念的文字,尤其是沙镇家,写了好几篇,字里行间流淌着浓浓的亲情和真挚的友情,身在台湾的龙章叔叔一次次打电话讲述过去的事情……还有我家挚友郭嘉诚和母亲的学生郁忠强在百忙中抽空到清华帮我查父亲档案,取得了当年父亲归国时填的详尽履历表和1956年3月18日寄给于光远的信的复印件,对我帮助极大!在此一并对档案馆的同志致谢!

患有神经衰弱失眠症的母亲刚开始时不愿提及往事触及伤疤,她说用了许多年的时间才平静了下来。我们平时也很怕触及母亲的伤疤,总是回避关于父亲的往事。但母亲在众人的感化下终于决定积极参与,为了今生永久难忘的记忆,89岁高龄的母亲也拿起了笔,写下近三千字,我知道这三千字里饱含着怎样的深情和无限的哀思!我也知道母亲常为此彻夜难眠!母亲对我说:此生最不后悔的事是嫁给了父亲,我们的感情之深是你们不了解的。母亲终因体力不支搁笔,由我笔录整理成文。我愿以此文祭奠我的父亲,寄托我们三个儿女的哀思。亲爱的父亲,你安息吧!

注:此段为摘自许康等"新中国管理科学的开创者之一——纪念周华章'运筹科学'首文发表50周年"一文草稿,因文章尚未发表,冒昧引用,特此致歉。

# 李丕济 (1912—1968)

周文业　编辑

## 1. 小传

李丕济先生 1912 年 2 月 12 日出生于天津市宁河县宁河镇。家境贫寒,祖父为清末举人,一生执教,曾在北洋学堂(原北洋大学、现天津大学的前身)教课。在这一书香门第家中的熏陶下,对他一生的影响至深。他自幼刻苦读书,成绩优异。1930 年在父辈三人的支持下进京投考大学,同时被清华大学和上海交通大学录取。他选择了在清华大学土木系工程系学习,1934 年毕业。

李丕济 (1912—1968)
1930 年进北平投考大学过天津时留影

毕业后在天津华北水利委员会工作了两年,任工程员。他深入工地学用结合,得到了锻炼。1936 年全国经济委员会资助公费留学,在华北三省只有一个名额。他报名后经过极为严格的考试,以优异的成绩独占鳌头。

二、教　授

1934 年清华大学第六级全体同学毕业照，前排左三为李丕济，左七为吴晗

1936 年二十四岁出国留学前留影

他于 1936 年 6 月出国，先在荷兰学习半年，后转入德国柏林工业大学和卡尔斯鲁厄工业大学学习。他出国仅一年，"七七"事变爆发，从此失去了国家经济资助，学习和生活的费用全靠自己挣出，艰苦程度可想而知。

在 1939 年去瑞士实习期间，欧战爆发，瑞士德国交通断绝，他只好应聘瑞士公立大学水工试验所边工作边学习，取得土木工程师学位并任研究工程师。至 1945 年二次世战停止，他于 1946 年底辗转回国。他在欧洲长达 11 年之久的留学生活，为他在水力学和水工实验奠定了坚实基础；取得了很高造诣。

1945年在瑞士某水库大坝前与中国儿童照（左边的儿童为张维先生的女儿—张克群）

1948年6月清华老土木系全体教师与48届毕业班同学刘元鹤等在大礼堂前摄 前排左起储钟瑞、夏震寰、吴柳生、陶葆楷、王光裕（明之）、张泽熙、李庆海、李丕济等八位教授。当年青年教师的江作昭教授提供照片（第二排右三）

  1947年2月，他任天津北洋大学土木水利系教授。半年后应学长们的邀请，于当年8月回到了母校清华大学任教。作为二级教授，他长期从事本科生和研究生的教学工作。由于幼年较好的国学基础，思路清晰，表达力强，加以精心备课，更新教案，深受学生欢迎，教学效果极佳。在任水利系水力学教研组副主任期间,主编了《水力学》等教材。水力学这门课程,实验是学习和解决实际问题的关键,他兼任水力实验室主任,在组建规模较大的水力实验室中投入了很大的精力,边教学边指导修建实验模型给学生上实验课。

上个世纪五十年代正是我们国家百废待兴、经济蓬勃发展的时代,全国各地都在大力兴修水利工程,他积极参加祖国水利建设事业,是中央水利部聘任的专家顾问。他经常深入工地考察水利工程,负责官

1947年三十五岁在北京香山郊游留影

厅、三门峡、密云水库和包钢引黄供水工程等多项水工模型试验。通过模型试验和大量精密计算,为工程提供关键数据和建议。每当图表计算出理想数据时,他都会兴奋地哼唱几句京戏,煮上一杯咖啡,品味自己多日的辛劳和能为国家建设做出贡献的欣慰。

1961年在陈士骅先生家开神仙会,左起陈士骅、陈祖东、女同志、施嘉炀、李丕济。

李丕济先生热爱生活,教学之余爱好颇多,诗词书画听京戏,尤其喜欢户外活动。篮球、网球、游泳、滑冰每有机会都参加活动。他待人真诚,乐于助人,关怀职工疾苦和青年教师的成长。同事们都说他幽默风趣,平易近人,没有大教授的架子。他的工资虽较高,但始终保持清朴生活。

他曾任水利系工会主席。1965 年当选为北京市海淀区人民代表。数次应邀参加天安门国庆盛典观礼并享受暑期旅游度假待遇。每次回来都从内心表达他热爱祖国和感谢组织上对他关怀的激情。1961 年他去泰山度假,登山观日出,因雾未果,写了一首五言诗"泰山观日出":滔滔怒云涌,蒙蒙白雾生,斩阻奇观现,旭日自升腾。这首诗言简意赅,除表白了观景实情,更为重要的是有着政治上的深刻内涵。他把"怒云、白雾"隐喻为苏联撤走了专家,短暂地影响了我国建设。但在党的自力更生思想指导下,我国的建设事业仍在"旭日升腾"。果然,我国的原子弹、氢弹相继

1965 年当选北京市海淀区人民代表照

最后的免冠像

爆炸,震撼了世界。这首诗刊登在当年的"新清华"上,从中可窥见他内心深处关心国家大事,热爱祖国,拥护党的热忱和真情。

李丕济先生是九三学社的成员。每周参加召开的"神仙会",讨论国家大事和学校建设大事。在反右运动中,他侥幸没有戴上右派帽子,但运动后期还是被定为严重右倾。史无前例的"文化大革命"开始后,两校是"文革"的重灾点。像他这样的老一辈"海归"派,在扫四旧、减工资、劳动改造、搬家压缩住房面积等等无一幸免。看到

被揪出游街批斗的同事，由派系斗争发展为武斗的红色风暴，整天在很不理解和触目惊心、提心吊胆中生活。

工宣队进驻后，他又能回到阔别三个月的水力实验馆。但是接踵而来的更加残酷的清理阶级队伍，他没能过得了这一关。像他这样正直纯朴、追求进步、努力踏实教书的老知识份子当时都顶着反动学术权威的帽子，在完全封闭的情况下，面对印有"坦白从宽，抗拒从严"的稿纸反复逼迫他交代反动思想和问题，搜索枯肠、挖空心思地写和交代仍得不到认可。

1968年11月29日李丕济殁于水力实验馆楼下

真是到了"文章信口雌黄易，思想锥心坦白难"的境地。尤其是他在保守的欧洲11载的学子生涯，教授的荣誉和尊严是至上的，如今全都失去了，甚至连做人的尊严也失去了。他彻底绝望精神崩溃了。他不顾82岁的老母亲，扔下妻子幼女，他把许多人都想到而没有做的事情做了，1968年11月29日在工作了二十多年的水力实验馆，他结束了56岁的生命。1978年清华大学党委为水利系李丕济先生等三位在"文革"中非正常死亡的教师召开平反和追悼大会。

李丕济先生在清华住所如下：1946年起住胜因院33号，1949年起住新林院63号，1951—1960年胜因院13号，1960—1966年住16公寓304，1966.12.11起住公寓12号。

1978年清华大学在第二教室楼为水利系李丕济、陈祖东、周定邦开追悼会

## 2. 年表

| 时期 | 时间 | 岁数 | 地点 | 简历 |
|---|---|---|---|---|
| 童年 | 1912 | 出生 | 河北宁河 | 2月12日出生 |
| 读书清华等6年 | 1930 | 18 | 北京 | 就读于清华大学土木系 |
| | 1934 | 22 | 北京 | 清华大学土木系毕业 |
| | 1934 | 22 | 天津 | 任天津任华北水利委员会工程员 |
| 留学德国10年 | 1936 | 24 | 德国 | 考取官费留学生（德国） |
| | 1936 | 24 | 荷兰 | 荷兰实习半年 |
| | 1937 | 25 | 德国 | 在德国柏林工业大学、卡尔斯鲁厄工业大学进行研究 |
| | 1939 | 27 | 瑞士 | 在瑞士公立大学取得土木工程师学位 |
| | 1939 | 27 | 瑞士 | 任瑞士公立大学水工实验所研究工程师 |
| 任教清华等22年 | 1946 | 34 | 中国 | 乘船回国 |
| | 1947 | 35 | 天津 | 任天津北洋大学土木、水利系教授 |
| | 1947 | 35 | 北京 | 任清华大学土木系土木、水利系教授 |
| | | | 北京 | 任清华大学水利系水力学教研组副主任 |
| | | | 北京 | 任清华大学水利系水力学实验室主任 |
| | 1966 | 54 | 北京 | "文革"中被批判 |
| | 1968 | 56 | 北京 | 11月29日去世，终年56岁 |
| | 1978 | 去世十年后 | | 清华大学为之平反 |

本篇小传和年表编写者李丕文，为李丕济先生的胞弟，北京大学机械系毕业。原任天津纺织机械厂总工程师，为享受政府津贴的教授级高工。

## 3. 生平地图

河
7任教清华
2就读清华
1出生宁河
4留学德国瑞士
河北省
天
北京市
宁河
津
天津市
5回国任教
北
6任教北洋大学
市
3任职天津

李丕济清华故居三
胜因院13号
李丕济去世地点
水利实验馆
李丕济清华故居一
胜因院33号
李丕济清华故居二
新林院63号

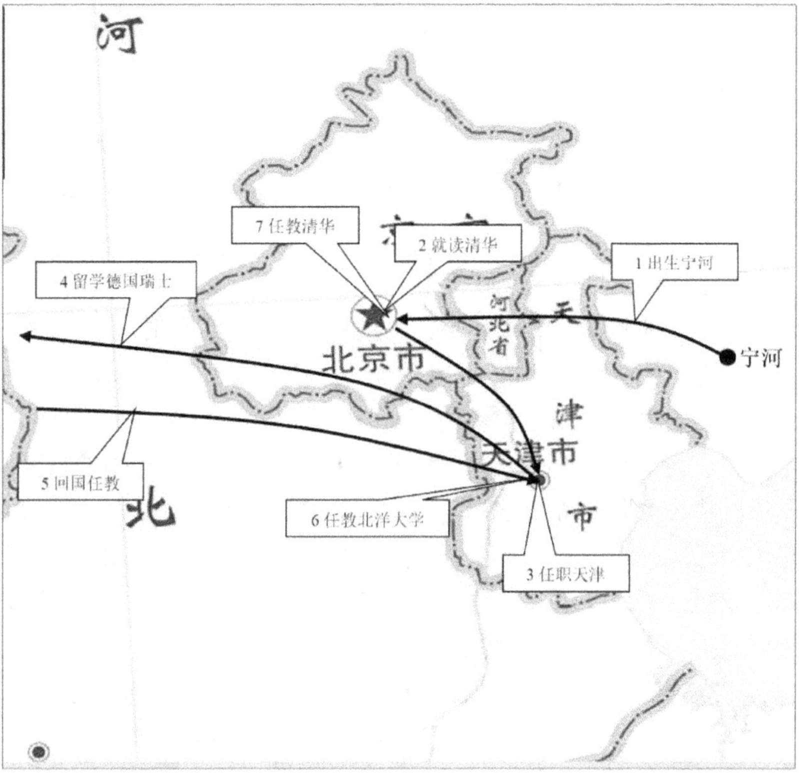

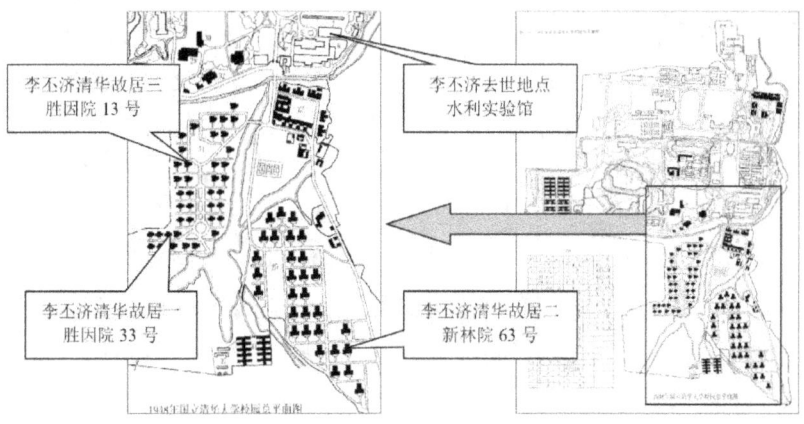

## 追 忆

李 桂

我的父亲李丕济先生去世 40 年了。以我当时的年龄，很难概述他的一生，只能根据留下的老照片追忆些许逝去的往事，作为对父亲的悼念。

父亲 1912 年出生在河北省宁河镇的一个书香门第之家，自幼上学读书，成绩优异。1930 年自家乡进京投考大学，同时考上了清华大学和复旦大学。他选择了清华大学土木系学习，1934 年毕业。在他们那届学生中有吴晗，季羡林等国家优秀人才。毕业后在天津华北水利委员会工作了两年，任工程员。1936 年 6 月以优异的成绩考取全国经济委员会资助的公费留学机会。出国后先在荷兰学习半年，后进入德国柏林工业大学和卡尔斯鲁厄工业大学进行研究。他出国仅一年就爆发了战争，从此就失去了国家的经济资助，家境不济也少有经济支持，学习和生活的费用全靠自己挣出，艰苦程度可想而知。他寄给母亲的照片背后写着"给母亲　济儿"，寥寥几字中透露出海外学子对祖国、对母亲的深深的思念之情。1939 年应聘瑞士公立大学水工试验所，边工作边学习，取得土木工程师学位并任研究工程师。父亲没有给我详细讲述过他在国外留学的事情，只知道二战一结束，就忙着准备回国，直到 1946 年底才辗转踏上回国的路程。现在回想起来他一人在国外背井离乡，历经战乱，11 年之久的留学生活该是多么的不容易啊。

父亲回到祖国后，1947 年 2 月任天津北洋大学土木水利系教授，半年后应清华大学老先生们的邀请，于 1947 年 8 月回到母校清华大学任教。作为清华大学的一名普通教授他长期从事本科生和研究生的教学工作，一生认认真真教书。上课是头等大事，只要有课，头天晚上总要认真备课到深夜，反复查找资料，撰写教案，第二天一早穿戴整齐夹着教案去给学生上课。我曾经让他评价自己的讲课效果，父亲说：他讲课生动，课堂气氛活泼，学生们爱听；但是板书比较乱，随讲随画的习惯不好，应当改正。在近20年的教书生涯中父亲少有著作，仅编撰了《水力学》一部基础教材。撰写中反复删改，以求言简意赅、深入浅出、精益求精。那时我读小学六年级，还帮着父亲抄写过几页书稿。作为研究生导师他更是循循善诱、一丝不苟、诲人不倦，学生经常到家里来一讲就是半天。水力学这门课程，实验是学习的关键环节。父亲时任水力学实验室主任，在水力学实验室的建设中他投入了很大的精力。我小时候爱到水力实验楼去玩，因为父亲总在那里上班，指导实验人员修建试验模型；给学生上实验课。

五十年代正是我们国家百废待兴、经济蓬勃发展的时代，全国各地都在大力兴修水利工程，父亲积极参加祖国水利建设事业，是水利部聘任的顾问。他经常出差到外地考察水利工程，负责官厅，三门峡，包钢引黄供水工程等多项水工模型试验工作。为了给工程提供关键性数据，父亲每晚伏案计算大量数据。而当时的计算工具只有计算尺，他一拉计算尺就是大半夜，反复校正计算结果，直到精度达标为止。我经常看到的是在一张很大的坐标纸上，密密麻麻用铅笔写满了数据，这是父亲算了好几天的结果。每当算出理想的数据时，他都会哼唱几句京戏，然

1957年李丕济先生与母亲、夫人、女儿在颐和园合影

后再为自己煮上一杯咖啡以利再战。我想作为蒋南翔校长的一佰零捌位教授之一，他应当是当之无愧的'天罡星'。

父亲热爱生活，喜爱孩子。工作之余他有很多

1961年李玊济和夫人杜崇敏

爱好，诗词书画听京戏，尤其喜欢户外活动。春天去颐和园划船；夏天教我游泳；秋天爬香山欣赏红叶；冬天带我去荷花池滑冰。星期六下午有空时带我进城，主要的目的是逛外文书店，他在书架前不停地翻阅各种书籍，一看就是个把小时，我要是不催就得到天黑书店关门才罢。在父亲的呵护下我儿童时期的生活是愉快而丰富多彩的。父亲对我的功课基本上不管，问他问题时也很不耐烦，还会批评我不认真听讲。偶尔有空儿他会教我们（学习小组）古文，还记得给我们讲过"醉翁亭记"。每到期末我拿着成绩册请父亲签字时，他大声地鼓励我说：继续努力，我考上清华附中他高兴地笑着说：不错不错。他很注重培养我的独立能力，记得我9岁就派我一个人进城买东西；小学毕业就独自一人去天津奶奶家；15岁时就和另一个不到15岁的女同学去串联，走遍大江南北。在生活上对我的要求是比较严格的，不许挑食，不给零钱，要艰苦朴素，要热爱劳动等等。这些教诲都使我终生受益。

父亲生活简朴，吃饭不讲究，穿衣也很随意。父亲提薪后工资较高，但是作为一个大家庭的经济支柱，负担还是不轻的。他很孝顺母亲，每月的收入几乎要寄给奶奶一半，逢年过节都要去看望。三年自然灾害时期，他支持妈妈削减了粮食定量，节衣缩食，与国人共渡难关。这个时期国家对高级知识分子有额外补助，他很知足，也抱有感

激之情。当时补助中每月有两条香烟票,都是买给奶奶的。他觉得自己不吸烟还拿补助烟票是不应当的,可是不拿奶奶就没烟抽,无奈自己装模作样地抽两根,一来二去学会了吸烟。他喜欢听音乐,积攒了一摞唱片,可家里没有留声机;一辆破旧的自行车大部分时间在修车铺,到 63 年底才买上新的;他喜欢照相,相机都是借别人家的,64 年才买了海鸥牌相机;除了一些爷爷留下的字画,家中没有什么可破的'四旧'。到现在,妈妈会时不时地念叨一句:你爸爸啥好东西都没赶上。

父亲待人真诚。他热情帮助生活困难的职工,关怀同事的疾苦,关心青年教师的成长。系里的同事们都说他幽默风趣,爱说爱笑,平易近人,没有大教授的架子。他还当过水利系工会主席,热心社会工作,广泛联系群众。1965 年当选为北京市海淀区人民代表。

父亲有很多朋友,听妈妈说我小时候家里经常是高朋满座。最要好的是水利水电科学研究院副院长谢家泽伯伯,他们是同学又同样留学德国,还是事业上的同行,他们在一起喝茶,吃饭,聊天十分投机。第一机械工业部的总工程师张有龄伯伯是京戏迷,他们在一起看戏,说戏。听妈妈说在校内父亲最好的朋友是黄万里伯伯,他们最能聊得来。黄伯伯被打成右派,对他的打击是巨大的,他们被迫断绝了来往。但是我能感觉到这位好朋友在父亲的心里是难以割舍的,他对黄伯伯坚持真理,刚直不阿的钦佩之情时常流露于言语之间。在反右运动中父亲侥幸没有戴上右

1967 年秋五十五岁的李丕济先生在清华大学 11 公寓 12 号门前与家人最后的合影

派帽子，但在运动后期还是被定为严重右倾。直到1971年底我要调入陕西体委工作时，还有人咄咄逼人地对我讲：不要以为你父亲没有历史问题，他是严重的右倾分子。

父亲热爱祖国，拥护共产党。他关心国家大事，参政议政，是九三学社社员。那时由各民主党派人士组成的'神仙会'，每周轮流在各位神仙家中开会，讨论国家大事，研究学校建设的大事。父亲由衷地为祖国取得的成就而骄傲。当我国成功地爆炸了原子弹时，他在外地，激动地让妈妈去替他游行庆祝。64年建国十五周年大庆他应邀出席国庆观礼，回来后兴致勃勃地给我们讲述游行盛况，讲述隐隐约约见到毛主席，讲述周总理走到天安门城楼最西边，向他们所在的观礼台长时间招手致意的细节。话语之间表达出对国家给予荣誉的感激之情。并许愿到国庆二十周年时带我去观礼，可是父亲爽约了，他没有等到国庆二十周年的庆典。

史无前例的文化大革命开始了，它像暴风雨一样汹涌，冲击着一切'污泥浊水'，没有谁能幸免。从打倒走资派开始，大字报大辩论，破四旧，横扫一切牛鬼蛇神，翻天覆地的红色风暴席卷全国。像父亲这样正直纯朴，追求进步，努力为祖国工作的老知识分子完全不知道应当怎样面对，更不知道怎样做才是正确的。

工人宣传队进住学校，武斗结束了。父亲又

1963年在清华大学十六公寓家中（李亚民摄）

能回到水力实验馆了，他感慨这是回清华工作后，离开水力馆时间最长的一次——三个月。可谁又知道四个月后他永远地离开了我们。

父亲在文化大革命中的遭遇和所有的旧社会过来的老知识分子是一样的。他顶着反动学术权威的帽子，努力在毛泽东选集中寻找革命的出路。家里的一套学习资料被他反复研读，划满了记号，可是仍然找不到答案。他一生清清白白，没有做过对不起人民的事情。可是文化大革命这场劫难逼迫他把自己批判得体无完肤，失去了做人的尊严。他挖空心思交代问题仍得不到认可，绞尽脑汁也搜寻不出更多的罪行以求得宽恕。无止境的审察使人精神崩溃。发下的交代问题的稿纸又印上了"坦白从宽，抗拒从严"的字样，他彻底绝望了。他不顾82岁的老母亲，不管未成年的女儿，更不顾及妻子家庭，他把许多人都想到而没有做的事情做成了，1968年11月29日在他工作了二十多年的水力实验馆，父亲结束了他56岁的生命。

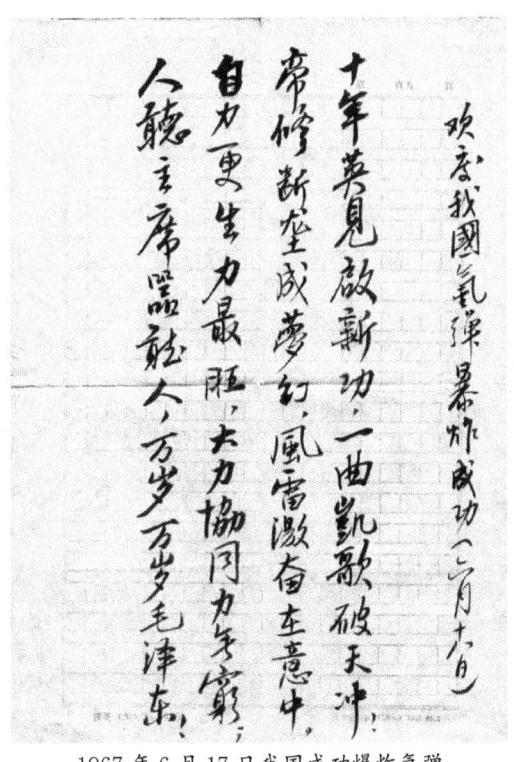

1967年6月17日我国成功爆炸氢弹
李丕济次日赋诗祝贺（手稿）

文化大革命结束后，1978年清华大学在第二教室楼给水利系三位在文革中非正常死亡的教师开了平反大会。

写于2007年11月12日清华大学

## 文革受难者——李丕济

以下为王友琴《文革受难者》一书中的有关记述：

李丕济，1912年生，清华大学水利系教授，留学德国。"清理阶级队伍"中被"审查"，1968年11月29日在水利馆大楼跳楼自杀身死，时年57岁。

李丕济曾经主编《水力学》教材，还为多座大型水库做过水工模型试验。

张维教授被"斗争"的时候，李丕济曾去安慰他，说，"以刚，你不会有事，想开点。"没有想到他自己后来自杀了。不知道他在被关的时候遭受了什么。

在清华大学水利系，在李丕济之前，还有一位教授陈祖东自杀。

清华大学有新老两座水利馆，建有重要的水利研究和教学设备。李丕济教授死于老水利馆。至于新水利馆，1970年5月，军宣队迟群下令砸掉那里实验大厅的设备，改为汽车厂装配车间。两个月后，7月27日，汽车厂"造"出了10辆汽车，汽车牌子命名为"727牌"。

7月27日是1968年毛泽东派"工人解放军毛泽东思想宣传队"进驻清华大学的日子。迟群是毛泽东的警卫部队的宣传科长。他们的"教育革命"害死了李丕济这样的教授，破坏了科学研究用的设备，还用弄虚作假成本高昂"造"出来的汽车来自欺欺人。

# 邹致圻 (1911—1968)

周文业　编辑

邹致圻，男，1911年生，57岁。清华大学机械系教授（1952年），留学美国麻省理工学院MIT，曾任副系主任兼制造教研组主任，1958年领导我国第一台数控铣床的开发。"清理阶级队伍运动"中遭迫害，1968年12月10日从15公寓401号住宅中跳楼自杀身亡。

邹致圻（1911—1968）

## 邹致圻与清华数控铣床开发

苏新天（清华大学机械系1959级）

在清华的五年学习中，有一件事使我保有良好的回忆。就是在高年级时参加科研。开始时是勤工俭学，我到机制车间去学开车床，记得是跟一位年纪很大的关师傅，开IA62（苏制）。这当时是很先进的车床了。我们专业上一班有个女同学叫邬敏贤，以她为主设计了一台加工手表表壳的表板铣床，此事曾登在"中国青年报"上。当时这台铣床的零件，就是我们加工的。后来还加工过"锅驼机"（农村用）的零件。

再后来在系副主任邹至圻先生（留美教授，中国数控技术的开拓者）的主持下，机械、电机、自动控制三个系联合研制数控铣床。当时的代号叫101、102、103。前两台是铣床（连续式），后一台是钻床（点位式）。按驱动方式又分为电控和液压两种。我有幸担任了滚动丝杠、主轴、底座的设计、试制以及外协加工等任务。为了探讨滚动丝杠中滚珠循环的结构，我和广东籍同学麦伯康以及张伯鹏老师一起费了不少脑筋。我还单独去北京机床一厂（在大北窑）联系主轴加工的事，一个晚上在街上好不容易找到一辆出租车将两根长长的主轴运回清华园。参加科研，从设计到施工，对于我们学工科的是极大的锻炼，是极好的理论联系实际的机会。我曾经在车间里48个小时未有睡觉，连续开车床，由于打盹，车床上转动的三爪卡盘将我工作服上的口袋都撕开了。记得58年最后一天连续战斗一天一夜，在59年元旦清晨终于将103号数控机床装在新建的机械馆中。当时清华各系都有自己的拿手好戏，像建筑系参加的"十大建筑"，水利系的密云水库，动力系的微型汽车，机械系就是数控机床了。周总理、陈毅外长都曾经陪同外宾参观过我们系的数控实验室。记得周总理陪同金日成首相来参观时，我们送给金首相一块用数控机床"写字"的钢板（中朝友谊万岁）作为礼物，周总理很感兴趣，他说也要一块。我们则在一块磨得光滑的钢板上，用数控铣床写了"和平"二字给他。陈老总则夸奖我们的铣床说"这个像魔术一样。"记得是在58年举行北京市高等学校勤工俭学成就展览会，我是代表学校去参加布置的。晚上躺在公园的石凳上，仰望满天星斗，心里面觉得很高兴，作为青年学子能为国家的科研作些贡献是很欣慰的。

可惜的是清华的数控科研没能正常地开展下去，1966年"文革"风暴摧毁了一切。领导我们科研的邹致圻先生（MIT 毕业）在"文革"中自杀身亡。清华的数控研究一停就是十年，待到文革结束时，日本的数控机床水平已把中国远远抛在后面。而领导日本数控研究的教授，据说是同邹先生一起毕业的日本学者。如果从 1958 年开始，清华的研究踏踏实实搞下去也不会落得这么个局面。政治运动对教育对科研以及对人才培养的冲击，不值得我们汲取教训吗？

摘自《苏新天回忆录》[1]

编者注：本文作者苏新天已于 2008 年 3 月 17 日因病在深圳去世，享年 72 岁。

## 精心组织　协同攻关
### ——记 1969 年我国第一台数控劈锥铣床的研制成功

清华大学精密仪器与机械学系教授　韩至骏

1969 年 3 月我国第一台正式用于生产的数控铣床——XPK01 数控劈锥铣床在北京某国防工厂投入生产了，这不仅解决了军工多年来难以解决的技术难题，满足了当时军工的急需，也对数控机床从研制走向生产产生了重大影响。

### 1. 劈锥铣床诞生的历史背景及任务的由来

1958 年 10 月我校与北京第一机床厂合作研制成功了我国第一批三坐标联动数控铣床。1962 年其中的一台在北京第一机床厂经一年半的调试攻关，创造了连续 72 小时稳定运行的纪录，试加工了 60 余种几百个复杂工作，积累大量经验和数据。1964 年秋首批数控机床通过国家技术鉴定。并获得国家科委三等奖。

另一方面，由于 20 世纪 60 年代初中苏关系恶化，苏联中断了对我民用及国防工业的一切援助，当时国防口武器瞄准系统中一个核心组件——劈锥，由于形状复杂，制造精度要求很高（例如其中一

---

[1]　http://www.zhuanjinet.com/show_c_detail.php?bid=328&id=1978

种劈锥，尺寸仅约 f42×42mm，但加工完都必需符合高精度要求，要检测 13200 个点）当时国防工业系列采取各种办法都未能解决这一难题。在上述例子中加工工厂中专门为此改造了一台精密坐标镗床，4 个人一班，三班倒，三年才加工了 7 个，其中只有一个合格品，一个为半合格品。劈锥是地-地、空-地、海-地火炮瞄准仪中的核心组件，形状复杂，精度要求很高，是当时国防工业常规武器生产中排名第一的待解决的关键课题。因此当时国防工业办公厅，把劈锥制造问题的解决，列为常规武器制造的第一号任务。在这种情况下，国防工业办公厅找到清华党委把研制加工劈锥零件设备的任务交给了清华，并要求在尽可能短的时间（不多于一年）完成任务。

### 2. 精心组织，协同攻关

任务下来后，首先遇到的问题是究竟设计成什么样的机床，是专用的，还是通用的，是改装还是全新设计。这台机床的精度相当于精密坐标镗床的要求，而且因为刀具直径小，主轴转速高，温升变形怎么解决，进给速度高，伺服电机怎么解决，加工的材料的超耐磨性，要求刀具寿命很高又如何解决？电子管的寿命及可靠性不高，运行于生产环境下是否应研制半导体的 NC 装置……等都要在很短的时间内，在缺乏资料和经验的情况下解决，怎么办？在校党委及系总支的支持领导下迅速成立以副系主任兼制造教研组主任邹致圻教授为首的领导小组，下设总体组及各专题攻关组，机床设计组，并与电机系协作数控装置的研制。

这是一个"大兵团"作战的队伍，两个系的老师除领导的教授外年龄都在 20 多岁到 35 岁之间，加上两个系的学生有近百人参加设计与试验研究。我们深深感到这样一个重要任务，这么多年轻人，这么短时间，如果没有正确的指导思想和技术路线，没有周密的组织与计划，是不可能完成任务的。

经过研究，认为首要的是做什么样的机床，是新设计还是改装？一方面组织去工厂调研，一方面发动群众讨论，改装是最快的，但调研的结果，找不到合适的机型，剩下来就只有新设计了，但设计成什么样的，全通用的当然很好，因为数控加工效率高，我们估计，全年加工不仅可完成劈锥任务，还可以加工工厂内其他零件，但通用的机床设计、加工周期长，不能满足任务需要，经过反复比较终于确定了，设计的机床应以加工劈锥为主，在此前提下尽可能可加工其他零件。我们体会，这一决策非常重要，因为目标必须切实可行，才能为按期完成任务提供基础。

我们在组织与计划时，认真分析和总结我们前几年的工作经验，提出了工作中要提倡大胆创新的同时必需抓严谨的科学作风，凡是新的技术或者技术关键都必需反复试验，才能保证总体（整机）的一次成功。工作中要高标准，严要求，要对国防、对国家高度负责的精神，一丝不苟的工作，在党支部支持下层层动员，党员带头，大家都积极地，带着满腔的热情投入到了工作中。

根据任务需要，成立了总体方案设计组，高速精密主轴组、精密分度部件组、高耐磨刀具研究组、NC装置设计组、程序编制组……明确了任务、负责人，整个工作热火朝天的展开，9003大楼二层夜晚灯火通明，有些房间彻夜不灭。

总体方案组在邹教授带领下去北京、山西有关国防工业工厂研究调研，在山西，我们碰到一件事，给我们留下了深刻印象。在一个兵工厂里，用自行设计的劈锥光学锉床加工劈锥，工人在显微镜下逐点读取加工数据，并用锉刀修锉，这种方法生产率极低，加工精度不易保证，并且一个工人一般干两到三年眼睛就散光了，不得不"退休"换其他工种。但在车间里有一名老工人干得比别人快且眼不花。我们就去找他"取经"，不想遭到厂保卫部盘问，了解后才知道此人是"劳改犯"，但因为当时任务紧迫，不得不让这个"劳改"的老工人出来赎罪立功，参加到任务中来。

调研回来以后进行了政治动员，总结了过去的经验。首先，总体设计方案要好；另外，要解放思想不能瞎干，凡是没有把握的元部件和新技术都坚持在实验的基础上再设计投产，并及时总结争取一次成功。但工作进行还是很艰苦的，一是高精度的元器件，由于西方封锁买不到，而国内又不能生产，只有自己动手改造设备，精化机床自已加工,为保证机床精度和寿命采用很难加工的材料做机床导轨,为了达到微米级的精度工人硬是用刮刀刮,有的师傅一天刮下来刮刀顶在腿上起了泡,皮都破了仍坚持干下去。由于"文化大革命"大串联,已经没有继续干下去的工作环境,仅凭着部分党员、教师和工人对国防事业高度的自觉性和责任感,克服了各种内外干扰,坚持实验和生产。一直到1968年初,开始武斗不能进楼,就这样部分党员工人如严师傅等在1968年还是坚持干完了这项工作。功夫不负有心人,经过全体同志的共同努力,各个小组的积极协作,终于于1969年成功地完成了这项任务。

XPK-01数控劈锥铣床是2.5坐标开环数控铣床,除用于加工劈锥外,还可用于加工精密空间及平面凸轮。该机床属于高精密数控铣床。机床几何精度为微米级,综合加工精度A0.03。该机床是我校数控科研成果首次成功用于国防生产,也是我国数控机床用于生产的首例,生产效率较常规方法提高几十至几百倍,并且100%符合设计精度要求,在国防生产中引起重大反响,也为促进我国数控机床研究用于生产起到重要影响。

## 文革受难者——邹致圻

以下为王友琴《文革受难者》一书中的有关记述:

邹致圻,男,57岁,清华大学机械系教授,在"清理阶级队伍运动"中,1968年12月10日跳楼自杀。

# 三、副教授

黄报青
周寿宪

# 黄报青（1929—1968）

周文业、孙怒涛　编辑

黄报青，男，1929年生。清华土木建筑系党支委员、副教授，民用建筑教研组副主任。中共党员。文革开始时不同意中央给原高教部长、清华校长党委书记蒋南翔定性为反革命修正主义分子、走资派，为此遭殴打、侮辱和批斗，但他誓死坚持，曾自杀未遂，后精神恍惚，最后于1968年1月18日跳楼身亡。殁年39岁。

黄报青（1929—1968）
（林为桂提供，李劲修复）

黄报青1951年毕业于营建系，下图为其毕业论文《论新中国建筑的民族形式问题》，内附晒蓝图，封面上有导师梁思成的评语、签章。黄报青是梁思成最赏识最怜爱的一个高才生，毕业后留系任教，任民用建筑教研组主任、系党总支委员，在文革中为蒋南翔辩护而被迫害致死。

三、副教授

1959年，黄报青（右）与学生一起讨论解放军剧院设计方案

黄报青（左）吴良镛（右）老师和学生们
【上述照片由林为桂（房8）提供】

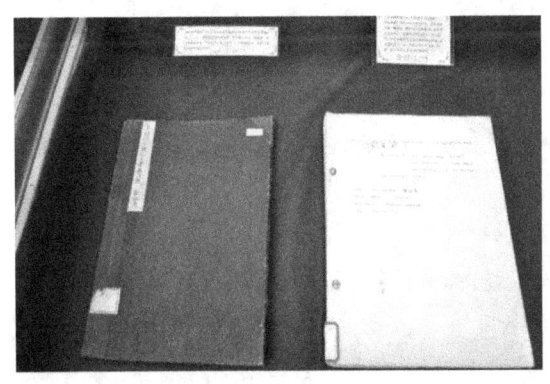

黄报青毕业论文

## 黄报青与批判梁思成"大屋顶"

以下为林与舟《梁思成的风雨岁月》(东方出版社,2005年第一版,第292页)中,对于1955年批判梁思成"大屋顶"建筑运动中的有关记述:

记得会上唯有黄报青一人提出质疑,他说梁思成没有错,"民族的形式,社会主义的内容"这句话是斯大林提出来的。回系后系里又开了不少会对黄报青进行说服和施加压力,后来黄报青表示组织上服从,但保留自己的观点。这位耿直的黄报青后来在"文革"初期对蒋南翔的问题一样地想不通,因坚持己见,被迫害致死。

## 黄报青与梁思成考察广西真武阁

以下为梁思成《广西容县真武阁的"杠杆结构"》一文中的有关记述:

1961年12月末,我和黄报青同志到广西壮族自治区参观访问,承蒙自治区党委调查研究室贺亦然同志的指点,知道容县有一座在二层楼上内部有四根悬空不落地、柱脚离楼板面约一寸的奇特结构。我们在广西建筑科学研究所建筑研究室杨毓年工程师的陪同下,于新春1月4日到达玉林;翌晨在玉林地委严敬义同志陪同下转容县,并在浦觉民副县长引导下,来到了东门外人民公园,登经略台,攀真武阁,亲眼看到了这一带遐迩称颂的悬空柱的罕见的结构。的确名不虚传,百闻不如一见。我从1931年从事中国古建筑的调查研究以来,这样的结构还是初次见到。我们上下巡视一周,决定这次调查以研究这座建筑的结构为主题,艺术处理的细节手法则在时间条件下给予必要的注意,在一天的时限内,做一次尽可能详尽的测绘,测绘工作主要由黄报青同志操劳,我不过做了些摄影和细部的描画、零星测绘等杂活而已。由于在经略台和真武阁工作的时间实际仅仅七个小时，文献资料也仅凭一部《县志》，而且结构和力学又不是我的专业，差错遗漏，势所必然，恳请读者指正。

以下为曾昭奋（清华大学教授，原《世界建筑》主编）"读《广西民居》与《徐霞客游记》"中的有关记述：

容县真武阁建于明万历元年（1573）。徐霞客于崇祯十年（1637）来到容县，这时真武阁已存在并传扬60多年了，但他并没有留下任何记载。

真武阁以其独特而迷惑人的四柱悬空杠杆结构技术而闻名于世。1961年，梁思成先生对真武阁进行了实地调查研究，并作了学术讲演。当时，正是"三年经济困难"期间，人们尚无心于学术，更不会辛辛苦苦去调研，辛辛苦苦作学术报告。梁先生是在清华大礼堂边上的阶梯教室里作的报告，这是多年来未有的一次学术活动，校外也来了很多人，挤满了整个大课室——那情景令我多年未忘。

当时陪梁先生去容县调研的还有梁先生最为赏识、最为关爱的学生，时任清华大学土木建筑系民用建筑教研组主任的黄报青教授。梁先生作报告时，有幻灯片配合。有一个画面：在那根离地悬空的大柱边上，站着黄报青。梁先生特别讲到，"你们看，黄报青他就傻头傻脑地站在那儿。"梁先生说这话的时候，不是用手指，也不是用讲演时的教鞭指，而是用一个很活泼的唇形指向银幕上的黄报青——就像一位慈爱的母亲在向人夸耀自己心爱的婴儿。师生间的情谊，竟是如此沉深而朴素！——此情此景似乎仍在眼前！几年以后，黄报青教授由于公开反对"无产阶级文化大革命"，被迫害致死，走在梁先生的前头。爱徒罹难，对受难中的梁先生是一次太大的打击。

## 各具特色的学术研究

曾昭奋

吕俊华先生的丈夫黄报青先生是建筑系第二班学生，1947年入学，1951年毕业留系任教，是民用建筑教研组副主任。黄先生、吕先生曾携手合作进行城市住宅区规划和住宅设计专题研究。今天，我们可在《建筑学报》上查阅到他俩合作、发表于1958年和1963年的研究报告。

1958年，国家大剧院上马，清华建筑系和其他系抽调三百多名师生组成设计组，两位共产党员李道增和黄报青任设计组长。经过大家的日夜奋战，大剧院设计高质量完成，并已经动工。旋因资金短缺，大剧院让位于其他国庆工程，没有继续施工。这才有四十年后法国建筑师安德鲁（Paul Andreu）的大鸟蛋中选方案的付诸实施以及所引发的纷纷议论。

黄报青先生也是一位书法家，少年时代受过严格、正规的法书训练。但我们却难以见到他的书法作品。现在还可见到的是他于1962年为《建筑史论文集》学术丛刊的题签，行书，但表现了一般行书所少有的遒劲和丰满。

"文革"爆发这一年，1966年春，黄报青先生在农村搞"四清"，无法在家照顾妻子，身怀六甲的吕俊华先生决定回上海分娩。教研组里数我年纪最小，教学任务也最少，不忙。教研组主任朱畅中教授派我送行动已十分不便的吕先生上了火车。两三个月过去了，当吕先生在上海顺利产下一男婴之后返回清华园时，清华园的"文革"已经闹翻了天，原来的干部全部靠边站，身体十分羸弱的梁思成先生被强迫穿上清朝官服游街……一开始，吕俊华在小组发言中流露出对运动的不理解和一点点抵触情绪，但这种不理解和情绪很快便被大势压了下去。这时，黄报青也从"四清"前线归来，面对着学校和整个社会混乱失控的局面，他以一个共产党员的坦荡胸怀，表示不理解并反对这场运动。为此，他遭到学生的斥责和打骂。上级派到系里的工作组特意把黄报青"上交"到学校一级，让他一个普通教师跟学校一级的"走资派"一起接受监管和强制劳动。有一天，几个教研组联合的"文革领导小组"议论说，把黄报青交给学校一级，他又不认错，弄不好会被学生打死，遂责成我到劳动现场与负责监管的学生商量，要他们把黄报青放回来，由建筑系自己来管。正是中午时分，当我来到"现场"时，只见校党委几位副书记和若干个系的总支书记（当时，校党委书记、校长蒋南翔，因身兼高教部长，被留在高教部批斗），二十人左右，在中午的烈日下，没戴草帽，跪成两行。他们已劳累了一个上午，个个都汗流浃背，满脸的汗水混着沙土。一个学生手执竹鞭，随意走到一个又一个"走资派"面前，随意发出一句问话，不管得到什么回答，就是呵斥和抽打。这样的场面不知还要持续多久，似乎没有让他们休息、吃午饭的意思。有不少围观者（"看客"）。

这样的场面，与我记忆中 1951 年农村土改时，个别贫雇农积极分子抽打成排跪在地上的地主分子的情境相仿佛：也有不少"看客"围着、看着打人者和被打者所组成的一幕。这两个相仿佛的场面，我都亲历了。在这两个场合中，我都是"看客"。鲁迅先生写到革命者被反动派枪杀时，周边就站着不少"看客"，因而发出带血的呼喊。时代不同了，被加害者和加害者的身份和情况也不同了，但是，"看客"却没有减少和消失。鲁迅的伟大在此，也可见"看客"的可悲了。

就在那个中午，见跪着的队伍中没有黄报青，我问了管事的学生。他说，黄报青还不够资格跟他们在一起，他只是一个教研室的副主任，官小，并表示可以放他回系。我抬头见不远处墙角下，黄报青还蹲在那里清除杂草和垃圾。这位正直的共产党员，终于在 1967 年被迫害致死。那些日子里，系里一位同事把痛苦无诉的吕俊华接到自己家里，以便照顾、安慰她。我去看她，她躺在床上，没有眼泪，也没多说话。打倒"四人帮"后，在大礼堂为黄报青同志补开了追悼会，有一千多人参加。这是我参加过的一个规模最大的追悼会。

黄报青是梁思成先生最赏识最怜爱的一个高才生。1961 年，"三年经济困难"的阴影还没有完全退去，梁先生即带领黄报青等教师和学生，奔赴广西容县，对真武阁进行调研实测。1962 年，梁先生就此做了一次学术讲演。那时，学术报告会已经消失多年，听说清华有这样的学术盛举，校外也来了很多人，把个西区阶梯教室挤得水泄不通。放幻灯片时，有一个镜头，在真武阁上那根离地板几厘米的巨柱边上，就站着黄报青。梁先生就着镜头解说这个特殊结构时，禁不住离开正题，对大家说："你们看，黄报青他就傻头傻脑地站在边上。"梁先生说这话的时候，不是用手指指，也不是用手上的教鞭指，而是翘起一个活泼好看的唇形向着银幕上的黄报青，就像一个慈爱的母亲，翘起美妙的双唇指向并夸耀着自己怀中的婴儿。这一洋溢着师生感情的场景，一直留铸在我的记忆中……然而，当被难中的梁先生得知自己的爱徒被迫害致死的消息时，他却只能把眼泪和痛苦吞进自己的肚子里。年轻的学生比年老的老师早走了五年。同志加师生的情谊，生命和知识的芬芳，永续在那遥远的天国。

## 黄报青之死

以下为刘冰《风雨岁月：1964-1976 年的清华》（清华大学出版社，1998年第一版，第105-106 页）中的有关记述：

我永远不会忘记，优秀的共产党员、年轻的建筑学副教授、系党总支委员黄报青同志为蒋南翔同志辩护的感人情景。记得8月25日凌晨我被游斗拷打后，从阶梯教室转移到了科学馆楼上。这一天上午，从建筑馆前的马路上传来了口号声，呼叫声，殴打声……透过窗子朝外看去，从建筑馆门前到大礼堂前面的马路上挤满了人，有几个戴红袖章的人扭着一个高个子的人，用棍子、长把扫帚打着他游行。那高个子顽强地挣扎着，呼叫着。经过科学馆门前马路时我看清了，那人是黄报青同志。他被打得鼻青脸肿，眼镜也打破了。他呼喊着："蒋南翔同志是马列主义者，不是修正主义！""蒋南翔同志是共产党员，不是黑帮！"几个造反派嚎叫着骂着，跳起来用扫把、棍棒朝他头上身上猛烈地抽打。黄报青倔强地振臂高呼："蒋南翔是好党员！"

那几个人狠劲地把他推倒了,有人喊着"揍死他",有人用拳头朝黄报青打来。他挣扎着从地上爬起来放声喊着:"蒋南翔同志是人民的儿子!"那几个人又把他推倒在地,黄报青挣扎着又起来呼喊:"真理就是真理,骂不倒,也打不倒!"那些人再把他推倒,他又起来大声呼叫着……就这样在草坪周围的马路上反复着……游斗了近一个小时。后来造反派对黄报青实行"专政",用拷打和各种折磨逼他屈服,但他坚持为南翔同志辩护,宁死不屈,后来终于被迫害致死。黄报青同志死了,但他捍卫真理、捍卫党的原则的崇高精神永远活在清华广大师生员工的心中。他是清华教师在"文化大革命"中捍卫真理、捍卫党和人民利益最坚定、最英勇的代表者之一。

## 缅怀黄报青先生

罗征启(1951级营建学系)

我们建五班同学都很熟悉黄报青先生。他是位德高望重、业务精深、才华横溢的老师。我们班设计图的标题,多是他的魏碑双沟,而且不用打格起稿。大家都听说他在文化大革命中坚持原则,不肯向极左势力妥协,结果屡遭迫害,终于含冤而去,但是详细情况却不甚了了。

我在学习期间曾任班长和系学习委员,和系秘书黄报青先生打交道比较多。黄先生和关肇邺先生同住一宿舍,我常到那里去。黄先生又是我的毕业设计指导教师。毕业后,我留校教学和做学生工作,黄先生也一直指导和配合我的工作。

文革大动乱开始以后,戴高帽、游街、批斗干部老师是平常事。但是黄报青先生就不平常了。在批斗时,黄先生坚持蒋南翔是好领导干部,不是反革命修正主义分子。喊"打倒黄报青"可以,喊"打倒蒋南翔"坚决不行。他找出许多报刊资料,说明中央一直肯定蒋南翔是好的领导干部,怎能一夜之间要打倒?一次再次,他宁愿挨打至尿血,被赶到小河中,但绝不妥协。1966年9月在东大操场"劳改"时,大家蹲在地上拔草,刘小石(系党总书记)悄悄对我说:"报青被打得不行了,你和他比较好,跟他说说,叫他别顶了。"我慢慢移动到黄先生身边,对他说:"黄先生,您不要顶了,中央的意图我们也搞不清楚,硬顶没用,保护身体要紧。"他说:"要打倒我可以。我现在要拔草、劳改,都可以。但是要我说打倒蒋南翔,打倒共产党,这不可以。"我说:"你可以不说。"他说:"不是我要说,是他们逼我说,我又不能说假话。"我又说:"不是要你说假话,但你可以沉默。"他严肃地说:"我是共产党员,有些话不能不说。"这样,他被反复批斗、用刑,导致精神崩溃,两次送进安定医院。出院后,他沉默不语,每天不停地抄写毛主席诗词。

1967年12月的一天晚上,我在科学馆里听着大礼堂里"缺席批斗罗征启"的大会广播,指我受党委指使到建筑系搞"假四清",千方百计保护黄报青。广播里不断点我的名,有时也点到黄报青。忽然一位建筑系的学生进来说:"黄报青先生跳楼了。"大家沉默了一会儿,我起身想去现场看看,与老师告别。周围学生不让我去。建筑系的冯钟平说:"我去看看。"半个多小时后,他回来说:"黄先生一直在家里写字,不言不语。今晚校内大喇叭又说'假四清',批判罗征启、黄报青,他听了就从五楼跳出窗外……"

粉碎"四人帮"后,刘达出任党委书记、校长,大力平反冤假错案。我又被调回工字厅工作。我给刘达写个报告,提出现在还有人认为黄报青、刘承娴是"叛党""自绝于人民",至少文革中这一流毒没有肃清,我心里很难过。像黄报青先生这样坚定、正直、有骨气的共产党员,难道不值得我们认真学习吗?刘达马上批示,要郑重开追悼会,为黄、刘两位老师昭雪,嘱我向南翔同志报告并请南翔同志到会。我到科委见南翔同志,他说:"好,我一定参加。黄报青是个好同志,值得我们学习。我知道他不肯喊'打倒蒋南翔',其实不必,我自己也喊过,小平同志也承认过自己是走资派嘛!追悼会后,请你陪他的夫人来我这里,我想见见她。"

追悼会开了。悼词是我写的,内容我现在已记不起来,但我记得我是动了感情的。南翔校长也来了,许多人都哭了。我想,报青先生忠魂有知,当会略感宽恕吧。

事过三十多年了,我常常想,发动这场大动乱的罪过且先不提,那些动手打黄报青先生,用刑逼供、迫害、侮辱报青先生,导致他精神崩溃,以致跳楼的人,到现在却不见有一个人站出来承认错误,反省一下自己的行为。现在不会追究责任了,但我相信,良心——如果你们还有一点良心的话——会谴责你们一辈子的。

【上文引自罗征启:《清华文革亲历记》,华忆出版社,2022年,293页】

## 黄报青教授之死

傅培程（暖8）

清华大学土木建筑系学生中流传着一种说法,说土建系教师队伍中有三位才子,一位是黄报青,另一位是李道增,还有一位是谁？想不起来了。说他们年富力强,业务上都是实干家。黄报青是土木建筑系民用建筑教研组负责人,五十年代初毕业于清华,是才华横溢的少壮派,系总支委员。

黄报青教授与我还有些巧遇。一九六五年"四清"运动时,我们一起在北京郊区延庆县花盆公社参加"四清"。黄报青是整个公社的"四清"工作队负责人,这个职务叫"片长"。"四清"时有一段时间,我从S村调到公社,与黄报青教授同住过一个房间,同睡过一张土炕,与黄先生一起生活了好几个月。当时是黄先生,梁思成的研究生袁镔,再加上我,我们三人住一间房。

黄报青先生对工作是相当负责的,生活也极其简朴,效率惊人,口才一流,几件小事印象颇深：

一次要赶一个油印文件,第二天开大会必须发下去。那个年代没有复印机,要先刻出蜡纸来再油印。已是晚上八点钟了,尚要连夜刻出六大张蜡纸来。我与袁镔都面面相觑,都不敢接这个任务。素有才子之称的袁镔研究生也说这是来不及的。黄先生袖子一卷说:"我来"!片长亲自动手,我看他刻蜡纸的速度确是惊人!左手捏一支烟,右手如同记笔记,流水行云一般刻蜡纸,一支铁笔发出一片"沙、沙"声。就这样,抽烟不停,刻字不停。不到夜里十一点,他一气呵成,竟刻出六大张蜡纸来!对我讲:

"开印吧!"

我看他额头上汗水在发光,一副淡黄色塑料眼镜架在鼻尖上,镜片后闪着聪慧祥和的眼神。

另一件事也印象颇深:晚上睡觉了,我们同睡一个炕,我与他两只枕头是挨着的。他外衣脱掉后,里面是一件贴身的衬衣,这衬衣破的也绝了,从衣领处直到最下端边线上有一条直通大口!白乎乎的后背肉全露出来了。我用手摸摸他后背肉说:

"黄老师,这衣服穿与不穿有什么区别呀?"

黄先生说:"有区别的,袖子、领子还在嘛!"

的确,白天你看吧,他中山装领子里露出白衬衣的领子,没有这衬衣领子,别人就会认为是穿空壳衣服了。谁会料到这是一件破成什么样的衬衣呀!

一次去下面一个生产队,黄先生叫我一起去。我看他下炕穿袜穿鞋,他随便抓了两只袜子,一只是紫红色的,一只是蓝色的,就开始往脚上套。我赶紧制止他,说:

"不行!不行!两只袜子颜色完全不一样,人家会笑话的"。

黄先生说:

"没事的,穿在鞋里看不见的,暖和就行。搞"四清"嘛,没有那么讲究,不少农民冬天还穿不上袜子呢!"

就这样,他穿着一只红,一只蓝的袜子就出门了。

黄报青先生口才相当好,他烟也抽的够厉害的,只要烟捏上手,便思路泉涌,效率惊人!

有一次要开公社"四清"工作队全体会议,会前一小时,他拆开一包香烟的外壳,在巴掌大的烟壳纸上,密密地写了几个提纲。开会了，台下是上百人的全公社"四清"工作队队员，有清华大学的，有解放军艺术学院的，有北京铁道学院的。黄报青先生作了一个半小时的报告，讲的有条有理，举了不少事例，政策交代得一清二楚，语言生动风趣，台下都在作笔记。谁也发现不了，他的讲稿只是桌面上的这只烟盒壳。

年富力强，极具才气的黄报青教授怎么也没有想到，一九六六年会成为他灾难之年！一九六八年初罪恶的"文化大革命"会夺去他宝贵的生命！我也没有想到，一个文质彬彬的知识分子竟有如此千军不能夺志的铁骨硬风！黄先生的行径震惊了整个北京教育界。

一九六六年夏，在"四清"一线的全体师生紧急回校来参加"文化大革命"。校园里已是贴满了大字报，清华大学党委已被打成"黑党委"，清华的校领导，系领导已被挂牌游街和批斗，说他们是"走资本主义道路的当权派"。

黄报青先生不接受这个结论，也不接受校、系两级领导被批斗游街的行为。他认为清华大学是全国重点高校，为国家培养了大批骨干人才，清华大学的教育、科研为国家建设作出了重要的贡献。这样的高校被打成是"黑高校"，那么全国的"红"高校是哪一所？说出其名来？他不接受毛泽东提出的全国教育界在走一条"资产阶级的教育路线"这个结论性批评。

黄报青先生用实际行动来宣扬自己的政见。土木建筑系总支书记刘小石被批斗游街，本来没有揪黄报青去游街，可是他自觉地站到刘小石等"黑帮"队伍中去一起游街。胡健，刘冰等校领导在被罚扫地，黄报青拿起笤帚跟着去"自觉扫地"！他用言论和行动来抗议"文革"风暴，来支持原校系领导，他是清华大学第一位公开站出来反对"文革"运动的教授！第一位公开站出来不同意毛泽东关于整个教育界在走一条"资产阶级教育路线"的论断。

黄报青教授的作为极大地激怒了造反派，也震惊了"文革"当权者。这不是在公开对抗毛主席对教育界的批判吗？不是在公开对抗"文化大革命"吗？

于是铺天盖地大字报贴了出来，称黄报青为"清华大学第一保皇党"。黄受到了血腥的殴打，押其单独一人游街，在游斗中极左派们一次次要压服黄报青，问他：

"清华大学党委是不是黑党委？"

黄回答："从目前公布的材料看，没有可称之为'黑党委'的证据。"又问他："蒋南翔（高教部部长，清华大学校长）是不是走资本主义道路当权派？"黄答："不是。没有材料可以证明他走资本主义道路。"

于是，"打倒清华最顽固保皇派！"口号声四起，极左派们非要打服黄报青不可，就这样，黄报青教授受到了清华大学干部中最残酷的拷打！打得满地乱滚。打毕，问他同样的问题，黄报青宁死不屈！仍是同样回答。于是皮带乱下，又一阵血腥暴打。这样折磨他好几天，打的已不成人样了。我在学校图书馆外面路上看到过黄报青教授的惨景：赤裸裸光着上身，脊背上和前胸用墨汁打了大叉，脸上背上全是乌青和血痕，腰部有大面积紫红色伤痕，血与短裤结成大块血痂。一群人押着他在游街，惨不忍睹！

血腥的暴打使黄报青教授内脏大出血了！学校把他弄到医院去抢救，一开始医院还不肯救治"黑帮"。

隔了两个月左右，在清华土木建筑系大门口的大字报墙上，贴出了一张黄报青先生的声明大字报，内容大致是这样的：

"我已出院了，体罚与拷打不能改变我的观点，我的政治见解和立场与原来一样，没有改变。"

这短短的几句"声明"震惊了清华大学，震惊了上层"文革"发动者们！围观者无数，自从清华大学建校以来，受到这么血腥拷打的教授，黄报青是第一人！如此硬骨浩气，不能移志，不畏强暴的教授，黄报青也是第一人！毛泽东发动的"文化大革命"受到清华教授不惜洒鲜血抛头颅的反抗！黄先生的表现除了他政见正确之外，更体现了中国有骨气的知识分子"不可夺志"的高贵品质。中华民族有志之士维护自己的信仰与意志是有传统的，几千年前的"诗经"中已有记载：

"我心匪石，不可转也，我心匪席，不可卷也"。

其意思是说，我的心不是石头，不能任人转动。我的心不是草席，不能任人卷折。

"文革"发动了全国亿万学生起来造反，首先矛头直指本地本校的教育领导机构，其核心理由是毛泽东论断中国教育界走的是一条"资产阶级的教育路线"。从小学一年级到大学毕业，其年龄段共占有一个人生命的十七个年头，在册的大学、中学、小学学生总人数和相配备的教师队伍，中国教育系统的师生员工总人数有几亿人之众，如果中国教育系统走的是一条"资产阶级的教育路线"，试问：领着几亿中国人民去走的一条路线，不是"执政者"领着，谁还能为之？谁还敢为之？中国不是多元化的联邦制国体，中国是一党执政的国家。让几亿中国人民去走一条方向完全错误的"资产阶级的道路"，请问共和国的当政者，你们是在其位不谋其政了吗？是放弃领导不尽其职了吗？所以对中国教育界教育路线的全盘否定的提法不仅打击了大多数，也否定了执政党共产党的领导，也否定了当政者自己。

一九六七年"五一"劳动节，我在清华大学照澜院路上，碰到了黄报青教授，他穿着一件笔挺的米黄色中山装，带着他的女儿，一个十一、二岁的美丽文静的小姑娘。黄先生缓步慢行，可能内伤仍在。但他挺胸直视，气度不凡。我看先生重伤后仍是英气不减，真是敬佩不已。先生看见了我，昔日同炕而睡的学生，向我慈爱友好地微笑，我们互相轻轻地点头示意，我赶紧向他悄悄说了一句：

"先生要保重"。

说毕我就匆匆离开了，我知道，先生周围会有便衣。谁知，这一别竟会是与先生的永别！进一步的迫害在逼近先生，据传，黄报青先生被认为"精神有病"而送去某处"治疗"。老百姓一听说"精神有病"，就会汗毛倒竖！因为在极左的"四人帮"年代，把好人打成"精神病人"是常用的政治迫害手法。果然，黄报青先生"治疗"回来后，天天头痛欲裂，不能入眠，只能喝大量的白酒才能入睡一会儿。几个月的折磨，终于痛不欲生，在一九六八年初一个冬日，黄报青先生跳楼自尽了。从表面行为看称之为"自尽",实质是政治迫害头痛欲裂致死。

清华大学失去了一位优秀的教授,人民共和国失去了一位浩气如虹的伟人,母亲祖国失去了一位忠诚的儿子!

清华大学的"水木清华"小山上有一座"闻亭",那是为了纪念倒在国民党枪口下的闻一多教授的。依此类比,被打成血肉模糊的黄报青教授的事迹,清华大学应命名一座"报青大楼"来纪念先生才慰众望!时下大学内建筑物多以捐款者命名,多了财气,少了精神。我期盼着,在我有生之年,我可以将一束鲜花放在清华大学"报青大楼"的门厅前,我可以将头重重地叩在"报青大楼"的台阶上,向先生的亡灵致以泣泪的问候!

【上文摘自傅培程:《云卷云舒》,自印本,2011年,第28页。】

朱自煊先生对黄报青先生的回忆:

"报青离开我们已经四十年了,作为他的同窗、同事和朋友,还仿佛就在眼前。他才华横溢,思维敏捷,又勤勤恳恳,无怨无悔,是一位杰出人才,可惜人到中年,就在文革初期,被迫害致死了。

我们都是在48年秋季考入清华,他由于是从土木系转来,比我晚一年毕业,又先后留系工作。他一直是系秘书,承担了大量党政工作,是典型的双肩挑干部,但教学和业务工作,一点不减,而且干得十分出色。他还写得一手好字,是上海著名书法家马公愚先生的入室弟子,他的字,刚劲挺秀,挥洒自如,至今还能不时见到他的一些手迹,如"建筑史论文集"封面的题字,就是他写的。

报青对政治、对理论十分执着,不随声附和,不轻易改变观点。记得在55年准备批判梁先生复古主义建筑思想时,由于我们这些年轻党员教师的思想不通,彭真、刘仁同志,专门找我们谈了一个晚上,会上报青讲他自己是根据马列主义原理来理解梁先生提倡的"社会主义内容、民族形式"的建筑理论的,他列举了斯大林、日丹诺夫、卡冈诺维奇、乌布利希等的有关论述。他记忆又好,滔滔不绝,理直气壮，彭真同志辩不过他，一拍桌子，斥责他"小小年纪，懂得什么马列主义"。报青就不说了，但思想上很不通。回来后，大家又帮他转弯子。文革一开始，他从延庆四清给叫回来，看到清华翻了天的局面，几天几夜睡不着觉，他翻遍学校有关文件和《新清华》，最后得出了"清华大学是高举毛泽东思想伟大红旗"的结论。并为此与人辩论成了全校有名的"铁杆子保皇派"。为此他遭到毒打，在他外衣上写上"铁杆保皇派"，他把外衣脱掉，造反派又写在衬衣上，衬衣脱掉，又写在背心上，背心脱掉，最后写在他的脊背肉上，他就在泥地上打滚，这种宁折不弯的精神就是对报青最忠实的写照。他因此陷入了精神分裂症。吕俊华（报青夫人）来找我的爱人，因她在协和的精神科，56年又在安定医院当过一年精神科医生。我爱人建议到安定医院去检查一下。吕俊华、报青的弟弟报奇和我三人陪他去检查，检查下来认为是精神分裂症的初期。由于涉及到政治问题，又在文革中间，医生很慎重，约好专门会诊了一次，最后确诊，收进医院。住院期间，我还去看过他两次。当时病没有彻底治愈就让出来了。我爱人建议他们回上海去休养一个时间，因为清华政治环境太差，免得天天受到刺激，对病情不利。后来听说造反派认为报青是铁杆保皇派不让他离开学校。

此时，清华两派越闹越凶，大喇叭有时还点黄报青的名，更促使他旧病复发，终于跳楼自殉。那天，吕俊华来我家三次，不巧我有事进城，深夜才回家。第二天闻此噩耗，心里很内疚。当然，即使逃过这一劫，也可能还有别的不幸

我和报青相处二十年，也常有争论，但吵过算数，彼此都不介意。他的一些隐私也对我讲，征求我的意见。此外他还有一个毛病，就是精神紧张时，晚上睡梦中会大叫，其声凄厉，十分可怕，像出了人命似的。后来习惯了就好了。另外我还发现他梦魇时，先要哼哼，此时把他叫醒了就好了。以后有些默契，往往是他刚一哼，我就醒了，叫报青、报青，他醒来，回答一声俄语：хорашо。以后，他结婚时，我把这一经验传授给吕俊华，免得她到时候手足无措。

报青有两个孩子，一女一男，都很聪明，很有出息。儿子黄骅很

有爸爸那股灵气。可惜报青没有来得及见他一面。因他妈妈是回上海生的。孩子放在上海,自己就回来参加运动。以后报青也没有机会再回上海见上儿子一面,这也是一件憾事。

【上文由土建系林贤光老师提供。摘自《清华大学建筑系一至四届毕业班纪念集》第54页】

三、副教授

# 周寿宪（1925—1976）

周文业、孙怒涛　编辑

周寿宪，男，1925年出生于江苏淮安。1946年获重庆中央大学电机系学士学位；1947年赴美留学，1949年和1951年分别获得密歇根大学电讯系硕士和博士学位；1955年回国，任教于清华大学，电子工程系副教授。1956年参与制订我国计算机科学发展的规划，兼任中科院计算技术研究所筹备委员会委员。他曾参与清华大学计算机专业的创建，是我国计算机科学的创建人之一。文革中，因为留美求学的经历和所谓家庭出身问题，受到极不公正对待。后被发配到清华大学江西鲤鱼洲农场劳动，更加受到非人的虐待，导致精神分裂。后因病情严重送回北京，仍继续受到侮辱和刁难。1976年5月30日在其住所上吊自杀。殁年51岁。

周寿宪（1925—1976）（网络照片）

周寿宪从1951年开始在美国宝来公司从事带状磁心移位寄存

器、半导体脉冲电路等的研究工作。

1953年朝鲜战争结束，一些留美学生准备回国，但受到了美国政府的阻碍，他们决定给国内写信，让中国政府早日了解他们目前的处境。有一次，李恒德在费城邀请了二十多位来自纽约、波士顿、巴尔的摩的朋友。他们共同起草了给周总理的信。1953年5月3日，李恒德、周寿宪等15人在信上签名。据说，这是递交到中国政府手里的最早的一封签名信。

1955年周寿宪从美国回国，任清华大学电子工程系副教授。1956年参与制订我国计算机科学发展的规划，兼任中科院计算技术研究所筹备委员会委员，1956年与北京大学徐献瑜、北京航空学院蒋士骥等，参加中国科学院考察苏联计算技术考察团（团长闵乃大），以便考察回来后在大学筹设计算技术专业。他曾参与清华大学计算机专业的创建，是我国计算机科学的创建人之一。

清华自控系青年教师和009班学生给钟士模先生（后排右五）
及周寿宪先生（后排右六）拜年并合影

文革中周寿宪被送到江西鲤鱼洲清华五七干校，被长期摧残后患上精神病，但军宣队员说他是装的，常拳打脚踢谩骂侮辱，后因病情严重送回北京，1976年5月在其住所跳楼自杀。终年51岁。

"文革"期间,1950年代从美国归来的科学家据不完全统计8人自杀,他们是清华大学的周华章、周寿宪,北京大学的董铁宝,中科院力学所的林鸿荪、程世祜,南开大学的陈天池,大连化物所的萧光琰,兰州化物所的陈绍澧。

清华大学数学系的周华章是1968年9月30日跳楼自杀的。(《家在清华》,史际平、杨嘉实、陶中源等编著2008,257页)1976年5月,清华大学电子工程系的周寿宪是在自己住所自杀的。(2012年王德禄、杜开昔等采访王明贞)北京大学数学系的董铁宝是1968年10月18日上吊自杀的。(《文革受难者》,王友琴2004,119页)中科院力学所的林鸿荪是1968年12月15日自杀的。(2012年王德禄等采访黄茂光)也有人对林鸿荪自杀的说法存在异议。中科院力学所的程世祜是1968年10月23日自杀的。(《文革受难者》,王友琴2004,94页)南开大学化学研究所的所长陈天池是1968年12月20日自杀的。大连化物所的研究员萧光琰是1968年12月10日晚在牛棚服用安眠药(巴比妥)自杀的。12月14日,他的妻子甄素辉和15岁的女儿小洛连也一起服用巴比妥自杀了。(白介夫,《炎黄春秋》,2005年第7期)中国科学院兰州化物所的陈绍澧是1968年2月22日自杀的。

清华自控系教师和苏联专家新年合影
前左二为章燕申,前左三为周寿宪,前左四为苏联专家苏启林

## 回忆爱国知识分子——周寿宪先生

王尔乾

年逾古稀,白发苍苍,怀旧之情油然而生。而庆祝建系五十年之际,不由怀念早在建系前就已在清华计算机专业任教的周寿宪先生。

周先生身材不高,体型消瘦;他性格内向,不苟言笑,为人正派,待人平和。他穿着整齐,春、秋季总是外着一件米色风雨衣,上下班则骑一辆在清华园少见的跑车,他的派头,让人一看就知道他是一位从国外留学归国的知识分子。

周寿宪先生1951年获美国密执安大学博士学位,之后在美国从事研究工作,搞过磁心移位寄存器的科研。1955年,他怀着报效祖国的赤诚之心,冲破美国政府的重重阻挠,和一批留美学者一起回国参加祖国社会主义建设。回国后分到清华大学参与筹建计算机专业的工作,编制在无线电系。1956年,国家十二年科学规划开始。经中科院夏培肃先生推荐,他到国务院科学规划委员会下设的"计算技术和数学规划组"工作,在华罗庚先生领导下参与规划的制定。规划结束的1956年8月,中国科学院计算技术研究所筹委会成立,周先生是筹委会委员。1956年7月中国科学院组织我国第一个赴苏联计算机考察团(由15人组成),他是成员之一,他深入到苏联科学院精密机械和计算机技术研究所的通用机研究室学习、考察,年

周寿宪在苏联考察(网络照片)

底回国。回国后继续在科学院计算所工作了一段时间。应该说，周寿宪先生作为专家之一，为我国计算机事业的创立作出了很大的贡献。

不久，周先生回到清华，在我系计算机教研组任教。当时他是我系仅有的四位副教授（金兰、章燕申、吴麒、周寿宪）之一，为学生讲授《脉冲技术》《计算机原理》等课程，指导课程设计及毕业设计。我曾当过他讲课的辅导教师。他讲课有两个特点。一是善于把复杂的事情，用通俗而贴切的语言来概括，生动奥妙，令人难忘。听过他课的人至今还记得他的一段妙语："控制器就是能在适当的时候、向适当的部件发送适当的脉冲的部件"。这个"三适当"的概括在学生中广为流传。第二个特点是讲课不是面面俱到，侧重讲重点、难点，语言简炼，逻辑性强，阐述问题干净利落，对非重点内容则一笔带过，或者干脆不讲。对于习惯苏联式讲课风格的同学来说，他的那套美国式讲课很多同学不适应，致使学生意见很大，他们向系里反映说周先生的课学生听不懂。作为他的助教，我多次向他反映学生意见，他却不以为然，仍然我行我素。他的看法是：学生课前要预习，上课才能听懂。我把他的话带给同学，并要他们试着课前预习。一部分同学按他的要求去做了，几堂课下来，感到很有收获。反而认为周先生的课讲得好。几十年过去了，今天看来他的教学方法并没有错，大学生应有自学能力，这种能力的培养不是一蹴而就的，而是要经过艰苦努力才能获得的。周先生的教学理念和讲课风格给了我很大的启发，使我获益匪浅。

周先生回国前是做研究的。到清华后参加的是工程项目。由于"研究"和"工程"有较大差别，前者重视学术成果，后者强调工程的实用性。刚开始，他对工程工作有些不适应，但他还是努力地去"和实践相结合"。经常可以看到他向实验室工作人员请教，较快的适应了工程工作。在 112 型计算机研制项目中，他参加的晶体管单位线路的定型工作，而我是做晶体管参数测试的。我们常在一起讨论线路中出现的一些问题。由于周先生对电子线路有较深的功底，他善于把线路问题和晶体管参数联系起来，提出他的见解，对我的参数测试很有帮助。

周先生担任全系两门重头课的讲授工作，工作量已经很满了。六十年代初学校提出"讲课教师深入教学实验第一线"，为了响应这一号召，周先生承担了一部分新的教学实验的编排，还抽空带学生实验课。

周先生待人谦虚，他从不和我们讲起参加国家十二年科学规划制定的事，当我们问起他时，他总是淡淡一笑了之。

政治运动不停的年代，学校里一个星期有二个下午要政治学习。周先生很少缺席，有事必请假。他是个不善言谈的人，在学习中很少发言，却能专心听别人的发言，若有发言，总是十分谨慎。则不讲大话和套话，却能简要的发表自己的看法。可以看得出他的学习态度是认真的，是要努力紧跟的。

"文革"中周先生被送到江西鲤鱼洲清华五七干校劳动。我比周先生晚去半年，编在同一班排。在干校初见他时，只见他目光呆滞、面无表情、动作迟钝、神情抑郁、脸色憔悴、精神病的外部特征已表露无遗。可是连队的军宣队员却说他是装的，时不时地批判他，个别人还对周先生施以拳打脚踢和漫骂等人身侮辱。可是凭我对他十多年的了解，我不相信他是装病。我能做的只是对他说些宽心话而已，却还招来"划不清界线"的批评。后来周先生病情加重，农场不得已才把他送回学校。不久，周先生惨死在家中。

文革结束后，学校在大礼堂为他开了追悼会，朱光亚院士，夏培肃院士等老朋友、老同事以及我系师生前来沉痛悼念为我国计算机事业的开创以及清华计算机教育事业的建立作出很大贡献的周寿宪先生。

在庆祝我系五十周年之际，我们深深怀念这位热爱祖国又富才华的计算机科学家。

2008 年 5 月 17 日初稿，2008 年 6 月 19 日修改稿

## 记第一期计算机培训班（清华计五七班）

王尔乾

　　1953年暑期，我考入交通大学电机和电器专业本科。1956年夏天，我在沈阳生产实习。一天，带队老师通知我、杨天行、郑衍衡、熊云高四位同学收拾行李，明天动身去清华大学报到，他没说去北京干什么。班级党支部书记悄悄告诉我们说，是去学习《国家十二年科学规划》要发展的新技术，至于学习何种新技术、学多久、学完后到哪里去工作，她也不知道。第二天，我们怀着既兴奋又忐忑不安的心情，登上了去北京的列车。到达北京前门火车站时，清华大学派车接我们到清华园。

　　第二天上午，凌瑞骥老师在他的住所荷花池宿舍召见我们一行四人。我想他大概是我们的"头头"了。他主要谈了派我们来清华的背景及学习任务。我记得讲话的要点有：《十二年科学规划》已把"计算技术的建立"作为重点发展项目；规划要求尽快培养出计算机专业技术人员，中央决定举办若干期计算机培训班，第一期培训班由清华、交大电机系约30名三年级学生组成，你们就是第一期培训班的成员了，学习一年后发给清华大学本科毕业证书；为了达到计算机专业本科毕业生要求，在培训班开学前，清华先为你们补习一些计算机专业的基础课，等班里同学到齐后，补习马上开始。他的讲话给我们很大鼓舞，大家知道肩上责任重大，也深感学习任务会很艰难，决心努力学习。

　　很快，34名同学到齐了。其中13人来自交大（电机专业4人、工企专业王爱英等6人、发电专业胡道元等3人），其余来自清华。暑期补课开始了，班级代号是"计7"，课程有："电子技术基础"由张家炘老师讲；"无线电技术基础"由马世雄老师讲；"近似计算"由孙念增老师讲；陆大䋮老师为我们讲信号分析有关的课程。还有一、二门课程已经记不清了。上课地点在二院（位于清华学堂北面，与同方部毗邻）和三院（位于西大操场东侧，大礼堂北面），现均已拆除。

由于时间紧、课程多，所以学习很紧，大家用功读书，无暇顾及其他事情，上海同学很少有去逛北京城的。北京夏夜很凉爽，不像上海那么闷热，真是天助我们能精神饱满地投入学习。

1956年10月第一期培训班开学。多数课程由中科院计算所筹备处的专家讲授，少部分则由清华老师讲授，培训班由清华和计算所筹备处合办，负责人是凌瑞骥老师。由于筹备处设在西苑大旅社，来听课的还有筹备处的科技人员和外单位进修人员，所以上课地点在西苑旅社。清华每天派车在清华和西苑旅社之间来回接送我们，受条件限制，卡车接送的次数居多。寒冬季节，车里车外一样冷，寒风呼呼地从车篷的缝隙刮进车内，真让人受不了，同学们穿上棉猴，包裹得像粽子一样，还要不停跺脚御寒。尽管如此，在车内照样谈笑，谁都没有怨言。

培训班课程有"计算机原理""程序设计"和"计算机电路"。"程序设计"由清华孙念增一人教授，另两门是大课程，由多位老师分章讲授。"计算机原理"由徐匀老师讲布尔代数及逻辑电路设计，夏培肃老师讲运算器，清华的周寿宪老师讲控制器，范新弼老师讲存储器。当时国内没有计算机原理方面的书籍，前苏联БЭСМ计算机的四本中译本技术说明（计算所筹备处翻译）成了这门课程的唯一参考书。"计算机电路"课程由周寿宪讲脉冲技术，参考书是俄文版的《核辐射仪器中的电子线路》；吴几康老师主要讲示波管存储器的控制线路，没有参考书。老师们的讲课都很有特色。夏培肃先生待人和善，讲课细腻生动，课间爱和同学交谈，没有一点专家架子。周寿宪先生讲课中常爆一些妙语，把概念通俗化。范新弼先生的语速偏慢，内容讲得透彻。吴几康老师操着浓重的江浙口音，他对示波管存储器线路非常熟悉，讲课如流水，得心应手。正是老师们的辛苦耕耘，我们才有可能进入计算技术的大门，并为今后工作打下了很好的基础。在没有合适教材、参考书十分缺乏、又没有实验条件的情况下，同学们专心听讲，认真记笔记，课后互相帮助解答疑点，学习积极性十分高涨。

按教学计划，计7班是不作毕业设计的。1957年7月，培训班课程结束,每位同学都拿到了清华大学计算机专业本科专业文凭,大家非常高兴。

毕业前一天,全班同学在二校门前和钟士模主任(凌瑞骥老师有事没有参加)一起拍毕业照,忽见蒋校长骑车往二校门方向过来,我当时任班长,见此情况我马上跑过去,请他和我们合影,他二话没说,欣然同意,为我们留下了一张难得的毕业照。毕业分配了,约有半数同学分到中科学筹备处。其余同学分配到七机部、电子部、清华和北大等单位,我被分配在清华工作。第一期培训班的同学们个个不辱使命,日后都成为各单位计算机方面的骨干,为中国的计算机事业的发展作出了很大的贡献。第一期计算机培训班因此被戏称为中国计算机的"黄埔一期"。

1957年9月起我就算正式加入我国计算机事业的行列了,并有幸成为清华教师队伍中的一员,但其开端却源于第一期计算机培训班。

作者简介:王尔乾,1935年生,上海人,教授,1956年从上海交通大学调入清华大学计7班就读,1957年毕业留校任教,直至1999年退休。期间曾任计算机系主任,曾兼任北京市人民政府第一届至第四届专业顾问,国家教委高校计算机专业首届教学指导委员会副主任,中国计算机学会理事等职。主要科研工作是集成电路设计、集成电路可靠性分析。

1957年清华大学电子计算机专业第一届毕业生全体师生合影

自9（1959届）毕业合影
前排右三起依次为：童诗白、周寿宪、钟士模、金兰、章燕申、唐泽圣、吴麒

# 周寿宪与五十年代计算机发展规划

夏培肃

以下摘自夏培肃《从计算机科研组到紧急措施》一文中的一个章节。

## 我国十二年科学规划中"计算技术的建立"规划的一些情况

我们在近代物理研究所时,差不多每星期都有一次由所领导和高级科研人员参加的茶话会。在这个会上,大家没有拘束地随便交谈,钱三强所长总是利用这个场合向大家宣布一些重要的事情。在1956年3月的一次茶话会上,他告诉我们:国家即将制定发展我国科学的长期规划,要集中一批科学家来拟制规划。他还特意告诉我:电子计算机已经引起中央的重视,这次也要加以规划。我知道这个消息后,非常高兴。

1956年4月,规划工作已经开始,吴几康和我带着近代物理研究所推荐我们参加计算技术规划的公函到规划所在地——北京西郊宾馆去报到。计算技术的规划和数学规划在同一组内,这个规划组的组长是中国科学院数学研究所所长华罗庚。

我报到以后,向规划组领导推荐了三位从美国回来不久的留学生参加规划。他们是:中国科学院近代物理研究所的范新弼,北京航空学院的蒋士騛和清华大学的周寿宪。

范新弼是美国斯坦福大学1951年的博士,从1952年开始在美国宝来(Burroughs)公司从事用于电子计算机的电子器件开发工作,包括十进制磁旋管、离子器件计数器、静电印制中的电离子技术等。

蒋士騛是美国加州大学1952年的博士,从1952年开始在美国无线电公司(RCA)从事电子计算机的新型输出设备的开发工作。

周寿宪是美国密执安大学1951年的博士,从1951年开始在美国宝来公司从事带状磁心移位寄存器、半导体脉冲电路等的研究工作。

计算技术的规划组由三方面的人员组成：第一部分是数学家，第二部分是计算机专家，第三部分是电子工业部门的专家。除了华罗庚以外，规划组的成员有陈建功、苏步青、张钰哲、段学复、江泽涵、王湘浩、关肇直、吴新谋、郑曾同、李国平、曾远荣、孙克定、胡世华、徐献瑜、闵乃大、吴几康、范新弼、蒋士騛、周寿宪、张效祥、刘锡刚、黄纬禄、严养田、温启祥和我，总共为26人。另外，还有2位工作人员，他们是：黄启晋和罗佩珠。

作者简介：夏培肃，女，1929出生，中国科学院院士，电子计算机专家，我国计算机事业的奠基人之一。1951-1952年任清华大学电机系电讯网络研究室助理研究员、副研究员。1953年任中国科学院数学研究所副研究员。1954-1956年任中国科学院近代物理研究所副研究员。1956年至今任中国科学院计算技术研究所副研究员、研究员。参加我国第一个计算技术研究所的筹建，研制成功我国第一台自行设计的通用电子数字计算机。负责研制成功多台不同类型的高性能计算机，为我国计算技术的起步和发展作出了重要贡献。

## 美国观察家

程代展（冶0）

"美国观察家"，简称"观察家"，是在农场给我印象最深的人物之一。相信到过清华农场的人谁也忘不了他。可他的真实姓名我不知道，许多人都不知道，似乎谁也不在乎他原本是谁。听人说，他在美国得了博士学位回国的，说他文化革命前经常是西服革履，一副绅士派头。也许是受的西方教育的缘故吧,他与文化大革命格格不入。据说,到江西农场后他拒绝下水田,只在田埂上看着,于是就被称为"美国观察家",成了典型的不肯接受再教育的臭老九。农场组织了大大小小的各种批斗会,终于把他批得精神失常了。

我见到他的时候,他已变成一个怪物,蓬头垢面,衣衫褴褛,弯腰曲背,一双无神的眼睛,呆滞木讷。

他先是大小便不能自理,将屎尿拉在床上。睡通铺的同屋无法忍受他的气味,于是,他被赶出房间。冬天的鲤鱼洲冰天雪地,在五连茅草屋外的犄角旮旯里有一堆稻草,那就是他的住所,他吃饭和睡觉的地方。

后来,他更糊涂了,将大小便撒到自己饭盒里。于是,他到食堂打饭,食堂的师傅,也是教师,就让他将饭盒放在地上,然后,将饭菜从高处倒下,以免玷污了菜勺。

他还是不肯下地。于是,每天上班,有人拿着铁锹,用锹把顶他后背,逼他走。他若不肯走,那锹把可不是好惹的,是戳是打都够受的。到了地头,他依旧不下水田,自然还是武力解决问题——将他推下水田就是了。至于嘴啃地还是倒栽葱,那就无人问津了。啊,可悲的中国知识分子,我们受害,但我们也帮着害人者害人。

他的妻子是北医三院的医生。据说,当时清华党委想让她去做他的工作。她到江西农场探过一次亲,实在无法和他接近。呆了两、三天就走了。回去后,就和他划清了界限,离婚了。我曾经想象过,他们在文革前准是恩爱的一对。我不知道,他的妻子是否太无情了?但是,即使她牺牲自己,留下陪他,她能改变他的命运吗?

有些疯子,发疯时打人行凶,让人害怕,谁也不敢惹他们。可他,疯了还是那样老实,那样逆来顺受。不知医学上有没有"中国知识分子型的疯子"这一说?即使吃过洋面包,也一样,是染缸太黑,还是本性难移?

尼克松访华后,中美关系解冻了。他有几个美国同学到北京指名要见他。于是,他被送到南昌,剃头洗澡,更衣打扮了一番,然后送回北京。他的那些同学,即使见到了一个疯子,又能说什么呢?他衣冠楚楚，受到良好的待遇。谁会知道，他已不会诉说，也不敢诉说那种种外人无法想象的虐待。

回北京没多久，他自杀了，去世时才 51 岁。

## 附录：周寿宪先生

2018 年 10 月的一天，我在办公室突然接到一个电话，来电的是周捷先生，他告诉我，"美国观察家"周寿宪先生是他的家父。虽颇感意外，但还是有几分兴奋，因为关于"美国观察家"的许多谜团或可解开。周先生问我许多当年的事，但除了在前面记下的，我真说不出太多。一是时间久远，记忆中近半个世纪前的事已被时光冲刷殆尽。再者，当年我们装卸排虽是名义上也属周老先生（当年他正值壮年）所在的五连，但其实直属农场总部。只是吃饭在一个食堂，活动基本上都不在一起。周先生说到，我所写的事情基本属实，但也有一些与事实有出入。

后来，承蒙周先生寄来他写的关于其父的文章，又兼有了名字，我上谷歌查到一些资料，对周寿宪先生有了进一步的了解，更加敬重他，同情他的不幸。为纠正我道听途说的一些谬误，以正视听，经周先生同意，将他的近作"怀念父亲周寿宪"附后：

### 周捷：怀念父亲周寿宪

父亲周寿宪，籍贯江苏淮安，1925 年 10 月出生于湖北武汉。生前为清华大学电子工程系副教授，是清华大学计算机专业和中科院计算机专业的主要创始者之一。

周寿宪出生在一个银行家家庭中，其父周伯英是民国时期金城银行总经理周作民的堂弟，曾长期担任金城银行青岛分行经理。

周寿宪自幼聪颖好学，1942 年以全系第一名的成绩考取国立中央大学（重庆）电机系，当时不满十七岁。他是中央大学的高才生，

1946年以优异成绩毕业。

抗战胜利后,周寿宪参加教育部组织的出国留学统一考试被录取,于1947年负笈美国密歇根大学研究院电机专业留学深造。1951年夏,在密西根大学研究院获哲学博士学位(Ph.D),时年不到26岁。1951年至1955年他进入美国费城保罗计算机公司基础研究部工作,期间在美国著名的《应用物理》杂志发表过多篇论文。"周寿宪是搞计算机的,很有成就,在国外名气很大……"1988年,清华大学第一位女教授王明贞对来访的美国女作家杜开昔如是说。

父亲周寿宪于1955年7月回国,最初分配在清华大学无线电系任教,讲授无线电天线、固体物理和晶体管课程,不久即受命负责筹建计算机专业。他参照前苏联大学的教学计划制订出了清华大学第一部计算机专业教学计划。在电机系建系七十周年专刊上明确写着"刚从美国回来不久的周寿宪最早在清华大学讲授计算机课程……"

1956年6月,周寿宪由华罗庚先生举荐参加国务院"十二年科学技术发展远景规划"的制订,在中南海受到党和国家第一代领导人毛泽东、周恩来、朱德、邓小平等人的集体接见。

同年秋天,他参加中国计算机科学家代表团(共计15人)远赴前苏联莫斯科考察参观计算机事业。钱学森先生曾说过,周寿宪为中国的计算机事业做出过重大贡献。

1957年,周寿宪回到清华大学工作。在参与创立自动控制系(计算机系前身)后,在系主任钟士模教授统筹领导下,主要讲授"计算机原理""脉冲技术""计算机线路"等多门重要课程,他的教学特点是美式的,言简意赅,注重逻辑推理,提携纲领,侧重难点疑点以及专业应用。他强调预习,注重对同学学习能力的训练和提升。起初对他的讲课个别学生反映听不懂,向系主任钟士模先生"告状",但钟先生却坚决站在周寿宪一边,后来那些同学也逐渐适应了。多年以后,同学们回忆起来,一致公认周寿宪老师教学理念的科学性,感觉终生受益。这些教育理念和特色,给他的助教王尔乾、过介堃和郑衍衡老师都留下了深刻印象。

应该说，清华大学计算机系今天的辉煌和成就包含着钟士模和周寿宪两位留美博士及其他前辈老师们的呕心沥血，与最初的高起点、大视野、精心布局和科学规划是密不可分的。

1957年，自控系培养出了新中国的第一批计算机专业的本科生。

"文化大革命"开始后，"工宣队"进驻清华校园，清理阶级队伍，祸起萧墙。因为留美求学的经历和所谓家庭出身问题，我父亲周寿宪受到极不公正对待。在江西鲤鱼洲农场更加受到非人的虐待，导致精神分裂。被冠以"观察家"的绰号。回北京后，仍继续受到侮辱和刁难。终于1976年5月30日上吊自杀，年仅51岁。

粉碎"四人帮"以后，1978年5月，清华大学新一届党委在大礼堂召开全校追悼会，为爱国科学家周寿宪平反昭雪。

在计算机系建系60年之际，我深切怀念父亲周寿宪，以一首绝句祭奠，愿他在天之灵安息：

少年成名渝中大，赴笈密歇也无涯。

莫名疯癫莫名辱，"鲤鱼洲"头"观察家"。

周捷，2018 年 6 月

【上文摘自程代展《鲤鱼洲纪实》一文中的第 8 节。】

# 四、讲师

周定邦
张义春
徐毓英
程国英
程应铨
路学铭
杨哲明

# 周定邦（1930—1967）

孙怒涛　编辑

　　周定邦，男，1930 年出生。1952 年毕业于清华大学水利系，毕业后留校，在校教务处工作。1953 年加入中共，任科学馆物理教研组党支部书记。1957 年整风反右运动期间，因犯有所谓的"严重错误"被开除党籍，调水利系水力学教研组任教，职称讲师。此后一直为人低调、小心谨慎。1967 年底，团派批判原党委常委、200 号负责人、原子能专家吕应中。有学生向他调查问询吕应中的情况。他认为这把火就要烧到他了，感觉绝望，在巨大政治压力下，在十五宿舍三楼东北角房间里先用刀自戳后破窗跳楼，在 12 月 25 日晨被发现时已经自杀身亡。殁年 37 岁。

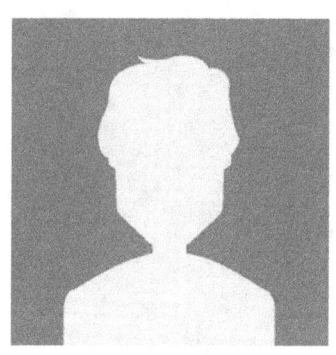

周定邦（1930—1967）

　　【编者注：下述文字是编者根据水利系 60 届教师杨美卿老师 2024 年 5 月 5 日提供的调查材料缩编写成的】

　　周定邦在 1957 年整风反右运动期间,因犯有所谓的"严重错误",虽被开除出党,但未划为右派,是校党委划分右派"界线"的"标兵"。

　　反右以后,周定邦调回水利系水力学教研组担任教师,给学生上水力学辅导课，参加一些科研和模型试验工作，是水力学教研组的"八大员"（当时的教授、讲师共8人）之一。据与其接触的同事们反映，他对人诚恳，平时比较沉默寡言，对问题思考较深，也很执着坚持。周定邦在刚毕业时，曾有一位女朋友，水利系的，在实习中因故死亡。文革前与在部队的一位女士恋爱、结婚，尚无子女。

他的自杀发生在1967年12月25日清晨（或24日夜）。25日早晨，团派组织去城里"为九大立新功"的大游行。集合时，水力学教研组的李老师听闻周定邦自杀，立即赶到周定邦的住处15宿舍。当时警察已经来到，只见到尸体被白布覆盖。当天电测间的凌老师，他住在17宿舍，早上下楼倒垃圾，垃圾桶在15宿舍楼和16宿舍之间。他跟邻居过去看时，见到尸体已被白布盖上，脚露在外面。水利系的另一位李老师，有段时间曾协助周定邦老师进行水力学模型试验。他闻讯后也赶往15宿舍，这时尸体已经被移走。他知道周定邦住在3楼，还很怀疑这个高度坠下应该不会致死。后看到坠落地方是有块水泥地板，若头朝下是可能致命的。据说，周定邦的尸体存放在八宝山殡仪馆，因焚化炉停火，由水利系的汽车拉到东郊火葬场火化，李老师等随车在场。家属曾要求公安局调查，是否有别的原因，最后还是确定为自杀。

据一些教工回忆，在周定邦自杀之前，并未发现他有何异常。只是有段时间似乎有些沉闷。12月24日晚上，与他住在同楼的陆老师在公共盥洗室见过他，因不在同一派，相互之间没有说话，但也未见到异常。在清华大学两派斗争中，周定邦的态度比较中间，并不很激烈。但不知为何原因，他被拉入了学生团派的一个战斗组，在原系主任张任先生的办公室活动。那时，团四两派正在为吕应中（他是教务处的处长）的问题，斗得十分激烈，在大礼堂有过激烈的辩论。团派揭露和批判站在四派立场的吕应中，说他反对毛，说毛退居二线、"急流勇退"等什么的，是对毛的恶毒攻击。查来查去，却找到说这话的原来是周定邦，是他在教务处党小组会上说的，他却是团派的人。又据说，在他自杀前，团派曾专门派人去找周定邦谈话。所以，有人猜想是周定邦感到压力太大，自己说不清楚，因而走了极端。

上述情况是杨美卿老师问询了水利系的当年的十几位师生后汇总得到的。

蒋南峰校友（无 6）的回忆文字：

当年我作为 414 保卫组负责人曾去现场看过，是冬天，在北面窗口下。所住房间床上有大量血迹，推开的窗户上也有血迹，跳楼的地面上血迹不如床上的多。

傅育安校友（水 00）的回忆文字：

周定邦老师文革时一直很低调，默默地参加水零战斗组的活动。67 年年底，团派大张旗鼓批判吕应中，水零同战斗组的同学找了周老师问话，了解 57 年科学馆吕的情况——周老师反右时是科学馆的党支部书记，后被开除出党。估计周老师认为连一起战斗的同学都不信任他了，批判吕的火没准就快烧到自己头上，感觉绝望。当天半夜里就在自己居住的宿舍楼床上自杀。先是用剪刀戳自己，洒了一床的血，然后痛苦之中推开靠床的窗，从 3 楼栽了下去，一直到凌晨才被在楼后面捡破烂的人发现，已经死得硬邦邦的了。周老师死的时候是大冬天，我正在水利系井冈山分部管事（当然是 1967 年底）。当时我还同水利系教工分部的头陈老师一同去他自杀的现场看过（包括他的家和窗外楼后面）。还接待过他大尉军衔的军医夫人，他的后事是陈老师负责处理的！

# 张义春(1921—1968)

孙怒涛　编辑

张义春，男，1921年出生，河北遵化人。1952年来清华工作，体育教研组教师，讲师。1968年6月在荷花池宿舍自缢身亡。殁年47岁。

春张义春(1921—1968)
(原体育教研组郑继圣老师提供，李劲修复)

# 徐毓英（1932—1968）

孙怒涛　编辑

徐毓英，女，1932 年出生。1949 级理学院物理学系。清华大学精密仪器系，讲师，中共党员。1968 年 10 月 9 日离校出走，坐火车到武汉，从长江大桥投江自杀。殁年 36 岁。

徐毓英（1932—1968）

【编者注：据精仪系的老师、校友听说，徐毓英老师曾因议论江青被工宣队追查、批判。】

# 程国英(1922—1968)

孙怒涛 编辑

程国英,别名程果,男,1922年生。黑龙江哈尔滨人。1951年毕业于中央美术学院。擅长油画、水彩画。清华大学土建系美术教研组副主任,讲师。20多岁时他曾被国民党县党部要求画一幅"蒋委员长戎装像",这成了他不可抹去的"历史污点"。在"清理阶级队伍运动"中被"审查",1968年11月12日在清华园荷花池南边土坡上自缢身亡。殁年46岁。

程国英(1922—1968)
(张比提供)

## 二校门沉思录

张比（物9）

### 五、领袖塑像的树立和倡议者的倒下

1966年8月24日，二校门消失，原来的位置空空荡荡。土建系美术教研组副主任程国英讲师在一次会上提出，这样空下去不好，应当建一座伟大领袖毛主席的塑像。

在原二校门遗址建立的塑像

程国英肯定是从对伟大领袖的"三忠于四无限"的尊崇心理出发的，但作为一位美术老师，他的建筑美学修养无疑也是不错的，这一提议从政治到艺术无懈可击。于是，无论是有美术水平和设计能力的土建系教师，还是最最忠于伟大领袖的井冈山兵团总部成员，都欣然采纳，积极支持，付诸实施。关于主席塑像的建造过程，已有其他作者撰文记述，这里不再多说。但是，首倡者程国英的命运后来如何了呢？

程国英，别名程果，黑龙江哈尔滨人。擅长油画、水彩画。1951年毕业于中央美术学院。曾任清华大学土建系教师。作品有《南京古鸡鸣寺》《井冈山风暴》《土地革命时的赤卫队》等。1968年11月12日在清华园荷花池南边土坡上自缢身亡。

程国英家住在西院20号，与我家住的18号很近。因为有小学同学向他学画，我随同学去过他家。他身材高大，有络腮胡子，颇有东北汉子气质。他表情严肃而为人随和，但话不多。而他的夫人胡建新女士（校医院护士）则为人热情，特爱说话。我随同学称他们夫妇

"程先生""胡阿姨"。程先生的画技法纯熟,色彩浓重,布局大气。提议建主席塑像的他,一年多后,为什么死了呢?1968年11月,我还没

程国英在韶山毛塑像工地(左3)

有离校。听胡女士对别人说,在东北老家时,20多岁的程先生被国民党县党部要求画一幅"蒋委员长戎装像"。这就成了程的不可抹去的污点。工宣队进校后,开始"清理阶级队伍",要求有历史问题的人"竹筒倒豆子"。动力系、水利系、基础课、体育教研室都有教师自杀。土建系的程先生在压力之下,也走上了不归路。从画蒋介石像到倡议建毛泽东塑像,画家竟然摆脱不了政治的捉弄。尽管1949年后他精心绘出革命题材的油画,受到美术界好评,也赎不了历史上的"罪行"。现在艺术类网站上还在征集程国英的作品以便拍卖,在美术圈子里,大概他的名字为不少人所知。如果还活着,我想,他应当成为一位大画家了吧。

程国英死了,他的夫人胡女士仍然坚强地活着。以她低微的地位和微薄的工资,养育几个未成年的孩子。中学毕业的清华子女绝大多数到贫瘠的地区下乡。她见人就哭诉,赢得清华园内许多人的同情,更重要的是,她成天往海淀区知青办跑,在那里扫地擦桌子,诉说她的不幸,感动了那里的工作人员,居然批准让她的孩子都回城了。儿子程远后来留学美国,成为知名画家,并回清华建筑系任教。2008年前后,我在清华食堂经常看到他们母子在那里对酌,还邀请我入座。我虽然谢绝了,但与胡阿姨聊了好几次。我看过程远画作,似乎天赋比乃父略逊一筹。不过,他乐观豪放,酷似其母。性格即命运,也许有些道理。

程国英死了，事情还没有完。离塑像最近的清华学堂里，土建系的教师们继续挨整。同样有美术才能的教师的画都被打成黑画，参加过红教联的教师受到追查，被刘少奇说成"和他老子一样反动"的系主任梁思成继续被当作资产阶级反动学术权威批判，1972年黯然离世。黄报青不幸身亡。程国英死后一个月，被认为土建系最有才华的讲师程应铨于12月13日，在荷花池南边土坡旁的游泳池投水自尽。程应铨1957被划为"右派"，妻子林洙与他离婚，后改嫁梁思成。1926年的4月和8月，军阀在北京城里杀害了著名报人林白水和邵飘萍，被称为"萍水相逢百日间"，1968年，在清华荷花池南边发生了"二程相逢一月间"。有才华的知识分子凄惨的命运何其相似！

程国英死了，高大的塑像仍然屹立。在1968年春夏，塑像——伟大领袖的替身，看到了号称对自己最忠最忠的两派同室操戈，大打出手。他听到子弹呼啸着飞过身边。他也听到离他很近的第一教室楼的前哨广播站充满火药味的声音和不远的科学馆里发出的被称为"完蛋歌"的414战歌。

他看到工宣队进校，送来金黄的芒果，在这里举行了盛大的庆典。

他看到老5届毕业生仓皇离校，临行前在他的脚下摄影留念，并向他表示忠心。

他看到那位8341部队的宣传科副科长和那位女机要员在这里气焰嚣张地统治了8年，创造了荒谬的"经验"，组织"梁效"写出了一篇又一篇"继续革命"的奇文。

他看到工农兵学员意气风发地走进清华园，实行"上、管、改"。在发动了"反击右倾翻案风"运动后，一群群外单位的人络绎不绝地来这里"取经"。

他坚毅地挥动着写出过"为民立极"的四卷雄文的巨手，似乎看到了包括清华师生在内的亿万民众，高呼着"主席挥手我前进"的口号，沿着不知有多远的革命道路，向着虚无缥缈的目标前进。

他看到清华的师生中有多少人致死、致残、致病，有多少人近似疯狂地内斗，有多少人荒废学业，虚度年华，多少人奔赴田野山林，苦撑岁月。他似乎认为"成绩最大最大,代价最小最小",脸上露出一丝笑容。

他有没有想到,在诸多英才倒下之后,他自己也会轰然倒下?

【上文引自孙怒涛:《历史拒绝遗忘》,中国文化传播出版社,2015年,1295 页】

## 文革受难者——程国英

以下为王友琴《文革受难者》一书中的有关记述:

程国英,男,1922 年生,清华大学建筑系美术教研室副主任,在"清理阶级队伍运动"中被"审查",1968 年 11 月 12 日在清华大学荷花池南边土坡自缢身亡。

# 程应铨（1919—1968）

周文业、孙怒涛　编辑

程应铨（1919～1968），男，江西人。最早参加清华建筑系的人，负责城市规划，1957年因为提出保护古建筑，被认为是反对"党的城市建设路线"遂被定为右派。"文革"中，程应铨更被诬陷为"隐藏的特务"。1968年12月13日，程应铨换上访问莫斯科时所穿的崭新西装，跳入他无数次如鱼般游弋的游泳池，将自己和水一道冰封……

程应铨（1919—1968）

江西程氏清代出了好几位人物，有一位曾监造颐和园。程应铨秉承家学，在城市规划与建筑思想上极具艺术眼光，是中央大学建筑系的高才生。1944年初应征去了缅甸前线，充当英语译员。二战结束，复员去昆明。

## 四、讲师

应铨从南昌市第二中学到大学，一直是高才生，飒爽英姿，够得上"倜傥"二字，英文、画画、摄影、游泳、打网球，无一不精。

历史学家程应镠把弟弟程应铨介绍给昆明天祥中学学生林洙，让他在返上海的路上照顾林家。林洙父亲学建筑出身，与程应铨一聊如故，遂以女相许。这对年轻人后来终成眷属，可惜这对婚姻以不幸告终，给程应铨带来如许痛苦。

抗战胜利后，清华大学从昆明迁返北平。梁思成、林徵因主持的中国营造社并入清华建筑系（当时称营建系）。程应铨的同班同学吴良镛应梁氏夫妇之请，去了清华。不久，吴去美国留学，他把在上海海关工程处工作的程应铨介绍入清华建筑系（一说是沈从文推荐的）。

号称建筑系的四大金刚之一的程应铨担任规划教研组组长。在师友眼里，他极 Gentleman（绅士），个性十足，一身才气，一身傲骨。对志同道合者，披肝沥胆；对不入眼者，不置一语。

梁思成、林徵因都很赏识程应铨。程在城市规划与建筑思想上很有艺术眼光。许多年里，程是他们的得力助手。程应铨教书也很受学生欢迎。由于他业务好，还翻译过一些高水平的建筑学著作，填补了国内建筑艺术方面的某些空白，许多杂志纷纷转载。

1956年6月，程应铨作为中国建筑师代表，随代表团访问了波兰等国，副团长是梁思成。程很欣赏波兰的古建筑，波兰人在二次大战后宁愿饿肚子，也要在废墟上恢复华沙古建筑的狂热，给程留下深刻的印象。他甚至想学习波兰文，深入研究波兰的建筑艺术。他才华横溢，抱负多多，满怀激情地想在城市规划上有所建树。

可惜，他失之于太单纯。1957年鸣放，没有必要地卷入当时建筑界在城市规划上的争论。在系里的一次小组会上，他激昂慷慨为华揽洪、陈占祥被调出北京建筑设计院而抱不平，因而获罪划右。

屋漏又逢连夜雨。程应铨政台上罹难，家庭又告破裂，妻子林洙在政治压力下与其离婚，并不许程见两个年幼的子女。不久，老师梁思成娶了他的妻子。

程应铨对亲人说，林洙签字离婚时说，他只有两件事让她感觉良好，一是 1956 年作为中国建筑家代表团的成员出访波兰等东欧国家，林洙作为年轻建筑学家的妻子觉得风光无限；另一件是他翻译了不少好书，得到不少稿费。此两项皆直指名利。

程应铨

林洙告诉程应铨：两年之内摘去右派帽子，可以复婚。林洙嫁梁思成前，系里找程应铨谈话，问两人有无复婚可能，他刀截般分明："不能。"他说："我又不是太监，召之即来，挥之即去。"

沈从文在给程应镠的信里，将林洙离开程应铨和再嫁梁思成统统归结为"本性上的脆弱"。"我们如真正开明，即不宜对之有任何过多的谴责和埋怨！""脆弱"朝褒义上理解，则是"世俗女子的进取心"，退避和进取皆有着鲜明的现实指向；若朝贬义里理解，则是类似昆虫的一点趋旋光性，世俗光耀下的本能反应。

文革前开政协会议，会后政协委员们可以优惠价买当时算是高档生活用品的高压锅。林巧稚调侃不登记的梁思成："现在梁公的钱自己做不得主了，得回去请示新夫人。"沈从文说："林洙就是爱钱。"她不能不爱钱，尚有一对儿女要抚育。再说，她本来就非林徽因那样高蹈于世的女子。

应铨的侄女程怡曾在回忆文章中写道："现在想来，我叔叔真是挺难的，自己孩子的母亲嫁给了自己的老师，大家都在同一个系里，抬头不见低头见……"

有人说，"林洙当初，在英年男子那儿，她何其薄寒，施以冰季；

而在垂暮老者那儿,她何其忠诚,报以春季。爱情,果然没有逻辑,没有道理可讲"。可是,英年男儿贫贱是真,垂暮老者泰斗是实,难说纷纭,君子已矣。

程应铨因课大受学生欢迎,工资没变,照常教书。林洙担心他把孩子带坏,不许孩子来找他——他带偷跑来的孩子出去吃饭,让儿子陪自己喝啤酒。三年困难时期,他就把馒头切成片,放在暖气片上,孩子放了学就偷偷上爸爸宿舍拿馒头片吃,林洙知道,免不了一顿打……偶尔,程应铨也会失神,将友人之女喊成"小妹",那是他女儿的乳名。

寂寞的程应铨热衷于替亲友照相。冲洗好,再骑着自行车挨家送。沈从文全集里有些照片便出自他之手。生活无人料理,他自我解嘲:"可怜王老五,衣破无人补。"

"文革"中,程应铨一度是逍遥派,教学生打网球,与友人在游泳池竞技。文革中作为重灾区的清华大学,迟群他们带着工宣队进校清理阶级队伍,每个老师都被叫去交代。没有心计的程应铨,一次用逆光拍了毛泽东的塑像,接着便被工宣队找去谈了话,说他在缅甸当过美国人的翻译官,是隐藏的特务。怕被揪斗的他在清华西门的干河沟里过夜。他非常注意仪表,很有范儿,不愿顶着校内理发店剃的"锅盖",专程进城理发。如今却形如"丧家之犬",将自己放倒在污垢的沟里,面对满天冷月残星,他想:头脚倒置时,停止呼吸才能中止羞辱。

1949年程应铨与林洙于清华大学

1968年12月12日下午，学习完散会，程应铨在过道里深情地望着吴良镛，欲言又止。吴没理解他的用意，未予搭理。第二天上午，高音喇叭就传出"程应铨畏罪自杀，罪该万死""打倒右派分子程应铨"的讨伐声。

1968年12月13日，程应铨换上访问莫斯科时所穿的崭新西装，跳入他无数次如鱼般游弋的游泳池，将自己和水一道冰封……

程应铨生前，班上有个女学生，高挑，漂亮，上海人。她不顾程老师的右派身份，也不考虑两人年龄上的差距，热恋着程应铨。系里从中横加干涉，毕业后故意把她分配到云贵高原。

右派，右派是不允许有爱情的；程应铨看不到一丝光明，终于以一个善游泳者，葬身游泳池了。四十多岁，盛年早逝。哀哉，惜哉！应铨去世已38年，墓木已拱，还很少读到关于他的悼念文字。在这举世悼念为二战做出贡献者之际，谨以此文哀悼应铨，愿他的在天之灵安息！

## 父亲、叔叔和那个时代的人

程 怡

暑假待在家里，翻看《沈从文全集》书信部分的21卷。这一卷的第一张沈从文的照片，是我叔叔程应铨照的，那是1965年。那时我还没见过叔叔，只知道叔叔在北京清华大学建筑系教书，有一个比我大两岁的儿子叫小老虎，还有一个比我小两岁的女儿叫小妹。家里有小老虎哥哥小时候的照片，是和奶奶在一起照的，比叔叔更像奶奶，是一个非常漂亮的男孩儿。照片当然是叔叔照的。我后来见过叔叔的女儿，但从未见过这个哥哥。

这一卷中有反右以后沈公公给爸爸的第一封信。沈公公的信一开始就说："一小时前，王逊（注1）到我家中来，谈到你，才知道你们还在学校工作，十分放心，十分高兴！孩子们想必都已长大了。

几年来总想到你们，可不知道如何通信。我和兆和今年春天由江西回北京时，路过上海，住了三四天，想打听你们消息，问陈蕴珍（注2），她也不知道。先一时听王逊说及，使我回想到在昆明大家生活的种种。廿多年来，社会变化好大！可是古人说的'衣唯求新，人唯求旧'，我们过了六十年岁的人，总还是带有一点古典感情，或者说是保守落后感情，为着一些老朋友工作和健康，常常系念。"读到这段文字，我突然有一种要落泪的感觉。

我爸爸是一个有很多朋友的人，但1957年以后都断了往来。记得20世纪60年代初，周游（注3）伯伯到上海来开会，辗转托了很多人，甚至他在上海市委统战部的老战友，才找到了当时已经成了"摘帽右派"的爸爸。爸爸当天晚上被周伯伯留在和平饭店，和周伯伯住在一起，回来说暖气太热，话说得太多，睡不着。据说周伯伯一看见爸爸就大叫："你怎么可以让我们这样找你！" 20世纪70年代初，我还在东北插队，途径北京的时候，在一个叫作"水碓子"的工人新村式的房子里，看到了周伯伯，文革中他受了很多苦，但一听说我是程应镠的女儿，依然谈笑风生，谈我爸爸和四舅舅年轻时的故事，他们当时都是抗战前燕京大学的同学。我很喜欢爸爸的这个老朋友，他是一个非常重情的人。尽管当时他家里什么都没有，但还是让我留下来一起吃饭，我记得有煮玉米和辣椒炒的泡豇豆，我吃得很香。

也是那一次过北京，我还在东堂子胡同那间堆满了书稿的小屋里，看到了沈公公。爸爸以前老说沈公公是一个多么多么有趣的人：比如1956年到我们家，让我们四个孩子一字儿排开，然后掏出他从北京带来的酸梅糕，瓣成小块儿瓣到我们张开的嘴里，然后数"一、二、三"，让我们用力抿一下，"有趣呀！流金，我真喜欢看这些小家伙的表情！"我记得那天是小舅舅带我去的。我的小舅舅李宗津是个油画家，他抗战结束后在清华大学建筑系教美术，和沈公公是非常熟的。那天我们在东堂子胡同吃饭，沈婆婆就在门边搭建的只能容半个身位的小"厨房"里给我们做了一大锅红菜汤，我们站着喝汤，但都觉得那汤比莫斯科餐厅的红菜汤还好喝。30多年过去了，沈公公、沈婆婆和小舅舅都已作古，我却依然清晰地记得那一顿难忘的午餐。那天下午沈公公还带我去逛了故宫。小舅舅一听说沈公公要亲自带我去故宫，为我讲解，就也要一起去。我还记得沈公公为我们讲解时表情是多么有趣！

在这封长信的倒数第二段，沈公公写道："流金，国家发展十分伟大，个人实在渺小，不宜为任何个人小小挫折而放在心上，盼望你健康依旧，情绪依旧，趁年龄盛茂，

1949年程应铨与林洙于故宫

把一切精力用到国家有利工作上去！……什么时候我们能有机会谈谈，或有机会作一回十天半月旅行，就真好！因为我还希望从我们谈话中，会能使你感到高兴，并能得到一点鼓舞。"我不知道爸爸当年接到沈公公这封信时的心情是怎样的，而我今天把这些文字输入电脑时，必须努力控制自己的情绪，才能保证眼前的屏幕不被泪水模糊。

这封信有一段短短的附言，那是关于我叔叔的：

"听说应铨离了婚，还有两个孩子，爱人已和我们一个最熟的人结了婚。他的工作怎么样？生活情形怎么样？如还在京，告他什么时候来我家谈谈如何？一到礼拜天，家里小将和他们女朋友一回来，即相当热闹。我们还是什么玩都不大会，只坐下来听古典音乐，似乎倒和'老悲''老柴''老莫'挺熟悉要好！"

爸爸是肯定不知这"三老"为何人的。我爸爸出身于江西一个旧官僚家庭，程氏一门清代颇出了几位人物，其中就有一位是监造颐和园的。我叔叔当年受到林徽因与梁思成的赏识，据说也是因为他在城

市规划与建筑思想上，很有艺术眼光。而我爸爸学的是中国古代史，尽管读的是燕京大学这样的洋学堂，对西方艺术却完全外行。我第一次听说有个指挥叫托斯卡尼尼，就是在和叔叔聊天的时候，但叔叔对摄影艺术的兴趣似乎更大些。

1966年春节，我去江西老家看奶奶，结果奶奶却中了风，姑姑把奶奶从老家接回南昌治病的时候，叔叔和爸爸都赶到了南昌。半个月以后，奶奶去世了，叔叔和爸爸一起回到了上海。那是我第一次也是最后一次见到叔叔。叔叔在我们家住了几天，有一天我们家还来了一位高高的漂亮的年轻女士，后来我才知道那是叔叔的学生，上海人，叔叔的女朋友。那天晚上我半夜起来，听到爸爸和叔叔在书房谈话，爸爸跟叔叔说，应该多为人家女孩子着想，她那么年轻，和你在一起会有很大的压力，你们还是保持友谊吧。叔叔好像对爸爸的这种道德训诫毫不在意。他不像爸爸那么严肃、沉默寡言，他成天嘻嘻哈哈的，袜子的后跟破了，妈妈为他补袜子，他就跟我们说："老生四十五，衣破无人补。"他把我和弟弟带上街，我们的物质欲第一次得到了令人喜出望外的满足。我一生穿过的唯一的一双网球鞋，就是叔叔给我买的。我和弟弟最难以忍受的就是叔叔要在南京路、汉口路的照相器材店停留很久。叔叔见我们两个不高兴，就带我们去国际饭店附近的"凯歌"买吉士林咖啡糖，那种糖的包装很特别，白纸上印有蓝色的地球仪。糖很贵，爸爸总是半斤半斤地买，每次至多给我们一人两粒，可这回叔叔给我们买了很多，他要让我们吃个够。

回家的路上，我心里有点儿犯嘀咕，我们对叔叔提出了这么多要求，回家会不会挨骂？我对叔叔说，爸爸不许我们跟人家要东西，今天我说不定要挨骂的，叔叔说："不会不会！我怎么是'人家'呢？你爸爸是我的哥哥啊。"回家以后，爸爸果然没有责备我们。叔叔还买了很多小国光苹果，每顿饭后总会拿出小刀给大家削苹果，皮削得薄薄的，一圈一圈的，绝不会从中间断开，这样的技术不要说爸爸没有，就连妈妈也没有。

叔叔在上海不能多待，因为他还要回清华去上课。他划成右派以后，工资没有降，还是照样教书，据说他的罪名是反对当时北京市的

"旧城改造规划"。这么大的事情本来轮不到他这样一位年轻教师说话,但他当时是梁思成的助手。他居然嘻嘻哈哈地跟爸爸说:"我戴帽子是因为他们说我反彭真。"1966年,我上初一,已经知道彭真是谁了,他当时关于"真理面前,人人平等"的说法就是真理啊。

叔叔并不永远嘻嘻哈哈,比如谈到小老虎哥哥的时候。他说林洙1958年跟他离婚时说,他只有两件事是让林洙感觉好的,一是1956年作为中国建筑家代表团的成员出访波兰等东欧国家,那时林洙作为年轻的建筑家的妻子觉得很风光;还有一件就是叔叔译了一本很好的书,得了不少稿费。

林洙、程应铨和儿子林哲合影

林洙还说,如果叔叔能在两年之内解决问题,那么他们还有复婚的可能。叔叔说:"她不许孩子来找我,三年困难时期,小老虎吃不饱,我就把馒头切成片,放在暖气片上,孩子放了学就偷偷上我的宿舍拿馒头片吃,如果让她知道了,孩子就会挨打……"

叔叔说他把偷偷跑来看他的孩子带出去吃饭,林洙就说他要把孩子带坏,妈妈问怎么会这样,叔叔说,因为他让儿子喝了啤酒。妈妈说,不该让孩子喝酒。爸爸在这样的时候,总是不说话的。现在想来,我叔叔真是挺难的,自己孩子的母亲嫁给了自己的老师,大家都在一个系里,抬头不见低头见。而想见自己的儿女,却见不到。我现在还保存着叔叔当年给我和弟弟照的照片,那时候我们对着叔叔笑得那么开心,叔叔在想什么呢?他的一儿一女和我们差不多大。

几个月后,"文革"开始,我们亲眼看到父母受苦、受辱。那时,我们家族中的大人，除了在国外的，几乎无人能够幸免于难。据说，叔叔的境遇算是好的。逍遥派。除了摄影和建筑之外，他还喜欢打网球和游泳。我小舅舅的儿子他们去清华游泳池游泳，常常看到我的叔叔，而且他们都知道叔叔游得很好。谁也没有想到象他这样一个成天满不在乎的"乐天派"会自杀，会在 1968 年 12 月 13 日投水自杀，死在结了冰的清华游泳池里！据说当时迟群他们带着工宣队进高校"清队"，每个老师都要叫去交代，"要写出来。人人都得这样做"。我叔叔被他们找去谈了一次话，就自杀了。1969 年初，清华通知爸爸说叔叔"畏罪自杀"。爸爸整晚默默地坐着，看着窗外，冬天的夜很黑，外面风很大，爸爸只说了一句："他真是不负责任！"我后来才明白，爸爸这句话是为叔叔的两个孩子说的。那时候，我已经快要下乡了，小老虎哥哥也差不多吧？

　　1974 年，从春天到秋天，我一直在北京，小舅舅那时动了直肠癌手术，舅妈和表哥轮着去积水潭医院照顾舅舅，爸爸收到舅妈的信，当晚就带我赶到火车站，给我买了张从福州经过上海去北京的火车票，让我去帮忙。有一天，我在天津大学建筑系教书的大表姐到北大燕东园舅舅家找我，说她从清华来，在那儿看到了小妹，她希望我也能去看看叔叔的女儿。燕东园到清华西南院儿并不远，我却是犹豫再三才一路找过去的。人们给我的似乎都是冷眼，因为我要找的人是林洙。梁思成去世后，林洙和她的母亲、女儿住在西南院那所著名的平房里。但不是全部，一半房子被收回了，这是林洙亲口告诉我的。

　　我叔叔的女儿和我差不多高，我想这是我家的遗传，我的身高是 1 米 70，姐姐比我还要高一点。我还是按照从前叔叔的叫法叫她小妹。她当时在北京的工厂工作，有一只手风琴，我们在一起玩了一会儿琴，她把相册拿给我看，我在那儿看到了小老虎哥哥，我记得他当时插队在大寨，照片上有大名鼎鼎的陈永贵，我的这位哥哥像是坐在地上的，黑瘦、漂亮、和我爸爸年轻时的照片像极了。他那时还在大寨，小妹说他不怎么说话。

　　几年后，我哥哥和弟弟都去看过小妹，她也管他们叫哥哥。但他们都没有在那儿见过小老虎。

1976年唐山地震波及北京，小舅舅就到上海来了，我们家那时极为拥挤，我晚上就在爸爸妈妈房里打地铺，我的小屋就让小舅舅住。不久，"逃难"到苏州亲戚家的沈公公也到上海来看爸爸，我家小小的两间房当时真可以说是"谈笑皆鸿儒，往来无白丁"了——巴金、王辛笛、许杰先生都来看过沈公公，小舅舅还给许杰先生画像，记得也给沈公公画了一张铅笔画像。舅舅一直住到十月"四人帮"垮台之后。

　　沈公公来的时候应该是夏天，因为有一天他让我陪他去武康路巴金先生的寓所，两位老人谈天的时候，巴老伯请我吃当时四毛钱一块的冰砖，对角切的一半儿，放在一个玻璃小碟子里。那一天，巴老伯还送了我几本俄国小说。《别尔金小说集》《父与子》《当代英雄》，我珍藏至今。当时他和沈公公坐在楼下走廊里聊天，完全不象是历尽劫难的文人在一起诉苦，而是彼此间莫逆于心的亲切。我回家和爸爸谈起我的感受，爸爸说："君子不忧不惧。"我第一次知道这话是孔子说的，说得真好！我喜欢。后来我写过一篇回忆沈公公的文章，就以这句话作为题目。

　　一天，不知是怎么开的头，沈公公和小舅舅谈到了林徽因。小舅舅是个艺术家，对林徽因一直非常崇拜，谈到当年在清华园参与国徽设计，小舅舅对林徽因的鉴赏力与气度佩服得五体投地。国徽上的"小天安门"是高庄的创意，据说林徽因先生一看到这一稿就把自己原先的"大天安门"方案否定了，说这样的空间感反而使天安门更显得宏伟壮观，并极力向周恩来推荐高庄的创意。小舅舅曾被徐悲鸿称作中国人像画家第一人，他给林徽因画的油画像原来一直挂在梁家的客厅里，据说林洙和梁思成结婚以后取下了那张画像，梁思成的女儿因而给了林洙一个耳光，并拂袖而去。此事从清华一直传到北大。沈公公说，文革前开政协会议，会后政协委员们可以优惠价买当时算是高档生活用品的高压锅，他和林巧稚都买，梁思成却没有登记，林巧稚就调侃说："现在梁公的钱自己作不得主了，得回去请示新夫人。"沈公公说："林洙就是爱钱。"这样的批评应该是沈公公说得很重的话了。因为他亲口告诉我范曾怎么说他"爱钱"，文革时历史博物馆批斗他时怎么做一个大大的"孔方兄"套在他的脖子上！他对这样的污蔑是很生气的。

林洙是抗战时爸爸在昆明天祥中学教过的学生。抗战结束，战时为盟军当翻译的叔叔从缅甸回来，爸爸把他介绍给林洙一家，当时叔叔和他们一起搭车回上海，爸爸要叔叔路上照顾林家。林洙的父亲也是学建筑的，非常赏识叔叔，后来就把当时还是高中生的林洙嫁给了叔叔。叔叔去清华工作时，林洙尽管没有受过高等教育，还是进清华建筑系（当时叫营建系）当了系秘书。

1980年，爸爸去北京开会，住在京西宾馆。叔叔的朋友，当时清华建筑系的负责人吴良镛先生，带着叔叔的两个孩子去看了爸爸。在吴良镛先生看来，不管怎么说，他们是叔叔的血脉，是我们程家人。我不太明白爸爸为什么不再和他们联系，但我知道，见到我的两个堂房兄妹后，爸爸很难过。他想些什么我们无从知道，也不好问。只知道当时他们都没有上大学，而我和弟弟都已考上了华东师大。爸爸后来在病中多次对我们说，你们两个同年考上大学是我这一生最高兴的事情。

有一回，哥哥回来说，小老虎在北京某国家机关开车。他和小老虎碰巧坐上了同一列火车，两个人彼此对视了几眼就知道对方是兄弟。尽管那之前他们还没有见过面。哥哥六三年去北京上大学时，已经看不到叔叔的儿子了。哥哥说，那种由于血缘而产生的感应实在很奇特。我觉得这一点都不像是学生物的人说的话。在我看来，他们一下子就能辨识对方，是因为叔叔和爸爸长得实在是像。

1999年春天，叔叔中学时代的同学、北大教授许渊冲先生突然寄了一张剪报给我。当时妈妈去美国还没有回来。我记得那是清华的校刊，校刊上有一位当年负责南京秦淮河景区规划的清华老校友写的纪念叔叔的文章。大意是说：五十年代初他在清华念的不是城市规划专业，只是旁听了叔叔当时讲授的这门课程。后来他到山西工作。八十年代秦淮河工程在全国征求规划负责人的时候，他竟然入选了。清华校庆的时候，他徘徊在自己曾经学习过的地方，想到年轻时因为对叔叔的课感兴趣而常常去叔叔家聊天的情景。他说叔叔当时身体不好,不太出门,喜欢的就是书和经常趴在膝头的儿子小虎。他说他只知道叔叔后来划了右派,并在文革中含冤死去。在文章的结尾他说,程先生的儿子小虎应该已经很大了,他一定继承父业,生活得很好吧!读到这段文字时,我心里很痛。如果没有反右,小老虎哥哥会在自己父亲的书房里长大;如果没有文革,他也应该在他母亲的后夫——著名建筑学家梁思成先生的养育下长大。但已经发生的一切是不能如果的……

前年整理爸爸的文集,读到爸爸写的几首与叔叔有关的旧体诗。手足情深,令人泣下。叔叔最后读到的应是下面这首:

简应铨

岁末怀吾季,芸芸谁独醒?有身成大辱,何人问死生!

除夕风兼雨,孤灯暗复明,梦回惊岁换,不尽古今情。

"有身成大辱,何人问死生!"我叔叔在他年富力强、才华横溢的时候代人受过。并承受了别人很难承受的屈辱。据说清华建筑系的有关领导在林洙嫁给梁思成之前曾经问过叔叔有没有与林洙复婚的可能,叔叔毫不迟疑地说:"没有!"文革前夕,那位漂亮的上海姑娘曾被要求与程应铨断绝往来,如若不然,毕业分配就会有问题。后来听说那女孩去了云贵高原。这些直接伤害我叔叔的人里,有很多曾经是他的老师、同学、朋友。那个时代在多少人心里留下了深深的创痛我们无法计算,它扭曲了多少人的灵魂也无从统计,但生活毕竟是进行着的,有情有义的人,无情无义的人,或者介乎有情无情、有义无义之间的各色人等,都按照自己的方式活了过来。然后,有的人会写写回忆录,然后,大家都会老死……

**【注释】**

1 王逊:40年代清华大学哲学系研究生,后任中央美术学院中国美术史教授。57年划为右派。已故。

2 陈蕴珍:巴金夫人萧珊。我母亲西南联大的同学。已故。

3 周游:文革前北京市委委员,曾任北京出版社社长、人民文学出版社党组书记。已故。

原载《书城》2004年第8期，编者略有删节

原编者注：作者程怡是程应铨哥哥程应镠的女儿。程应镠生于1916年，1994年逝世。1946年加入中国民主同盟，曾担任民盟上海市委委员。解放前为光华大学及政治学院历史系教授。上海师范学院建校后即为历史系教授，曾任历史系主任等职。1957年被错划为"右派"。"文革"后复出，任华东师大历史系第一副主任兼古籍整理研究所所长等职。为国务院第一批批准的中国古代史硕士点学术带头人，硕士生导师。兼任校学术委员会、校学位委员会委员，《上海师范大学学报》主编，中国魏晋南北朝史研究会顾问，中国宋史研究会副会长兼秘书长等职。

## 乘鹤远去程应铨

### 陈愉庆

父亲第一次与程应铨先生相识于清华新林院的梁家客厅。每到下午茶时，梁思成林徽因夫妇的客厅总是高朋满座。梁先生把程应铨介绍给父亲时说："这是我们建筑系的四大金刚之一，跟你同行，专门研究城市规划的程应铨。"

父亲说，他左手端着茶杯，伸出右手去跟程先生握手。程应铨却放下茶杯，站起身，微躬下腰，用双手握住父亲的手说："久闻大名，陈先生。"他只比父亲小几岁，这样毕恭毕敬，让父亲很不好意思。

"都是同辈，这样折煞我也！"父亲连忙放下茶杯，把左手也伸了过去，握住了他的双手，"常听梁公说，你是中大的高才生。"

程应铨说："哪里，你是中大教授（指前南京中央大学），我不过毕业于中大建筑系而已。"他又指指梁思成夫妇和金岳霖等人说，"在座的都是我的先生，前辈。"

父亲事后和梁先生说："程应铨很谦和呀。"梁先生大笑说："那是他很 Gentleman(绅士)。应铨是很有个性的人，一身才气，也一身傲骨。他看得上的人，能肝胆相照。不入眼的，多一句话也不说。"

程应铨是清华建筑系青年教师中的佼佼者，也是吴良镛教授当年在南京中央大学建筑系的同窗。毕业时二战尚未结束，因说得一口流利的英语，便在缅甸当了盟军的英文翻译官。1948 年，经沈从文先生向林徽因推荐，来清华建筑系任教。梁思成夫妇认为，规划专业虽然在中国刚刚起步，但清华建筑系必须有兵精将勇的规划团队，才能适应未来中国的建设形势。梁思成亲自把系里的青年教师吴良镛送去美国的匡溪学院（CranBrook）深造，师从芬兰籍的规划专家沙里宁，以期回国后能担起建筑系规划专业的重任。系里成立了规划教研组，程应铨是组长，率一批青年教师专攻城市规划。由于在城市规划方面见地独到，被推举为北京都市计划委员会委员，那时他还不到三十岁。梁先生出席北京市的许多规划会议时，程应铨大多随行，这样也就和父亲接触得多了起来。程应铨只比父亲小几岁，父亲称他应铨，他却从来不对父亲直呼其名，永远恭恭敬敬地称呼"陈先生"，称母亲为嫂夫人。可能是和父亲谈得来，尤其是学术观点一拍即合，程应铨成了我们西单横二条家里很受父亲欢迎的客人。他一来，父亲的烟灰缸里准会堆满烟头，两人在烟雾中眉飞色舞、滔滔不绝。但不知为什么，他都是独自一人骑自行车来西单横二条，妻子和儿女从不曾来过我家。他离开后，父亲还会余兴未尽地向母亲称赞程应铨的种种过人之处，"聪明人刻苦的不多，可应铨禀赋高卓又刻苦，人才难得。"

父亲说，他在缅甸做过盟军的英文翻译，能翻译出《都市计划大纲》（即《雅典宪章》）已属难得。最不可思议的是，他在短短的时间里自学了俄语，一连翻译出《城市规划》上、下卷、《苏联城市建设问题》《城市规划与道路交通》《柏林苏联红军纪念碑》，是新中国最早的一批关于城市规划的学术文献。人家到莫斯科访问，都急着去购物、逛街、参观名胜，他却拦住街头的俄国人、旅馆的服务员纠正自己的俄语发音。由于有很深厚的国学功底，他的译笔娴雅流畅、灵动飞扬。凡是听过他讲课的学生，无不为他的才情折服。

有一位学生听他讲的规划课之后，意欲改弦更张学规划专业，直到晚年才如愿以偿。还有一位弟子，自以为英文底子不错，私下暗暗把《雅典宪章》翻译了一遍，欲与前辈一较高下。待把自己的译文与程应铨的一对照，自惭形秽得无地自容，从此对老师心悦诚服。翻译有时是一种再创作。傅雷译的《约翰·克利斯朵夫》，文笔之灵动传神、清朗俊逸，无人可望其项背。这与译者的文化、气质、功力息息相关。

1956 年，程应铨随梁思成、周荣鑫等出访东欧。归来后，他到西单横二条来看望父亲，给我留下很深印象。他刚刚理过发，吹得一丝不苟的大背头，发蜡锃亮，母亲开玩笑说："应铨老弟，今天怎么像个新郎官似的？"

"刚在四联理了发。"他拍拍脑袋说，"才理过的头最生涩，看着是不是很刺眼？"

母亲细细端详着他的头发说："理得不错。只是，理个发跑这么多路，太冤枉了。清华没有理发店吗？"

"哈，那儿的理发店水平很高，剪完头发，头顶像扣了只马桶盖。"他用手比划着，"反正我也要进城，顺便就去四联，一举两得。"

他为我家带来了从东欧买回的小礼物。一条灰色亚麻的茶几台布，四周缀着红黑双色相间的十字绣花边。一支羊皮的书签，上面烙着精致凹凸的图案。那是一个右手高举宝剑，左手紧持盾牌的美人鱼。

"知道这是谁吗？"程应铨叔叔问我。

我看见了她的鱼尾，便答道："美人鱼。"

"是安徒生童话里的美人鱼吗？"他向我狡黠地笑着追问。

我摇摇头。

"为什么？"程叔叔对我刨根问底。

"因为安徒生的美人鱼不拿宝剑和盾牌，她只安安静静地坐在海边岩石上。"我很好奇，"这个美人鱼是哪儿来的？怎么像个将军的样子？"轮到我向程叔叔刨根问底了。于是，程应铨很耐心地为我和弟弟讲了成为华沙城城徽的美人鱼故事。

我们从此很喜欢这位程叔叔，不仅因为他讲的故事引人入胜，还因为他带给我和弟弟一小罐巧克力豆。那其实称不上是罐子，说管子更确切些。如一枝自来水钢笔那样长短，顶多有一个乒乓球直径那么粗细，是很轻的金属压制成的，像父亲偶尔抽的哈瓦那雪茄。拧开盖子，里面是一枚枚五颜六色、闪闪发光的"小扣子"，它们让我和弟弟的眼睛都不够用了，那就是今天孩子们吃腻了的"M&M"巧克力豆。但半个世纪前，这一小管巧克力豆，使我一下就记住了父亲诸多朋友中的程应铨叔叔。

1965年的程应铨

我发现程叔叔很有趣。他和父亲永远都是谈规划、谈建筑、谈音乐美术或文学。从东欧归来，感触良多。大谈波兰规划思想大胆，有创意；还跟父亲说，他想马上自学波兰文，翻译一些波兰的城市规划著作，介绍给中国的同行。但他同样会跟母亲谈得笑逐颜开，说些家长里短。有一次，他给我家带来一束粉、白两色的芍药花。母亲连连道谢，找出一只陶质花瓶准备插花，程叔叔就要了把剪子，一面帮母亲修剪花枝，一面告诉母亲说："这花很便宜，这么一大束才四毛钱。可是卖花的老太太告诉我，如果你每星期订一束花，售价就只有三毛钱，而且免费送货上门。"

"这家店在哪儿？"母亲接过程叔叔修剪好的花，边插花边问道。

"离你家不远，就在西单菜市场附近。不是花店，只是个不大的花摊，听说很多人家都向她家订花的。"

母亲对父亲说:"应铨就是跟别人不一样,很实在,很家常。不像你的有些朋友,从一进门就城市规划,到告辞之前还是城市规划,不食人间烟火一样。"

母亲真的找到了那个小花摊。从此每个周末,一位眼睛里漾着盈盈笑意的姑娘就会挎着只藤篮出现在我家台阶上,风雨无阻地送来各种时令鲜花。有时是月季,有时是西番莲,有时是雏菊或莒兰。我喜欢那个和鲜花一样美丽清纯的女孩儿,她是老太太的女儿。每次听到她的声音,我都会忙不迭地跑出去接过她手里的鲜花,"大姐姐好""谢谢你"地没完没了。还拿出一个"玻璃丝"编成小鹿形状的胸针送给她。第二个星期来送花时,她从篮子里拿出一枚小小的果实塞到我手里,它像一只小小的芒果,色泽金黄闪亮,但上面长了许多如苦瓜似的凸凹不平的颗粒。母亲用刀切开,里面有艳红鲜亮的瓤和籽。我问卖花姑娘:"它叫什么名字?可以吃吗?"不料女孩儿脸红了,慌乱地说:"还不知道呢,别人刚送了我两个。"言罢羞赧地跳下台阶跑远了。

1957年,父亲成为"右派",程应铨也成了难兄难弟。程应铨是因支持《梁陈方案》,为此抱打不平而成为"右派"的。另一个原因是说他在课堂上散布西方资产阶级的城市规划理论,即伦敦哈罗新城的"邻里单位"观念。父亲说:"1929年,美国建筑师帕里率先提出了这一创意,美国规划专家克拉伦斯·斯坦首次实践了这一理论。该理论的核心是每一个'邻里单位'的居民居住区,按照人口的多寡,规划出公共绿地,小型服务机构、商业设施、学校、幼儿园……居住于同一地区的邻里们足不出居住区,即可享受到便捷的生活。大家在同一地区生活,邻居们相互稔熟,可以彼此守望照应,建立起一种安全和谐的邻里关系,不必为购物和接送子女上、下学而耗费时间及能源。"苏联人对这一理论大加讨伐,批判者扬言此系阶级调和论。人群以阶级划分,焉可因合居同一地域而共生和谐?一棒将"邻里单位"打入冷宫。斯大林逝世后,苏联对"邻里单位"理论的大批判一风吹,建设住宅时完全按照"邻里单位"依葫芦画瓢,只不过把"邻里单位"改了个名字叫"小区"。美国遍地林立的"邻里单位"则被译为"社区"。紧跟苏联老大哥的中国建筑界,连忙做出反响,为"邻里单位"罪名平反,程应铨也出席了清华建筑系为该理论昭雪的学术讨论会。

记得好像是1963年,我家已经搬进了复兴门外的宿舍大院。父亲刚刚摘了"右派"帽子,从砂岭绿化基地调回了设计院的技术情报室。我周末从女附中回家,全家人正摆上餐桌准备进晚餐。听到敲门声,父亲起身去开门,看到门前那铁塔似的男人,我们都从餐桌旁站了起来,"久违了,程叔叔。我们已经多少年没见到你了!"父亲和程应铨什么也没说,只是猛地紧紧拥抱在一起。男儿有泪不轻弹,此时两个饱经风雨的男人却已是无语凝噎泪满襟。父亲把他按在餐桌边,母亲忙去添碗加筷。从那天起,程叔叔仿佛成了我家的另一个成员,若有几个周末不见他的身影,孩子们都会问:"程叔叔哪儿去了?"

自从成为"右派分子"后,父亲几乎息交绝游,跟任何人都鲜少往来,怕的是给亲朋们添麻烦。虽不再与程应铨联络,但父亲总对他怀着一份深深的愧疚。

"应铨是为我和梁先生陪绑的,很多话他本可以不说。多少人不说,或违心地说,就躲过去了,要么爬上去了。他是宁折不弯的人,结果妻离子散。"我常听父亲在家里为程先生叹惋感慨。

程先生仍像以前一样开朗,说起话来声如洪钟。那时程先生正值盛年,身高一米八,威猛健硕,因长年骑车,皮肤被阳光染成古铜色。额前几道皱纹,更增添了男子汉的沧桑与刚毅。虽妻子已携一双儿女弃他而去,但丝毫看不出他的沮丧与哀戚。特别是此前不久,他的前妻与梁思成先生喜结连理。

二战结束,程应铨从缅甸回来时,曾去昆明探望兄长程应镠。程家早年是江西的官宦人家,先人还曾有一位负责颐和园的监造,程应铨也许正是继承了先祖这方面的基因,对建筑和规划表现出与众不同的天赋。兄长程应镠先生毕业于燕京历史系,解放后为上海华师大历史系教授,与沈从文先生都是相识相知的故交。程应铨的嫂嫂,亦是作家巴金妻子萧珊的同窗好友。而沈从文又与林徽因相互激赏,林徽因亲切地称沈从文为"二哥"。抗战中的"西南联大"时代,程应缪前往昆明，在昆明"天祥中学"执教。程应铨的前妻林洙在"天祥中学"读书，是程应缪的学生。抗战胜利后，林洙一家返回上海，程应缪嘱当时也要返沪的程应铨关照林洙一家。林洙父亲对一表人才、天资出众的程应铨赞赏有加，竭力促成女儿与程应铨的婚事。沈从文举荐程应铨去清华建筑系时，梁思成夫妇也为建筑系多了一位青年才俊而欢欣鼓舞。当年，是梁思成亲自为程应铨和林洙做主婚人，而如今，程应铨的师长却娶学生的妻子为妻，这几乎超越了中国知识分子的道德底线。偏偏这位学生又曾为师长的不公遭遇仗义执言而蒙冤。梁先生的这桩黄昏恋，在建筑界传得沸沸扬扬。据说，梁先生的多年好友张奚若闻讯后警告说，你若跟她结婚，"我就跟你绝交"。梁、林婚后，程应缪的妻弟、著名油画家李宗津画的一幅林徽因画像从梁家客厅"下堂"，梁先生的女儿搧了继母一巴掌，扬长而去。

母亲劝程叔叔说："红尘万丈，人海茫茫。夫妻相聚是缘，离散就是缘尽了。缘未尽，拆也拆不散；缘尽了，留也留不住。想开点，随遇而安吧。"

程叔叔说："他们结婚时，系里征求过我的意见，问还有没有复合的可能。"

"你怎么说？"

"两个字：没有。"程叔叔淡淡地说："我又不是武曌的太监，召之即来，挥之即去。"

母亲闻之，没再说什么，只轻轻地叹了一口气。

程应铨虽然戴了"右派"帽子，但因为他讲课极受学生欢迎，所以一直还在系里授业解惑，不曾被剥夺授课权利，工资也维持原样。

可能是为了排解孤寂，独身一人的程应铨迷上了摄影。凭他的智商，想做什么就能把什么做到最好。那几年，他的很多业余时间都花在摄影上。我们也成了他的摄影模特儿。我一生中几张拍得最好的照片，都出自程叔叔之手。他每周六晚上独自在宿舍的"暗房"里洗照片，周日一早便骑车进城，买各种相纸、胶卷、冲印药粉；然后去各家各户送他洗出的杰作。总是最后来到我家，和我们一起共进晚餐。在程叔叔向我们展示的摄影作品中，我们认识了许多不相识的人，他对着照片给我们讲述着那些动人的故事。我很早就从照片上认识了清华水利系著名的教授黄万里，看到过他孤身为中国水利事业坚韧跋涉、饱受磨难的沧桑面影。黄万里教授传记《长河孤旅》所用的照片，正是程叔叔拍摄的。沈从文先生和侄女的合影最精彩。沈先生弟弟那来自湘西凤凰的女儿，一副出水芙蓉、冷花淡蕊的清雅，让我过目不忘。程叔叔说："她没读过多少书，但音乐、绘画、舞蹈、女红均无师自通，联想沈先生的外甥画家黄永玉，真觉得凤凰是片神奇的土地，哺育了多少风华绝代的艺术大师。"据说，《沈从文全集》中的照片，也出自程应铨之手。而《城记》，《建筑师不是描图机器》书中父亲和我们全家的照片，亦是程叔叔的作品。

在程叔叔自己保留的作品中，我们看到许多照片里都有一张熟悉的面孔，那是大哥衍庆清华建筑系同班上的一位女同学。暑假里大哥接我和弟弟去清华小住时，见过这个窈窕婀娜、笑容若桃花映水的上海姑娘。

母亲指着照片上的姑娘，看了程叔叔一眼，笑道："进展顺利吗？"

程叔叔丝毫不否认，大大方方地说："我们常约会。照照相、逛逛街、吃吃饭，也很亲密。至于结果如何，像你说的，随缘吧。"

母亲说："怪不得衣冠楚楚，老像要去赴酒席，原来情网缠着呢。喏，让我来指教指教你。"母亲指着他笔挺的华达呢中山装说，"是自己熨的吧？"

"是呀，嫂夫人有何见教？"程叔叔低头看着自己的衣襟问。

"你看，衣服熨得闪闪发光，像钢盔铁甲一样。"

程叔叔笑道："苦命王老五，衣皱无人熨，裤破无人补。"

母亲说："那就把衣服脱下来，我教你怎么办。"

母亲用小锅热了一点白醋，用湿毛巾沾了些醋在中山装发亮的地方擦拭着，一边擦一边说："以后要熨衣服就带过来，一只羊是赶，一群羊也是放，我顺手就帮你熨了。知道吗？熨这种毛料衣服，熨斗下面一定要垫一块湿的白毛巾，这样熨出来的衣服不会发亮，而白毛巾不会褪色污染衣服。"

程叔叔双手抱拳，连说："谢嫂夫人！"

程叔叔走后，母亲对父亲说："应铨可能是想赌一口气，非要找一个年轻漂亮、比前妻强的女人。但我看，这个姑娘不像是能伴他共患难的人。"

父亲皱皱眉说："尊重隐私就是尊重朋友。这种个人的事情，最好少问少谈。梁先生和林洙的事，我一直讳莫如深，从不在应铨面前提起，也闭口不谈他的婚姻。那是人家的伤口，万万碰不得的。再说，林洙离婚了，梁先生鳏居多年，人家两情相悦，不管是非曲直，别人都没有资格说短道长。"

据说，程先生和那女孩子之间的关系维持了多年，最后还是一拍两散，无疾而终。

1963年，我从女附中毕业进入北京师大二附中的文科实验班。这是邓小平、林枫、浦安修等领导人亲自过问的教改试点单位。为检验教学成果，上级决定我们全班在高中二年级时跳级参加高考。我幸运地考入北大中文系。

得知这个消息，程应铨叔叔像自己的女儿考进大学一样高兴。他兴冲冲地来到我家，把一个纸盒子放到餐桌上（那个年代的礼物从没有精美的包装），"小妹，看看我给你带来一件什么礼物！"

我怔住了，他从来和父亲一样叫我贝蒂，今天怎么改口为小妹了？

"我什么时候变成小妹啦，程叔叔？"我刚要伸手拿桌上的盒子，忽然被烫着似的缩回了手。因为我看到程叔叔异样的目光，就像波光潋滟的湖面上，蓦然疾驰过翻滚的云影。他神情萧瑟，木然无语。

"你怎么了，程叔叔？"我有些怯怯地问。

"哦……"他恍若刚刚走出梦境，"对不起，口误，我叫错了。"他仿佛自言自语地说，"我的女儿叫小妹。"顿了顿，又用几乎听不清的声音缓缓地说，"儿子……叫小老虎。"

母亲连忙端来一杯热茶，又递过一条刚拧干的白毛巾，"骑了一路车，擦擦汗，喝口茶歇歇。"

为了祝贺我考上北大，程叔叔送我一只德国蔡斯公司出品的袖珍望远镜。望远镜很小，比四根手指宽不了多少，但做工极精致，金属边与镜筒那些天衣无缝的镶嵌，让人联想到日耳曼民族一丝不苟的性格。"陈先生说你最喜欢看戏剧，有了这个，坐在最后一排都能看得清清楚楚。右派的女儿能进北大中文系，我这个右派叔叔脸上都有光彩呢。平时付出多少，就收获多少，天道酬勤。"程叔叔说。

我告诉程叔叔，其实，我觉得自己没付出太多，耍小聪明，运气好而已。

"谦虚是美德。汗水积少成多，就浇灌了运气。"程叔叔说。

我老老实实说，"真的不是。"

作文高考前一天，我在梦里写了一夜《给越南人民的一封信》，自己都被自己的信感动了。第二天一早起床，我把梦中作文的题目说给同宿舍的女生们听，女生们抚掌大笑说："哪来这么邪门的作文题！"走进考场，卷子发下来时，看到试卷顶上那个《给越南人民一封信》的作文题，我傻在那里，以为自己仍在做梦。几个同宿舍的女生忽然一起回头对我笑，我更懵了，甚至真的掐了掐自己的手，想知道这是梦还是真的？那篇作文，写得鬼使神差、游龙走凤，不到四十五分钟就一气呵成。我总觉得，冥冥之中，有天助神佑，而并不是我有什么本事。这是千真万确的。

去北大报到那天，招生办的一位老师特地跑来报到处，非要看看谁是陈愉庆。看见我是个女孩儿，表情像是看见了外星人，"怎么会是女生呢？已经把你分配在男生宿舍了，连学号都是跟男生排在一起的。名字像男的，毕业照也像男孩儿。我还说呢，这小男孩眉眼挺清秀的。唉，你头发干吗剪那么短？"那老师上下打量着我问道，仿佛仍不相信我是女孩儿。

"装男生呗！"我笑得很开心，"花木兰要不是女扮男装，还从不得军呢！"

经过一番折腾，我才回归女生队伍。

程叔叔半信半疑，久久没有讲话，最后终于很认真地说："你的脑电波一定比较特殊，能接受高考出题人脑电波发出的信息。其他时候也如此吗?"

我说:"反正,不管考什么,我猜的考题都八九不离十。包括那年高考的历史题,政治题,我猜中了百分之七八十。所以,我复习的时候重点很明确,从来不做无用功。"

"原来是个小女巫嘛!"他戳戳我的鼻子说,"不过,这样学法,基本功可能不很扎实噢。"

"没错儿。"我立即表示赞同,"老师要我们实验班的学生背诵《古文观止》,学一篇背一篇,我往往不到十分钟就能一字不差地背下来,可要不了几天就忘得一干二净。"

"那说明你的理解记忆很强,机械记忆较差。但你们这个年纪,扎扎实实的基本功是最重要的,它让你一辈子受益无穷。"程叔叔摸摸我的头,"天才加勤奋等于成功,祝你好运。"

但我自知既非天才也不勤奋,考上北大全靠"仙人托梦"和善于猜题。后来我才知道,事实远非如此。

距我高考四十年后,高中班主任梁梅芳老师到美国探亲,来我家做客,我才知道自己考入北京大学的全过程。

梁老师说:"你的作文,当时是北京市高考的最高分,作为范文发给阅卷教师,以此作为评分的参考。你的平均分远远高出北大的分数线,可招生办公室在看了你的档案后,一直犹豫不决。收一个"摘帽右派"的女儿,有违阶级路线;不收又于心不忍。北大招生办特地派来一位老师,详细调查你的情况。我们介绍说,这个学生表现不错。可人家问,那怎么不是团员?记得吗?那个暑假,团支部突击讨论你入团?"

望着已是两鬓染霜的梁老师,我惊诧得说不出话。谁能想到,居然在近四十年之后,我和中学班主任坐在与北京隔着太平洋的客厅里,聆听着关于四十年前高考的秘密。

"可是,"文革"中,这也成了校党总支书记姜培良的罪证之一,让摘帽右派的女儿入团,反对党的阶级路线。"梁老师说。

我早就知道这位来自太行山革命根据地的老革命干部被红卫兵毒打致死,却不知我走进北大,也为他的脊梁上添了一道鞭痕。我一生前行的道路上，得到过多少善良人的佑助啊！我活着，不能不尽力做一个好人，不仅为自己，也为那些为我付出过大爱的人们。

从父亲摘帽，到"文化大革命"之前，那似乎是我们生活中比较风平浪静的年代。父亲的工资比戴帽时增加了一倍，母亲不必再典当她的首饰补贴家用。大哥毕业了，分配在建工部工作，终于可以回家了。大浪淘沙，身边往来的都是劫后余生、相知相惜的亲朋。我们和干爸干妈家如亲人般走动，程叔叔也是家中的常客。假日里我们一家和他一起去中山公园赏花、看金鱼、到"来今雨轩"吃冬菜包子。到北海"仿膳"吃肉末烧饼、栗子面小窝头和豌豆黄。夏天，程叔叔和父亲带我们去颐和园的昆明湖游泳，我第一次知道他和父亲游得那么好，两人从十七孔桥附近游到佛香阁，往返几个来回，有时躺在水面上仰泳，边游边聊，还不时仰天大笑。每当眼前浮现此情此景，我就常想，假如程叔叔还活着，他一定可以跟长大了的"小老虎"和"小妹"一起，享受融融的天伦之乐。在改革开放初始的年代，他亦年近花甲，凭他的才干，可以叱咤风云，大展其才。但那样一个鲜活强健的生命，转瞬就消逝了。

"文革"中，我从外地大串连回来。窝在清华足不出户的程应铨来到我家，对我一路串连的经历充满关切。我告诉他，在串连的列车上，带联动袖标的红卫兵把一个个非红五类出身的串连学生拖出来，用带着铜环的皮带把他们抽得头破血流。

"你也挨打了吗？"程叔叔问。

"差一点。"我告诉他，"我们北大的同学不至于像中学生那么无知，带我串连的北大几位同学是部队的高干子弟，在他们的掩护下，我才死里逃生。"

我对程叔叔说："我早就想好了，如果联动的家伙把我拖出去毒打，那我就像安娜·卡列尼娜一样，宁可葬身火车轮下，也决不当众受羞辱。"

"头脚倒立的时代。"程叔叔自言自语，"永远闭上眼，才能逃开疯狂。"

运动越来越离谱，大串连发展到山头林立、打派仗、武斗……但程应铨倒更加逍遥自由了。因为他本来就不是什么大右派,是只小小的"死老虎","万马战犹酣"的清华两派谁也没精神顾上他这个"摘帽右派"。他有更多的机会进城,不时到我家来,和我交换北大清华"文革"的一些消息,还会给我弄来一些当时热门的书籍,如《斯大林时代》《第三帝国的兴亡》《赫鲁晓夫在苏共二十大上的报告》等等。可我对政治方面的书籍不感兴趣,更喜欢读文学名著。武斗中,女生无用武之地,便回家读书,能弄到的书就不分昼夜地看,看得天昏地暗。

程叔叔给我带来一本《贝姨》,一本《高老头》,"可以读读巴尔扎克。"他说。

"这两本上中学就读过了,我不喜欢巴尔扎克。"

"为什么?"

"他笔下的那些人,一个比一个坏,坏得让人直想吐,黑得让人眼都睁不开。我喜欢雨果。狄更斯也比巴尔扎克强。"我说。

"能让你产生这种感觉,正说明他了不起。把丑恶和黑暗描写的那么入骨,五脏六腑都解剖得透彻,让人战栗,这本身也具有美学上的意义。对美的理解不能太狭隘了。"

在程叔叔成为"逍遥派"的日子里,我对他看得更近切了。他对音乐绘画、文学艺术,几乎无所不知。他说,我喜欢和你爸聊天,他那些年翻译的资料都是国外最前卫的建筑思想,身在书桌前,纵横天下事。"登高而招,臂非加长也,而所见者远。"他的工作位置,就是"所见者远"。"我们教书的,就怕闭关锁国,孤陋寡闻。唉,我也是杞人忧天罢了。什么时候才可能重新开课?遥遥无期啊!一代人断了线,几代人都接不上,这会影响几代中国人的国民素质。"他摇摇头,神色凄惶。

1968 年,工宣队进驻高校,武斗终于结束了,学校开始清理阶级队伍。教师们教授们被轮流找去接受工宣队的训话。一些教师纷纷被当作"黑手""黑爪牙"揪出来,一些学生也被打成"现行反革命"抓出来示众,校园中大小批斗会此起彼伏,大标语大字报铺天盖地。上海的傅雷夫妇自杀了,北大的傅鹰自杀了,翦伯赞夫妇也双双命赴黄泉。父亲再一次被抓进"牛棚"隔离审查。很久不见程应铨的身影，一家人都很惦念。那时普通人家没有私家电话，相互联络全凭书信或见面。母亲说："应铨一定也凶多吉少，怕是被隔离审查了。"想不到母亲话音刚落，程应铨就风尘仆仆地出现在我家里。

他灰头土脸，神色不安，就像身后随时会出现捕快似的。程应铨是怎样落魄也不显出一丝狼狈的人，从来衣冠整洁，潇洒淡定。衣冠当头，举手投足中总是掩不住内里的轩敞不羁、傲骨铮铮。这也是父亲最欣赏他之处。

母亲拿出一条干毛巾，帮他拍打着浑身的灰尘，又倒了盆热水说："刚从堑壕里爬出来似的，还不快洗洗。这么多天没见你，还以为你也进去了呢。"

他苦笑着说："快了。不瞒你说，我这几天，根本就没回家。"

"那你去哪儿了？"

他往脸上涂着肥皂，揉搓着，我看不见他的表情，只能听到他的声音。"说出来不怕你们笑话，我是没敢回家，他们随时会来把我抓走。"

"抓走？你怎么知道？不就当过右派，还有什么大不了的事？"

"工宣队找我谈过话了，说我在缅甸当过美国人的翻译官，是隐藏的特务。"

"让他们说去。这年头，往人堆里抽一鞭子打倒一片，保证十有八九不是叛徒就是特务。"我说。

母亲朝我挥挥手，"别打岔，说正经的。那你睡在哪里？清华同事家？"母亲问。

"这种时候，往谁家躲都是添祸。我晚上睡在外面。"

"外面？火车站还是汽车站？寒冬腊月，不要命了！"母亲惊呼。

"没有。我在清华西门的干河沟里过夜，已经好几天了。"他轻声说，"我知道抓进去是什么下场，可我也知道，跑得了和尚跑不了庙，早晚逃不掉的。"他已经擦干了脸，衣服也显得比刚才干净了许多。但我不敢抬头正视他的眼睛，我知道程叔叔是个自尊心多强的人，我正视他的脸，就等于正视他的伤口。我转过身背对着他，却忍不住用手抹了抹眼睛。

"要不，来我家避几天吧？"母亲的眼睛也湿润了，"这儿离清华远，他们想不到我们这儿的。"

"对对。"我和妹妹异口同声，"就在我家挤挤，也比在干河沟里强。"

"谢谢，谢谢这么多年你们一家对我的情义。"他边说边从挎包里掏出一只牛皮纸口袋，"礼遇之恩，来世还报吧。"

"呸呸，乌鸦嘴。"母亲把一盆脏水端出去，"我今年整五十了，还没说过这种丧气话，你才四十几岁，以后日子长着呢。"

程应铨叔叔把牛皮纸口袋放在桌上说："这里面都是你们的照片，万一抄家，顺藤摸瓜找上来，会给你们惹麻烦。所以，我把手边的照片给朋友们送去。嫂嫂，小妹，你们多多保重，陈先生在里面，别忘了去看看，送些烟进去，我这位大哥离不开烟的。"

他一直称父亲陈先生，称母亲"嫂夫人"，还是第一次改口叫"大哥"和"嫂嫂"，想不到也是最后一次。母亲哽咽了，我没有纠正他第二次叫我和弥尔"小妹"。也许，他心里惦念着女儿小妹，惦念着远在上海的兄嫂，就把我们当成了他的亲人。他拒绝了我们的挽留，在1968年冬日的暮色中离开了我们家。我们和母亲望着他高大的背影越来越远。谁想得到，那竟是我们与程应铨叔叔的永诀。

从那以后，很久很久听不到他的消息。两个多月以后，我们从清华一位大哥同学的口中，得知程应铨于1968年12月13日，在已经结冰的清华游泳池中自尽的噩耗。一个水性那么好的人，选择这种方式结束自己的生命，需要怎样的勇气和必死的决心！临死前，他身上穿着去东欧访问时的崭新西装。在走向死亡的道路上，他也让自己衣冠整洁，保留一份最后的自尊。

作者陈愉庆，生于上海，祖籍浙江奉化。毕业于北京大学中文系，中国作协会员。上世纪八十年代，陈愉庆、马大京夫妇共享"达理"笔名著有小说、剧本多种，屡获全国各种文学奖项。后旅居美国，现重拾笔墨，已有描绘旧金山硅谷华人生活系列作品问世。如长篇小说《飞舞芳邻》《如若不曾相识》《不再承诺》，中短篇小说《带我回家》《伴你同行》《空巢》等。

作者之父陈占祥（1916～2001），高级工程师。祖籍浙江奉化，生于上海。1943年毕业于英国利物浦大学建筑学院建筑系，1944年获该校都市计划硕士学位。1945年至1947年任第一届世界民主青年大会副主席。曾任上海市建设局都市计划委员、总图组组长。建国后，历任北京市都市计划委员会企划处处长，北京市建筑设计院副总建筑师，中国城市规划设计研究院总工程师、高级工程师，北京大学名誉教授，中国建筑学会第五届常务理事。1950年与梁思成合写《关于中央人民政府行政中心区位置的建议》，一文提出新北京规划，未被采纳。

【编者注：作者陈愉庆是建筑师陈占祥（梁思成的合作伙伴和好友）之女。上文原载于《当代》2009年第2、3期，后由人民文学出版社出版。陈愉庆：《多少往事烟雨中》】

## 文革受难者——程应铨

以下为王友琴《文革受难者》一书中的有关记述：

程应铨，男，49岁，清华大学土建系讲师，1957年被划为"右派份子"。"清理阶级队伍运动"中被"审查"，于1968年12月13日投水自杀。

程应铨是最早参加建立清华大学建筑专业的一个人。他从事城市规划研究。在1950年代关于是否保存旧北京城和北京城墙的辩论中,他是主张保存的人。这是他在1957年被划成"右派份子"的重要原因。

在被划成"右派份子"后,妻子和他离了婚。他的两个孩子,离婚后没有随他。他离婚后一直住在单身教工宿舍。在1960年代初的大饥饿时期,他有时候省出自己的配给口粮,准备一些烤馒头干,请他的孩子来吃。

"清理阶级队伍运动"中,像他这个年龄的教员,在1949年以前大学毕业,至少都会被强迫反复"交代历史问题",没有人能逃脱。何况他又是"右派份子"。他自杀了,他的一个同事谈到这件事情的时候很难过,说,"不值得。"这位同事的意思是因那些整人迫害人的人去死,不值得。那时候,有的人是通过藐视那些整人的人而鼓励自己忍受折磨活下来的。但是有的人不能这样。

程应铨在清华游泳池中自杀。第二天,巡逻的人发现了水上的尸体。程应铨会游泳,所以可以想知,他有多强的愿望和毅力才让自己死在游泳池里。

程应铨有一个哥哥住在上海。"反右"后,文革前,他曾经到上海看望他的哥哥。他的侄女那时候见到他,对他有很深的印象。她从网站上看到了程应铨的名字后,写信给笔者说,她这才第一次知道了叔叔是怎么死的。

# 路学铭(1927—1969)

孙怒涛 编辑

路学铭,男,1927年8月1日出生。1952年来清华工作,体育教研组教师,讲师。在1968年开始的清理阶级队伍运动中,在极大的政治恐怖氛围下,虽本人没有严重的政治问题,还是在1969年2月8日跳楼自杀了。殁年41岁。

路学铭(1927—1969)
(原体育教研组郑继圣老师提供,李劲修复)

## 文革受难者——路学铭

以下为王友琴《文革受难者》一书中的有关记述:

路学铭,男,41岁,清华大学体育教师,"清理阶级队伍"运动中,于1969年2月8日跳楼自杀。

## 杨哲明（1933—1971）

孙怒涛　编辑

杨哲明，男，1933 年生。1953 级机械制造系。清华大学精密仪器系工程制图教研组党支部书记、讲师。1971 年 2 月 9 日在精密仪器系楼馆内上吊身亡。殁年 38 岁。

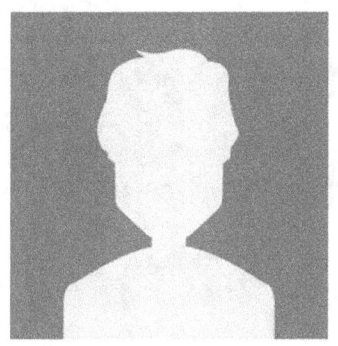

杨哲明（1933—1971）

# 五、助 教

史明远

王大树

# 史明远（1936—1966）

孙怒涛　编辑

　　史明远，男，1936 年出生。1954 年考入清华大学电机系/自动控制系。1959 年毕业后留校，在自控系机要专业 501 教研组任教，助教。1966 年六七月份，工作组发起声势浩大的"反蒯"运动。史明远不堪忍受工作组的巨大威逼与压力，于 1966 年 7 月 5 日，在明十三陵服敌敌畏自尽。殁年 30 岁。

史明远（1936—1966）
（入学照，学号 541729。侯国屏提供）

## 回忆史明远同学并寻思他自尽的原因

高越农（自59）

### 前言

在《良知的拷问》里，作者孙怒涛说：在派驻清华园工作组的政治高压下，几乎所有'蒯派'都遭批斗，"史明远老师，一位英俊有为的青年教师，不堪批斗……自杀了"。为主编《清华文革回忆反思文集》，他最近又说："对于清华文革十年中的死难者不能只留下一个名字，史明远老师是清华文革中第一位遇难的。我们不仅应该在心里纪念他，缅怀他，还应该用文字记录他，留存他。"

作为史明远的同班同和挚友，我撰写《回忆史明远同学并寻思他自尽的原因》既是为了"留存他"，更是为了谴责逼他走上自尽路的一党专制制度。

史明远的自尽，发生在文革最初期的清华园。自九一班毕业后留在清华大学任教的几位同学，2013年整理出了一份《关于

史明远（前中）与同班同学在十三陵前合影

史明远留校工作以及在文革初期的遭遇》，回顾了他自尽的前前后后。

兹摘引如下：

"史明远1959年毕业后，……被调入510教研组。调史去510，可见系领导对他的信任和重视。""文革开始后，史明远关心运动的开展情况，经常观看各种大字报。工作组进校后不久，……开始与持不同意见的蒯大富等学生展开辩论并组织对蒯等批判，开始在全校范围内抓"蒯派"人物。工作组认为，史等油印这张传单以及抄成大字报贴出是反对工作组的行为，反对工作组即反对党中央。此外，史还提出，当时进入510教研组的工作组人员必须通过相应的密级审查，并向上级工作组领导提出了要求。此举反被工作组认为是对工作组明目张胆的抵制，成为其'反工作组'的"主要罪状"之一。于是，工作组将史等多人打成反工作组的反党小集团，将史定为小集团头目，在上班时间将他们几个人分屋隔离，责令他们交代问题并相互揭发，同时在教研组范围开展批判。一区【注：510所在的需凭特别出入证才能进入的教学区】走廊内贴满大字报，声势甚为凶猛，给史等造成了巨大的政治压力。""在上述背景下，史一定会联想到57年以后右派分子悲惨命运的情景，认为自己将来的前途也很暗淡。""1966年7月5日，史明远不堪忍受工作组巨大的威逼与压力，出走明十三陵服敌敌畏自尽。"

我很认同上文把史明远的自尽与反右运动相联系的看法。

## 一、说说反右派运动在自九一班的情况

1) 自九一班的由来：

为了给'两弹一星'事业培养人才，清华大学在国内率先于1956年秋在电机系里成立自动学和远动学专业，简称自动控制专业。新组建的自九一班是该专业的首届正规班，成员均从本系电机、发电、工企电气化三个专业的二年级选拔，电九三的史明远名列其中。全班同学27人都是党、团员（5名党员）。

2) 1956~57年度的自九一班：

1956~57年度国际大事接二连三，赫鲁晓夫在苏共20大做了秘密报告，波兰波兹南事件和匈牙利事件相继发生。1956年4月和12

月人民日报先后发表了《论无产阶级专政的历史经验》和《再论无产阶级专政的历史经验》。系党总支按照上面的统一布置组织各个班级学习。虽然我班多数同学都把主要精力放在功课上，并不把参加政治学习当作分内事，但是对于政治学习还是颇为认真的。在我以班团支部书记身份主持的多次全班讨论会上，很多同学按照理工科学生习惯的思维方式，提出各种疑问，发言踊跃。

3）反右派运动在自九一班的情况：

北大"5.19"后，【注：指1957年5月19日，北大出现第一张大字报。】党小组接到突然通知，让分散地到北大看一个小时的大字报，回来开党小组会商议对于大字报即将蔓延到清华园的对策。党小组长刘光的意见是，群众有不满甚至偏激，我们要谅解，要肯定大多数群众的真诚。党小组于是在其后的第一次班会上就向全班同学诚恳表态，欢迎批评。虽然有个别同学向党小组提出有没有内定黑名单这类质问，但是，并没有形成纠缠。

自九一班被认为是在整风鸣放时期"烂掉了"的班级。其主要原因是：在党小组的带领下，全班都参与和支持鸣放，反对压制鸣放。

党小组长刘光带头贴出了题为《毛主席的儿媳妇》的大字报，不指名地批评刘思齐被选派留苏一事；为了批评校团委书记阮铭在自由论坛上对揭露肃反黑暗的冯国将同学的"打棍子"，文郑麟以党小组代表名义登坛予以驳斥。武玖龄和文郑麟在班会上，泄露了他们在党委扩大会上听到的关于要开始反击右派的内部讲话，引起群情激奋。发言者均认为党委常委里的某些人现在完全是在背着蒋南翔搞反扑，违背了蒋南翔在清华礼堂所做的关于整风动员报告的基本精神。刘光说，若让他们得逞，后患无穷。

另外，林邦瑾同学贴出了《释'还政于民'》的大字报，以犀利的文风有力地支持了企九班马琦同学《还政于民》的政治诉求。

反右后，全班被整肃，6名同学戴上右派分子帽子，其中党员4人（刘光、武玖龄、曹毓慧、文郑麟），团员2人（林邦瑾、宋鸿恩）。我虽然没有被'戴帽'，但被取消了预备党员资格，谢贤亚同学受到团内记过处分。因为连系党总支也"烂掉了"，所以，在反右初期有上面派出的工作组一度介入我班的反右。工作组成员说，在地下党时期，因无意泄露致使同志被捕的，也要按叛徒论处。因此，这次给这么多的同学'戴帽'，你们就可以想通了。

事实上，包括我在内的很多自九一班同学始终都想不通：

（1）为什么这么多的（比例高达22%）品学兼优的同学在顷刻之间就成为了敌人？（2）为什么右派分子会如此遭难：一律被停止学业？【注：非保密专业的不属于'极右'的右派分子还能继续跟班学习。】被强制劳动改造？

被'戴帽'是折寿的。迄今全班同学死亡人数是6，其中的3名是右派分子。

对于幸免于被'戴帽'的同学而言，眼睁睁地看着'朋辈'以莫须有的罪名被'戴帽'而成为新社会的'新鬼'，精神上所受到打击和摧残是无可名状的。

### 二、关于明远的记忆

明远英俊。偏高的身材，浓眉大眼，炯炯有神，谦和，话少。

1）在学习上，他是佼佼者。他曾获清华大学1955~56年度学习优良奖状（获奖条件是全5分）。1959年2月的一天下午，毕业设计指导教师褚家晋带领我和明远等四同学到坐落在北京清河的电科院，听取了一位技术员讲解一张苏联40年代的电力系统具有应答功能的遥控电路图。次日褚就让我们按这张图纸把它制作出来。在我还有点发蒙的时候，明远慢条斯理地点出了关键，使我豁然开朗。我反躬自问，同样地听了讲，为什么独明远能够如此迅捷领会其精髓？

2）1958年初春某周日晨，班长带领我们10来个同学携带着两、三个水桶顶着西北风骑车到农村'除四害'（田鼠）。风太大，任务取消。明远拽着我说，何不骑行到苏联展览馆过一把电影瘾。我应声说好，两人就顺风直奔展馆电影院而去。一路上几乎没有踩脚蹬，就来到了目的地。我们看了连场电影：苏联彩色电影《初欢》和国产黑白电影《柳堡的故事》。散场后，风力不减，我们在昏暗的灯光下逆风骑得筋疲力尽，终于在宿舍灭灯前赶回。

在清华园的日日夜夜忙功课的岁月里，这是我们少有的一次纵情尽欢。

3）明远是我的挚友。我深深感觉到这一点其实是在毕业以后。1962年12月我因公返回清华园在静斋招待所住了一个星期。某晚，我到单身教工宿舍找到他。面对同室朋友的'揭发'，他支支吾吾，送别时，他在走廊里直白地向我讲述了一个女学生怎么进入了他的生活的故事。他说，当她初表爱慕的第二天，他就向领导做了汇报。

两三天后，我们相约在二校门附近散步，在和煦的阳光下彼此敞开心扉，讲述别后3年来的甜酸苦辣。我的印象是，他的事业刚刚起步，对未来有美好的憧憬。正是由于有了这次散步，才使他会光临1963年8月我和前妻陈纯在南京举办的婚礼。他是出席晚宴亲友中唯一远道而来的。他的到来，出乎我的预料，我倍感兴奋，兴冲冲地到下关火车站迎接。我至今仍然记得他的赠品：一对浅蓝色的玻璃花瓶，两本蓝紫色塑料皮的日记本。他回上海老家的时候，我没有顾得上为他送行。谁曾料想到，他活生生的身影从此就会永远消逝？！

4）史明远性格内向。我所以觉得他内向是因为即使在相对比较宽松的学习'两论'的讨论会上，他也几乎不发言，与内向相伴随的是有一点谨小慎微。正如他电九三班很要好的女友张慧中在后来的回忆中所概括："我对史明远的最初印象是腼腆，不爱说话，遇到有趣事微微一笑。""从逐渐的接近中，我能感受到他的性格平和，谦恭，善良，不爱抛头露面；他对人真诚，重感情，善解人意；他渴望得到真挚的友谊和爱情；他喜欢过宁静的与世无争的生活。"

### 三、寻思明远自尽的原因

明远并没有留下遗言，对于他自尽的原因，我只能够进行理性的思考：

1）明远自尽的背景：自尽发生在1966年7月5日，其时，文革方兴未艾。但是，批判《海瑞罢官》的文革号角早已吹响，'516通知'已经发布，人民日报社论《横扫一切牛鬼蛇神》已经发表，北京的中学从6月初已经开始停课，"三家村"已被攻陷，其"头目"邓拓已经在 6 月 15 日自杀，北京大学已将包括北大党委书记陆平在内的 40 多名校系干部和教授、学者揪上"斗鬼台"批斗。刘少奇分别在 6 月 1 日和 8 日向北大和清华派遣了工作组。6 月 19 日，清华出现了公开驱赶工作组的情况。工作组在抓"蒯派"人物的名义下抡起了新一轮反右派的杀威棒，其穷凶极恶从王光美在 1967 年写给中南海革命群众的检查可见一斑，她承认："还发生了一位青年教师史明远自杀身死……的严重事件。"

2）明远自尽的内在原因：他失去了独立思考

他把自己的前途系于组织的信任上。所谓组织就是党组织。他太相信这个党的'伟光正'了。清华大学一贯实行的党化教育使绝大多数受教育者失去独立思考的能力，不能够从根本上怀疑共产党执政的合法性。他因此而深信失去组织的信任，就会万劫不复。此外，在性格上，他也存在弱点：承受不了迫害，承受不了委屈，正所谓"佼佼者易污，峣峣者易折"。

自蒋南翔以降，清华大学历届党委对莘莘学子进行党化教育是费尽心机的，真正做到无远弗届，无微不至，无孔不入。

从这个意义上说，明远是毛泽东—蒋南翔党化教育的牺牲品。

3）明远自尽的外在原因：肃杀的氛围

在一个正义能够得到声张的社会里，再大的冤屈是没有很大的杀伤力的。当事人总会存有沉冤昭雪的念想。置史明远于死地的是 1949 年以来，令知识分子们乃至一切有独立见解的人窒息的政治环境，那种旷日持久的阴森森的肃杀的氛围。

它是从斯大林那里传承过来的，历经杀 AB 团、毛泽东亲自主持的延安整风、土改运动、镇反、肃反、思想改造、反右、反右倾……一脉相承。

它并不来源于一个时期的路线偏向，而是来自马列主义毛泽东思想。

它表面上似乎有张有弛，忽松忽紧，其实质是"张"和"紧"。意识形态里阶级斗争这根弦总是紧绷着的。今天，这种肃杀氛围在表现形式上似乎与当年有所不同：一般人说几句气话，不至于引来大麻烦。但是，那只不过是表面现象。君不见：曹顺利被逼死于监狱，许志永二审后维持原判。这种肃杀氛围并没有因为千万无辜者的丧生而被驱散。为什么？因为它不仅是毛泽东或刘少奇等等生命有限的人营造出来的，而且更是由寿命更长的一党专制制度产生的。

4）行文至此，我回忆起前些时候读到的清华大学水利系1959届校友知名右派分子党治国的《走出清华园》，文中说到："到了潼关，下车步行到黄河边，坐看滔滔河水向东流去。我忽然产生了一种强烈的厌世情绪，想要在黄河的浪涛里结束这屈辱的生命。""人在生死的分界线上，独能勘透许多世俗的事情。"经过了一番思索和挣扎，他终于"恍然大悟，矍然而起。"

这样，中国才有了后来驰骋于经济理论界的杰出学者——党治国。

可惜，明远在明十三陵的田野徘徊的时候，在生死的分界线上，未能"勘透许多世俗的事情"，选择了自尽，给他的至亲好友包括父母留下了难以言状的悲伤。

## 四、说说自九一班的另一位文革受难者谭立平同学

无独有偶。在自九一班的同学里，在文化大革命中被迫害而自杀的还有一位谭立平同学。他在1958~59年度，因抑郁等原因退学，长期下落不明。

今年，原自九一班在清华园的同学们锲而不舍的调查终于有了突破，获知了立平同学的下落：他1962年考取上海戏剧学院导演系。1968年他被当作"特务"关押，起因是游玩舟山时，在海边拍摄了一些风景照。这些照片被认为是有关中国海军的军事秘密，再加上他的父母在香港，

谭立平同学

## 五、助 教

　　立平就这样地被"逻辑推理"为美蒋特务,被造反派关在地下室里"审查",遭到严刑毒打。打手能一脚把"审查对象"勾倒,然后再把被打者拎起来,再又一脚勾倒,如此接二连三。谭立平把被单撕拧成绳子,打成活扣,挂在窗户上。因为窗户不高,人的脚会着地,不可能竖着上吊,谭立平把身体横坠下去,把绳扣拉紧,窒息而死。由此可知他怀着多大的决心来结束自己的生命。他在上海没有亲人。因为"罪恶昭著",致使弟弟不敢按照遗嘱及时前来认领遗物。

　　我认定史明远和谭立平都是中国一党专制制度的直接受害者。如果说两者有什么不同,那就是:立平的自杀的外在原因已经不能够仅仅归结为"肃杀的氛围",而更应该归结为法西斯式的牢笼。

　　不幸,这样的牢笼如今仍然星罗棋布。

2014-6-15 定稿

【上文引自孙怒涛:《历史拒绝遗忘》,中国文化传播出版社,2015年,752页】

# 王大树（1938—1969）

孙怒涛　编辑

王大树，男，1960 年从清华大学电机系高 0 班毕业。留校在电机系电工学教研组任教，助教。在"清理阶级队伍运动"中受到迫害，1969 年 5 月 24 日在大兴县红星公社一村庄附近服毒自杀。殁年 31 岁。

王大树（1938—1969）
（大学入学照。钱家骊老师提供）

编者根据当年电机系的钱家骊、谈克雄、沈飞英、吉嘉琴等多位老师回忆提供的信息综合：

王大树文革期间在他叔叔处听到或说了一些当时不该说的话。后来，此事传到工宣队，找他谈话。准备安排他到江西鲤鱼洲农场劳动锻炼。王大树性格内向，受到巨大压力，神情恍惚，最后在一个夜晚骑自行车到大兴，喝了敌敌畏，倒在路边。后虽被发现，但已无救。

## 文革受难者——王大树

以下为王友琴《文革受难者》一书中的有关记述：

王大树，男，31岁，清华大学电机系助教，在"清理阶级队伍运动"中，于1969年5月24日服毒自杀。

# 六、教 师

刘澍华
赵晓东
殷贡璋
王慧琛
杨景福
栗乃志

六、教 师

# 刘澍华（1937—1966）

周文业、孙怒涛　编辑

刘澍华，男，1937 年生，26 岁。清华大学附属中学物理教师，中共党员，附中团委副书记。1966 年 8 月 26 日晚上（或 8 月 27 日凌晨），在该校红卫兵组织的"斗争会"上，遭到红卫兵的毒打和侮辱，当晚从清华大学内公寓小区的高烟囱上跳下自杀身亡。

刘澍华（1937—1966）
（1964 年留影。周文业提供，李劲修复）

## 文革受难者——刘澍华

王友琴《文革受难者》中曾对此有所记述，下面是王友琴提供的最新修订版：

刘澍华，清华大学附属中学物理教师。1966 年 8 月 26 日晚上，在该校红卫兵组织的"斗争会"上，遭到红卫兵的毒打和侮辱，当晚从清华大学内的高烟囱上跳下"自杀"身亡（在自杀二字上加上引号，是因为这根本不是通常意义上所说的自杀）。时年26岁。身后留下远在山西的怀孕的妻子和瞎眼的老爹。

1966年8月26日晚上，清华附中红卫兵召开全校性的"斗争会"。会场在清华附中五楼大教室。主持"斗争会"的是清华附中红卫兵的负责人卜大华。"斗争会"是晚上7点钟的时候开始的，叫喊加上殴打，这个"斗争会"一直进行到深夜12点钟左右才结束。

举行"斗争会"的大教室有一百五六十平方米，是清华附中最大的集会场所，位于教学楼五层西侧。大教室有东西两个门，通常只开东门。"斗争会"开始前，一般的教职员工，是列队从东门进去的，进去以后，面朝西坐下。"黑帮"则排队从西门进了会场。所谓"黑帮"，是那时候已经被当作"阶级敌人""揪出来"的人，有清华附中校长万邦儒，副校长韩家鳌，办公室副主任张秀珍，以及在1957年被划成"右派份子"的老师。"黑帮"的全称是"反党反社会主义反毛泽东思想的反革命黑帮"。这种罪名当然极其荒唐，但是另一方面，在文革中被用作称呼文革对象的相当有威慑力的方式。"黑帮"进门以后，站成一排，等候"斗争"。

刘澍华1962年大学毕业后分配到清华附中教物理，兼任班主任。8月26日以前，他还不属"黑帮"范畴。刘澍华从东门进了会场，他想往一般教职员工的那边坐下，但是被红卫兵呵斥住了。红卫兵手指一群"黑帮"，大声命令他："站那边儿去。"

刘澍华只好站到了"黑帮"那一边。站在这一边还是那一边，这时候生死攸关。站到了那一边，就成了"阶级敌人"一类，而且，那天晚上，红卫兵可以任意打骂。而一个人被划为哪一边，是由清华附中红卫兵来决定的。现在还有些学者很欣赏毛泽东的关于划分两类不同性质的矛盾的理论。其实，只要肯看看这个理论在中国的实践，想象一下自己是那天晚上的刘澍华，被一群红卫兵中学生决定是否"敌我矛盾"，而且，由其对被划进"敌人"范畴的人任意处罚，殴打侮辱，就会知道这个理论的危害有多大。

## 六、教 师

在那天晚上"斗争会"的过程中,所有的"黑帮"都遭到了残酷野蛮的殴打。

红卫兵用铜头军用皮带以及用塑料跳绳拧成麻花状的一种鞭子,猛抽"黑帮份子"。当时正是炎夏,人们都只穿单薄的衣服。皮带和鞭子抽下去,落在人的身体上,一抽一个血印。

一名刘澍华的同事说,被"斗争"的人先站着,后来被喝令跪下。跪得高了或是低了(即身体挺直一点或者弯曲一点),都被红卫兵呵斥并因此遭重打。

刘澍华班里的一个女学生说,她坐的地方离开刘澍华跪的地方只隔了两三排人,她听得见红卫兵的皮带打在刘澍华身上的声音。

那天晚上被"斗争"的人中,首当其冲的是清华附中校长万邦儒和副校长韩家鳌。他们是清华附中的所谓"黑帮头子"。红卫兵把他们分别称为剃了他们的头发,还命令他们在衣服的前襟上缝上一块黑布,黑布上用百字写出罪名:"黑帮大头"和"黑帮二头"。1966年夏天他们二人就一直戴着这样的标记走来走去,时时遭到打骂和侮辱。他们被毒打很多次。万邦儒的肾脏被严重打伤,便血。他头上被打出了一个大裂口,长久不能愈合。以后他落下了肾病和胃病。

在被毒打的人中间,被打得最厉害的是刘澍华和邢家鲤。邢家鲤是清华大学教务处副处长,分管清华附中。校长万邦儒,副校长韩家鳌被红卫兵称作"黑帮头子"和"黑帮二头",邢家鲤则被称作"黑帮总头目"。邢家鲤平日不在清华附中上班,这天被特别抓到附中来,红卫兵打他打得尤其凶狠。

刘澍华则是那天晚上被"斗争"的新人。他不是学校的领导人,也不是业务上突出的教师,不可能成为所谓"黑帮"或者"反动学术权威";他年纪尚轻,不可能在1949年以前有所谓"历史问题"。红卫兵"斗争"他的"理由"是"流氓"。

刘澍华那时刚结婚三个月。在和妻子恋爱结婚以前,刘澍华追求过另外一个姑娘。那个姑娘不情愿,曾经到清华附中领导人那里抱怨刘澍华纠缠她。清华附中的一名副校长为此和刘澍华谈了话。这件事情过去后,刘澍华另外找到了对象并结了婚。

文革开始，6月上旬，"工作组"被派到清华附中来取代学校原来的负责人，领导学校的文革运动。学校停课。"工作组"支持红卫兵学生反对学校领导和教师，号召"大揭发"。学校里贴出了大批的"大字报"，"揭发"了各种各样当时被认为是"反党反社会主义反毛泽东思想"的个人言行。刘澍华的这件事情，也被"揭发"了。

在1966年7月底，毛泽东命令撤出各校的"工作组"，并且指责"工作组"把文革搞得"冷冷清清"，也就是说，毛泽东号召对教育工作者的攻击升级。"工作组"离开，8月，红卫兵在清华附中执掌了大权。他们立刻对"黑帮"们展开了前所未有的残酷的"斗争"，其中最明显的是公开的大规模的有组织的暴力殴打和侮辱。此外，打击的对象也扩大了。刘澍华也被圈进了攻击对象。

清华附中的教室楼造有三个大门，当时只用了两个门作入口，西侧的门是封了的。红卫兵在那里贴了一张刘澍华的漫画像，有吃饭桌子那么大，上面写有"大流氓"三个大字。

当时清华附中红卫兵的领导，是高中二年级和三年级的学生，年龄为18岁或者19岁。在清华附中，红卫兵的领导人都是男生。这个年龄的男生可能对一个男老师的恋爱故事产生过分的兴趣和非分的关注。每个社会中也总有一些人怀着恶意对他人的私生活加以窥探和攻击。在平常情况下，这种不正常心理和恶意会受到社会常规和法律的控制，一个正常人也会对自己内心的邪念加以反省和纠错。但是在1966年的所谓"红八月"中，红卫兵从文革的领导人毛泽东那里得到了杀人不偿命的前所未有的特权，得到了可以任意"斗争"和殴打侮辱老师和同学的前所未闻的特权，他们的变态心理和潜藏的恶意在"革命"的名义下急剧膨胀，不但形成了下流的想象，而且导致了残忍的行动。在8月26日晚上，红卫兵殴打折磨刘澍华比别的老师更加严重。这天晚上红卫兵的毒打和侮辱，造成了刘澍华的"自杀"。

"斗争会"一直进行到半夜才结束。在结束的时候，红卫兵负责人宣布，明天，8月27日，所有的班主任和任课老师一律下到班里去搞运动。

## 六、教师

清华附中的全体老师都听懂了的潜台词是：明天，一律挨斗挨打。当天"斗争会"上的毒打，在此之前发生的和当时在整个北京普遍发生的暴力和恐怖，告诉了他们要遭到的将是更严重的虐待与侮辱。

在此之前，教员们集中在一起"搞运动"。因此，除了全校性地"揪出"的一批所谓"牛鬼蛇神"，一般教员还不必面对面地经受学生的"揭发"和"批斗"。现在红卫兵安排所有的教员下班，那就是以班为单位，每班学生分管几名教员来揭发批判。后果必然是参与"斗争"教员的学生会更多，被"斗争"的教员也会更多。

实际上，那天白天，在一些班里已经"斗争"了班主任。高三（2）班的班主任童常珍，被强迫跪在教室前面，听取全班学生的"批判"。一个家长也来"控诉"她，一边控诉，一边用小棍子敲她的头。实际上，这个家长的孩子在文革前很得班主任的栽培，这种时候为了表示和班主任"划清界限"，表现特别激烈。该班红卫兵也抄了童常珍的家。

那天下午，刘澍华也已经和清华附中共青团书记顾涵芬一起在班里被"斗争"。是在高二一个班的教室里。刘澍华和顾涵芬被强迫跪在教室前面。"揭发"他们的人站在旁边发言，说一段，就打他们一顿。就这样"斗争"了一个下午。顾涵芬1960年在清华大学电机系毕业，被派到附中当团委书记，也兼当班主任。顾涵芬的丈夫刘松盛是清华大学电机系教员，他们住在清华校内宿舍。这个"斗争会"后，红卫兵把顾涵芬押送回家。因为红卫兵用铜头皮带和棒子打她，她的后背整个打伤，衣服上都是窟窿。更严重的是她的一只眼睛肿起来，鼓出来像个小鸡蛋。请示了红卫兵，她得到允许去校医院看病。清华校医院的医生看后说，问题严重，要转院到北医三院。后来红卫兵的头给开了看病的条子（如果没有红卫兵的条子，医院会拒绝给这样被打伤的人看病），派了两个红卫兵跟着她去了北医三院。从此她的眼睛瞳孔丧失了收缩功能，视力变得很弱，而且看东西都是双的。因为顾涵芬的眼睛受了重伤，样子看起来非常可怕，所以她没有在8月26日晚上的全校性的"斗争会"。而刘澍华在跪了一下午并被打被"揭发"之后,在晚上又继续被打被侮辱,终于导致了他的死亡。

"斗争会"结束后,刘澍华回到了他所住的叫作"明斋"的集体宿舍。刘澍华虽然当时已经结婚,他的妻子在山西,那时候要把妻子调到北京来,对他那样一个普通教师几乎是不可能的。虽然结了婚,他们只能两地分居。另外,刘澍华在北京也不可能有自己的房间,因为北京的普通人普遍缺少住房。他和别的男老师同住一个房间。他回到房间以后,理了一下床上的东西,就悄悄地离开了房间,再也没有回来。他的同屋张亦鸣老师那时候在房间里,但是没有发觉刘澍华离开房间其实是去自杀的。

刘澍华离开房间以后,是否去过别的地方,无人知道。他最后是到了清华大学西南门烧锅炉的高烟囱顶上,跳了下来。他是往烟囱的里面跳下去的。烟囱的里侧空间窄小,刘澍华的身体是直立落下去的。烟囱很高,身体落地时的撞击力非常大。看到他的尸体的人说,他的两根大腿骨,深深插进他的身体。尸体因此缩短了,尸体上满是血和黑色的烟灰粉末。

刘澍华的尸体是第二天早上通灰的时候被发现的。

刘澍华死了,26岁。因为是自杀,红卫兵斥之为"畏罪自杀"。他有什么罪?那些毒打他的人,才是有罪。他的自杀,是被红卫兵如此毒打和侮辱之后的自杀,也是看到整个文革大形势一定会继续暴力迫害后的绝望所致。在刘澍华死亡那天的前后日子,在北京一个城市,每天有几十到几百的普通居民被红卫兵活活打死。刘澍华已经被打成这样子,明天等待着他的,还是这种拷打和折磨。他走投无路。这不是一般的自杀,这是被强迫的自杀。这种被强迫的自杀,与被直接杀害在悲惨程度上没有区别。

刘澍华死的时候,他的妻子已经怀孕。他老家中还有一个瞎眼的老爹。刘澍华是年轻的刚刚开始了教学生活的教师,是老人晚年要依仗的儿子,是新婚的丈夫,是即将成为父亲的人,生活本来应该是完全不一样的。

直接害死刘澍华的人,是学生,也是家里的儿子和女儿,可是他们成为了红卫兵,袖子上戴着红袖章,腰里系着军用皮带,怀揣毛语录本,他们用拳头和鞭子,害死了刘澍华老师。

得到刘澍华的死讯后,他的妻子和父亲曾经来过清华附中。在文革继续进行的情况下,他们当然得不到任何帮助。只是我们现在可以想象,当怀孕的年轻妻子和瞎眼的老爹千里迢迢从山西赶来,知道他们的丈夫和儿子在烟囱里这样死去,他们会有多么悲伤和难过。

## 清华附中锅炉房的臭味

傅培程(暖8)

清华大学北墙,音乐教室边上有一个不大又不起眼的便门,这便是清华北校门。出北校门有一条水泥路直通清华附中。我下午体育锻炼时常喜欢跑长跑,从北门跑出去,经过清华附中,再沿马路跑到北京体育学院门口,再从体院沿原路返回来。

常喜欢跑这条路线有一个重要的原因,是因为清华附中周围有一片稻田,稻叶碧绿可爱,常有蛙声阵阵。这使我想起浙东的故乡,常能勾起梦一般的回忆和无限的乡恋。

记得我少年时代在浙东海滨农村,中午吃午饭时,最喜欢搬只方凳当桌子,人坐在古宅大门的石门栏上,盆里装的是我喜欢吃的菜:金黄的雪里蕻咸菜、小黄鱼干、乌贼干、酸冬瓜。一边吃饭,一边看眼前(才三米距离!)碧绿的稻田,听蛙声一片,迎阵阵海风,不远处牛车盘(一种牛拉的木制圆形水车)吱呀作响,时有蝉声一阵长鸣……,故乡的田园风光、故乡绿绿的稻叶,几十年来像梦一般徜游在我的脑际。所以在北国之地,竟有清华附中周围的这片碧绿稻田,使我喜爱之极!因此常想经过它旁边,经过就是享受,看见就是快乐。

那是"文革"中一个夏日的下午,北京尚在炎热之中,清华附中周围的稻田已是绿油油一片了。清华北门通附中的这条水泥路路旁是附中的锅炉房,一支烟筒高高耸立着。夏天不需要供暖,所以锅炉房静悄悄的少有人影。

　　有那么几天，我跑步经过附中锅炉房时，总有一股难闻的臭味，我以为可能是有人将死狗死猫抛在稻田里了，憋着气跑过去算了，也没有多想。一天下午，我又跑步经过清华附中，只见锅炉房周围有一大堆人，其中有几个穿白大褂的男护士，是医院的人还是火葬场的人也弄不清楚，一个老头在大声说话："我们上年纪的人是有经验的，这臭味不是一般的臭，周围也没发现死狗烂猫，早已有人怀疑这根大烟筒了！果然，有人跳在里面了！不知有多少天了，人已烂成一摊绿水了，爬满了一堆虫蛆，白骨都已露出来了！"原来跳烟筒的是清华附中的一位老师，校里还以为他逃回老家去了，其实他早已跳在烟筒里了。大凡能在清华附中当一位老师，还是有点才能的，他走这条绝路肯定与其在"文革"运动中受迫害有关，有其巨大的悲痛和人生中难以排解的难关。

　　以后我虽然还跑步，还经过这片稻田，但心已变的沉沉的了，这绿绿的稻叶与我故乡的稻叶已是不一样的了，这稻叶里已渗进了清华大学附中某位老师的血水。

【上文摘自傅培程：《云卷云舒》，自印本，2011年，第34页。】

# 赵晓东(1909—1968)

周文业、孙怒涛 编辑

赵晓东,男,1909年生,59岁。清华附中体育教研组组长,中教二级教师。他毕业于东北大学体育系,是中国第一批有大学学历的运动员之一。在"清理阶级队伍"运动中被关押和斗争。1968年8月9日,又在五楼大教室受到大会"批斗"。"批斗会"后,他下楼梯时从窗户跳下自杀。

赵晓东(1909—1968)
(周文业提供)

## 文革受难者——赵晓东

王友琴《文革受难者》中曾对此有所记述,下面是王友琴提供的最新修订版：

赵晓东，男，1909年生，北京市清华大学附属中学体育教员。在"清理阶级队伍"运动中被关押和"斗争"。1968年8月9日，在校中跳楼自杀身亡。死时59岁。

赵晓东是清华大学附属中学的体育教员，也是体育教研组组长。他年轻的时候曾经获得东北地区的男子十项全能冠军。他毕业于东北大学体育系，是中国第一批有大学学历的运动员之一。文革前在北京的中学中，清华大学附中学生的体育成绩非常好，显然和赵晓东的教学能力以及努力程度有很大关系。

当年清华附中的一个学生说，他在校三年，每天早晨，赵晓东都是五点起床，六点准时来敲宿舍的门，叫他们起床参加早锻炼，多年如一日，从不懈怠。回想起来，是很不容易也很令人感动的。但是当时年轻不懂事，对他没有多少感激之情。后来文革开始，被文革的阶级斗争理论和仇恨教育影响，把迫害老师视为"革命"，对他的死亡没有同情心，现在想起来是很难过的。

1968年初，赵晓东被关在学校里"隔离审查"。那时候开始"清理阶级队伍运动"，教师和干部是指定的"清理"对象。毛泽东亲自签发一系列文件，指挥了这一时间最长迫害范围最广害死人也最多的"政治运动"。清华附中把一批所谓"有问题"的老师关在学校的"牛棚"中。从被关到去世，中间赵晓东只偶尔获准回家拿过衣物。他的儿子给他送过一次药。

赵晓东的罪名是"历史问题"。当时清华附中的学生说，那时候听说赵晓东参加过"三青团"，还跑过"单帮"，作过买卖，在昆明为美国人修过飞机场（抗日战争时期在昆明为盟军修了机场）等等，以为都是不得了的大罪。现在想想，这不过是一个普通人在成长中经历的或者为谋生养家必须做的事情，而且已经过了20来年了，怎么可以为那样的事情把他关起来还"斗争"他呢。

1968年8月9日，赵晓东在清华附中五楼的大教室遭到大会"批斗"。"批斗会"后，他出了会场，顺楼梯下到五楼和四楼之间的楼梯拐角处,那里有一个小窗户。高一的学生高王陵在楼梯上和他走对面,看到赵晓东双手前伸,纵身从拐角处的小窗口跃出。高王陵(他后来成为一名历史学者)说,他一直想自己可能把赵晓东拉住,又想,赵晓东身材高大魁梧,就是他反应快赶上去拉,也不可能拉住。

初二的学生肖燕,在楼道里还和赵晓东走了个照面。他在楼梯上听到一声巨响,出了楼门,看到赵晓东的血和脑浆喷溅在楼前地上。

高三的学生仲维光,刚刚从城里回到学校,放下自行车进了楼,听见有一个工友大声叫喊:"不好啦,有人跳楼啦。"他记得那个工友有外地口音,说"跳楼"好像"飘楼"。他听见后,从窗户往下看,看见地上的脑浆,一片一片,白色的。

清华附中是红卫兵运动的发源地。毛泽东曾经亲自写信给清华附中红卫兵表示"热烈的支持"。赵晓东死亡两年以前,清华附中红卫兵召开"斗争会",在会上拷打侮辱老师和校长。物理老师刘澍华会后从烟囱上跳下自杀身亡(请看"刘澍华")。"斗争"刘澍华和"斗争"赵晓东的会场,就是同一间大教室。这个教室里的"斗争会",害死了两名教员。

在1966年夏天,在清华附中由最早成立的红卫兵掌权。到1968年,老红卫兵已经失势,由后起的"井冈山红卫兵"以及其外延组织"井冈山兵团"掌权。一位属"井冈山"派的被访者说,赵晓东自杀发生后,他们一派有点紧张。但是他们想到赵晓东历史上参加过三青团,于是就释然了,觉得他们没有责任,那是"阶级敌人"自己"罪有应得"。

赵晓东死亡以后,有学生拉长了声音模仿那天那名工友的非常惊慌的喊叫声,还模仿他把"跳楼"说成"飘楼"的外地口音,好像那是一件好笑的事情。当笔者在1997年访问一个学生的时候,这个学生笑着又一次模仿给我听,才突然意识到这不是什么应该笑的事情。文革的大量残酷事情使人们对残忍变得麻木了,甚至习以为常。文革对人的扭曲与毒害,实际上发生的影响比我们一般想象的深远。

当笔者向清华附中的老师和学生调查文革死亡的时候,大多数人还记得赵晓东的死。不过虽然清华附中文革时期的学生中出了一批作家，赵晓东的死，以及文革中该校别的人的死亡和所遭到的暴力迫害，却几乎从来没有在他们公开发表的文章中写到。

被访者都不记得赵晓东的死亡日期。几经辗转，是文革前从清华附中毕业的一位先生，帮助笔者查到了赵晓东老师的死亡日期：1968年8月9日。

赵晓东的死不是孤立的。那个日子前后，正是一个"加强对敌斗争"的高潮——文革时期不断地掀起一个一个的所谓"高潮"，来推进迫害的烈度和文革的规模。在这个网页上，北京师范大学附属女子中学的胡秀正老师，也在被关押在学校中"审查"的时候，从学生宿舍楼的五楼跳下身亡。她是在1968年8月11日死亡的，比赵晓东晚两天。

张比校友（物9）的回忆：

### 爱岗敬业的体育老师赵晓东

我在清华附小读书的时候，有两位体育老师：赵晓东和关培超。

关老师那时很年轻，是年长的赵老师的后继者。在风风雨雨之后，关老师战胜了癌症，退休以后，活跃在围棋赛场上，今年已经92岁了。2015年附小百年校庆时我曾与他亲切会见。

赵老师身材较矮，但十分壮实。他年轻时擅长投掷，曾获华北运动会冠军。他对体操、田径、球类也很熟悉，在校操场上除了上体育课，就是指导学生课外活动。他声音洪亮，喊走步号令时，"一二一、一二一"的声音响彻整个操场。学校开运动会时，他是总指挥。那时我在低年级，看赵老师指挥全校的入场式，如同一位威严的指挥官。

由于赵老师资格老，经验多，能力强，后来他就被调到附中去了。我在上大学后，到附中去，还看到头发已经花白的赵老师。可能因为多年喊口令，他的嗓音已有些沙哑，但仍然底气十足。那是我见到他的最后一面。

在"清理阶级队伍"运动中，因为年轻时当汽车司机，为国军抗日运送过物资，成了被清理的对象，赵老师被逼自杀。听附中的学生说，他是跳楼而死的，被发现时，血流在地上，气绝身亡。

在我的印象中，赵老师是个十分刚烈的人，"士可杀不可辱"，他选择的以死抗争，不足为怪。

赵老师的死，最近几年还有附中的毕业生在文章中提到。当年在附中，这是一个惊心动魄的事件。愿他的灵魂安息！

2024-02-01

## 在红色风暴中挣扎求生
## ——清华附中一个"右派学生"的自述（节选）

赵伯彦

### 师尊殒命

忽一日下午两点来钟，学校总务科的一个老师跑进四楼我等的房间，面色严峻地说，有人跳楼自杀了！我等立刻赶到向南窗口向下看去，只见楼西侧小门外水泥地上侧身匍匐一人，一动不动好不瘆人。那位老师低声说，是赵晓东！是从三四楼之间楼梯窗口跳下去的。

赵老师，那可是我校"三老"之一啊！他本人曾经是东北地区"三铁（铁饼、标枪、铅球？）冠军"，是附中的金字招牌、建校元老。1960年我入校当天，就是他老人家在平安里31路汽车站和清华西门领着人迎接我们新生，平日里也是和蔼可亲，爱生如子，教体育嗓子喊哑了，还一大早到宿舍挨着个轻声唤我们起床晨练。几天前还见他在楼道里打扫卫生，见了我还侧身让路。虽然听说是有点历史问题，正在被"劳改"，可那算得个啥，好端端的怎么就寻了短见？

后来慢慢听人说才知道，老爷子饱经沧桑，亲历几朝，什么阵势没见过，什么世故不懂得？可不知运动前期犯了哪门子邪，过度声讨、斗争别人，可能结了仇家。现在那一方赶上个"清理阶级队伍"，回过手来"揭发"他旧社会在云南"跑单帮，是土匪"。再有就是在附中初中学习的儿子参加"老兵"，仗着虎背熊腰，投身武斗，打了井冈山的人。现在井冈山势大，逮不着他儿子，就拿老爷子撒气。也不知哪件是真，哪件为主，反正听说有井冈山的人背地强迫老爷子跪地用鞋抽嘴巴子。虽是听说，今日老师的死，足以说明是受了虐待无疑。年轻学子，虐待一个父辈老人，别说还教过你，纵有些许仇怨，于心何忍？怕是这施虐者一辈子良心都不得安宁！老人家的惨状我虽得见也无心细说，免得他家后人听见心酸。唉，又一条无辜生命戛然而止去了，留下无限哀怨和举家惆怅，谁之罪？我说不清。文革之罪，谁又能说清？！

【编者注：作者当年是清华附中高三学生。本文选自《昨天》第242期，戴建中提供。】

## 殷贡璋（1926—1968）

## 王慧琛（1927—1968）

孙怒涛　编辑

殷贡璋，男，1926 年出生。1952 年来清华工作，体育教研组教师，担任排球教练。自杀时殁年 42 岁。

王慧琛，女，1927 年出生。1952 年来清华工作，体育教研组教师，担任体疗老师。自杀时殁年 41 岁。

殷贡璋（1926—1968）　　王慧琛（1927—1968）

殷贡璋、王慧琛毕业后到清华大学体育教研组工作。在 1968 年的清理阶级队伍运动中，受到极大的政治压力。1968 年 11 月 6 日，夫妻双双在香山公园上吊自尽。人们首先发现山脚下的那一位，从口袋里找到一张字条，上面写着"山上还有一个"。人们爬到山上，果然又发现一个上吊自尽者，口袋里也找到了一张"山下还有一个"的字条。夫妻恩爱，即便同奔黄泉路，也不忘落下同行者，令人悲愤万分！身后留下三个未成年的女儿。

【编者注：照片由原体育教研组郑继圣老师提供，李劲修复。殷贡璋、王慧琛两位老师谁自缢在山上，谁在山下，郑老师已记不清楚了。】

## 文革受难者——殷贡璋、王慧琛

以下为王友琴《文革受难者》一书中的有关记述：

殷贡璋，男，42岁，清华大学基础课讲师。在"清理阶级队伍"运动中，1968年11月6日，殷贡璋和妻子王慧琛一起到北京香山上吊自杀身亡。王慧琛也是清华大学基础课讲师，41岁。

王慧琛，女，41岁，清华大学基础课讲师。在"清理阶级队伍"运动中，1968年11月6日，王慧琛和丈夫殷贡璋一起到北京香山上吊自杀身亡。殷贡璋也是清华大学基础课讲师，42岁。

六、教 师

# 杨景福（1932—1968）

孙怒涛　编辑

杨景福，男，1932年出生。中共党员。1953年毕业于哈外专俄语专业。毕业后分配来清华，在校长办公室任苏联专家俄语翻译组组长。1956年调到外语教研室任教，俄语提高班备课组组长。1968年11月6日，在"清理阶级队伍"运动中被诬为"现行反革命分子"，从十五公寓楼顶跳下，自杀身亡。殁年36岁。

杨景福（1932—1968）
（过浩川老师提供）

## 为了不应忘却的纪念

过浩川

杨景福同志离开我们已经52年了。他是在文革狂潮中罹难的。

杨景福 1953 年毕业于哈外专俄语专业。在校期间，他学习刻苦，成绩优秀，是该班的班长。

1953 年毕业后分配来清华，在校长办公室任苏联专家俄语翻译组组长。1956 年中苏关系破裂，苏联专家撤走，他被调到外语教研室任教。文革爆发时，他只是俄语提高班备课组组长，一名普通的党员教师，职称仅讲师而已。既不是教研室行政干部，也不是党支部干部。既够不上"走资派"，也够不上"反动学术权威"，本不应成为文革被冲击的对象。

杨景福的被害从根本上来说是文革动乱造成的。但具体加害者却是本教研室的个别教师和工宣队的个别成员。

1966 年 6 月 8 日工作组进校，支持"清华大学红卫兵"造反，一夜之间把清华上下 500 名干部统统打成黑帮分子。此时，外语教研室贴出一张标题为"杨景福是蒋南翔派到外语教研室的秘密特使"的大字报。作者也是本教研室教师，而且恰好是杨景福在哈外专的同班同学王听度（名字是他自己签在大字报上的）。请问：蒋南翔派过这样的特使吗？既然是秘密的，你又怎么知道的呢？特使的任务是什么，又干了些什么？你什么也说不出来吧。你为了造反立功不惜以捏造和诬陷来加害自己的同学和同事。究竟哪来这么大的仇恨，实在是令人匪夷所思。

这张大字报确实成了造反派的重磅炸弹，一下子把杨景福和清华最大的"黑帮分子"蒋南翔捆绑在了一起。于是杨景福就和外语教研室的基层干部一起被批斗，罚跪，剃阴阳头，坐喷气式，挂"牛鬼蛇神"黑牌，并一起被关进"牛棚"。杨景福的厄运从此开始，此后就成为少数极端分子追踪和打击的目标。同为普通的党员教师，你落井下石加害杨景福，当上了伪临筹外语教研室的负责人，而杨景福则被关进了"牛棚"。

1968 年 7 月 27 日工宣队进校，付出了血的代价才制止了清华的武斗，功不可没。但在极左路线的指导下和以整知识分子为乐的变态坏分子迟群的操弄下，在所谓的的"清理阶级队伍"运动中也错杀了许多人。杨景福就是其中之一。

六、教　师

　　在一次日常学习毛选的小组会上，杨景福从正面谈学习体会的普通发言，竟被一个因道德败坏而被开除团籍者上纲为反毛泽东思想而告密到工宣队。个别极左工宣队员则组织教唆英师班的四个女生，于11月6日抛出"把反对毛泽东思想的现行反革命分子杨景福揪出来"的文字狱杀人大字报。杨景福在立斋见到这张大字报后，立即回家，当即（两小时内）从十五公寓楼顶跳下，自杀身亡。

　　7.27 工宣队进校后已在清华建立了各级党政领导机构。此前群众自发贴大字报的活动早已消停。但凡有大字报出笼，自然被认为是经过领导认可、定性而组织撰写的。事实的确如此。杨景福发言的那次日常学习会上既无工宣队员参加，也无英师班学生参加。对杨景福的追杀是他同组的告密者的诬告＋个别极左工宣队员作为掌权的领导者的组织教唆＋受骗作为枪手的两名英师班女生周××、王××执笔，另两名女生顾××、徐×签名后贴出大字报而连环实施的（四名女生的姓名都签署在大字报上）。正是这样的背景使杨景福感到绝望而自杀。杨景福自杀后，工宣队立即召开了全教研室批判大会，宣布杨景福是畏罪自杀。有的英师班学生对杨景福的死亡感到害怕，工宣队员打气说："不用害怕，杨景福是畏罪自杀。"但即使当时，直到今天也没有任何人能提供杨景福的犯罪事实，因为事实上杨景福本人是无辜的。

　　那么定"现行反革命分子"依据的材料是什么呢？既然工宣队员和英师班学生都没有参加杨景福发言的那次会，材料从哪里来呢？只能来自告密者。告密者是谁呢？告密的内容是事实吗？作为致死案的领导者、组织者、教唆者的那位工宣队员，在既无调查，又无证据的情况下，就狂妄地将一位无辜的普通教师定性为"现行反革命分子"。谁赋予过他这样的生杀大权呢？该工宣队员如此草菅人命，当然是有罪的。在杨景福罹难的悲剧中诬告者和唆使者都是加害者，和受骗者是不同的。受骗的学生不必也不应把自己和唆使者捆绑在一起，而应将唆使者的所作所为彻底揭示给世人。在杨景福罹难的悲剧中，尽管四名学生是受骗贴出了大字报，但错误是严重的。因为这张大字报后果严重。全校师生只知道，是四名英师班学生的署名大字报直接导致杨景福的自杀和家破人亡，而并不知道事件背后的黑幕。这张大字报不仅在教研室，而且在全校都严重地撕裂了师生感情，加重了所谓的"清理阶级队伍"运动的恐怖气氛，同时也给英师班在全校的形象造成极大损害，从而影响了全班的毕业分配（见注）。然而受骗犯错也是犯错，你们当时已是成年人，大学生。你们应当知道"现行反革命分子"帽子的分量。这顶帽子落在任何人头上都是难以承受的。究竟是什么促使你们在不明真相的情况下，竟贸然对一个无辜的普通教师下此狠手，难道不需要反思吗？

我们至今不知道在幕后操纵教唆的工宣队员是谁。工宣队是撤出清华了，但也有靠造反立功而留在清华的。奇怪的是，那么痛恨知识分子的个别工宣队员，不愿回自己的工厂，却处心积虑要赖在知识分子成堆的清华大学，岂不充分暴露其为人的两面性。

肇事者总想将那段悲惨的历史抹去。然而罹难者的鲜血是无法抹去的，罹难者亲属的苦难也是无法抹去的。作为加害者，通过忏悔是可以自我救赎的。如果加害而后持久狞笑，那是天理难容的。

杨景福罹难后，他的妻子华蕾、大儿子杨远、女儿杨芳、小儿子杨刚都成了反革命家属，精神压抑，生活艰难。华蕾已于 2010 年去世。杨远也于 2012 年去世，时年才 58 岁。杨景福的老母直到去世也未被告知，她最疼爱的大儿子早在 36 岁时就已被迫害致死。

杨景福何罪之有？他只是一名普通的共产党员，终生服从党的调遣，严于律己，对待群众热情而真诚，从未做过一件对不起群众的事。在俄语翻译和教学工作中勤奋努力，在业务上精益求精，是一名对国家有用的人才。为什么要用莫须有的罪名将这样一位无辜者迫害致死呢？

逝者已逝，苦难终将过去。对于罹难者及其亲属来说，追究加害者已毫无意义。罹难者及其亲属的宽容和等待也已过去了 52 年。然而作为加害者，无论是诬陷者、告密者、唆使者，或受骗的学生，竟无一人有一点自责和忏悔，岂不令人叹息。古今中外，害人有错，杀人有罪。难道你们的内心真的那么心安理得吗？

今日重提旧事只是为了厘清真相，讨个说法，好让罹难者安息，让罹难者亲属的心灵苦难告一段落，也给加害者和犯错者一个灵魂救赎的机会。仅此而已，难道不需要吗？

**注：** 顾名思义，英师班原是为补充外语教研室的英语师资而设立的，正常情况下他们毕业分配时应择优留校任教。但由于文革，特别是那张大字报的影响，校系两级领导决定，除个别与校内教师有婚姻关系的学生留校外，其余全部分配到外地。教研室和党支部作为基层组织，是没有人事和分配权的。但据我的观察，多数基层教职员工的意见和校系领导的决定是一致的。因为在和平环境下整死一位无辜的教师，在人们的心灵中造成的震撼和创伤是极严重的。

显然这次分配极大地伤害了英师班多数无辜学生的感情，他们是真心愿望留校任教的。无奈混乱的运动导致了多少颠三倒四的结果。真所谓，城门失火殃及池鱼。也如叶帅所估计的，在文革的大动乱中几乎没有一个不受伤害的人。历史无法改变，我们能做的是吸取教训，把握未来。

2021.6.13

1978年，清华大学党委在大礼堂召开为杨景福平反大会，杨景福的妹妹杨景仙作为亲属受邀参加。会上念了对杨景福的悼词。悼词复印件也发给了杨景仙。悼文如下：

过浩川老师（现年90岁）与老伴杨景仙（死难者杨景福老师之妹）近影

【编者注：上面文章和照片均由过浩川老师提供。过老师是清华大学外语系退休教师，杨景福老师的同事、妹夫。】


## 怀念杨景福先生

黄秀铭（水0）

上世纪六十年代中期，清华大学推行蒋南翔校长提倡的"因材施教"，开设了针对一、二年级学生的若干基础课"提高班"，包括外语提高班。1964年入学的学生，在中学阶段学习俄语和英语的大致各占一半，进校后有的系或专业全部以英语为外语，有的系或专业则继续原来学习的外语，我所在的水利系就是后一种情况。当时每个班大约30个学生，我们年级（水零）三个班，有六位同学进入俄语提高班，六位进入英语提高班，分别跟其他系进入提高班的同学一起上课。我们班进入俄语提高班的是我和汪永贺；同在一个提高班，现在还有联系的有土建系的卢有杰。

杨景福先生是俄语提高班的老师。

## 六、教师

现在回想，杨先生比我们只大十几岁。当时他往讲台上一站，一身得体甚至堪称时髦的服装、向后梳理得整整齐齐的一头黑发、神采奕奕的容貌，令我们眼前一亮。及至开口，杨先生声音却十分柔和。他的背景、身世我们一无所知，仅知道他是俄语教研组提高班备课组组长，还听说他曾担任过蒋校长的俄文翻译。事隔多年，他讲课的具体情况已然模糊，不曾忘却的，是他温和的笑容和循循善诱的讲解。

俄罗斯学者、诗人罗蒙诺索夫（莫斯科大学的创始人）曾经赞誉俄语说，它"具有西班牙语的庄严，法语的生动，德语的铿锵和意大利语的温柔；不仅如此，它还具有希腊语和拉丁语的丰富而强烈的表现力"。杨先生大半年的授课（1966年6月"文革"开始，大中小学所有课堂关闭，提高班自然也寿终正寝），使我们进一步领略到了俄语的美妙。

我是从初一开始学俄语的，中学六年不间断的学习为我打下了坚实的基础。高考时我本来很想报考外语系，但班主任坚持要我以清华为第一志愿，于是违心地进了水利系。大一、大二期间（大二快结束时"文革"爆发），我最喜欢做的三件事中便有学俄语（其他两件是看小说、拉提琴）。

在俄语提高班，得力于杨先生的精心辅导，我的俄语水平得到明显提高。上世纪六十年代中期，计算机尚未普及，外语教学中的视听辅助手段远不如当下，但同方部已经建立了电化教室，同学们第一次从耳机里听到纯正的俄语。大礼堂还多次放映俄语电影，令人印象深刻的一部是 Мексиканец（《墨西哥人》），老师准备了对话脚本，方便我们理解。

"文革"开始前不久，1966年5月4日，学校还举办了一场在清华历史上也许是空前绝后的外语文艺晚会，由英语、俄语提高班的同学献演，我和汪同学参加的是一场俄语短剧，内容已经记不清了。杨先生为这场晚会自然付出了许多精力。

"文革"爆发，神州大乱。两年多后传来消息，在"清理阶级队伍"运动中，杨先生于1968年11月6日跳楼自杀身亡，年仅36岁。

温和、善良、睿智的杨先生，人畜无害、风度翩翩、正当壮年的杨先生，就这么从世界上消失了。谁之错？谁之过？谁之罪？

1978年恢复高考及研究生培养制度，我报考了中国社会科学院语言所的机器翻译专业，考试科目除政治外共四门，外语占了两门：第一外语英语，第二外语自选。我自然选了俄语。考试成功，我的命运随之改变，这其中，俄语功莫大焉，杨先生功莫大焉。

1979年我在报刊上发表第一个翻译作品"以噪攻噪"，两三百字的科普文章，从俄语译出。四十四年后的2023年，我翻译的长篇小说 Жизнь и судьба（《生活与命运》）由作家出版社出版，六十多万字，也是从俄语译出。所以，就我的职业生涯而言，杨先生扮演了一个重要的早期领路人角色。愿杨先生在天之灵安息。

## 文革受难者——杨景福

以下为王友琴《文革受难者》一书中的有关记述：

杨景福，男，36岁，清华大学外语教师，在"清理阶级队伍"运动中，于1968年11月6日跳楼自杀身亡。

六、教师

# 栗乃志（1946—1971）

孙怒涛　编辑

栗乃志，男，1946年出生，北京市人。父早亡，母孀居。1965年考入清华大学工程物理系物001班。1969年加入中国共产党。1970年3月毕业并留校工作。曾任清华大学党委委员，清华大学200号党委委员，200号4连党支部委员，学生党支部书记，兼任200号4连团支部书记。1971年2月11日，在清查516运动的高压下，从北大200号宿舍楼楼顶跳下，自杀身亡。殁年25岁。

栗乃志（1946—1971）
（王克斌提供）

## 屈死的"516"冤魂——栗乃志

王克斌（物0）

栗乃志，男，1946年生于北京，工人出身，父早亡，母孀居。

1965年考入清华大学工程物理系物001班。1969年加入中国共产党。1970年3月毕业并留在清华工作。曾任清华大学党委委员，清华大学200号党委委员，200号4连党支部委员，学生党支部书记，兼任200号4连团支部书记。1971年2月11日，在清查516运动的逼、供、信过程中跳楼自杀。

栗乃志富有政治热情，不怕吃苦，不怕牺牲。自文革以来，各项运动中冲锋在前，积极参与。鉴于他的出身和政治表现，1969年冬在共产党九大之后被接受为中共党员。

据物001班长介绍，栗文革前为班上生活委员，给人留下的印象是待人热情、做事果敢而不失厚道，是个好人。除了好学上进，乃志还是个勤于思考的人，文革之前的1966年春天，他对一位同宿舍的同学说到毛主席是最伟大的，谁也比不了，我们要坚决站在毛主席一边。他似乎有种超前的政治预感。这种预感也使得他过早地结束了生命。

在文革中，栗乃志参加了有造反精神、主张否定17年的井冈山兵团的团派。曾经参与了百日武斗。脚跟部位曾被手榴弹炸伤，幸未留残疾。1968年7.27后开始接受工宣队的再教育，下厂、下乡劳动锻炼，表现突出。

1968年末的整党期间，学校的"走资派"分配到各班接受监管帮扶，分到物001班的是教务处处长兼工物系主任何东昌。监管负责人中有栗乃志。何当时虽是走资派，但物001班同学对他注意政策，栗和何的关系也很好。一起学习毛著，一起探讨问题，一起到北京重型电机厂劳动，在一个大房间里同睡大地铺。栗没有把何视为敌人，而是想帮助他尽快解放。栗在整党中的积极表现促使他在九大期间入党纳新。

1969年12月，栗乃志和一批70届的学生从北京重型电机厂选送到清华大学200号试验化工厂。当时200号分有五个连队，栗乃志被分配到第4连，主要任务是核子仪器研制、巡回检测计算机和建立固体组件生产基地。由于200号的新楼尚未完工，4连暂时借用昌平旧县城的北京大学200号电子实验基地。

## 六、教师

开始工作不久，4连发生了一场基建方针的争论。新工人[1]何元金贴出了一张大字报《从水磨石做文章》，批评连队里领导求大求洋，计划在实验室里铺设水磨石。这是新工人第一次喊出他们的声音。栗乃志认为这是新生事物，采取了积极支持的态度。

不久，新工人又和工宣队一起批判大权旁落的现象。当时四连的领导由三部分人员组成，知识分子干部刘桂林、邸生财等；军宣队代表是海军战士王贺宇；新华印刷厂工宣队的金师傅、孟师傅和办公室主任张文贵师傅。由于工宣队代表不懂业务，在讨论具体工作的时候，没有发言权。于是他们提出大权旁落的危险。他们认为工人阶级是领导阶级，但是没有掌握到实权。栗乃志在工宣队和知识份子间的分歧中，坚决站到工人师傅一边，同情他们的处境。

不久金、孟二位师傅被调回厂，换来了高个头的贾师傅和小个头的李师傅。贾师傅话语不多，常常耷拉个长脸，反倒令人生畏。栗乃志对贾师傅赞赏有加，说他有思想，富有工人阶级的本色。栗凡事必与贾商量。团支部开会也常请贾参加，说几句鼓励的话。

由于栗乃志是清华党委委员，能够通天，他在青年学生、小青工和工农兵学员里影响较大。经常组织集体活动，比如负重拉练。大家曾经步行到附近的十三陵，沟崖，和八达岭等名胜。

栗乃志很能吃苦，睡眠不多，经常累得皱着眉头，一个人悄悄地打个盹。一天下午，按照毛主席学工、学农的五七指示，连队的教职员们拿着铁桶从下水道地沟里掏臭水当肥料。为了掏得更快，栗乃志、张良驹、何元金和我先后跳到下水道里，装满一桶桶污水后，举起来，送给站在地上的人。这四个人一不嫌脏，二不怕苦，可是半年以后，没有一个逃过清查，全都成为怀疑对象，受到批斗，激烈的运动以栗乃志的自杀达到高潮。

栗乃志爱学习。我跟他说过我读了一本捷普洛夫写的《普通心理学》，他马上要借此书。我说书已经还了，但还有个笔记本，他就把笔记本借去阅读。

---

[1] 当时约有800名1964、1965届毕业生留校工作，被称为"新工人"。

1971年2月11日，在清查516的激烈斗争中，大约半夜一点多钟，楼道里传来了大嗓门的数学教师武继玉的叫声，"栗乃志跑了！栗乃志跑了！"。栗乃志推窗越出2楼，整个楼道顿时骚动起来，众人被唤起后都跑出宿舍楼，向北寻去。没想到他却跑到相邻的北京大学宿舍楼。过了几分钟，传来了栗乃志跳楼自杀的消息。专案组马上增派了个海军学员，严密地监视着当时被施以群众专政的另外几个清查对象，以免事态扩大。

　　第二天一早，全连开了大会，有好几个立场坚定的先进分子发言，口诛笔伐，声讨栗乃志的罪行。骂他自绝于党，自绝于人民，和人民对抗到底。与栗乃志素有芥蒂的军代表王贺宇当场宣布开除栗乃志的党籍。那时的领导和革命群众，立场坚定旗帜鲜明，见了棺材都不会落泪。一个大学毕业刚刚半年的小伙子，就是有罪，也罪不当诛。他不仅失去了生的权利，还失去了死的自由。

　　听专案组的新工人说，栗乃志的日记表明他在中共九大后思想一度灰暗，因为他妹妹那时自杀身亡。在不到二年的时间里，两个孩子都死了，让孀居的老母白发连哭黑发，好不凄凄惨惨戚戚。

　　乃志死后的当天，尚未收尸，他的在白纸坊工作的党员哥哥来到北大200号，连尸体都没看一眼就走了，大概是怕惨不忍睹。听说，乃志在2月中的那天夜里，乘没人看守的时候，用背包带拴在暖气片上，从二楼窗口顺着绳子溜了出去。马上跑到旁边北京大学的宿舍楼，从5层楼的楼顶，头朝下，栽了下去。有个北京大学的小青工下夜班回来，听见一声绝望的惨叫。乃志在水泥地上留下一摊鲜血，一个刚刚踏上征途的朝气蓬勃的年轻人就这样了结了生命。

　　栗乃志自杀后，专案组继续对他内查外调。为此，专案组还质询乃志的入党介绍人："为什么要介绍他入党？"那位老师回答道："当时他没说要自杀，如果知道他要自杀我就不会介绍了。"专案组的人听后感到十分气愤。

　　栗乃志是连队里的重点清查对象。连队领导和办案人员采用疲劳战术，经常在深更半夜提审怀疑对象，炮火猛烈，无情地批斗。运动的积极分子包括知识分子干部，新工人、工农兵学员，甚至小青

六、教 师

工。当然，决定权在军代表和工宣队。

栗乃志曾经在 1967 年到东北串联，有反军乱军的嫌疑。据说，栗乃志原本并不害怕这场运动。直到工宣队查收了他的笔记本，内中有"警惕林彪"四字和多处怀疑林副主席的字句。那时反毛、反林都是杀头的罪过，他知道反正都是死路一条，于是横下一条心，先走了一步。如果清查 516 运动被推迟 8 个月，栗乃志就可能会从反革命变异到先知先觉了。

栗乃志自杀以后，连队结束了连续两周的疾风暴雨式的斗争方式，气氛上也有所缓解，并且开始给予其他的怀疑对象周末回家的自由。这场运动继续以专案审查，包括内查、外调，不定期提审的方式持续数月之久。两年后才为被整肃的人员定案了结。

一个积极跟党走，有热情，有思想，有头脑，善于思考、满怀报国之心的热血青年，就这样在刚刚参加工作 8 个月的时候，因为莫须有的政治罪名结束了年轻的生命，给他的家人留下永远的苦难与悲痛。

感谢工物系校友房贺祥、魏义祥、杨宝华、杨志军、尚仁成、孙哲以及王振先学长提供的信息与照片。

【上文引自孙怒涛：《历史拒绝遗忘》，中国文化传播出版社，2015 年，841 页】

# 七、职员

周久庵
杨树立
李玉珍

七、职员

# 周久庵（1907—1968）

周文业、孙怒涛　编辑

　　周久庵，男，1907年生，湖南常德人。国立北平大学法学硕士，曾任军政部被服厂课员、文书、股长，河南通志馆秘书，天津扶轮中学教员，西南联大文书组主任，清华大学秘书处文书组主任，长期担任梅贻琦秘书。解放后任清华图书馆职员。民盟盟员。1968年6月4日去北京大学朗润园看望其妹妹，在附近水沟内溺水自杀。终年61岁。

周久庵（1907—1968）
（周友楠提供，李劲修复）

## 忆父亲坎坷一生及对我们的影响

周友楠

　　父亲周久庵（号），名周孝长（基本不用），早年抗日前毕业于中法大学法律系。

1932年经人介绍认识家在天津的母亲章启民女士并结婚。

抗日战争前，父亲凭本事考入清华大学文书组工作任职员。当时参加考试的有几十人，只取一人。

1937年全面抗日战争暴发后，父亲随清华撤退到云南昆明西南联合大学工作。

五姑周孝铨去了四川省重庆市，在国民党政府中工作。

**沦陷区的生活**

自从父亲和五姑走后，在北平的家里留下爷爷、奶奶、大姑周孝钰（号周孝孟坚）、六姑周孝锦、母亲、姐姐周友樟和我共七口人。当时就我爷爷一人在法院做文书工作挣钱养活。开始几年父亲还能从昆明寄一些钱到北平，补贴家用，后来因为战争的关系钱就寄不到北平了。我们平时就吃窝头和白菜汤，虾米皮热汤面就不错了。我年纪小，就盼望着过节，好能吃点"肉肉"。

当时我们家住在西单西铁匠胡同，1941年夏，日本军官带着一些伪警察到我们家查户口，由于是中午睡午觉的时候，奶奶由于日本军官催着叫醒，迷迷糊糊从屋里赶到屋外台阶上，一不小心从台阶上摔到台阶下，当时就把腿摔断了，经别人扶着也站不起来，当时日本军官一看出事了，就急忙叫着伪警察走了。由于当时没钱不能很好地治奶奶的腿，造成终身残疾。为了节省开支，1942年我们家从西铁匠胡同搬到前门大街鲜鱼口高庙胡同湖南会馆居住。

1942年春母亲带姐姐和我到天津，住在四舅章视民家，再去上海住在大舅家四个月，打算从湖南再到昆明找父亲，由于湖南正打仗，无法去，就又回到北平。

一路上看到不少日本人欺负中国人的情况。在天津小巷中到处是要饭的，每户门前大约有2~3个，一个穿和服的日本女人把剩白米稀饭不倒在要饭的碗里，而是倒在垃圾上，一个要饭的妇女只好用勺子把表面的稀饭舀在碗里。

一个中国男青年的狗和一个穿和服的日本中年人的狗咬在一

起，两只狗就是不撒嘴，日本人用木棍打狗和中国男青年，中国男青年只是招架，并没还手。后来日本男人把木棍打断了，就回家不知道又去拿什么啦，这时围观的中国人劝中国男青年快走吧，但男青年不肯，拼命用手想把两只狗咬着的嘴拉开，过了好一会，两只狗的嘴终于被拉开，男青年带着中国的狗走了。

在上海火车站，旅客把自己的行李放在用木板搭的桌子上，一个一个受日本军官的检查，在查到一个中国农村打扮的妇女身上什么信，可能和抗日有关，日本军官打了中国妇女两个耳光后，用脚把中国妇女踢到旁边的一个小木屋中。

1942年秋，母亲和六姑带着姐姐和我走旱路去重庆和昆明，中间经河北、河南、陕西、四川、贵州、云南六省市。中间坐过火车、汽车、排子车、邮车（就是送邮件的卡车。司机旁边的座位上卖票，搭增乘客这种票不好买，是五姑托人弄到的）。独轮车、木船、步行。经过4个月的时间才到达重庆、昆明。一路上真是千辛万苦。

在火车上看到伪乘警检查到一个商人模样的人身上什么东西和抗日有关的书信，伪乘警做不了主，去把日本军官找来，看过书信后，打了商人两个耳光后，就带走了。

我们坐人力排子车，有一天下午路过一农村，下午四点多村上已没人，我们借住在一农户家，由于住的不方便，拉排子车的两民工住在正屋，我和姐姐睡在排子车上。母亲、六姑在牲口棚中坐了一夜。晚上还得给牲口喂草料和水。由于河南闹旱灾，农户家没有粮食，我们就吃杂面和树叶煮的面条汤。

还有一次我们住在一农户家，半夜日本兵敲门，强行把我们租用的两辆排子车要走给他们拉东西，民工不愿意去，因日本兵不给他们工钱，但也不敢不去，因他们有枪。第二天我们只好另找两辆排子车。

通过中日分界线，在路边处架有铁丝网和碉堡，正好是伪军站岗，日本兵在碉堡里休息，我们给伪军一些钱，他们见我们是妇女、小孩就放我们过去了。

险些遇强盗，有一天我们刚刚住进一家旅店，我们后面的4、5

个上海人来到旅店，她们说刚遇到强盗，把行李和物品都抢走了。幸好钱放在内裤中，才没被抢走。

我们坐邮车到达重庆，找到了五姑，六姑就留下了，母亲和我们继续坐车去昆明。司机见母亲年轻漂亮，就对母亲无礼。母亲就说我们家有人在重庆做大官，吓唬司机，并且让我们两个小孩坐到司机旁边，母亲坐在靠汽车门处，司机这才罢休。

我们到达贵阳后，姐姐和我都得了肺炎住进了医院，母亲又要照顾我们俩，又着急身上的钱不够，只好又给五姑写信要钱。

一天晚上我们坐邮车到达昆明的附近曲靖，司机说不走了。母亲让我们在车上等着，她去买点吃的。可是母亲买吃的回来后，找不到我们坐的车。又是晚上也看不清，就拼命喊我们俩的名字，我们两听见答应后，母亲带着我们去住旅店，正好碰见父亲在旅店接我们，这样我们一家四口好不容易团聚了。

### 在昆明的四年

#### 房东地主家

我们刚到昆明时，西南联大没有宿舍，我们租住在一家大地主的房子里，一间12平方米的房子中间拉了一布帘，里面睡觉，外面吃饭和会客，外面还有一间小厨房。

这个地主有60多岁，娶了4个老婆，最近又娶了一个十七岁小老婆住在乡下，所以不经常在城里住。

我们的房子和地主的二太太住一个小院。她们买了个大丫头，17~18岁，看上去又老又丑，象40多岁，负责做饭洗衣，经常受到主人的打骂，后来又买了个小丫头，就10岁左右，看上去17~18岁。也是又老又丑，帮助大丫头干活。大丫头白天受了主人的气，晚上就拿小丫头出气，掐的小丫头浑身又青又紫，我们经常听到小丫头晚上的哭声。

大地主的大老婆有一年去世了，家里大办丧事，请我们这些房客吃了三天饭。

看来解放后我们党搞土改是正确的。

**跑警报**

这是抗日战争时昆明特有的一件事。我们到昆明后，美国陈纳德队已经进驻昆明。日本飞机能飞进昆明市的情况已经不是很频繁。但日本飞机飞到昆明市区内也时有发生，这时昆明市的人就要跑进防空洞，或跑到郊区来躲避日本飞机的轰炸，这就叫跑警报。警报分预行警报，就是知道日本飞机已经起飞，昆明市中心内"近日楼"（一建筑楼名称）"楼上就挂一个布制红灯笼，不发警报声，这时市民可做跑警报的准备。空袭警报就是确定日本飞机已飞向昆明，警报器发出呜的连续声，楼上挂两个红灯笼，人们开始躲进防空洞，或跑向郊区。紧急警报就是日本飞机已经飞到市内上空，警报器发出断断续续的呜呜声，楼上挂三个红球，人们要在防空洞不动，跑到郊区的人们应趴在地上不动。有一次我正在联大附小上课，没发预行警报，就直接发出空袭警报，学校老师立刻带领学生跑向郊区的山坡下，我们刚趴在地上，就听见飞机声和爆炸声。抬头向天空一看，一队日本飞机共十八架，三架一组成品字形正在头顶上飞过，是黄颜色，爆炸声是山坡附近的高射炮向敌机开火，一团团白色烟团是高射炮弹在敌机周围爆炸形成的。过了一会敌机飞远了，高射炮停止射击，可惜一架日本飞机也没打下来。事后人们议论着这次美国飞机没把日本飞机拦在郊外，日本人的报复心理很浓厚。我和姐姐去看了市内被轰炸的惨相，房子倒了一大片，木料都被烧黑。

**父亲刻图章**

抗日后方的昆明，物价高涨，生活日用品很贵，加上1943年弟弟周友桐出生，一家五口靠父亲一人在西南联大的工资根本不够用。于是父亲就在市内两商店挂牌承接刻图章的业务，开始生意不太好，后经父亲努力，刻的图章质量好，有篆字和楷书两种字体。有时还要求刻英文的，一般情况下是顾客自带图章的原材料，父亲只管刻，少数要求父亲给备料，一般是石料或是象牙的。这样父亲白天上班，晚上就在家刻图章，一般要在夜里 12 点左右才收工。为了不妨碍我们四个人睡觉，父亲在电灯上做了个灯罩，把光线挡住，一次父亲刻图章不小心把左手大拇指割破，母亲给包扎后，又给做了一个皮的拇指套，以后就没再发生这种事。这段时间晚上母亲每天给父亲洗脚。

1943 年 11 月 14 日，由国民政府军事委员会外事组组织的一期译员训练班（后称预一期）在昆华农校开学。西南联大教授吴泽霖、樊际昌、戴世光负责译训班教务工作，教授多人前往授课。12 月 25 日结业。主要任务是为美军培训翻译人员。父亲在译训班兼职，做行政工作，每星期去 1、2 次。

1945 年 11 月联大第 352 次会议，聘请父亲为文书组主任。

**儿时学习生活**

我和姐姐都在联大附小上学，由于我学习优秀，获得附小奖品，获奖同学以联大附小的牌子为背景照了一张照片，成为非常有纪念意义的照片。

杜聿明先生的两个儿子杜致勇、杜致严和我是同班同学，当他们有较优越的家庭条件，上学时骑小自行车，或者骑马，由勤务兵牵着马。一次杜致勇在马背上睡着了，摔了下来，把胳膊摔断了，有好长时间没上学。这两个儿子学习成绩并不好，曾经轮流留级，在小学三年级时我们又同班。一次上音乐课进行考试，老师要求我们把一首歌的谱和词默写下来，同学们交卷后，老师看到杜致勇的，考卷全对了，得了 100 分，老师没到，就在全班进行表

西南联大附小同学合影

扬，这时有同学揭发说，杜致勇事先用铅笔把歌谱、歌词抄在课桌上，老师过去一看果然如此，非常生气，就叫杜致勇站起来，打了他两耳光。

杜聿明先生的大儿子叫杜致仁，当时已上五年级，有时自己开吉普车上学。有一次他们三兄弟叫我和另外两个同学坐他们的吉普车到他们家玩，他们家门口有两个勤务兵牵着两只大洋狗，很让人害怕，到屋里后，见到他们三兄弟的母亲，态度较严肃，但不令我们害怕。

另外，闻一多的小女儿闻悉羽，也是我们的同班同学。

为美军表演。1945年自夏天党校老师编排了一个小歌舞节目，我扮演一个小和尚，另外四个女同学扮演4个小蝴蝶，一个星期六晚上，美军派吉普车把我们拉到他们驻地，我们在他们的小礼堂表演了排练的歌舞节目，受到欢迎。过后一个美军女士给我们每人一块奶油蛋糕，（因为晚上我们都没吃晚饭）所以大家很高兴。

**我被骗子骗走了**

1945年春天一个星期天下午，我和附小女同学包阿南正在地主家门口玩，忽然一个当地中年男子和我说，你母亲给你在小西门一个裁缝店订做了一件松鼠毛的衣服，叫我去试，如果不去，你的订金就白交了。还说上个星期天见到我和姐姐在小西门亲戚家。于是我就信了，跟着这个男子走，这时包阿南叫我，周友楠你别去，但中年男子拉着我手就走，一路上紧拉我的手不放。半路上我有点疑问，问他怎么还不到，又说走不动了，这人说要给我叫洋车，我有点怕就说不坐车。快到小西门时，有一群小孩在玩，行人较少，这个男子就叫我把身上穿的新毛衣脱下来去试衣服，这时我才感觉到这男子是想要我的新毛衣，于是我就说不去了，不试衣服了，这男子发现骗不了我了，就把拉我的手放开，说你不去就算了。于是我自己就走回家，母亲告诉我，我走后，包阿南告诉母亲，周友楠被骗子骗走了，母亲到门口看了一下，我已经走远了。事后，包阿南还把这事告诉了附小的老师，在一次早上的晨会上，不点名地说了这件事，提醒大家提高警惕，不要受骗。

1945年8月15日晚上，我们听说日本无条件投降，我们抗日胜利了，昆明市民放鞭炮，敲锣鼓，庆祝胜利。我们家也从地主家搬到联大宿舍一字楼，共两层，我们住在一楼，约14平方米，中间拉了一个布帘，外面吃饭里面睡觉。

国民党病号兵的惨相。1945年秋天的一个下午，我正从家走到附小上课，经过西南联大外面滇缅公路时，看到一大队国民党士兵从西向来缓慢走着，他们穿着破旧的黄军装，面黄肌瘦，就剩下两个大眼睛无神的样子，简直就像一个活动的骷髅。有的还拄着树枝当拐杖。他们可能有几天没吃过饭了。一个押送他们的士兵倒身强力壮，手里拿步枪，当看到一个士兵走的稍微慢点后，就用枪托打这个士兵的腿部后膝盖，结果这士兵立刻倒在地上，押送兵立刻用枪托在倒下的士兵身上乱打。我实在不忍再看下去，赶快去附小上课。国民党的士兵大多是靠抓壮丁弄来的，如果他们的家属看到他们的儿子受到这种虐待心里会如何想。这也是国民党和日本和解放军打仗总打败仗的原因之一。

1945年10月3~5日，昆明防空司令奉蒋介石之命指挥部队包围云南省政府，胁迫云南省主席龙云下台。全市戒严，西南联大新校舍被封锁，我们一字楼外面广场就是杜聿明军队的机枪阵地，夜里枪炮声不断。父亲让我们三个孩子睡在地上，只有父母睡在床上。我们后楼就中了流弹。白天我们亲眼看到父母抱着中流弹受伤的孩子，要找杜聿明军队告状。差不多一个星期没有副食东西卖，大家只能吃家里存的粮食。

1945年12月1日，震惊全国的"一二·一"惨案发生，四烈士牺牲在国民党军警的石块和手榴弹下。我和姐姐去看了四烈士灵堂，看了四烈士出殡游行队伍，一个受伤的人，锯掉一只腿，坐着人力车游行，锯下的腿泡在一个玻璃瓶中，也参与游行。

1946年7月15日下午3时，闻一多在参加李公朴殉难会后，由长子闻立鹤伴随走回联大宿舍时，被国民党特务狙击，身中数弹，当场牺牲，闻立鹤受重伤，我和姐姐去看了遇难现场，土地上有一摊血

## 七、职 员

迹,旁边的墙上有子弹孔。

1946 年八月父亲带着我们坐飞机从昆明到重庆,那时我们坐的飞机是中间放行李,两侧靠飞机的窗户是背靠窗的帆布座位。父亲身边带了一个皮西南联大的文件,这箱东西很重要,别的东西可以扔,但这箱东西不能扔。我们都是第一次坐飞机,当飞机在跑道上跑,越来越快,在离地的一刹那,真觉得神奇。那么重的一架飞机能在天上飞而不掉下来。在飞行了一个小时后,飞机的一个螺旋桨不转了,一个飞行员从飞机的窗子爬到飞机翅膀上进行修理,那时的飞机是不密封的,也就飞几千公尺,飞行员把螺旋桨修好后,就站在翅膀上兜风,也没有安全绳,他的胆子真够大的。在重庆我们五口人住在一个招待所大房间,男女混住,我们五口人分得一个大床,只好让父亲一人睡,母亲带我们三个孩子打地铺。另外两个床一个是年青孕妇,一个是中年男子。招待所的食堂卫生条件很差,吃饭桌上三分之二的面积上爬满了苍蝇。天气又热,我们吃不下食堂的饭菜,只好到街上买些干粮吃。在这里父亲把公家的文件箱即时托运到北平。

我们在重庆住了 40 天,终于等到去上海的飞机票。在上海我们同样住在一个招待所等到秦皇岛的船票。这是一艘英国运煤船,从秦皇岛来,正好空船回秦皇岛,正好运送复员北上的旅客,我们先从黄浦江码头乘小木船到运煤大轮船的靠江的一面,这时只有一条直上直下的软梯,一个年青旅客从软梯上爬上去了,接着上面吊我们家的脸盆网兜,结果绳子屡断了,里面的一个邮票本掉在江里,父亲一看不行,于是我们

全家合影

又坐小木船绕到轮船靠岸的一侧，这有一个斜着的木板软梯，我们才顺利上到船的甲板上，接着我们通过一个直上直下的铁梯子，上到甲板下一个装煤的隔层上，旅客就打开行李睡在上面。船上吃的就靠我们带的干粮，好在船上还供应开水。厕所就在甲板上是个露天的，大小便直接拉到江里海里。我们都是第一次坐海轮，海水的颜色变化很有意思，有黄、绿、兰、黑、红。经过三天两夜的航行，我们终于到达秦皇岛。就住在一所小学里，再转乘火车到达天津住在四舅家。此时外公外婆已经去世。接着又乘火车到达北平，此时爷爷已经去世，他也没等到抗战胜利。没等到久别的我们全家。

## 解放前在清华园的日子

1946年我们家搬到清华照澜院9号住，有大小八九间，有两个厕所，一个厨房，有前后门，中间有一个封闭的小院，院中有一棵大树。此树后被父亲找人锯了，因父亲有些迷信，说一棵树是代表一个木字，小院是个方框，合起来是个困字，对咱们家不好。

解放前生活困难，物价飞涨，工资低，父亲发了工资，就得请母亲去买东西，上午和下午的价都不一样，一家八口人，包括父母和我们三个孩子，还有奶奶、大姑、六姑，就靠父亲一个人工资生活。父亲为了下一年的文书组主任的聘书，还得请有关负责人吃饭。家里却经常吃窝头白菜。

另外父亲有封建家长式作风，一次全家人在议论经济状况，母亲发言说要考虑我们三个孩子，父亲就生气打了母亲两个耳光，母亲很伤心，本想去天津娘家，但为了我们三个孩子才没走。

1947年清华学生举行反饥饿、反内战、反迫害运动，到城里游行示威，结果被国民党军警打伤。后国民党又包围清华园达一个星期，公布清华的地下党黑名单，要求学校交出来。后国民党军警在清华园挨家挨户搜查。到我们家搜查时，对天津来我们家的表姐进行盘问，查看了身份证，还说，这是受上峰的命令，我们也没办法。事后听说黑名单上的人都跑到解放区了，国民党军警一个也没抓到，只抓到了一些胆小怕事的人交差。这一星期可苦了清华园的教职员工和家属，因不能出去买菜，只能光吃粮食。

1948年深秋，听说解放军已打南口，国民党军队在清华园的化学楼南面架了三门炮，把南面的气象台当指挥部，我和姐姐还去看过。后在清华严正抗议交涉下，国民党军队把三门炮拉走了。

一天我刚爬到我们家的窗台上，看到清华东面的铁道上有一列国民党的装甲车。晚上开始响起了枪炮声，持续了一夜，父母让我们三个孩子睡在地上。第二天白天清华园二校门马路上有不少国民党军队路过，马车、炮车不断。据说他们将撤退到北平城内，昨天晚上和解放军在圆明园打了一仗。这些国民党军队士兵看上去情绪很低，面黄肌瘦，已是深秋，还穿着单衣。

国民党飞机轰炸清华园。一天同住照澜院的成志小学袁鼎和唐绍恒正在我们家打乒乓球，忽然一声巨响，我们看见我们家西面一个巨大烟柱，腾空而起。接着又听见一声巨响。第二天我们出去看时，知道是国民党飞机在清华园扔了四颗炸弹，一颗在北院、一颗在工字厅南面、一颗在成志学校的南面、一颗在普吉院。好在没有人员伤亡和房屋倒塌，只是在地面上炸了四个直径约有3米，深约有2米的大圆坑。

### 解放初期的清华园

一天听说清华来了一名解放军，我和姐姐去大操场看了，只见一名解放军头戴皮帽子，骑在一匹大马上，红光满面，面带笑容，周围有一些大学生，问着各种问题。

不久解放军动员居民准备辣椒面、罐头并，准备攻北平城时炸迷国民党军队。不久北平和平解放。解放军文工团在清华礼堂演出，如血泪仇、王秀鸾。解放军来清华做报告，和国民党军队在圆明园打了一仗，为了保护清华园，解放军没用重武器，使解放军牺牲了几百名战士。

解放初期清华生活，物价稳定，老百姓基本生活得到保证。我们家的生活也有了好转，六姑考上清华外语系研究生，毕业后分到外文出版署工作，后调山西医学院教英语。大姑找到清华女生宿舍静斋当管理员，后又在城里一小学教书。由于一生未婚，退休后，晚年在清河养老院生活。我和姐姐常去看望，1986年因病去世。奶奶在1951年因病去世。

1952年，父亲的经济负担不了我们上高中，我考上了一机部所属北京重工业学校工具制造专业，姐姐考上了北京助产学校，当时的中专除零花钱外全是供给制。

在五十年代初，有一次在清华开教育工作会议，有一天我听说可能有中央领导来校做报告，我就在清华学堂附近等着，不久开来一辆高级轿车，走下来的是敬爱的周总理，他身穿灰色中山装，面带笑容，频频向在路边鼓掌的群众招手。他是看见有欢迎的群众，提前下车步行到清华礼堂。他坐的车是苏联的防弹车，我用手擦一下有电，用手摸车门的玻璃，大约有150毫米厚。我们清华成志初中三个班，学校在气象台南面要了一块地，分配每个班种菜。我们班种了黄瓜和豆角。为了黄瓜长得好，必须浇大粪。于是我们几个男同学和一个女同学，在夏天到照澜院旁的一个公共厕所掏大粪。掏粪坑时其臭实在难忍，我们几个同学轮流，一个人掏一勺，在掏时憋住气，停止呼吸，大粪浇到黄瓜地里，使黄瓜长的又大又嫩，我们吃后，又香又脆，吃自己劳动的果实就是不一样。

### 在三反运动中

1952年全国开展三反五反运动，虽然大方向没错，但具体执行中，有左的影响。清华只开展反贪污，反浪费，反官僚主义运动。

父亲因官僚主义而受到批判。父亲在文书组作检查多次而通不过，父亲写检查到晚上12点和凌晨一点，自言自说，怎么检查也说不深刻。最后父亲在行政部门同方部开大会，父亲作了检查才算完事。撤销了文书组主任职务，降薪，调到清华图书馆工作。随后我们家搬到清华西院17号甲。

### 在肃反运动中

1955年中央领导人在全国开展反胡风反革命集团运动，即肃反

七、职 员

运动。一天我在北京机器制造学校上课（北京工业学院分出来的），学校通知让我回清华图书馆一次。清华图书馆党支部书记陈竹隐女士（是已故著名教授朱自清先生的夫人）接待我说，父亲跳后海自杀。经人救起，查看父亲身上工作证，被民警送回清华。图书馆对父亲的错误没作任何批评。只进行了安慰。我回到家，看父亲躺在床上，正准备起来。我说了几句安慰的话。我估计父亲是怕运动挨整才去寻短见的。

接着听说五姑在全国总工会主席朱学范的秘书岗位上被抓走，罪名是因历史问题打成历史反革命，1979年被平反。1993年因病去世。

1954年姐姐因学习好，选拔考上了河北医学院继续深造。

1956年我在北京机校毕业，因学习优秀（在校期间得过优秀生奖状、奖章）保送到哈尔滨工业大学机械系继续深造。由于我们俩都上大学，母亲在清华幼儿园做临时工，还给人家做保姆，补贴家用。

全家合影

1961年我被分配到北京地球物理研究所二部工作，进行有关探空火箭和人造卫星的研制工作。

1963年由于父亲在图书馆工作出色，主要搞新旧书的编目分类工作，图书馆领导给父亲加薪，从月薪 75 元增加到 99 元。父亲在拿到增加的工资后，给上海图书馆寄去 100 元捐款，他们给父亲寄了感谢信。

1958 年父亲给故宫博物院捐赠两轴山水画。

### 父亲在"文革"中

开始时父亲还没什么思想负担，在全国红卫兵大串连时，还主动去天津四舅家串连。

1968 年清华团派和四一四两派正在搞武斗，清华园成为极端混乱、紧张状态。

父亲突然失踪。1968 年 6 月 8 日，父亲没回家吃午饭，以后连续三天也没回家，我们在清华、北大亲友家都没有找到。

最后我们只好到海淀派出所报案，派出所人告诉我们 6 月 8 日北大有一个不明身份的跳湖去世者，拿出遗像和眼镜钥匙，我们一看，正是父亲。去世时年仅 62 岁。派出所说由于天气很热，就叫四类份子（地主、富农、反革命、坏分子）把尸体用草席裹了一下，埋在了圆明园。

清华图书馆负责人带我们子女看了北大后湖去世现场及埋父亲的地点。说 6 月 8 号上午清华团派在礼堂召开武斗去世的 4 个同学追悼会，有人看见父亲在他抄写的悼词前面站了半天观看（因为父亲字写得好，就让他抄写悼词）。

父亲在文革中没有大字报，也没有挨批斗，不过有人曾向父亲了解过，抗日时期西南联大译员训练班的情况，父亲在家里也和我说过，他们向我了解译员训练班的情况班干什么。据说在文革中约有 4000 人和译员训练班有关系的人挨过整。我们估计这是父亲怕挨整选择自杀的主要原因之一。

### 母亲挨批斗

1968 年中央派的军宣队和工宣队进驻清华，搞清理阶级队伍阶段。清华西院家属委员会给母亲贴大字报，说父亲畏罪自杀，还说父亲去世后，我们家烧了东西，让母亲交代。事前清华红卫兵还对我们家进行了搜查，拿走了一本大相册。每天下午开母亲的批斗会。让交代父亲的罪行及我们家烧的东西。母亲受不了，让我每天写检讨，我就按人民内部矛盾写。不知父亲有什么罪行，我们家烧的东西是四旧，旧字画，还写毛主席语录。一天晚上我回家，看见母亲躺在床上不能动，母亲说下午开完会后走到后院，突然头晕就摔倒在地上。被邻居扶着回到家。我找到西院的校医院，大夫到家给母亲看病，认为是美尼尔综合病，得赶快送校医院治疗。我和弟弟从校医院借了平躺手推车，把母亲送到校医院检查治疗。第二天夜里，西院家委会主任到我们家，问母亲下午为什么没去开会，我说母亲昨晚病了，住进了校医院，你们要开会，可以到校医院去开。这样对母亲的批斗会才算结束。

**我被调到兰州的情况**

1971年，我们中国空间技术研究院（分院）被军管，决定从我们所属卫星试验站（511站）调40多设计人员到兰州物理所（510所）建三线卫星试验站，其中有我。我提出家庭有困难，母亲、弟弟无人照顾，511所好办，让母亲和弟弟一块调到兰州。我向510干部处长提出希望在北京找工作，我通过熟人联系到科学院自动化所和科仪厂，开始他们都说要。但一看我的档案后就都拒绝了。郝处长告诉我可能是因为父亲自杀的原因。原来在父亲去世后，我就向511军管说了，他们让我写了一份材料，想不到这份材料放到了我的档案中。后来我凭工作证找到一家集体所有制小厂，是做洋铁桶的，才20多家庭妇女。厂里军宣队看我的档案后，坚决要我，但说厂里小开不出工资，也放不了我的档案，必须海淀区政府人事处批。但放在那两星期也没批。这样1971年十月我只好去了兰州。

1971年林彪事出来了，我们院决定在兰州建三线卫星试验站的任务取消，我们从北京调去兰州的人等于白去了。

1973年由于工作需要和照顾我家庭困难，510所领导决定让我在北京长期出差，主要搞宇航员用离心机转臂和谐波减速器跟加工。

1973年经清华房管部门介绍，我们家从清华搬到市内和平里二区26楼住。这是筒子楼，我们家里住两间14平方米房间。厕所和厨房共享，但有管道煤气。

**弟弟周友桐情况**

弟弟高中毕业后上了两年会计训练班，1965毕业后分配到北京西山八大处公园当会计。1979年八大处公园领导和工作人员把周友桐送回家，说友桐在机房间里磨刀要自杀。得了精神病。让我们家属带他看病。在上世纪90年代，姐姐在我帮助下，从承德调到河北燕郊一个冶金部医院工作，后把弟弟接到姐姐医院住院治疗，一直没好过，我有时去燕郊看望，并给一定经济帮助。在20世纪90年代，弟弟高中同学来看望，并到八大处公园了解弟弟得精神病原因。原来1974年，弟弟在一次会上连续两次念错毛主席语录，被打成现行反革命，送进一房间关起来，后就要拿刀自杀，得了精神病。弟弟一生也没结婚，就这样完了。

六姑情况：在文革中没有大字报，也没挨过批斗，但有点历史问题，解放前当过国民党军队一般翻译，在上世纪70年代后期，在山西医学院跳河自尽，估计和父亲一样也是怕在文革中挨整才自尽的。

五舅、六舅的情况：解放前哥俩开了一个运输公司，有十几辆汽车。文革中他们均被送进牛棚。五舅因受不了严刑拷打上吊自杀。六舅被活活打死。这是20世纪80年代我到成都出差，六舅子女告诉我的。

四舅情况：文革中因历史问题，关进牛棚，因被打耳光，脸被打肿，好几次想自杀，但为了子女才没有自杀。四舅的大儿子在天津经过一个武斗区时，中流弹去世。这是改革开放后，四舅从天津到北京时说的。20世纪90年代因病去世。母亲在1987年因病去世。

我们家在文革中的遭遇，只是文革中遍布全国的冤假错案中，千千万万受迫害家庭中的一个缩影。"亿万人民身受其害。死了2000千万，整了一亿人，浪费了8000亿人民币。"（叶剑英1978年12月13日在中央工作会议上的讲话）亲身经历过那一段历史的人，至今想起来都感到后怕。

闻悉羽在文革中因生女儿后在农村劳动时趟河受凉，得了类风湿性关节炎，晚年手腿脚关节僵化变形，生活不能自理，现已去世。

闻立鹤在1959年受彭德怀案影响，被打成右倾主义分子，以后一直没有很好得到平反。现已去世。

1976年唐山大地震，也波及到北京。弟弟单位八大处公园帮我们家塔了一个抗震棚，从此我们三人就吃住在抗震棚中。当时北京供应还好，蔬菜可以随便买，猪肉可以排一次队买5元钱的。鸡蛋、油、豆腐、糖、芝麻酱等凭本可买到。逢年过节凭本能买到花生瓜子。这是当时国家领导人打肿脸充胖子把全国的猪肉副食调到北京让市民买。好像市场供应很好。是给外国人看的。当时外地供应很差，兰州、天津、东北锦州、瓦房店等地蔬菜要票，还经常没货。肉、蛋、奶老百姓根本看不见。吃肉、蛋只能到饭馆才吃得到。

当时到北京要省市一级介绍信，才能买到北京的火车票。到北京出差或探亲的回去时，大多要买猪肉带走。我在北京长期出差，就要采购猪肉和其他不要本的副产品，然后送到北京站，请到北京出差的兰州同事带回去。据北京站列车员介绍，每一列出京列车，都要带走一两千斤猪肉。这正如邓小平所说，"文革"使国民经济到了崩溃的边缘。

1970年4月24日，由我们院研制的第一颗人造卫星发射成功。有的科研人员白天开被批判大会，晚上搞卫星科研任务。为了适应当时的政治形势，在卫星各个部件仪器上都贴上一颗毛主席像章，这就增加了整个卫星的重量，对成功发射不利，但当时我们院长都不能决定把毛主席像章取下来，最后汇报到周总理那。总理说我们应该尊重科学，这才把毛主席像章取下来。

**改革开放后的好时期**

1977年我找到两弹一星获奖者钱冀同志，希望他帮助我早调回北京。钱冀对我早期工作较清楚，也较满意。他现在是北京空间飞行器总体设计部（501部）副主任，建议我先借调到501部工作，然后再解决北京户口，当时上北京户口比登天还难，5院部干部处把我的户口申请表所到七机部，盖了国徽章后报到北京市公安局。1978年2月户口名单批下来，我正式调入501天线室工作，主要搞卫星天线试验设备研制。另外兰州510所给的名额我还长了一级工资，这在当时也很不容易。1979年经邻居介绍，认识了王佳玲老师并结婚。单位的人说我是"三喜临门"。

1986年到底1996年。我们天线室分出来自己办公司，开发民品项目，主要搞共享天线和卫星地面站，由于我跑的合同较多，取得了较好的社会效益和经济效益。

2010年2月

作者简介：周友楠，中国空间技术研究院高级工程师。现已退休。1996年获得民品三等功，受到我院党委发的荣誉证书和奖金奖励，并记在北京空间飞行器总体设计部三十年成果史册上。

1988年受到中华人民共和国国防科学技术工业委员会授予的荣誉证书和献身国防科技纪念章。1993年受到中华人民共和国航空航天工业部授予的从事航天事业三十年荣誉证书和纪念品。

## 一个普通职员悲剧的一生——记周伯伯之死

张比（物9）

### 一、周伯伯在50年代前的生存状态

周伯伯本名孝长，字久庵，以字行。同事都称他久庵先生。我们

晚辈则称他周伯伯。

周伯伯早年毕业于中法大学法律系。抗日战争前，考入清华大学文书组任职员（几十人参加考试，只取一人）。抗战爆发后，他随清华撤退到昆明西南联大。留下家人7口，直至1942年才历尽周折在昆明团聚。

在昆明，仅凭工资难以养家糊口，周伯伯就学闻一多先生，刻图章卖钱。他白天上班，晚上刻印，往往半夜12点以后才能睡觉。1943年11月起，由国民政府军事委员会外事组举办的译员训练班开学，周伯伯兼任职员，做行政管理工作，每周去一两次。

1945年8月抗战胜利。11月，经西南联大校务委员会研究，聘周伯伯为文书组主任。

1946年，周伯伯全家回北京清华园，住在照澜院9号。因家庭人口众多，物价飞涨，生活十分艰难。1952年，因经济困难，负担不了长子长女上高中，长子周友楠考取了北京重工业学校（中专），长女周友樟考取了北京助产学校。几年后，因学习成绩优异，周友楠被保送到哈尔滨工业大学，毕业后分配到中国科学院。周友樟被选拔考入河北医学院，毕业后分配到承德医学院。

## 二、周伯伯在50年代后的政治运动里

1950年代初，周伯伯仍任校长办公室文书组长（科长），也就是个管管文件档案之类的秘书。在三反运动中，他既不贪污，也没有浪费，却莫名其妙地被打成"官僚主义"。清华里没听说哪个校长处长被当官僚反一反，却抓了他这个小科长。他多次检查通不过，最后在全校行政部门的大会检查，总算过关，但被撤职降薪，住所也从照澜院搬到了西院。从此，和我家成了紧邻。我因和他的小儿子周友桐同学，经常到他家去玩，认识了周伯伯。

1955年，反胡风运动开始，接着是肃反，领导做动员，单位开会，审查有"历史问题"的人，周伯伯成了惊弓之鸟。他到后海投水被救起，送回清华。领导没有批评，进行了安慰。

此后，周伯伯工作十分努力，他作风细致，编目时字写得整整齐

齐，8小时内效率很高，从不迟到早退。1963年，领导破格给他加薪，从78元增加到99元。他由衷感激，取出100元捐赠上海图书馆。又拿出珍藏的两幅明清山水画捐给故宫博物院。

刚过了几天安稳日子，史无前例的文革运动到来了。沉重的压力，终于使周伯伯走上了绝路。

### 三、周伯伯的死

横扫一切牛鬼蛇神的运动一开始，周伯伯就感到了压力。如同在肃反运动中一样，他以为迟早会整到自己头上。他总是神经紧张，默不作语。据说有人向他调查过译员训练班的事情，而后来又有人统计，有近4000人因与此训练班有关系而挨整。这也许就是周伯伯时刻心惊胆战的原因。

1968年6月8日上午，两派武斗中某派为死亡者开追悼会，命令毛笔字写得好的周伯伯抄写悼词。周伯伯写好后，站在贴在大字报栏的悼词前看了许久。

下午，他就失踪了。家属连找了三天没找到，只好到海淀派出所报案。派出所说，3天前有儿童在北大未名湖发现一具不知名的尸体，取出死者留下的眼镜和钥匙，还有现场拍的照片，家属马上辨认出来了。遗体已经被埋在圆明园里。民警还让家属到北大出事地点和圆明园掩埋处观看确认。

后来，工宣队进驻清华，搞起了"清理阶级队伍"。有人说周伯伯是畏罪自杀，到家里搜查，还对周伯母进行了多次批斗。一次批斗会后周伯母头晕昏倒，被子女送到校医院住院，对她的批斗才停止。

### 四、结语

运动中，周伯伯的长子周友楠被调到兰州。长女周友樟被下放农村，后调到燕郊冶金一局医院。幼子周友桐在八大处公园当会计，因念错了语录被打成反革命，得了精神病。我到燕郊后见到友樟大姐，得到她许多照顾和帮助，并几次与友楠和友桐见面，听他们讲述周伯伯和他们一家的遭遇。现在，友樟大姐已于2018年病逝，80多岁的友楠大哥也住进了养老院，友桐则一直因病住院。

周伯伯一家的遭遇，是千千万万普通知识分子家庭在剧烈的社会变迁中不幸遭遇的一个缩影。

周伯伯一辈子谨小慎微，在历次政治运动中吓破了胆，虽然打击还没有临到他的头上，但看到整人的恐怖景象，心理崩溃，不得不选择离开这个世界。当然，也有人虽然历史复杂，但心理坚强、政治经验丰富，终于挺了过来。然而，我们没有理由指责周伯伯心理脆弱，还没有挨整就自我了断。在中国，无数善良的普通人，在五星红旗迎风飘扬，东方红音乐奏响，"反动派被打倒，帝国主义夹着尾巴逃跑了"的那一刻，都没有想到会有一天，老老实实工作，清清白白做人的自己也会成了"反动派"，也要被打倒。即使暂时没有被打倒，看到自己的同类被整，被无休无止的批斗的时候，能不像惊弓之鸟，战战兢兢，感到没有出路，生无可恋了吗？

周伯伯生前在清华图书馆工作，与家父是同事，交往较多。同时在图书馆工作的马文珍伯伯是一位诗人。我搜集到马伯伯怀念周伯伯的三首诗，附在后面：

1.怀周久庵友　　1980 年

地志溯《山海》，裴秀绘制图。

民物山川秀，边城险要舒。
元和志群县，方舆目清初。
兴亡三百载，着录有同殊。
版本存增损，审辨费功夫。
记得春寒夜，张灯核对书。
凄恻怀故人，潸然泪下珠。
摘录寻复本，执笔眼模糊。

注：此诗回忆周久庵先生 1957 年整理馆藏地方志的情景，赞誉周先生熟悉史地方志，工作认真。《山海》指《山海经》，裴秀，是东汉著名地图学家。

2.再怀周久庵友　1980年

早春读经书，当窗临秦篆。
寂寞故人来，开门远山见。

注：此诗回忆周先生熟读经书，善写秦篆。

3.三怀周久庵友　1980年

丹砂寿山石，出自芙蓉峰。
执刀创神韵，初试印泥红。

注：此诗回忆周先生善篆刻，执刀刻印时的情景。

由此可知，周伯伯虽然不善言辞，但很有学问，多才多艺。这样一位有才学的人，竟不容于那个"革命"的年代，死于非命。写到这里，只能长叹，夫复何言！

2024年1月30日

七、职 员

# 杨树立（1936—1968）

### 孙怒涛　编辑

杨树立，男，动力与农业机械工程系汽车拖拉机实验室实验员。1968年7月6日上午，杨树立乘坐由拖拉机改装的土坦克向动农馆运送粮菜后返回主楼途中，被团派埋伏在二校门暗堡内的枪手、电机系电9班学生赵德胜射杀。殁年32岁。

杨树立（1936—1968）
（引自唐金鹤《倒下的英才》）

## 老团枪杀杨树立

### 唐金鹤（焊8）

7月6日，老团枪杀了农机系汽车拖拉机试验室实验员杨树立。下面请看冶金系铸00班周家琮的回忆文章《已成追忆——此情可将成追忆，只是当时已惘然》：

虽然岁月流逝，已经过去了四十一年，但一想起1968年7月6日上午的那一幕，却还觉得就发生在昨天。

那天早饭后，有人到我们冶金系驻守的汽车楼找我(文革时期不少老师同学之间是相识却不甚熟)，说是要用自制的土坦克给驻动农馆的师生送粮菜。这土坦克是用农机系汽车试验室的拖拉机改装而成，车身四周焊接了10mm厚的钢板。开始的司机有自控系自7的印甫盛、黄俊华等。到了七月份车主要是我在开。到了停放土坦克的焊接馆前，我看见车上已有不认识的两人(后来才知道，其中之一是农机系的实验员杨树立，而打死杨树立的，却是我原来认识的电机系电9班的赵德胜)，菜粮也已经装好，我便发动土坦克，然后向西边动农馆驶去。抵达动农馆后，在门口停车，停车位置从西边校卫队方向看，正好是隐蔽射击死角。于是，大家很快安全地卸完粮菜，我们三人原车返回，杨树立坐在我身后，看我开车，另一人坐在车内右后侧。车向南驶离动农馆，当车刚刚上马路转向东行，快上动农馆前的桥上时，此时车身已暴露在校卫队方向地堡的射击范围内，就听见几声枪响。当时我们已经听多了枪声，而且枪声几乎淹没在发动机的轰鸣中，所以开始我并不太在意。但突然听见右后方的那一人使劲喊"快停车！快停车！打着人了"，我稍一迟疑，又立刻意识到眼下最好的办法，还是马上把车开回安全区域。于是也顾不得回头看，就一使劲，把油门踩到底，直到把车停在西主楼和焊接馆之间的马路拐角处。

车停下，我回头一看，只见背后的杨树立已经倒下，并在呻吟。我和车上的另一人立刻跳下车大声呼救，冶金系的唐金鹤当时就在附近，她和另外几人立即赶到车边，一起把杨树立抬下车。掀开上衣，只见右上背有一筷子粗细的弹孔，并未出什么血，当时无知的我还以为伤得不重。很快就开来了送伤员去医院的车，是黄实开的一辆小面包车，车内右侧还立了一块钢板，这样向东出校时可防来自南面9003大楼方向射来的子弹。

## 七、职 员

黄实把车开走后，惊魂甫定的我才开始察看中弹的车。车内驾驶座后的钢板上有少许血迹。车外左侧钢板上有一子弹凹坑，看得出子弹击在钢板上但未击穿弹飞了。而击中杨树立的子弹在车后部钢板的中间留下了一个不到10mm略带椭圆的弹孔，孔壁很光滑。

当晚在主楼遇到从医院回来的黄实，黄告诉我杨树立已不治身亡。顿时我心中充满了悲愤和恐惧。我是平生第一次看到近在咫尺的身边有个鲜活的生命突然被夺去；我知道如果杨树立不坐在我的身后，那中弹的就会是我；我痛恨那些丧心病狂居然对同窗开枪的杀手；我更痛恨挑起、纵容校园武斗，师生残杀的所谓"无产阶级司令部"。三天内已有三人在清华园遇难，天理何在？王法何在？

当几天后回校的钱平华女同学在主楼前再次饮弹遇难后，我终于再也抑制不住心中的悲愤，写下了"有感读《友邦惊诧论》"的广播稿。矛头直指当时正炙手可热的政治局委员、北京市革委会主任、公安部长谢富治，抨击他颠倒黑白，纵容武斗，袒护杀手。文章不但在校内反复广播，还由广播车在北京市革委会大门口和大街小巷到处广播，造成很大影响。沈如槐在他的文革回忆录中，称其为文革中他见过的最有战斗力的文章，显然是过于夸张。但当时确实代表了广大师生不满文革和武斗的悲愤，代表了广大师生控诉的呼声。后来郑易生告诉我，军宣队、工宣队进校后，他还和一些同学关起门一遍又一遍听广播稿的录音，觉得特别解气。事隔不久，一次会议上，有人向谢富治告发此文。也有人担心我会因此而在劫难逃，不知是什么原因，谢当时却一反常态地说："《有感》我看过了，写得很好。"本人侥幸逃过一劫。但后来一直到七十年代末，此文还是数次给我带来麻烦。

杨树立的后事在城内办理，当时我仍然困于校内，未能参加追悼，但和几个同学在主楼后厅外的空地上种了棵杨树以志纪念。记得还同时赋有小诗："种树九楼下，送葬八宝山。"后来工宣队反派性，动员沈如槐将树拔去。刚毕业那几年我曾打听过杨树立的家人，限于当时的条件未能联系上。

武斗结束后，我到动农馆前的桥上再察看现场，看到桥西北角的水泥墩上和北侧的铜栏上分别有两处弹坑。1973年我回校时那弹坑还在，到了八十年代再去看时，弹痕已经了无踪影。

九十年代以后去京和返校的机会增多，每次当我走在二校门到主楼的东西干道上时，1968年7月6日的惨痛一幕就又浮现在我眼前。当年被困时我曾期盼，什么时候能再自由、安全地在清华园里漫步，或许就是最大的幸福。而今天在路上来来往往的莘莘学子，正在享受这他们肯定不会意识到的幸福。过去的一幕，他们不曾知晓，荒唐的岁月，他们也不会再经历。也许，这就是我们这些幸存者，对当年无辜牺牲的人们最好的祭奠。

用穿甲弹开枪打死杨树立的是电机系电9班学生赵德胜。据一位老团在校友网上回忆，赵开枪打死杨树立后，曾眉飞色舞地向不少人讲述了他消灭"四匪"的"丰功伟绩"。他是在1973年5月被正式逮捕的，听说他的家庭出身不好，有人说他是阶级报复，他被判得很重，大概是无期徒刑。但在1990年前后有人见到了他，这说明他已经被放出来了，他在监狱里大概待了17年。赵德胜开枪打死了杨树立，坐牢，这是他应得的下场。据说赵德胜曾经有过三次婚姻。2002年，他同第三任夫人在北京逛商店时，突发心脏病，离世。

七月六号中午，我正在西主楼一区前面，见到老四的土坦克由西边开过来了。车开到西主楼前面的空地停了下来，周家琮第一个下车，他大声呼叫："快来人！"我一听吓了一跳还没有来得及问他怎么了，他就对我说："在我们返回的路上，老团开枪，射穿了土坦克后面的钢板，打伤人了。"当时在场的还有总部委员蒋南峰和其他的几个人。大家一听有人中枪，急了，一下子都冲了过去，立刻打开土坦克车的后门，我一眼就看到一个人倒卧在司机座的后面。大家七手八脚地把他抬了下来，放在西主楼前面的空地上。

受伤者是农机系汽车拖拉机实验室实验员杨树立。当时刚好有一位校医院的大夫在场，他立即脱下了自己的白大褂，把白大褂撕开，用撕下来的白布条当场为杨树立作了简单包扎。我问大夫："他

## 七、职 员

危险吗?"他一面给杨树立包扎,一面回答:"从外面看出血不多,血都流在胸腔里了。你要立刻把他送到北医三院去,他很危险。"我一听他很危险,心里慌极了。蒋南峰和好几个人把杨树立抬上了车。杨树立已经不能够坐立,他歪躺在汽车的后座。校医院的大夫让我坐在他的旁边,抱住他的头。那天开车的司机是黄实。老团开枪以后,开车经过主楼前那条死亡之路的司机,大多数是黄实。

在去医院的路上,杨树立乱挥双臂,痛苦地挣扎着。突然他睁开了双眼,当他看到他是躺在我的怀里时,立刻安静了。我有意用沉稳的声音告诉他:"我立刻送你去医院,你别着急。"我想安慰他说:"你没有事的。"但是这句话哽在我的喉咙口,我无论如何也说不出来。他安静了下来,闭上双眼,但从此他再也没有睁开眼。

到了北医三院,我才发现刚才我慌里慌张,忘记了杨树立的名字,只记得他姓杨。当时我心急,为了让医生立刻给杨树立检查,我就随便地写了一个名字:杨红。

当时正值中午,急诊室里的大夫很少。一位年轻的医生给杨树立检查身体时,把他的衣服小心地往上卷起,杨树立穿的是一件很合体的深绿色的 T 恤衫,因此他卷得很慢。我站在旁边一看就急了,大声地说:"衣服剪掉,给我剪刀,我来剪。"医生回过头来问我:"衣服不要了?"我生气地说:"不要了。"我想,人都快不行了,还要什么衣服啊?医生看出了我很焦急,并没有计较我的不满情绪。但是护士大声地对我说:"出去,你出去。"我只退到了门口,不肯出去。护士也知道我焦急,也没再说什么。医生迅速地剪开了杨树立的 T 恤衫,为杨树立做检查。

主治医生很快就来了,杨树立被迅速地推进了手术室。我等在手术室外面的走廊里。走廊裏安静极了,安静得使我感到恐怖,我好像都可以听到我的心脏跳动的声音。我觉得时间过得真慢啊!手术室大门上钟的指针一分钟、一分钟慢慢地走,真难熬啊!我等了很久,很久。突然,从手术室里跑出来一个护士,她大声地叫:"清华的,清华的,你进来。"我一听护士的那个声音,那么大、那么刺耳,当时就预感到不好,我赶紧就跑进了手术室。一进手术室,室内鸦雀无声，屋内特别冷，我不由得打了个哆嗦，护士问我"你害怕吗?你行吗?"我咬咬牙，硬挺着说："不，我不怕。我行。"当时，我就是不行也得行啊！没有人替我啊，只有我是清华的，我就得顶着啊！

　　这个护士把我推到了杨树立的身边，我见到他安静地躺在手术台上。手术室内大概有八九个大夫和护士，他们围着杨树立站了一圈，都看着我，谁也不讲话。我一看他们一个个都在那儿站着，谁也不干活，我一下子就急了，没好气地说："你们为什么不赶快抢救病人?你们都看我干什么?我有什么好看的?"这时一个大夫说话了，他声音不大，说得很慢，他说："他死了。"我立刻接着说："死了也要抢救！"这个大夫说："他已经死了半小时了，这半个小时里，我们一直在抢救。"当时我的脑袋已经胡涂了，我听不懂这个医生的话是什么意思，我的眼泪流了出来。我哭着说："我求求你们了，你们救救他吧。你们要怎么都行。"这时另一个医生说："让她看子弹在身体里走过的路线。"于是，一个医生把手伸向了杨树立的身体；一个护士走过来，她想把我往前推一点，让我看清楚一些。但是，我不行了，我再也承受不了了，我的身体晃了晃向后倒去。这时，一个护士大叫："电扇，电扇，小心电扇。"那个推我向前的护士一下子扶住了我。她大声地说："她晕了。"但是，"电扇，电扇，小心电扇"的声音一下子把我叫明白了。我懂了，杨树立死了，他已经再也不能够活了。这时我全身发软，但坚持说："没有，我还行。"一个医生说："送她出去。"我突然明白过来了，这是让我走，我说："不，我不走，我要子弹头。你们要把子弹头给我。"医生说："那你要签字。是你要求取出子弹头的。"我说："好，我现在就签字。"于是，我等在手术室里，医生将子弹头由杨树立的脊椎中取出，用纱布包好，交给了我。

　　杨树立安静地躺在医院的那个车上，我整个人都傻了，我已经推不了那个车了；是护士推着，我在旁边跟着，把杨树立送进了太平间。然后我又回去找大夫，我要问大夫，子弹头在杨树立的体内是怎么走的。医生告诉我："那颗子弹头从杨树立的后背射入，打穿了他的左肺，造成大出血，流出的血积满了胸腔，最后，子弹头停留在脊椎内。"我跟着护士把杨树立推进太平房之后，拿着从杨脊椎里取出

## 七、职　员

的子弹头回到了学校。在西主楼前，我一眼就见到了那辆土坦克，它还停在那里。我走时匆忙，这时我走上前去仔细查看土坦克后车门，在后车门钢板中间、略偏右的位置，有一个小小的子弹打穿的孔，那颗子弹就从这里穿过去，射中土坦克里的杨树立。

我见到了总部委员们，把子弹头交给了他们，沈如槐、汲鹏、蒋南峰在场，都见到了那颗子弹头。蒋南峰告诉我："这是7.62毫米口径的军用穿甲弹头。"在北医三院时，我不能放声大哭，回到了学校，见了哪个总部委员，我就跟那个总部委员大哭一通，我一切都不管了，我用力地哭。

到现在我才知道本来414总部开会讨论已经否定了抬尸游行，但是我那天的大哭，影响了部分总部委员的情绪，最终老四进行抬尸游行了。抬尸游行这件事，后来给老四的好几个总部委员们带来了很多麻烦，影响了他们一生。为此我很内疚，很难过。但是总部委员蒋南峰说："在那种环境下，决非是个别人情绪能影响集体决定的。要不要抬尸游行这件事，我们总部也是讨论再三才决定的。"

后来我去北医三院开死亡证明书时，医院无论如何也不同意改名字。我费了半天的劲，讲我确实不认识死者，心里又着急，想让大夫早一点为杨树立看病，才随便顺手写了个名字。医院终于同意把死者的名字由杨红改为杨树立。

颜慧中后来告诉我："本来那天要坐土坦克走的人是我。当时我正在办一点什么事情，杨树立就对我说：'你不用去了，我去吧。'我说：'那也好，那我给你拿件衣服去。'于是我就回到动农馆的楼上，给杨树立拿了一件工作服交给了他。"但是那天我在医院看到，杨树立并没有穿那件工作服，我估计他放在土坦克里了。

在武斗刚结束时，动农馆东南面那座桥的桥墩上很多地方，都可以见到子弹打中以后留下的痕迹。许多人路过此处，常常停下来，抚摸那些弹坑。后来，此桥翻修，那些痕迹看不到了。但是我们至今不忘，当年这条死亡之路上，老团开过多少枪啊！

【上文引自唐金鹤：《倒下的英才》，科华图书出版公司，2015年第三版，285页】

## 7.27 前夕不幸遇难的同学与实验员

陆忠楠（自8）

本文作者于1968年7月9日，在主楼九楼西端目睹414的据点科学馆的顶层遭团派某些人投掷燃烧弹而化为灰烬。又于1968年7月27日上午十时许，在主楼三楼目睹首都工人、解放军毛泽东思想宣传队，用救护车开道，从东便门进入母校，清华两派百日武斗宣告结束。在这之间的半个月中，有数个鲜活的生命被枪杀！他们没有等到脱离险境的那一天。四十五年之后的今天，特作回忆文章，以纪念两位与我们永别的同学与实验员。

### 第二篇  杨树立实验员遭枪杀

1968年7月初，有老四同学由东往西，通过动农馆门口东南一侧桥梁时，被老团步枪打中，弹头穿过腿部，鲜血直流。据说未造成重伤。步枪枪眼在二校门西侧对面房屋的一段弯墙上。老四总部为此出了布告"主楼通往动农馆的道路与桥梁已被枪支封锁，……"。

7月5日，为取回由动农馆借老四广播台（主楼）的一只99型动圈低阻话筒（俗称'手榴弹话筒'，质优，紧缺），我得去一次动农馆。傍晚时分，我从主楼出发，为求安全，沿着往西方向道路的北侧人行道边缘走，到了上述被封锁桥梁的东端，则奔跑过桥面。而奔跑至桥梁西端时，听到砰一声步枪响。随后，动农馆的边门嘎一声开了。"打着吗？打着吗？"一个年纪稍长于同学的男人出门急切地问。"好像没打着，没什么难过感觉。"我回答。"枪声一响，就知道有人来了"男人显得很老到地说。这位男人就是动农馆32岁的实验员杨树立。他迎我进了动农馆。

说明来意，我取到了话筒。随后，杨树立带着我到楼上楼下参观了一下。天色已晚，见守卫在动农馆的同学多为女生，一个个坐在蚊帐里休息，多数陌生。所认识的汪姓女同学也不见身影。动农馆内一片静寂。杨树立对我说，你今晚不要回主楼了，明天有一辆土坦克

七、职员

（在履带式牵引车上用钢板围焊成装甲，可能称土装甲车更贴切）送菜而来，你坐土坦克回主楼。我想了想，若不回主楼，别人会以为我被老团抓走了，而且我对第二代加厚钢板的土坦克同样无好感。便推辞说，这里有蚊子，我住在主楼七楼没有蚊子，我得回去。杨树立实验员亦不勉强。外面夜色黑乎乎，下着小雨。他给了一件深色的工作服，套在我白衬衫外面，作掩护。告别以后，我出门一口气奔过了上述被封锁的桥梁，沿着道路北侧人行道边缘，往东跑到了主楼。

翌日（7月6日）11点许，见一辆土坦克停在西主楼一区北侧道路旁。约半个小时之前，乘坐土坦克的杨树立实验员中弹之后，已用小面包车送往医院抢救。后传来噩耗，杨树立实验员经抢救无效而逝世。

他昨晚还让我今天乘这辆送菜之后的土坦克回主楼，没想到今天，他自己遇难于这辆送菜之后回主楼的土坦克。

这是老团第一次使用穿甲弹。弹头穿过土坦克的加厚钢板之后，动能骤减，斜着射进杨树立实验员的肩膀之后，据说刺入脊椎，剥夺了他的生命。

此后，土坦克弃用。

杨树立实验员的继母闻讯赶到学校。

【上文引自孙怒涛：《历史拒绝遗忘》，中国文化传播出版社，2015年，765页。】

# 李玉珍（1910—1968）

孙怒涛　编辑

李玉珍，女，1910年出生。清华大学图书馆职员。文革中遭遇多次批斗。1969年4月23日，在清理阶级队伍运动中，因不堪承受巨大的政治压力，跳楼自杀。殁年58岁。

李玉珍（1910—1968）

## 李玉珍女儿谈母亲之死

张比（物9）

2016年5月，我在外地接到一个电话。来电的是我的小学同学赵耀华，她说希望我去她家看她，并告诉我她的地址。我说回北京后就去看她。

我回到北京，立即出发，去门头沟梧桐府小区去看望几十年没有见面的老同学赵耀华。

一见面，我看到她已经是满头白发的老妪，不再是当年那个活泼爱笑的小姑娘了。我也是 70 老翁，垂垂老矣。彼此十分感慨。

她对我的到来十分高兴。她的老伴去世了，她和女儿同住。

1952 年，她的父亲赵正之教授由北大工学院调到清华土建系，她全家来清华后住在胜因院。她插班到附小二年级乙班，和我同桌，她性格开朗，乐于助人，我们的关系很好。1957 年，我们又同时考入北京 101 中学，不在一个班。1963 年，我考入清华大学。她没有上大学，参加了工作，当了一名小学教师。

她告诉我，父亲和母亲都是东北人。1931 年，父亲为了抗日救国，参加了中共，是普通地下党员。第二年不幸被捕，出狱后失去了党的关系。后来考入燕京大学土木系，毕业后从事土木工程教学。到清华大学后，工作很有成绩，组织上曾经考虑让他重新入党，但他一心钻研业务，没有要求重新加入党组织。1960 年，父亲突然发病去世，年仅 55 岁。

她有一个哥哥和二个妹妹，仅靠母亲李玉珍在图书馆当普通职员的微薄收入，生活很是艰难，所以她选择了马上参加工作。虽然每月工资只有 30 余元，还是可以勉强度日。

文革开始后，土建系有人拿赵正之脱党说事，污他为"叛徒"，牵连到她母亲。于是，图书馆多次批斗她母亲，并勒令她劳动。瘦弱的母亲劳动了两年，身体越来越差，精神恍惚。终于在一天跳楼，当场身亡。

得知消息的赵耀华匆忙赶来，独自处理了母亲的后世。两个妹妹还小。而当了警察的哥哥与父母划清界限，拒绝出面。（我在小学时见过她哥哥，瘦高，长得很秀气。那个年代受到比我们更多的政治教育，绝情地与家庭划清界限的，并非个例。）

从此，赵耀华一个人，靠 30 余元的工资，养活自己和两个年幼的妹妹。她家也被从胜因院的教授住宅，赶到西院一个狭小的平房。我妹妹和她妹妹是同学，曾去过她家，只见家徒四壁，完全成了贫困人家。

赵耀华告诉我，她每天除了上班，还要照顾两个妹妹的生活。她上班的小学离清华很远，开始在清河，后来在西直门附近，每天很早就要骑自行车赶去上班，不管是刮风下雨，还是冰天雪地，都不能耽误。她就这样坚持了 10 几年，直到妹妹都参加了工作。1979 年，清华为她母亲平反，落实了政策。但这是一纸文件，没有开会，也没有经济补偿。她说，人都没有了，这些有没有都没用了。想起在那个年代里，有多少无辜的人遭受迫害，有多少家庭家破人亡？我和妹妹总算熬过来了。只能向前看，教育好自己的子女和孙辈，但愿他们不再有我们那一代人的痛苦。

赵耀华和她的女儿热情地留我吃饭。饭后，我告别了他们母女。赵耀华坚持要我送到公交车站。分手的时候，我看着她瘦弱的背影，心中一酸，不禁想到，上小学的时候，她是多么活泼快乐的女孩，可是后来却经历了那么多的艰辛。也许，这就是历史的命运。

在公交车上，我又思考了很多：

在革命的年代，像赵正之这样的知识分子，受到理想的驱动，参加中共，后来不幸被捕，因找不到组织关系，选择了科学救国、实业救国的另一条道路，有什么错吗？为何他死后被诬为"叛徒"？

赵正之的妻子李玉珍，是一位善良懦弱的普通女性，在图书馆里兢兢业业地工作，又触犯了谁的利益？为什么抓住她已故丈夫的所谓"历史问题"，把她往死里整？那些当权者和他们的打手，人性何在？

赵耀华和她的两个妹妹，在父母双亡之后，顶着"反动家庭"出身的压力，失去了升学深造的机会。她们本是高级知识分子的子女，有较好的文化资源，可是在非常的年代，只能坠落到社会的底层。与她们相似的家庭还有很多。如果成为普遍现象，这种"社会流动"是正常的吗？这样的"阶级斗争"为纲的治理方式，是否能够推动历史的进步，是不是一种严重的历史倒退呢？

那次访问赵耀华，已经过去 7 年多了。我衷心希望她从噩梦中走出，有一个幸福的晚年。

2024 年 1 月 28 日

## 文革受难者——李玉珍

以下为王友琴《文革受难者》一书中的有关记述：

李玉珍，女，58 岁，清华大学图书馆职员，在"清理阶级队伍"运动中，于 1969 年 4 月 23 日跳楼自杀。

# 八、大学生

侯协兴、张怀怡
李磊落、肖化时
刘仁堂、羌于正
李鸿顺、谢晋澄
姜文波、孙华栋
许恭生、卞雨林
朱玉生、杨志军
钱平华、荐　健
陈贯良

八、大学生

# 侯协兴（1937—1966）

孙怒涛　编辑

　　侯协兴，男，1937年出生。1956年考入清华大学土木系。1957年因对政治辅导员有微词而被划为右派分子。1958年遣往北京某建筑工地劳动考察。三年后摘帽，回清华复读，插班到土建系给7班。1966年8月26日，清华大学红卫兵在西大操场召开全体红五类子弟大会，侯协兴被揪斗，饱受毒打与侮辱。回到二号楼宿舍，在围观者的呵斥声中、推搡之下，侯协兴自五楼窗户坠地身亡，殁年29岁。

侯协兴（1937—1966）
（1965年摄于清华园荒岛，王铁藩提供）

## 记忆中的血腥

王铁藩（暖 59、暖 6）

侯协兴，昵称小侯或小开。面色白净，举止优雅，写得一手飘逸脱尘的赵（孟頫）体行书。1956 年考入清华大学土木系。1957 年因对政治辅导员有微词而被划为右派分子，并于 1958 年遣往北京某建筑工地劳动考察。三年后摘帽，回清华复读，插班到土建系给 7 班。1966 年 8 月 24 日，清华大学红卫兵（老兵）和 12 院校中学红卫兵制造了清华 8.24 红色恐怖事件。8 月 26 日，清华大学红卫兵在西大操场召开全体红五类子弟大会，侯协兴被揪斗，饱受毒打与侮辱。回到二号楼宿舍，被褥等物品已被扔到走廊。在围观者的呵斥声中、推搡之下，侯协兴自五楼窗户坠地，随着一声沉闷的巨响身化冤魂……

在文革大量死于非命者中，小侯默默无闻，除了至亲旧友，已少有他人所知。不过细想之，从侯协兴冤死的地点、时日确可解读出文革中许多事态的脉络，不仅有其历史意义，更可警示今人。——这也是笔者撰写这篇纪念文字的用心所在。

清华大学是刘（少奇）系大将蒋南翔（时任高教部部长、清华党委第一书记兼校长）把持经营多年的教育重镇，本是文化革命之的。无巧不成书的是，刘夫人王光美又成为文革初期清华工作组的成员；兼而刘女名涛者本为清华自动控制系学生，且其周边集结了一大批高官（当时称"革干"）子弟。——因。

【编者注：本文作者王铁藩 1954 年入学，与侯协兴同在 1957 年被打成右派分子，同在建筑工地劳动"考察"，同时回清华复读插班回到土建系。王铁藩学长现年 89 岁（2024）。】

八、大学生

# 张怀怡（1945—1967）

周文业、孙怒涛　编辑

张怀怡，男，1945年生。清华大学工程数学力学系力901班学生，团支部书记。中共预备党员，校举重体操队队员。因其日记被发现有"反革命言论"，受到批判，1967年3月25日在二号楼跳楼身亡。殁年22岁。

张怀怡（1945—1967）
（周启博提供）

## 张怀怡同学自杀前后

周启博（无9）

张怀怡同学生于1945年，原籍广东海丰县。在中学时代他学习优秀，乐于助人，而且广泛阅读课外书籍，养成了独立思考的习惯。他的哥哥张怀泽，哥哥的朋友蓝务帛和他就读同一个中学，三人经常交流思想，讨论各种社会问题。1961年张怀泽考入广东省体操队，蓝务帛考入北京铁道学院。1963年张怀怡考入清华大学，暑期中蓝务帛带他同乘火车赴京上学。火车到达武汉时，一位带孩子的妇女上了车，他把座位让给妇女和孩子，自己一直站到北京。进入清华以后，他衷心拥护毛泽东，成为中共预备党员，并任所在数学力学系901班共青团支部书记。除了课业、体操和政治工作之外，他爱读马恩列斯之类社会科学书籍，老友蓝务帛也经常从铁道学院沿京张铁路步行到清华和他讨论问题。按清华大学当时体制，有体育特长的学生如被选入学校代表队，就离开所在系和班级，到校代表队集中住宿就餐，党团组织关系也转入校代表队，只有听课考试仍随原班级。张怀怡因此从数学力学系调入举重体操队，我因此从无线电系调入篮球队。我对清华当局在代表队的"政治思想工作"方式素有异议，就在文革初起时批评校当局，所以在代表队被目为"造反派"，于1967年初被推为学校代表队"文革领导小组"5名成员之一。

张怀怡的思维方式完全由1966年以前蒋南翔推行的毛式政工体制塑造，当毛为剪除政敌发动文革时，张怀怡当然无法领悟是毛要抛弃自己的旧政工体制，因此对文革运动和中央文革小组产生怀疑。"英雄所见略同"，身在广州的张怀泽也感到文革有问题，在1966年冬天北上京畿观察首都的文革是怎样进行的。三个关心党和国家命运的海丰青年聚首北京，交流思想，寻找有关文革的答案，后来的"反革命小集团"就此形成。三人在北京的见闻和讨论，加深了他们对中央文革及江青和林彪的不满，他们决定按毛泽东指引的方向，到工农群众中去进行社会调查，检验自己对文革的观点。1967年2月，三人先后回到故乡海丰。他们反复研读毛泽东的"湖南农民运动考察报告"和当时中共中央关于文革所发文件，选择考察的地点、对象和内容。白天他们跑十几里路去访问农村的基层干部和贫下中农，学校的教员和学生，晚上在油灯下围坐汇总讨论，把心得记录下来。考察使他们认为江青林彪在篡改毛泽东思想。2月下旬离开海丰之前，他

八、大学生

们决定回北京和广州之后继续注意江和林的言论,并以通信方式讨论对其言论应该如何批判。为了预防信件被截留检查,他们约定了以后通信时称呼江和林的代号。张怀怡去世后,蓝务帛和张怀泽写了五万多字的"试论无产阶级文化大革命学习提纲",内容包括了张怀怡的思考和心得。[1] "提纲"指出"有一条机会主义路线严重地影响着运动的发展","干部问题上的机会主义路线在兴风作浪,它在这场运动中的核心是以整个干部队伍为敌人,表面上看起来很'左',其实是对这次运动的伟大意义作了莫大的庸俗和歪曲。""……虽然清除了一批旧野心家,但也给新野心家窃据地位的机会。它作为重要原因之一与别的原因相辅相成而造成了(对)生产力的发展某种程度的伤害。""我们完全有理由断言这次运动的领导(或说执行领导任务的某部分成员)在指导运动的过程中存在着错误。从极'左'方面进行歪曲、阉割马列主义、毛泽东思想的革命原则,混淆两类不同性质的矛盾,是这个错误的要害。我们认为,在运动的过程中,有错误的政策策略排斥、破坏了正确的政策策略。例如,分清敌、我、友是我党最基本的政策依据之一,对于无产阶级的干部必须坚决保护,无疑这应是我党在文化大革命中这个基本政策的组成部分。但是,与此对抗的思潮是十分严重地影响着政策的执行的。又如'要文斗,不要武斗'是见于这次运动中有关理论文件所一贯坚持的政策,但现实中武斗却猛烈地广泛地较持久地进行着,我们只想指出,一个从没在正式的公开文件中出现过,但却批判不得的口号—"文攻武卫"—具有着对'要文斗不要武斗'这一政策的严重破坏作用。'文攻武卫'在理论上是不能自圆其说的,在实践中则是只能起反动作用。"当时中央文革握有毛给的尚方宝剑,偌大中国除毛以外任何人荣辱生死都在他们手中。几个青年学生敢质疑他们并行诸文字,是很有勇气的。张怀怡死后,蓝务帛和张怀泽为了这些观点都付出沉重代价,各自在自己单位作为反革命集团大案的主犯被拘禁审查多年,牵连了不少同学

---

[1] 引自"迎着风暴飞翔 – 共青团员,原省体操运动员张怀泽勇敢捍卫毛泽东思想的斗争事迹" 南方日报 1978年6月24日第一版。

和朋友。文革后他们受到表彰,并被选拔到领导岗位。

张怀怡从海丰回到清华的举重体操队二号楼宿舍,在每天和本队成员接触中开始谈论文革。除了臧否全国形势之外,也对本系本年级批判政治辅导员朱玉和表示不满。他年轻幼稚,没有自我保护的心机,逐渐公开亮出自己的观点。本队几个成员也对文革有类似疑问,于是和他关起门来口没遮拦抨击中央文革和江青林彪,

二号楼东北角张怀怡落地处

蓝务帛来清华看张怀怡时也曾听说过一些他们的议论。文革前蒋南翔已在清华经营多年,历届学生的大多数都服膺蒋关于作党的"驯服工具"和与毛主席党中央"保持一致"的信条。3月中旬"举重体操队有人反对文革反对江青"的风声走漏,体育代表队的多数人自然认为其性质是反革命的,需要严肃批判斗争。蓝务帛记得有一位举重体操队党员同学,当初抨击文革甚力,见风向有变,决定把责任全推给张怀怡以便自己脱身。举重体操队十余人在本队范围内首先以讨论会的方式批判张怀怡的观点。张怀怡坚持自己的看法,逐条辩驳对自己的指控和责难。有与会者在事后靠记忆写了会议发言记录。举重体操队"革命派"认为张怀怡问题严重,开始限制他的活动,查抄了他的日记,令其写书面交代。他感到形势不妙,为保护蓝务帛,给蓝寄信说"不要再来清华找我,等我与你联系"。

举重体操队向我所在5人小组反映了张怀怡的"问题"。5人小组中韦福强和蒋先川来自田径队,赖炜彦来自游泳队,李木松来自小

八、大学生

球队（棒球，手球，羽毛球和乒乓球队），我来自篮球队。当时韦福强不在校内，5人小组只有4人。现在赖炜彦和李木松已故，蒋先川联系不上，因此我是现存唯一责任人。文革开始后清华校党委和上面派来的工作组相继倒台，学生组织的"井冈山兵团"成为这时的权力机构。当时校内各级权力机构的隶属关系比较松散混乱，我不记得校级权力机构自上而下命令代表队批判张怀怡。5人小组中在校的4人决定1967年3月25日下午在全代表队百余人范围内再开会批判一次。决定之后，我有几次路经张怀怡宿舍房间，看到他面色凝重地写"检查交代"，旁有举重体操队"革命派"看守，气氛压抑。我虽与他原无交往，此时也心生同情，想乘看守不在时以"领导小组"身份向他打个招呼，告他不必过于紧张，只需几天后批判会上作一检讨，事情也就过去，但我终因顾虑自身安危而却步。1967年3月25日中午，张乘看守疏忽，从校代表队男宿舍2号楼顶跳下。楼道中喊声和脚步声把我从午睡中惊醒，出门见到举重体操队的看守迎面跑来并大呼"反革命跳楼"。我急找平板三轮车送张去校医院急诊室，张所在数学力学系901班同学叶志江等亦从数力系宿舍13号楼赶到，与我一同协助急诊医生作检查。初步诊断是脑部受伤，需送上级医院北医3院。救护车乘员有限，我留在校医院等待消息，直到校医王钟惠大夫接到北医3院电话报告说颅内骨折，抢救无效。我当夜失眠，反复自问如果我以"领导小组"的有利身份安慰张一下，是否他不致自杀？我未伸援手，对他的死有几分责任？这两个问题困扰我以后几十年。毛死后我在体育报上看到文章，报道广州体院体操教练员张怀泽在文革中遭遇，也提到其弟张怀怡在清华大学被迫害致死。

张怀泽先生回忆清华校保卫组电报招他从广州赶来清华处理后事时说：清华大学保卫组负责人告诉我，张怀怡反对文化大革命，反对林彪，江青，是现行反革命。他畏罪自杀是自绝于人民。他们说：大概是中午，张怀怡从宿舍天台跳下来。出事前本人没有什么情绪等的征兆，所以同学都不了解情况。保卫组姓黄的工人师傅给我看了根据回忆写的批判会议记录，张怀怡在会上说的基本是我们三人讨论过的内容。我曾把这项命案拿到北京公安局询问，他们说清华大学已成立新权力机构，学校内部案件都由他们自行处理，公安机关不再插手。当时我感到政府和法律都不起作用了，一切由新权力机构说了算。清华大学可以说是文化大革命的发源地和样板地，我到学校后没有同学敢于接触反革命家属。我也知道不可能了解到任何事件的真相，只好强忍悲痛，去北京宣武医院领取了弟弟遗体。我去清华体育代表队宿舍举重体操队的房间取回弟弟遗物，他的队友对我警惕性很高，因为力 901 班是保密专业，不准我拿弟弟的听课笔记和教科书，我只带走了衣服被褥和弟弟从旧书店买的多本社会科学书籍，去铁道学院和蓝务帛商量善后事宜。因为清华蒯大富当时是中央文革大红人，他派人介入各地文革，所到之处威风八面，我们两人担心他因为弟弟的观点去广州抓哥哥，商量了我在广州应对追捕的办法。分别时蓝务帛悲痛地说将来一定要把弟弟短暂的一生以文字记录下来。（2008 年 10 月中国文联出版社出版了蓝务帛的长篇小说"燃泪"，书中主角的弟弟周一兵的原型就是张怀怡。）

张怀泽回家后不敢马上告诉父母弟弟已经去世，怕他们承受不住。所以只说弟弟病重来敷衍。力 901 班和张怀怡最要好的陈桂元同学曾去广州慰问张怀泽。1978 年 8 月清华大学派人到海丰正式通知父母弟弟已经去世。张怀怡骨灰被带回广州后，因为埋葬需要填报死因有所不便，张怀泽把骨灰保存在自己宿舍十多年。20 世纪 80 年代中期广州植树运动中，张怀泽把骨灰大部埋在树下，剩余小部分在父母去世后安葬于广州墓园时一同埋下。

我作为代表队 5 人小组成员，当时有权利向校保卫组追问如何

左起　周启博　蓝务帛

通知家属和处理后事，也有权参与接待家属，这样我就能至少私下向家属有所表示，补救自己的过失于万一。但我出于私心畏缩不前，至今有愧于心。时间到了1999年4月，我和张所在数学力学系901班同学都回清华大学参加毕业30周年活动。我事先向该班同学提议借此机会为张召开追思会，获得响应。追思会于1999年4月23日晚在清华大学附近的体院宾馆举行，张的同班同学，前政治辅导员朱玉和先生和我发言。该班同学黄东涛，时任清华大学力学系副主任，宣读了从档案中找到的：

（1）1978年6月21日中共清华党委关于张怀怡"平反"的决定

（2）1978年8月2日张父接收抚恤金150元，生活补助150元的收条

（3）1985年9月2号中共清华大学力学系党委核查组关于张怀怡的报告

我于2001年11月28日将以上三份文件送"文革受难者"网站公布，希望能对张怀怡和他的家属有些许慰藉，并警示国人这种悲剧不应重演。

左起　张怀泽　周启博

今年是张怀怡去世 47 年,经向张怀泽先生,蓝务帛先生和力 901 班同学了解细节,我谨写成此文参加清华文革的反思。

**附件:**

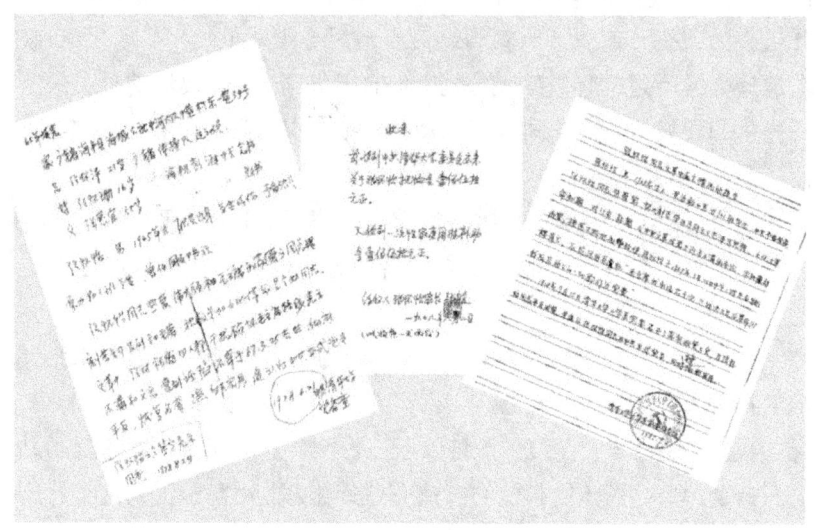

附件 1(上图左):1978 年 6 月 21 日中共清华党委关于张怀怡"平反"的决定(抄件)

(内有"文革中,张对林彪四人帮干扰破坏毛主席路线表示不满和义忿,遭到诬陷,不幸于 67.3.25 去世,彻底平反,恢复名誉,抚恤家属,追认为中共正式党员。")

附件 2(上图中):1978 年 8 月 2 日张父接收抚恤金 150 元,加添困难补助 150 元的收条

附件 3(上图右):1985 年 9 月 2 号中共清华大学力学系党委核查组关于张的报告

(内有:"死前张留有遗书:'毛主席我永远忠于你!!我绝不是反革命!!!我死后留下的一切都作为党费。'")

【上文引自孙怒涛:《历史拒绝遗忘》,中国文化传播出版社,2015 年,850 页】

八、大学生

## 文革受难者——张怀怡

以下为王友琴《文革受难者》一书中的有关记述：

张怀贻（怡），1945年生，广东海丰县人，1963年考入清华大学数学力学系，体育运动代表队队员。1967年在日记中以及与体育运动代表队员的谈话中对文革的一些做法表示不满，被指控为"反革命言论"。他在小组会上被"批判"一次，运动队领导小组还决定要在1967年3月25日下午在全代表队百余人范围内开会批判他。他在1967年3月25日中午男生宿舍2号楼顶跳楼身亡。

文革后，1978年6月，中共清华大学党委给张怀贻的父母150元抚恤金、150元"一次性家庭困难补助"和给张怀贻"平反"。

# 李磊落（1945—1967）

## 孙怒涛　编辑

李磊落，男，1945年生，北京人。在北京师大一附中上中学。1963年考入清华大学电机系，电9班学生。校乒乓球队运动员。1967年8月7日，在湖南常德参加群众武斗，乘车转移伤员时，遭遇机枪扫射致死。殁年22岁。

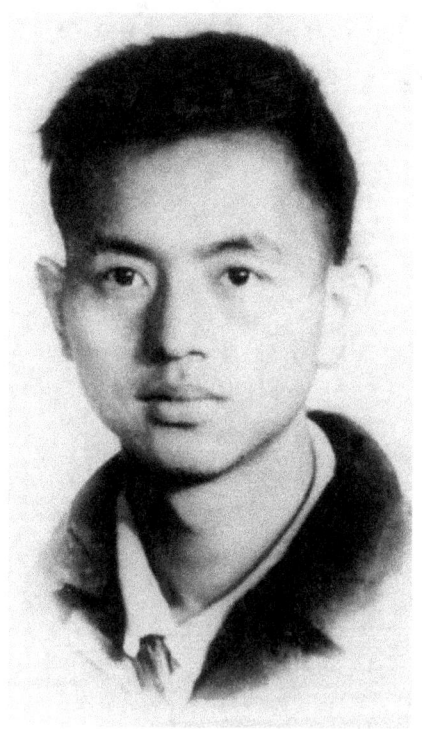

李磊落（1945—1967）
（吕述祖提供）

## 忆磊落及那些逝去的日子

吕述祖（冶9）

北大附中学生朱彤（其父为反右运动中蒙冤的葛佩琦先生）在1966年文革初期红八月时曾因"出身问题"而惨遭毒打，后来被李磊落带到清华园避风。朱彤的姐姐朱凯（葛希凯）是我在北京第二实验小学时的同学。她后来告诉我，李磊落去世后，他的弟弟曾一连好几天的洗印和放大李磊落的照片，所以她手里至今还有一张，我于是请她扫描并发给了我——这就是上边这一张，磊落最后留给我们的"标准照"。

李磊落是清华大学文革期间非正常死亡的著名学生之一，由于他全身心地投入了文革，在清华大学乃至社会都有十分广泛的影响。磊落是我中学的同学。从初一到高三（1957-1963），六年一直在同一个班，也一直是无话不谈的挚友。从一天到晚只知道玩儿的小屁孩儿，到青春期萌动男孩子之间说悄悄话，再到高中时自以为已经是个大人而轻狂地评谈国际大事和未来，我们一起经历了从儿童到少年的转变。我们一起打乒乓球、踢足球，一起解数学难题，也一起经历了现在想起来极为荒唐，但又是特别有趣的一些历史事件，比如大炼钢铁、拆城墙、打麻雀等等。在我心里，磊落永远还是一个青春永在，有才华，有魅力的翩翩少年。磊落悟性好、聪敏、为人真诚、善良、勤奋，从初一到高三，他一直是我们班里品学兼优最好的学生。

初中时的师大一附中男女分班，一、二、三班是男生，四班是女生。我和李磊落同在二班，他来自北京第一实验小学（师大一附小），我来自北京第二实验小学（师大二附小），班里的同学也多来自这两个小学。班主任王树声老师是教自然地理的，不仅课教得好，而且多才多艺，一手好字，还会弹钢琴。那时师大附中有个歌咏比赛，王老师挑了我们几个人排了个男声小合唱，因为还没有变声，所以都是脆脆的童音，领唱的一位是谭天谦（后为北影演员），另一位就是李磊落。小合唱的这几个人里还有茹森（后在清华建9，已故），李其堂

（后来上北医），梁喆（后来上北大，已故），张大森（后为中央广播民族乐团指挥，退休后为清华大学民乐团指挥）和杨光（后在清华自9）等人，这几位都是小帅哥，我们的节目理所当然地得了大奖。茹森那时候刚从长影厂拍完电影《民兵的儿子》回来，特写大照片挂在前门新大北照相馆的橱窗里，春风得意，常给我们吹他拍电影的见闻，特别是《红孩子》里那个当红女主角宁和（当时在师大女附中）的故事。我们都听得特入神，也特羡慕。

那时候我们最迷的是打乒乓球和踢足球。还没下课，拍子就已经拿在手里了，一等下课就冲出去抢台子。都是露天的，水泥砌成的球台，可不管是刮风还是下小雨，我们都玩得特来劲。李磊落一直在先农坛业余体校训练。我也在那儿混过几天，但属于没多久就被刷下来的一批。教练是李燕玲，50年代国手王传耀的太太。很喜欢李磊落，看磊落家境不好，没钱买拍子，就送了他一个，还让李磊落从直板改成了横板。就这样一步一步，到初三时李磊落就拿了北京市乒乓球赛儿童组冠军。

初中时我和李磊落还同是北京市的少年先锋队鼓号队的成员。红领巾，白衬衫，蓝裤子，参加了建国十年大庆的游行和人民大会堂"群英会"等活动（记得最清楚的是，人大会堂发的面包夹香肠特别好吃）。李磊落和茹森，杨光，他们几个是打小鼓的，我和李其堂是敲大镲，我们都是北京市的标兵，所以游行的时候都是排在队伍最靠近天安门的右端。这次活动还使我们有机会在较近距离观察了女生，那时候还不知道她们的名字，以茹森为首的我们几个坏小子就给她们起了外号：辛如同，我们叫她小黑人儿，恽恕文，我们叫她大奔儿头，都是招人多看两眼的女孩儿。

到了高中我和磊落又是在一个班，高一时的班主任是都钟秀，俄语老师，上海外语学院毕业的一个文静秀丽的安徽姑娘，略有些腼腆。别看她年轻，其实已经在马列出版翻译局工作过几年，课也讲得好，发音非常准确。记得有一次是有人来观摩她的课。她前一堂课要求大家背诵奥斯特洛夫斯基的那段著名的话，并特别嘱咐我和李磊落等少数几个同学要好好做准备，说有可能提问。我背的那个熟啊：

## 八、大学生

"仨妈耶，打了郭爷，呜，切了歪瓜-爱她日死你…"

"Самое дорогое у человека - это жизнь. …"（人最宝贵的是生命……）1。

结果上课时后面真坐了一大圈儿观摩的人，我看得出来，都老师有点紧张，我也紧张，不知道是不是真叫我。啊哈，结果叫的是李磊落。都老师还是觉得磊落比其他人更稳。果然磊落出色地完成了任务，他就是比我强。时至今日，我尽管已经把俄语全忘得差不多了，却还能朗朗地背诵这一段奥斯特洛夫斯基的话，这都该感谢这次课。现在有时见了俄国人，我也还会显摆一下，背一把，他们大多会非常惊讶，因为当今的俄国已经没有多少人还知道奥斯特洛夫斯基其人和他那本着名的《钢铁是怎样炼成的》的了。另外，让人想不到的是，都老师后来竟对《红楼梦》有了深入的研究和贡献，她写作并出版了《红楼遗梦》一书，后来还写了一本《春风青冢——石评梅传》的书（石评梅为师大附中早期教师）。

高中时我们玩得最多的当然还是乒乓球，这也是我和李磊落接触最紧密（密切或亲密）的时刻。那时候是第26届世界乒乓球锦标赛在北京刚举行完，一伙常在一起玩儿的就组织了一个非官方的校队，"星火"队，队员中还有比我们高一班的白晋德，高士奇等人，课余时我们常常到校外找人赛球，战绩不错。校内班级之间的比赛也有过几次，我们有了磊落，校内的比赛当然成绩就一直不错。不过高三时有一次和高一四班决高中组冠军，三人对抗赛，前两盘周厥龙和

---

1 Самое дорогое у человека - это жизнь. Она даётся ему один раз，и прожить её надо так, чтобы не было мучительно больно за бесцельно прожитые годы, чтобы не жёг позор за подленькое и мелочное прошлое и чтобы，умирая, смог сказать: вся жизнь и всё силы были отданы самому прекрасному в мире - борьбе за освобождение человечества.--Николай Островский (Как Закалялась Сталь)
尼古拉-奥斯特洛夫斯基说（钢铁是怎样炼成的）：人，最宝贵的是生命。生命对于每个人只有一次。这仅有的一次生命应该这样：每当回忆往事的时候，能够不为虚度年华而悔恨，不因碌碌无为而羞耻。在临死的时候，他能够说：'我的整个生命和全部精力，都已经献给了世界上最壮丽的事业——为人类解放而进行的斗争。'

我是输赢各一盘，1：1，第三盘主力对决，磊落本该毫无问题地拿下，却因为轻敌而意外地输了，让我们丢了冠军，气得他赛后把拍子都扔了。

在五、六十年代的日子里，很多人都穿着带补丁的衣服，磊落更是如此，到了高中，人开始蹿个儿，他的裤子是不仅有补丁，还要接一截。我现在还清楚地记得他当年穿着补了的衣服，头发黄黄的，一副营养不良的样子。附中地处和平门，离首都电影院和中央电影院（后改为北京音乐厅）很近，我们几个同学常在下课以后结伴去看电影，特别喜欢有苏联的《海军少尉巴宁》《非常事件》以及法国的《勇士的奇遇》《三剑客》等，高中时还一起去看过歌剧。可所有这些娱乐活动，我都不记得有磊落的身影，因为他口袋里真的是没有钱。他的家住在离学校不远的香炉营头条的四川会馆，一个大杂院里。谭天谦的家就住在他们家的旁边，所以是常客。前年的一天，谭天谦到我家来聊天，说起李磊落，他说："述祖，你知道什么叫家徒四壁吗？李磊落家里就是那个样子。"磊落的家境不好还不仅是像一般工农子弟家庭经济上的"穷"，而更是政治上的底层。他的父亲可能是属于所谓"有重大政治历史问题"的吧。好像是他父亲先到了延安，但受不了生活的艰苦，又跑到了国民党的一边。因为这个历史问题，在解放初期的镇反运动中磊落的父亲就吃了不少苦。李磊落的妈妈是一个很不简单的人，她曾经在相当长的一段时间里，用她那微薄的工资和弱小的身躯一个人撑起了整个家庭。家里原有五个孩子，李磊落是老二，大哥李光明为了给家里分担负担，只上了个技校，就早早地到首钢工作了。还有弟弟李虎和两个妹妹李玉凤和李莉莉，后来又生了一个小的弟弟。家里的经济负担可想而知。不过那时候父母总算还有一份微薄但稳定的工作，他们都是在西城区肉食加工厂（即原来的"天福号"）里做四川酱、泡菜的技师。这个厂就在西单附近的一条胡同里。

我想，正是由于家庭的这种政治和经济地位，李磊落的内心里多少有一些自卑和愤懑，但他骨子里又是一个非常自傲的人，一个极为要强的人。心里有雄心大志，而且内在有着足够的才华和智慧来支撑

八、大学生

这种傲气，这就使他能够在短暂的一生中不断的闪光发亮。在另一方面，磊落也很早就展现了他诚实，乐于助人的品质，他无愧是一个真正德才兼备的苗子。

在一个以政治标准衡量一个人是好还是坏的时代，磊落开始显示出他的成熟，知道要靠拢组织，要求进步，批判自己的家庭，才能改变自己或家庭的命运。作为他的同学，年龄相同的少年，我那时却完全没有体会到生活的艰辛，也更没有任何政治上的敏锐，骨子里是永远改不了的散漫本性，因而也就早早地种下了我自由主义的种子。还好，在北京，附中并不是一个十分政治化的学校（这一点，是在上了大学，有了比较之后才感悟出来的），这种传统的老学校都多多少少延续了一些民国风范，例如我们一直称呼老师为先生，诸位先生们也多有谦谦君子之风，都是很老实的人，善良而单纯。课堂以外，我们在这种环境下所受的熏陶实际上也是另一种无形的教育，对我们后来的做人，做事都有很大的潜移默化的影响，让我们受益匪浅。

高三的时候理工，医农和文史分了班，我和磊落又都到了二班。班主任是陶琅老师，北师大化学系毕业的高才生，镇江人，梳两条辫子，声音细细的，课总是讲得非常清楚。正是因为她，才使我们班很多人对化学开始有了兴趣。这一年附中举行了全校的数学竞赛，李磊落，我和宋柔（高三一班，后上北大数学系，现为北京语言大学计算机系教授，博导）是高三组的前三名，都得了一等奖。坦率地讲，李和宋都是既聪敏又勤奋之人，我远没有他们俩那么用功，只不过是一时的小聪明而已。宋更是附中当时知名的"励志哥"，处处严格要求自己。我至今也还记得他为了提高自己的身体素质（他那时比较瘦小），背着一个实心球一歪一歪地围着操场跑圈儿的样子。这次比赛以后，我们和其他几个人就组成了一个师大附中的代表队去参加北京市的数学竞赛，结果没想到大败而归，没有一个人取得任何名次。考题的类型是我们以前根本没有见过的，简直不知如何下手。后来我们才知道，别的学校得奖的同学多为参加了少年宫数学小组之类的人，接受过辅导，这就有如今天的奥数班一样的专业威力。

北京师大一附中高三二合影（1963年春）立者前排左起第九人为作者，第十人为李磊落。

转眼就到了高考。高三的这一年，我们其实并没有什么特殊的"备战"，一切按部就班，并没有任何追求升学率的特殊措施。附中的高干子弟也比较多，我们高三的时候，刘少奇的女儿刘平平，邓小平的女儿邓榕，还有罗荣桓的女儿都在初一年级，后来好像是因为邓榕在打垒球时受了伤，还是因为有男孩儿追她（邓榕小时候长得不错，记得她总是穿一件红外套，围着一条进口的花纱巾，很是瞩目），就转到女附中去了。那时候的师大一附中在北京还是比较牛，根据百度的资料[2] 1960年的高考，北京市高考总分前12名中，师大一附中就占了8名，那是一个顶峰。后来北京市的中学变成了分区管理，附中归属宣武区，生源于是就受到很大限制，学校就慢慢地开始走下坡路了。

高考的前夜，大概是因为有点紧张吧，我竟然失眠，半夜睡不着觉，爬起来找了一本《三侠五义》看到半夜才睡着。第二天就有点晕乎乎，脑袋发木，所以考得也并不满意。磊落考得非常好，理科文科俱佳，不仅进了清华，还得到了蒋南翔校长的接见。清华那几年有个惯例，每年秋天开学不久，蒋校长就要会见新生中各省市的高分"状

---

[2] 百度百科：北京师范大学附属中学 http://baike.baidu.com/view/84448.htm

元"学生。据说我们1963年入学的全部新生中仅有八位同学获此殊荣。磊落就是其中之一。中学我们这个班有六个人上了清华,除了磊落和我,还有郭光炽(物9,已故),茹森(建9,已故),韩温波(建9),申宜顺(动9)。现在算起来,六个人中已经有三个人走了,真是恐怖。

磊落不久就进了校乒乓球队,搬到西区住。我们见面的机会少了,只有在校园里碰到时说几句话,不过因为我也喜欢乒乓球,所以他一有比赛我一般都会去看,站脚助威吧。他那时还不是主力队员,第一主力永远是高校冠军刘守昭。

清华大学乒乓球队合影(1965年):前排左起:王智龄(无6)　范幸芝(自9)　顾萍(物8)　朱晓莺(站立者,化7)　潘则陆(站立者,制8)　刘守昭(汽6)　黄钰仙(燃5)　高奇华(力8)　后排左起:邵启龙(自7)　孔宪章(化9)　管伟康(化7)　王嵩梅(无0)　胡建华(电0)　张开功(数5)　李磊落(电9)　陈志良(自0)　朱以文(水0)　江华中(力5)　杨璞(教练)(王芸摄影,王嵩梅提供)

1963年到1966年文革前,是共和国相对平静的一段时间,也是我们青年时代里一段阳光灿烂的日子。政治运动相对较少,经济开始复苏,市场供应转好。清华园里,除了九评学习,主流社会还是在教室里,操场上和大礼堂。小五(刘维奇)、蓬铁权、胡方钢、吴建时、丁志胜、邹启光、张立华、张剑、陈陈、刘西拉、吴亭莉和苏文漪是那个时代清华的明星和骄傲。我们则都是清华园里的一条虫,长身体，长知识，却也都是个个高高兴兴，快快活活。谁也没有想到，毛泽东憋了多年的怨气会在1966年的夏日里突然爆发，革命终于来了。年轻人，从中学生到大学生，都一下子拿起笔做刀枪，被伟大领袖推到了前线，心甘情愿地当了炮灰。

还记得刚听到广播里传出聂元梓的第一张大字报时，心情十分激动的情景。6月2日立刻骑车去了北大看大字报。回来看到宿舍楼下已经贴了不少大字报，就和同班的L同学一起在七号楼东头贴了一张"质问蒋校长"的大字报。那时候的心是特纯的，几乎是未加思考地响应号召。假如我们当时稍微多一丝心机，稍微瞻前顾后一些，或是想到反右的后果，这张大字报也就不会写了。东区这边印象最深的是郑聪来、钱民刚和汲鹏他们的那张大字报。6月10号以后，工作组进校，老蒯开始登上历史舞台。6月19日，薄一波和蒯大富在科学馆前短兵相接，我有幸见证了这一场"对话"，并在当晚根据记忆把这次谈话写成了大字报，贴了在大礼堂前边的东侧。后来我才知道，这篇大字报成了记录这个事件唯一的历史档案，也成为我在文革中被历史保留下来唯一的文字[3]。6月24日和6月27日大礼堂的两次大辩论，蒯给人留下了极深的印象。之后全校反蒯，围着新斋游行喊"打倒蒯大富！"，我也是其中一位。但心里对蒯的超硬骨头已经十分佩服，心中对工作组的疑虑也在班里的同学中多次谈过。幸亏我们班的同学还比较善良，没有喜欢整人的小子，否则我可能也会倒霉。一九六六年七月二十九日下午，我作为年级少数派代表之一有幸参加了在人民大会堂召开的"北京市大专院校和中等学校文化大革命积极分子大会"。会上宣布了撤销驻校工作组的《决定》，邓小平、周恩来、刘少奇在会上先后讲了话，中心是"老革命遇到了新问题"。会议即将结束时，毛泽东突然在主席台左侧出现，招着手慢慢地从左侧一直踱到右侧。此时全场轰动，自发地喊起了毛主席万岁，唱起了"大海航行靠舵手"。这是一个疯狂时代的起点，我们心里都被种植了真实的对毛泽东的无限崇敬。可当时的我们却都没有想到，正是这

---

3 水陆洲：《无产阶级文化大革命简论》等文革史料。

种愚昧的崇拜后来会成为几乎摧毁中国的动力。

清华园从此风起云涌。8月2日李磊落成了清华园的孤胆英雄，他以一人之力在大礼堂对抗一大群气势汹汹、宣扬血统论对联的中学生老红卫兵。那天的场面我没有见到，都是听大家叙述的，知道他是被那帮老红卫兵赶下台。磊落之勇气，令我为之骄傲，也有些为他担心。若干年以后，一位当天挤进了大礼堂的女生嫁给了我，她亲眼目睹了李磊落上台辩论的全景。所以关于这次辩论的细节都是后来从她那儿知道的。那一天，清华大礼堂的舞台已经完全被身着一身褪色军装的老红卫兵占领，他们高声喊着"老子英雄儿好汉，老子反动儿混蛋"的对联，气势汹汹，不可一世。台下的大学生们似乎是被这种红色恐怖的气氛镇住了，都在等着看到底会发生什么，唯一有勇气敢于上台反驳和辩论的是李磊落。他企图用自己的例子来证明"出身不好"的人也可以是革命者：

"我的父亲去过延安……"（热烈鼓掌）

"但是他后来他脱离了组织，跑到了……"

说到这里，台上的老兵就开始不断地打断磊落的讲话，磊落则抓住话筒坚持继续讲下去，但终因寡不敌众，话未说完，磊落就被这帮老红卫兵赶下了台。虽然只有几分钟的亮相，磊落这种大无畏的精神却给清华人留下了深刻的印象。多年以后，我才从和他同宿舍的同学处得知，磊落为这次辩论事先做了准备，查阅了很多书和资料，是有备而来。但是秀才遇见了兵，就根本没有机会讲理了，这就是那个时代的特征。

8月18日毛泽东登上天安门，接见了狂热地摇着小红书的红卫兵。磊落在这以后断然剃了个光头明志，以表示誓死捍卫毛主席的决心。8月24日以清华大学高干子弟学生贺鹏飞、刘菊芬等人为首，北京市中学生革军革干子弟为主力的老红卫兵气势汹汹地杀进清华园，拆毁了清华园的标志性建筑二校门，殴打和侮辱学校和各系的"黑帮"和老教授。我不仅目睹了二校门"强拆"的整个过程，还在东区看到了打人的情况：几个不知道哪儿来的中学红卫兵，押着无线电系李传信老师等人，一边走一边挥舞着带有铜头的皮带打，李当时已经是头破血流,惨不忍睹。这是文革中我第一次看到随意打人的情况。清华百年校庆的时候,在新建的校史馆三楼,看到有一个专设的杰出校友榜,我竟发现贺鹏飞将军的名字也赫然榜上,这实在是让我惊讶无比。

红八月来了,一帮披着褪色黄军装的少年狼杀到了社会上,抡着牛皮军腰带,玩儿起了"破四旧"和"横扫一切牛鬼蛇神"的暴力游戏。五十年代,毛泽东住进中南海,拆了北京城,他的手下也占据了京城众多最好的大宅院,但还没有敢于在京城光天化日之下,打家劫舍。这一次,在毛泽东的阳光下,老红卫兵为保爹保妈,痛快淋漓地来了一次都市版的"湖南农民运动"。从北京到上海,天津再到全国,一场人类历史上罕见的暴行就在一个光荣的口号下上演了,其规模比当年纳粹虐杀犹太人的惨剧有过之而无不及。这样的洗劫,现在的年轻人可能已经完全不能想象,因为这些年以来,涉及文革历史的文字作品就越来越是一个禁区。影视作品也大多对这一段历史轻描淡写的一带而过。不过咱们的冯小刚导演不久前倒是至少两次在公众场合发出要防止文革再现的呼声。从某种意义上看,中国新富起来的大款们对文革的恐惧可能主要是源于"红八月"这一段历史。光天化日之下的肆意打砸抢掠,抄家劫财都被当局纵容,打死"阶级敌人"则被看作是革命行动。小将们深信毛泽东关于阶级斗争的教导,狠上加狠,在红色的激情下,人变成了狼,人性中的恶取代了善,仇恨也取代了仁爱。据一九八零年八月二十二日《北京日报》一篇文章的说法,仅在一九六六年的"红八月"中,北京城里被红卫兵打死的人就达一千七百七十六人[4],其实民间统计的人数还要高很多[5]。这差不多就是平均每天都至少有六十个人左右被活活打死!还不算被打伤打残的人,大家可以想一想,这是一种什么样的恐怖情况?世界上哪个国家有过类似的历史,让无辜的百姓如此遭殃而不加制止?磊落的父母就是在这些天惨遭不幸的,我不知道他们的名字是否被统计在

---

4 王璞:遇罗克的精神。
5 王友琴:红八月与红卫兵,《开放杂志 2009 年 9 月号》。

列,但他们的遭遇在北京却显然有一定的典型特征。据谭天谦告诉我,是磊落父母工作的西城区肉食加工厂有人向外面的红卫兵通风报信,说他们那儿有国民党。红卫兵于是立即杀到,磊落的父母,本来就已经被压在社会的底层,茹苦含辛地拉扯着一大堆孩子,已经是万分艰难。没想到还是没有逃脱红色的革命风暴。双双被活活打死(也有一说是一个被打死,另一个寻了短见),一个家庭的天就这样塌了。20年以后,改革开放,磊落的叔叔从台湾来到北京,还亲自到该厂去查问,想知道个究竟,结果是该厂的领导打哈哈,含糊其词。最后找到台联办,下了个结论是"人民内部矛盾"。

据了解,在北京市的这一场浩瀚的虐杀运动中,真正下手最狠的有两种人,一种是一些军队出身的子弟,他们生来就具有一身霸气,对阶级敌人绝不手软是这些子弟从小就渗透到血液里的东西,他们打人的时候可能以为是正在像他们的父辈一样在英勇杀敌。我们看到的中学老兵里不乏这一类人,甚至连清华的大同学之中也有此类。蒋南翔校长讲过,他对在文革中所有对他施过暴的人都可以原谅,唯独一位M姓的清华同学,他不能原谅,因为这位M某曾把他的老母亲吊起来!据知这位M某人乃革军子弟,也是拆毁二校门的绝对主力。至今,我们没有听到过他有任何悔意。打人下手狠的另一种人就是在血统论的鼓动下,在红色恐怖的高压下,一心想表示自己忠心的小市民或平民子弟,其中也的确有不少本来就品行不端而趁火打劫的人。对于他们来说,这无疑是一种既可悲又可卑的行为。当然在这些行动中,起主导作用的还是这些干部子弟的老红卫兵"领导们",除了"最高统帅"以外,他们应该对这一段历史负具体的主要责任。不能不承认,几千年封建社会培养起来的奴才文化也起了推波助澜的作用。告密,这种人类公认的卑鄙行为在这场疯狂的暴力运动之中也起了重要的作用。自一九四九年建国以来,"有事向组织汇报"逐渐成为要求进步,取得政治上信任的捷径。从小学开始,"我给你告老师"就成为"好学生"的一种极具威胁性的语言,也是老师所鼓励的行为,尝到甜头的孩子逐渐就有可能把简单的"揭发"变成"诬告",乃至从小就不知不觉地学会了一个"陷害忠良"的技巧,一个政治上受益的手段和捷径。可见，我们的教育从娃娃开始就在培养告密者。经过反右等历次运动，到了文革，"告密"在中国则几乎成了一种时尚，人们不得不防范身边的每一个人。往往是仅仅因为一点私怨，一点嫉妒，就可以用政治上"打小报告"即告密的手段得以报仇雪恨。告密者不一定会料到后果竟如此严重，也可能后悔莫及。但在那个时代，一念之差，一丝恶念，就会轻易地毁掉一个人的一生乃至性命。在革命的旗帜下，卑鄙已经完全被粉饰成了光荣。

据统计，北京市在红八月中有十一万四千多户被抄家[6]。我的父母和亲属多为旧时代走过来的知识分子，所以也几乎无一例外地都受了"洗"，但幸好当时都还算暂时保住了性命。这里有很多我不愿提起的悲惨故事，请恕我在此不表。只讲两个颇有黑色幽默色彩的故事，算是插两句题外之话。我的大姨夫巢章甫是民国时代颇有名气的金石墨客，也是张大千的得意门生[7]，50年代初就英年早逝。大姨则一直孀居天津，家里收藏有很多名人字画，仅张大千的就有十二幅，红八月时全数被红卫兵洗劫。后来虽然落实了所谓退还抄家物资的政策，可这些字画却都不知下落，毫无踪影。据表姐讲，李瑞环在天津时还特别将此立为大案追查，也没有任何结果。到了本世纪初，各地拍卖成风。有一次经朋友通报，得知北京某处正在拍卖的字画中有一幅是文革中被抄走的原来自己家里的东西。表姐赶到那个拍卖会，讲明自己才是这幅画原来的主人，并以画的落款等为证。表姐表示仅想了解一下这幅拍卖画的来路，却被以拍卖行业的法规为借口而拒绝。她最终仅被允许在自己家的这张画前照了个像留念而已。我祖母和父母家被抄走的名人字画，包括齐白石，陈半丁等人的作品，也都同样是无影无踪的下场。好在我们现在已经完全不在乎这些身外之物，都只拿这些故事当个笑话说说罢了。第二个故事是关于我另一个姨妈，母亲的妹妹，我叫她阿姨。姨夫也已故去，三十年代留学德国，

---

6 丁抒：几多文物付之一炬？一九六六年"破四旧"简记。
7 巢章甫，江苏武进(常州)人。单名巢章，字章甫、章父、凤初，号一藏。斋堂为海天楼、静观自得斋。寿玺弟子，张大千门生。工书，善山水，精篆刻。
http://blog.sina.com.cn/s/blog_4acd3d25010ol7jh.html

## 八、大学生

那时他们新婚燕尔,所以两个人也借此玩遍了欧洲。回来时当然带了不少纪念品,其中包括一大堆各国的硬币。红八月一来,到处抄家,阿姨也吓坏了,先是自我革命,把钻戒首饰冲进马桶,把能自己砸烂的东西都亲手砸烂,就这一大包沉甸甸的外国硬币不知如何处理,于是托付给我,让我找机会扔掉。我当然也不敢把这东西带回家,只好背着沉甸甸的包回到清华。先是藏在我宿舍的小课桌里,过了几天,在一个月黑风高的夜晚,乘无人之际,我像做贼一样,偷偷地把这包洋钱扔到了新水利馆北的万泉河中。所以,今后要是有人在那河里捞出洋钱来,请告诉他们,那是俺存在那儿的。

红八月以后,社会上突然多出来一大批"牛鬼蛇神"和由此衍生的"狗崽子"。如果你属于这一类人,你就算是完蛋了。我的家庭出身一栏填的是"职员",父亲以前一直算是"高知",家里的生活条件也一直非常优越。这一次,北京女十中等两个中学的红卫兵小将先后两次洗劫我家,互相比着看谁更革命,于是尽其所取,一次比一次彻底。我的家也就因此变得是家徒四壁了。两次抄家给我造成了很大的心理阴影,在清华园里,我不愿意别人知道我的家里已经产生了变故,内心苦楚,却又要表现出没事一样,以免被人认同为"出身不好"乃至打上个"狗崽子"的标签。我于是有一种心理上的恐惧。在此以前,我还满怀激情的和同班的王明贵,张德风在反工作组运动的初期跑到新斋找到刚解禁的老蒯,"采访"他,了解内情,写出了一篇有根有据的大字报《蒯大富是我们的好同志》,这也是清华园里最早敢于为蒯大富翻案的大字报之一。可这时,家里出事以后,我更多地感到了一种无形的阻力。我退缩了,消沉了,从一个积极参加文革的人沦落为一个半逍遥派。我的好友加战友王明贵曾当面质问我:"你怎么愈来愈没有棱角了!",我无言以对。

与我相反,李磊落尽管家里的变故比我大,突然失去双亲的打击应该是山崩地裂的。"狗崽子"的帽子也实实在在地扣在了他的头上,可他还是那么顶天立地,似乎没有丝毫的畏惧,还是全身心地投入到文革之中。他甚至给自己起了一个"江林"的笔名。校园里,看到他的时候总是斜背着个小军包,忙忙碌碌。我知道他是"打落水狗"战斗小组的主力，后来又见到他现身于井冈山的主席台上，有时在李敦白的身旁，也有时在老蒯的身后。由于长时间说话太多，又过于疲劳，他的声音也总是沙哑的。我很有些惊讶，也一直为他捏一把汗。我当时完全不能理解为什么磊落会如此忘我地乃至视死如归地投入文革。物9的郭光炽也和我中学同班，住8号楼，两个人不仅住的近，观点也很接近。当时他和我的父亲都已经被"劳改"，家里都有了变故，但两人都心照不宣。我们常常会聊起李磊落，都觉得他已经是老蒯智囊团里的上层人物，也觉得磊落有些豁出去了的劲儿，不太理解他为什么如此激进。有一次我和郭光炽一起去钢院看大字报，顺便去看了中学同班的女生肖枚英。没想到一见面，她就告诉了我们一个让我们震惊的消息。原来我们另一位中学同学陈X(廖沫沙之女，当时在北大哲学系)被新北大公社逼得走投无路，只好藏身在肖枚英的宿舍里(肖是陪阿尔巴尼亚留学生住，两个人一个房间，这时阿尔巴尼亚留学生已经回国，空了一个床)。肖枚英周末进城回家了一次，等再回来时，只见宿舍门大开，已不见陈X人影，只有门口留下一只拖鞋。原来新北大公社的竟追捕至此，后来还惨无人地道把她装在麻袋里殴打。陈X曾是一位非常优雅而又有教养的女孩，文革的暴力给了她极大的刺激，十几年后，我在东四路口偶遇陈X，此时的她已变得精神恍惚，让人难以辨认。

经历了恐怖的红八月之后，血统论取得完胜，"家庭出身"成为衡量一个人社会地位的主要砝码。年轻人中有相当一批人的家里产生了变故，家被抄，父母被斗，被劳改，被遣返原籍。更厉害的，就像磊落一样，父母被迫害致死。这些人大致表现出三种不同的态度：

第一种，也是绝大多数人的态度，就是和我一样，变得消沉。红色恐怖的高压和自身的懦弱使得我们选择这种方式来自保。

第二种是以江湖中传说的"北京顽主"边爷——边作君[8]和"小混蛋"——周长利[9]为代表的"揭竿而起"派。他们人数极少，本来

---

8　边作君：http://baike.baidu.com/view/3286728.htm
9　周长利：http://baike.baidu.com/view/1542113.htm

就一直生活在社会的底层,是在看到自己的父母受到无端的迫害之后,敢于武力反抗,为自己的命运抗争的极少数的几个勇敢的人。这些人完全没有什么政治上的理念,有的只是在被逼到绝路上以后本能的反抗。

第三种就是像李磊落一样勇敢地投身于文革的年轻人。他们坚决反对"血统论",试图用自己的行动证明他们绝不是什么"混蛋",他们误以为在毛泽东的阳光下,文革给他们提供了一个可以寻找真理的大舞台。他们之中的典型悲剧人物就是遇罗克[10]。这些人中,包括遇罗克在内,其实几乎无人敢于挑战伟大领袖的权威,他们都自认为是在誓死捍卫毛主席的革命路线。孙耘兄在他回忆磊落的文字[11]中提到了李磊落和北大附中的学生朱彤之间的友谊。朱彤的父亲是反右运动中蒙冤的葛佩琦先生,所以到了文革中朱彤就很自然的成了"狗崽子",红八月时他遭到无端暴打,但他并不甘于此,也和李磊落一样仍然积极地参加文革。虽然一个是中学生,一个是大学生,两个人却有着相似的命运和相同的勇气,这使他们成为朋友。朱彤的姐姐朱凯(葛希凯)恰好是我的小学同学,我于是传给她孙耘关于磊落的文章一阅。为此,他们姐弟俩还专门越洋通话了一次。提及往事,朱彤仍然十分感慨。说他认为李磊落有朝气,阳光、向上,不背家庭包袱;头脑聪明,知识面广;谦虚,能团结人,有人情味,有威信,所以对磊落十分尊敬。朱彤后来一直记住了李磊落的一句话:"认识世界,认识别人,同时也认识自己"。顺便说一句,经与朱彤核实,说他把像章别在肉身上的事是误传,他本人从来没有这样做过,但是确有他人如此(如清华附中的郑义[12])。在那个年代,一些所谓的"狗崽子",为了证明自己是革命的,不得不用一些极端的方式表达自己,这并非个案,确有一定的典型性。

---

10　遇罗克:出身论。
11　孙耘:我的文革心路历程,见孙怒涛《良知的拷问》,中国文化传播出版社。
12　郑义:清华附中、红卫兵与我,《北京之春》。

李磊落和他的清华井冈山战友们步行串联到井冈山后留影。
后排左1为李磊落，左3（中间）为孙耘。（孙耘提供）

到了一九六七年，大串联渐渐地走了样，很多同学借此机会回家了，或是走出去欣赏祖国的大好河山。大串联变成了大探亲，大旅游。可还是有不少人坚持"只走正路，不走邪路"，坚持认认真真地干革命。磊落就是这样的人，下四川，奔湖南，心里只有伟大领袖毛主席，只想着誓死保卫毛主席。突然有一天，我们听到了传来的噩讯，磊落在湖南常德因保护解放军，遭到伏击遇难了！他遇难的经过可以从孙耘兄的文章[11]中读到：

"……夜半时分，有人说东门外专区医院有我们的伤员，处境危险。尹政委决定派一辆军车转移伤员。在组织掩护队伍时，李磊落对我说：你留在这儿，我去。他随即跳到车踏板上，挥手高喊道：同志们！我们是干什么来了……跟电影里做战前动员的场景一样。我看他站在车头踏板上很危险，让他坐里面，他却说：我至少可以保护解放军司机。汽车消失在夜幕中，我心里一直忐忑不安，好像有某种心灵感应。没过多久，一个人跌跌撞撞地跑进军分区，大叫：不好了！首都红代会的人被打倒了。我急忙组织一队人前去解救。车到东门附近，我们步行搜索，隐约看见街心俯卧着一个人。我跑上前去，抱起来翻身一看，正是李磊落，只见他肩颈之间硕大的伤口还在流血。他的鲜血染红了我的衣襟，我的眼泪禁不住无声地流淌。此时是 8 月 7 日凌晨一两点钟。……"

当得知磊落遇难的消息时，我简直不敢相信，因为清华同学里还没有出过这样的事。我根本没有想到磊落会是如此的英勇，他的遇难会是如此惨烈，这种情景完全可以和任何一场战争中的任何一个英雄场面媲美。他是如此的视死如归，已经完全置个人生死于度外。当年的我们把他视为绝对的英雄，清华大学井冈山红卫兵团总部为他及另一位在外地遇难的战士举行了隆重的追悼会，我也代表李磊落的中学同学参加了治丧活动。

右图是 1967 年 8 月 17 日井冈山报的一页。

我们师大一附中的同学们得知这一消息也非常震惊，磊落是我们之中最杰出的一位，如此年轻就早早地离我们而去，我们都深深地感到心痛。在京的同学们聚集到清华园表达我们的哀思，一部分人后来还到磊落的家里去看望了他可怜的弟弟妹妹和哥哥。下面这张照片是我们在师大一附中的操场前的留念：

蹲者左起第五人为李莉莉（小妹妹），第六人李健（小弟弟，站立）；立者左起（不分前后）第六人为李虎（大弟弟），第七人为作者，第八人为李光明（哥哥），摄于北京师大一附中操场。

大哥李光明无疑是当年中国最苦难的男子之一。父母被迫害双亡，最有才华的大弟弟又突然遇难，面对四个弟弟妹妹，生活的重担，政治上的压力可想而知。幸亏还是有不少有同情心的人向这些兄弟姐妹伸出了援手，其中也包括不少清华的同学和师大一附中的同学，这才使他们渡过难关。下图是磊落在清华井冈山的战友看望他兄妹时在天安门广场的合影：

清华大学井冈山"打落水狗"战斗小组成员与李磊落的哥哥和弟弟妹妹在天安门广场的合影。前排坐者：左2李莉莉、左4李玉凤、左5李健；后排立者：左1孙耘、右1李虎、右2李光明，摄于1967年10月（孙耘提供）

2013年初,磊落当年的战友孙耘夫妇请清华校友会开出官方证明,跑到椿树派出所,又转到西城户籍大厅,终于找到了磊落在北京的四个弟弟妹妹。并得以在春节前与他们见面,即李虎、李玉凤、李莉莉、李健。大哥李光明还在承德上班,尚未见到。据孙耘兄讲,他们一家和睦团结,各有所成,让人十分欣慰。在交谈中,他们还提到了很多附中同学对他们的帮助,特别是还清楚地记得马淑华的名字。为此,兄妹四人还特地唱了一首歌——感恩的心。

兄妹四人唱感恩歌。左起:李莉莉、李虎、李玉凤、李健(孙耘提供)

四十多年过去了,中国发生了巨大的变化,口袋里有钱了,日子也的确好过多了。我们今天怀念磊落,不仅仅是痛心而已,更要反思文革那个恐怖的年代,特别是通过李磊落个人的故事有所思考。

第一,磊落的死是无比壮烈的,他向我们展示了人类最高贵的无私、无畏的品质。但是今天看来,他的死又是毫无价值的,仅仅是在两派武斗中的无谓牺牲。磊落无疑成了文革中最闪亮的一个炮灰,这是我们今天最为惋惜的一件事。从孙耘兄的文章里我们了解到,李磊落曾经讲过:"对毛泽东要崇敬到崇拜的程度,相信到迷信的程度,服从到盲从的程度"(据孙耘文,此言可能最早源于柯庆施。蒯大富也说过：'李磊落那段相信到迷信的话是李敦白告诉他的，当时觉得精辟极了。'），由此可见，在那一场无与伦比的造神运动中，磊落已经和千千万万个狂热的年轻人一样，把"忠于毛主席"作为了一种信仰，他完全把毛泽东看作了神。这种看法当时被看成是先进的和神圣的，可见当时我们已经被洗脑到了什么程度。我知道磊落本是一个善于独立思考，思想活跃，很有见解的人。他之所以讲出这样的话，就在于我们当时生活在一个完全封闭而且专制的社会里，根本不了解外部世界所发生的一切，我们的思维空间受到了完全的约束和禁锢，甚至被剥夺了了独立思考的权利，整个国家只允许有一个人的声音，高度的集权专制+封闭的社会使我们陷入了无限崇拜和迷信的泥潭。在这样一个只允许一个声音的封闭体系里时，思维就会成为负担而不是动力，反而会给你带来麻烦，这和当今北朝鲜的政治生态环境十分类似。中国改革开放的过程实际上也是一个打破禁锢主义的过程，如果磊落能够活到今天，看到外面多样化的世界，有自己的思考，他一定会十分后悔当年的自己是多么单纯和幼稚。马克思没有见到过真正的资本主义，所以他的"主义"只不过是空想；毛泽东也没有见识过现代工业社会，所以他的思想也不可能对今天的中国有正确的指导意义，经济上如此，政治上更是一样。中国要寻求不断的进步，就需要不断地解除思想的禁锢，真正地融入世界，接受人类共通的普世价值。只有如此，迷信和政治愚昧才没有生存的土壤。我们不能只满足于从"只允许一个声音"到"只允许一种声音"或"只允许一些声音"的进步，要让各种不同的声音都迸发出来，才能找到真正的"中国好声音"。

第二，革命从来就是一把双刃剑。磊落是无限忠于毛主席的"革命小将"，父母则是所谓的"反革命"，一场革命的两个极点，父母和儿子却都倒在了文革的屠刀之下，可谓殊途同归。一个家庭就这样毁了。文革中，千千万万个类似的悲剧故事在上演着。被毁灭或毁坏的不仅是千千万万个家庭，而更是我们的民族和国家。磊落是我们这一代人中最有才华的人之一，他本应是国家的栋梁。如果能够活到今天，他必然对国家，乃至对世界作出巨大贡献。他可以是一个非常好的科学家，教授或是一个非常出色的企业家。是文革让我们失去了他，也让中国失去了他。暴力革命对人类社会的破坏性往往是非常持久和深入的。远远不止是表面上的伤痕。吾辈必须对文革有深刻的反省和彻底的否定，我们的民族也必须从根本上防止它的重演。

第三，磊落的死有很强的殉道色彩。从孙耘兄的文章里我们知道，磊落在武汉7.20事件以后就写下了血书，要"誓死"保卫毛主席，在去湖南之前甚至还对哥哥和弟弟妹妹"交代了后事"。我想，父母去世以后，他可能已经把自己的性命看得很淡，他之所以如此"搏命"，大概真的是想用自己的生命来证明自己是革命的，而不是什么"狗崽子"。他已经把一个人的尊严看的比生命更重要，宁愿失去生命也不愿受此屈辱，所以竭尽全力地在证明自己，证明"血统论"的谬误，也完全不能容忍对所谓"狗崽子"的歧视。磊落的悲哀也在于他当时认可了自己的父母是"反革命"，也决心背叛这个家庭，做一个革命者。在那个年代，这种典型性的"阶级觉悟"并非磊落的特例，在我们每个人身上都不同程度的体现，是多年来"党的教育"洗脑所致。"家庭出身"不好，就要比别人更革命才能证明自己，这也是磊落为什么逐渐走向极端的根源所在。和李磊落同在清华乒乓球队的王允方在读了孙耘兄文中关于李磊落的一段描述以后，有以下的感想："我发觉（李磊落）加入井冈山之后，他的理性、沉稳、成熟的个性似乎逐渐淡化，而感性、燥热、冲动等非理性的情绪却好像越来越烈。他参与的一些活动，已经脱离了理性思辨的范围，进入了躁动武化的轨道。这是我完全没有想到的！为什么会有如此的巨变，一种可能的解释就是因为父母亲的惨痛遭遇，深深地改变了他的性格特点和思想方法。关于他家庭的变故我一直不知，直到今天看了孙耘的文章才有所了解。我想，他是为了表示自己不仅脸黑心红，而且血比别人更红，而不惜铤而走险，以命殉道，完成了心目中的自我救赎。对于他的搏命选择，我无言以对，内心感到深深的惋惜与悲伤。这是非常无谓的！这种我称之为'李磊落现象'的情况值得我们这些同代人深刻地思考——类似的例子还有不少。这不仅是李磊落个人的悲剧，更是那个时代殉道者们的悲剧。"

第四，抛开政治因素不谈，长期和磊落接触使我感觉到他的身上有一种高尚的气质，或是说一种"贵族精神"。诸位读到这里，可能会觉得我可笑，因为把李磊落和贵族拉在一起似乎有点太牵强附会。在大部分中国人眼里，一提起贵族，可能就会想起三妻四妾，想起无穷尽的美食和享受，而磊落和这些是完全不沾边的。实际上如果把贵族精神狭隘地视为享乐主义，则只是一种误解。开好车，挎名包，顿顿吃大龙虾、鲍鱼，还剩一桌子，那不是贵族，那是土豪劣绅和暴发户的做派；能把一块豆腐精雕细刻、非常讲究地做成美食，这才稍微有一点贵族的味道。贵族精神（noble spirit）指的是一种气质，不一定非要是富人才能具备。而是指一种追求优雅、诚信和光明磊落的精神，但仅此高尚还不够，这只能算是绅士精神。贵族精神则是高贵，还要更高出几个档次，必须还有一种自律、自尊的独立精神及勇于忘我和敢于牺牲的奉献精神。打起仗来，贵族往往是身先士卒的第一批人。以英国为例，英国威廉、哈里王子都要服兵役。哈里王子还被派到阿富汗前线，做一名普通机枪手。英国皇室当然知道前线的危险，但他们更认为为社会奉献自己、承担风险是贵族的本职，是一种理所当然。另一个例子是年轻的华人韦鸣恩男爵[13]，他今年才37岁，本是一个平民，客家人，因为他的奉献精神，特别是到英国各大城市较落后的旧区学校任职教师，帮助贫穷学生成材的事迹才使他在2010年6月获英国皇室册封，成为终身贵族。可见，贵族精神的关键是在于他的奉献精神。磊落身上就有一些这种贵气，他是一个优雅的，高尚的，自尊自律而且勇于牺牲和舍身忘我的人。这种气质对于一个当代的中国人来说是十分难能可贵的，也是我们当代中国人十分缺少的。中国人现在富有了，但富而不贵，社会似乎是越来越没有道德底线。很多人有了钱，却成了恶霸；不少人当了官，却成了西门庆，这都是因为整个社会缺乏真正的贵族精神所致。

修改于 2014 年 3 月　英国伦敦

---

[13] 韦鸣恩：http://baike.baidu.com.cn/view/3805546.htm

本文初稿于 2013 年 4 月在清华大学校友论坛 64 届社区首次发表后，引起校友及中学同学的讨论，为此谨摘录部分跟帖如下：

**吴学民：**

李磊落是"出身不好"但又积极投身文革的人的一个典型。他的故事或多或少会纠正加诸于他们身上的一些偏见，比如说是出于阶级报复才起来造反。传说中的他对毛如此崇拜，他是如此义无反顾视死如归地投入，绝不能用"阶级报复"能够解释。他心中肯定是憋着一股气，那就是如述祖等几位讲的要证明给别人看，他们也是革命者，并不会比任何人差，而且还可以做得更好。但是这种"更好"却形成了一个让人唏嘘不已的悲剧。

**张兴华：**

我同李磊落在 1967 年初有过接触，我一直以为他是一个干部子弟。

（1）"李磊落现象"的主要原因，同意孙耘兄所说：是内心深处的危机感和改变自身地位的强烈诉求。

（2）由于出身的原因，李磊落解放后在苦水和逆境中长大，为改变现状他努力学习，考上了清华。

（3）文革初父母被活活打死，他大悲，他大恨，已经大三的他不可能认为父母是该死的坏人！

（4）李磊落的悲和恨，迸发成一股必须要改变自身地位的强大力量，不改变自身地位，他的家人和未来的子女将永世不得翻身。

（5）不少老一辈革命家的出身并不好，这使李磊落相信，出身不好照样可以成为革命家，而文化大革命或许是一个很好的机会。

（6）于是李磊落努力站在文革潮流的最前头，在风口浪尖上奋力拼搏，他的"搏命"是残酷的环境所逼！

李磊落是英雄，是烈士！

**沈昆：**

我不能同意认为李磊落是由于家庭出身的压力而为了表现自己的革命性才那样无所畏惧地投入文革的说法，家庭出身的压力可能有影响，但不会是主要因素。如果他是为了表现自己革命，更可能是随波逐流，赶在潮流的前面，而不会在辩论反动对联时独自挺身而出，自找苦吃地反潮流，要知道，当时的衙内们恰恰是头戴着文革主力军的光环的。

我以为，李磊落大无畏地积极投入文革，应该是出于他的自信与对党的政策的信任，李磊落从初中时代起就是全面发展的出类拔萃的优秀学生，应该具有充分的自信，自信在理解革命以及为革命奉献上不比任何人差（当然也清楚这已被实际证明），因此也就不遗余力地追求革命的目标。同时，他又坚定地信任党的政策，不为文革时期汹汹而来的一些表象所动，因此才会在辩论反动对联时挺身而出。

如果是出于改变自身地位的目的，多半会表现为积极迎合当权者，紧跟潮流，而决不会挺身而出当那个挨打的出头鸟。

**罗保林：**

如果磊落只是为了改变自身的地位而不顾死活，那就极大地贬低了他的自我牺牲的革命精神！难道机关算尽的人会用生命去换地位？！

你现在可以对他当时的精神说三道四，但是人不可能都做"事后诸葛亮"，血气方刚的年轻人用自己的鲜血和生命谱就了自己的"生命赞歌"，在某些人看来虽然有些忘我得"愚蠢"，但人还是得有点精神的！

**卢有杰：**

南乡子——读《吕述祖：忆磊落及那些逝去的日子》：

春夜忆华年，风起云涌赤县天。
如酒如歌多少事，醺然，最是恩师侃侃谈。

炮打起波澜，洒血方知磊落难。

伏案灯前思倩影，缠绵。告慰相知人换颜。

**杨雨甡：**

李磊落的往事使我想起了伏尼奇笔下的亚瑟，但是在他死去的时候神像还没有被打碎。

如果不死，最后他很有可能是一个清醒的"列瓦雷士"式的战士。

**罗保林：**

我年轻时很佩服李磊落，觉得人就应该如此大气、仗义，是个真爷们！但历经岁月，回过头来又为他惋惜！

人是应该有点精神的，为了自己的理想，为了自己的事业，玩命都干，也决不后悔！当然，认清时势，正确抉择，对于每个人的人生都非常重要。可是，能因为此而责怪年轻人吗？！

正因为我们年轻，正因为我们还缺乏社会的历练，所以不可能洞察一切，我想，上帝都应该原谅我们年轻人！也正是因为如此，我在校友网上会发出"不要事后诸葛亮"的呼吁。如果我们在年轻气盛时，对社会都能看得非常透彻，那我们可能就不是凡人了！没准就是那个从火星上来的俄罗斯神童了！

人生没有后悔药，人生也没有返程机票，既然选择了远方，那我们只能风雨兼程！不过，人生的路上有朋友更好些，我们可以相互扶助！真正的朋友的难能可贵，或许也就在此吧！

**吴学民：**

对李磊落一致感到的首先是钦佩，还有就是痛惜。之所以会痛惜是因为他的名字不会像一些为国捐躯的烈士永远镌刻在历史的英名榜上。所以，述祖兄很惋惜地说出"不值"。我觉得说出这两个字并不是对他的贬低。我想如果他地下有知，也会同意这个说法的。他的弟妹们可能也是这种看法。

保林兄呼吁"不要事后诸葛亮"，如果说是不要过多指责当时年轻人的不理智的行为，那是对的。但是也不要否认事后进行深刻反思的必要。尤其是在文革中有多少年轻人做出了多少不理智的行为，致使国家跌入了深渊。进行反思，还不仅仅是反思我们自己的行为，更为重要的是反思深层次的原因，以确保我们的下一代、下 N 代们不会再次群体性的疯狂，重演李磊落的悲剧。

就拿我本人来说，我也"事后诸葛亮"一下。我曾于 67 年夏和几位同学一起去丹东"支左"，曾参与冲击警备司令部，后来又一头扎进"造反派"的一个武斗据点。还有几个晚上在一个山头值班，备有几枚土制手榴弹，那是需要用火点着的。因此每人发有几只香烟和火柴。无聊中，我们就把香烟都抽掉了。自此开始了我长达数十年的抽烟史。还有就是参加了学校的武斗。现在想起来都有些后怕。如果伤过他人或自己受了伤，那只能是一辈子的内疚或悔恨。我不为自己当年所谓的"革命热情"而骄傲，反而觉得如果我不参与，推而广之，如果大家都不参与那么就不会有那么多荒唐的事情。因此，不能把文革的罪过全都推到始作俑者身上，每个推波助澜者都有自己相应的一份责任，更不能用什么年幼无知来安慰自己。

### 张比：

李磊落和那些逝去的日子确实是尖锐而沉重的话题，可以与遇罗克、杨小凯等的事情联系起来思考。那时的社会矛盾，那时不同家庭出身的青年的苦闷与理想，都不是今天的年轻人所能够理解的。这样的话题恐怕还要讨论很久。但是李磊落有的是勇敢和激情，缺少的是深刻的思考，比起遇罗克、杨小凯来，就更多地有悲剧的色彩。但李这样的人似乎不算特别少，（当然更多的是像吕兄和我这样在看不清楚的时候迷茫而后退者），各地都有一些。为了与血统论抗争而表现得更为激进，（遇罗克也认为出身不好也可以革命），可是这个"革命"的意义何在？我们不应用现在的眼光苛求李磊落，但厘清那个时代的光环与黑区，也许是对李磊落们最好的纪念。

## 吕述祖：

当然，不一定每个人都会赞同李磊落在文革中的行为，但凡是和磊落有过一定接触的人都知道，他是一个追求高尚品德的人，也是一个自尊、自律，最后表现出献身精神的人。我在文中称之为"贵族精神"，这可能有很多学友不太认同。

我以为贵族精神是一种品质，而不是富人或是我们原来心目中的"王公贵族"的专利。"贵族"也可以定义为"具有高贵品质的人类族群"，不一定是世袭的，平民也可以成为贵族。

我之所以特别在文中列了这么一条，是因为我觉得今日之中国特别缺乏追求高尚和高贵品质的精神，即缺乏贵族精神。从历史上看，民国时期乃至民国以前的中国，并非如此。共和国建立以后，一切高雅的、高尚的和高贵的都逐渐被打为"资产阶级"或"小资产阶级"的东西。大老粗文化，骂大街，只要政治上正确可以不计小节等等变成了社会上推崇的"无产阶级革命精神"。这种道德上的本末倒置其实对社会有很大的冲击。

只有我们变成一个崇尚高尚品质和高贵品质的社会，才能真正地走向和谐。遗憾的是，今日之中国，金钱和权力才是大众真正崇尚的对象。

## 陶璘：

很认真的拜读了你的文章，也引起了很多已经尘封的记忆，有关于文化大革命的，也有关于李磊落的，唏嘘不已：

1、在九评学习时，代表队曾经组织了一次交流会，李磊落上台发言的，讲如何认识他父母亲的过去，具体什么内容我记不得了，只是觉得好像有点复杂，不是简单的资产阶级或是地主之类。不过我们都知道，当时也只有批判得深刻的才有上台发言的机会。

2、八一八那天，代表队也参加了天安门的游行，看到了毛主席穿军装，回来就发现刘少奇排到第七位去了，也搞不明白是怎么回事，但是当天李磊落就剃了一个光头出现在食堂里，后来不记得是听那位同学说，李磊落说是毛主席有了危险，他剃光头也是表示自己坚决紧跟毛主席重上井冈山的决心。我听了由衷的佩服他的政治敏感，所以记得非常清楚。

3、我还记得听说过李磊落父母亲出事是因为他们出面阻止红卫兵毒打同院子的邻居，结果殃及自己，不过看你们写的好像不是这样。我当时还想过，在那种情况下敢仗义执言可真是不简单，何况他们自己历史也有问题啊！

4、李磊落家里出事后，他曾经把小弟弟带到清华二号楼代表队宿舍暂住，我听我们班彭金申说（当时足球队和乒乓队是一个支部）李磊落对这个小弟弟管得很严，让他拖楼道，孩子小，挥不动墩布，只能拿着墩布把两边走。这个场景一直深深地留在我的脑海里，这次在照片上才第一次看到了这个孩子。

5、李磊落去世后，我也听说他当时就是抱着一种求死的决心，因为站在驾驶室外面的位置实在是太危险了。我当时的理解是因为父母亲遭到这样的不幸，他自己也觉得活着没有意思了，这次看了你们的文章，我才觉得他的思想境界是我不能企及的。

6、对联的往事更是不堪回首，李磊落能上大礼堂实在是太了不起了！

### 邱心伟：

好就好在文章的真实、真诚、真心地讲述自己一个熟悉的同学、校友——可说是清华文革中一个典型的一心跟毛泽东走的"理想主义革命青年"的故事。其他人的跟贴，也同样是真实、真诚地把李磊落性格活生生地展现在我们眼前。

### 胡鹏池：

李磊落有英雄气，但不是英雄。如果说是英雄，失之毫厘，差之千里了。

总的说来，李磊落的人品并不坏，就像他的名字一样光明磊落。但他也已经21岁了，对于父母之死不可能没有他的想法，对于自己的前程,对于弟弟妹妹们的将来,他如何承担责任,他也不可能没有想法。他不可能那么真,也不可能那么假;不可能那么智,也不可能那么傻。

只有一点可以肯定,也可以结论:他也是文革的受害者,是另一类的典型的受害者。

许恭生之死有什么意义?朱玉生之死有什么意义?李磊落之死与他们并无本质的区别。

当年听广播台那激越的声音:常德的腥风血雨,走资派罪恶的子弹夺走了我们优秀的井冈山战士年轻的生命——血债要用血来还——誓与走资派血战到底——雪里梅花开不败,井冈山人敢上断头台——誓死用鲜血和生命捍卫毛主席革命路线。

这就是李磊落死后的意义。

李磊落死了,他是清华井冈山的英雄,他的弟弟妹妹们可能受到他哥哥的生前战友的关怀与照顾,因为他们是英雄的弟弟妹妹们。可是他们在社会上呢?社会能承认李磊落是英雄吗?他们究竟是英雄的弟妹们,还依然是反革命的子弟呢?

清华井冈山自己都罩不了,又如何去照顾李磊落的弟妹们呢?蒯大富后来又是如何怀念李磊落的呢?我反正从来也没有听蒯谈起过李。

李磊落的弟妹们后来的人生遭遇及其心路历程,他们是为他们的哥哥自豪还是可惜,他们是拥护文革还是唱衰文革呢?

**清华乒乓球队朱以文回忆李磊落的文章节选:**

1964年10月,我从13号楼搬到体育代表队驻地(二号楼2076室),作为乒乓球队的队友李磊落就真诚、热情地为我搬这搬那。我睡在上铺,他睡在下铺,我们朝夕相处了一年零八个月,直到1966年文革爆发。

李磊落是一个外表清秀、瘦弱,性格却坚强、勇敢的人,他聪明、思想活跃而又敏感,理想主义、崇拜英雄,真诚、热情、直率而又爱憎分明，是一个性格丰富多彩、极有吸引力的青年，本来他可以对这个世界有较大贡献并且活得十分精彩的，然而他和我们一样，遇到了"文化大革命"，遇到了他所不能左右的人类罕见的大灾难，他走了，他像一颗流星，一下子就陨落了，每每想起他，我们都无法接受这个事实！

  1967年8月初，在他的提议下，我们与一些清华同学为伴去了湖南常德，要"在血与火的考验中锻炼成长"。当时形势十分复杂，我们初来乍到，不明情况，就尽量地依靠47军支左的部队，配合他们行动。一次，为了救出被包围在专区医院里的伤员，47军支左部队在常德的领导王团长和尹政委决定派一辆军车去执行救助任务。这是一辆卡车，救援行动要冒很大风险，李磊落怕子弹伤及司机，完不成任务，就站到了驾驶室旁边的上车踏板上，他要用自己的身体为司机挡住子弹！就在救了伤员回来的路上，罪恶的子弹射向司机时，在李磊落的颈部爆炸了，他倒在了血泊中！司机腹部只受轻伤，可以坚持将伤员救了出来。

  李磊落的行为无论从哪个角度来讲，都是人道主义的英雄行为！他保护的是解放军战士，保护的是伤员，当时，湖南省在长沙开了追悼会，发了革命烈士证书。

  每当想起李磊落，我就感情复杂、纠结，这样一个勇敢而正义的青年，这样一个鲜活的生命，就这样死去了，永远地结束了生命，留给他的朋友无尽的追思，无限的惋惜！因为他是在文革中牺牲的，今天如何评价他？文革对国家和民族是一场深重的劫难，但对于生逢其时的每个个体，则情况要复杂得多，不是用简单的政治评价可以尽括的。

  我认为，李磊落的个人遭际和命运使我们看到，即使有民族的灾难，举国的疯狂，也难掩人性的闪光。正是在漫漫长夜里的这种闪光，星火燎原，变成更先进、更文明的今天。这就是今天回忆李磊落的意义。

## 八、大学生

**杨雨甡：**

对李磊落之死感到惋惜与痛心，他的死本身就是一场悲剧，而悲剧的起因来自于对一个错误理念的信仰与为这个信仰的狂热献身而引发。

可惜的是在他死去的时候，心中的神像并没有被打碎。

我真的希望他真的没有死，在后来的日子里可以用冷静与清醒的头脑做进一步的深入思考。

那样的李磊落将会是什么样子呢？

**沈昆：**

根据朱以文学长的文章，李磊落学长不是参加武斗致死，而是配合支左的解放军救助伤员，为保护解放军司机而不幸牺牲的。这在任何情况下都是高尚的人道主义精神和行为，都不应否认。

**王嵩梅：**

大二开学后，我的关系由班上转到体育代表队的足乒支部。李磊落是团支部委员，比我高一届，是我的入团联系人。他常找我谈话。他信任我，也平等待我，常联系自己，暴露自己的"活思想"。我们的谈话很随意，话题很广泛，从家庭到社会，从学习到兴趣爱好，从过去的经历到未来的展望……。我们谈得很轻松，也有许多共同点。他的聪敏、坦率和热情给我留下了深刻的印象。很快，1965年底，我被发展入了团。

文革开始后不久，他的家庭发生了巨大的变故。先是他的父亲被活活打死，没过几天他母亲自杀了。他没有抱怨共产党和红卫兵小将，也没说他父母亲有任何不好。此前他告诉过我他父母亲是"脱党"的，曾经去过延安，后来受指派去外地开展工作，但他们没有再与党组织联系。关于他父母的离世，他说得很少，只是从他的眼睛中看得出他的内心经历过多么痛苦的煎熬。他更瘦了，眼睛更深邃了，而内心更坚定了，那就是更坚决地听毛主席的话，跟共产党走，为自己的信仰努力奋斗。

1966年8月2日，大礼堂里正在辩论对联。门口人很多，他一把拉上我的手挤了进去。老红卫兵们正在狂热宣扬"老子英雄儿好汉，老子反动儿混蛋"。他听了一会儿忍不住要上台发言。我极力劝阻，他还是不顾一切地冲上了主席台。他坦荡地说出了父母的情况，以自己"出身是黑的，但心是红的"为例证批判血统论。老红卫兵们连推带搡地把他赶下了台。

8月18日，毛主席穿上了绿军装，戴上了红领章。那天，我到男队员宿舍，一眼看到他剃了个光头。他见到我站起来说：毛主席都穿上军装了，我要做毛主席的红小兵，不惜牺牲生命，保卫毛主席。

8.24那天晚上，我和他坐在体育馆北墙的台阶上，默默地听着图书馆方向传来的校中上层干部被驱赶、被殴打发出的凄惨喊叫声。我感觉到了他的一丝无助和恐惧。我的家庭出身是资本家，也有些恐惧。我们都不知道往后还会出现什么样更恐怖的状况。

那几个月，我和他经常在一起讨论局势。有一天晚上，我们在返回宿舍时下起了大雨。在诚斋西墙的遮雨棚下避雨时，他说了一句让我怦然心动的话："我把你和×××（男乒队员）当成是我的弟弟妹妹"。我明白他的言外之音，感受到他的强大吸引力，但我没敢回应他。

9月，我搬回班上后，我们大多各自活动。他全身心地投入文革运动，我们见面的机会少多了。

1967年8月，得知他在湖南常德两派武斗中为保护伤员而牺牲的噩耗，我失声痛哭，痛彻心腑。我痛失了一位我最信任也是最了解我的兄长和朋友。我很难相信年仅22岁的他就这样失去了生命。细想之下也在情理之中，因为他早已抱定了为"革命"献身的决心。

李磊落是个有理想，有抱负，眼界开阔，身体力行，勇于奉献，敢于担当，对国家和人民有高度责任感的人。如果他能活到今天，无论在哪个领域，他都会是一个佼佼者。但是他死了，死得那么壮烈而又不值。他给我们留下了无穷的思念和无尽的思考。

八、大学生

**中学同学宋柔：**

李磊落是一个真诚的理想主义者。理想主义是人类社会进步的力量源泉，理想主义者是人类社会的中坚。我们今天的社会太多市侩恶俗，太少理想主义，这是我们怀念和敬重李磊落的原因。

李磊落是一个受蒙蔽的理想主义者。他以为文革就是要人民获得精神上的自由解放，他为此而战，不惜牺牲生命。我自己，以及我周边的很多人当初也是如此以为的，否则文革不可能有这样的群众基础。只是，大多数人，包括我自己，没有李磊落那样纯粹。

纯粹的理想主义者而又受蒙蔽，会成为一种可怕的魔鬼。我相信李磊落并不会疯狂到对"阶级敌人"实施酷刑的地步，因为毛泽东明确说过不能虐待俘虏，而李磊落也还会在理想主义之外保留着一些人性的基本原则。但是，我不知道李磊落会不会在武斗战场上向"敌人"开枪（例如为了保护战友）。李磊落的悲剧说明，理想主义必须有更高层的理念指导，否则会自毁毁人，进而走向法西斯主义。我们的青少年时代，在附中，在大学，受到了理想主义的熏陶，但是缺乏人本主义的教育，缺乏更深刻的思考。这是李磊落同遇罗克的不同，也是我们这一代人的教训。

【上文引自孙怒涛：《历史拒绝遗忘》，中国文化传播出版社，2015年，769页】

## 我的文革心路历程（节选）

孙 耘（无8）

Y——一位关心、熟悉清华的朋友
S——孙耘

Y：井冈山的组织的确松散。按照惯例，你总要属于某一个战斗小组吧。

S：10月3日《红旗》第13期发表社论，毛主席向造反派发出新的进军号令：对资产阶级的反动路线，必须彻底批判。不久，井冈山兵团在阶梯教室开会，组建'南下野战兵团'去云南昆明串联。我们一群散兵游勇，包括孙铮，马莉等人凑在一起组成一个战斗组。这时，看到一个人孤零零的在寻找伙伴，我知道他，是校乒乓球队知名的'黑五类'子弟李磊落，就邀他加入我们小组。于是，来自4个系、4个年级的5名女生和4个男生就偶然地凑在一起，组成后来小有名气的'打落水狗'战斗组。李磊落的加入，不但增强了战斗组思想上的凝聚力，而且从某种意义上说，改变了我的，以及我们大家的人生轨迹。

Y：李磊落当年很有名，都知道他死在湖南武斗中。

S：李磊落是电91班学生，校乒乓球队队员。他有才华有思想，有抱负有志气，可惜天妒英才生不逢时。他的父母年轻时曾奔赴延安投身革命，后来又脱党当了逃兵，解放后靠做小生意为生。李磊落背着'叛徒子弟'的包袱进入清华，所以格外追求进步。66年8月2日在大礼堂辩论对联，李磊落勇敢地跳上台，声言：我脸黑心红，黑小子照样干革命。结果被人连推带踹轰下台。'红八月'中，他的叛徒父母一个被殴打致死，一个自杀。'父母双双被打死'的传闻和贴满宿舍门墙的大小字报使李磊落一下子成了代表队的名人。我们很难体会李磊落的内心经历过怎样的煎熬，但他在我们组的一系列表现，直到在常德牺牲的前一刻，都在向人们重复着同一句话：我脸黑心红，我是真正的革命者！

Y：噢，李磊落原来有这么悲惨的经历。你们战斗组一起去昆明了。

S：10月16日，'井冈山南下野战兵团'一行几十人乘火车去昆明。我们组的成员在火车上会合，算战斗组正式成立，推举我当组长。当时正传抄毛泽东的一首新词《水调歌头·重上井冈山》，最后两句为：世上无难事，只要肯登攀。细细品味这富有哲理的两句话，觉得对我们特别有指导意义，于是给自己的战斗组取名'肯登攀'。

## 八、大学生

　　昆明的串联学生很多,最抢眼的还是北京的中学红卫兵。他们依旧身着军装,腰系皮带,还有人身带棍棒匕首。随着革命群众造反运动的兴盛,这些干部子弟大多变为保爹保妈派,双方自然会发生冲突。我们此时已不再顾忌'血统论',也不怕他们的皮带匕首。有一次发生武力冲突,我们人数众多,身高体壮,赤手空拳还略占上风。后来省委书记阎红彦开会接见,我就坐在他旁边。那时阎书记尚未受到大的冲击,表现得稳重平和,有长者之风,想不到没过多久竟然'自杀'了。真相到底如何,至今仍有许多未解的谜团。

　　在昆明,我们小组时常在一起学习讨论,议形势,谈认识,各抒己见。李磊落政治敏锐,思维活跃,能引领大家提高认识,最后达到思想上的一致。可以说,他是我们组的精神领袖。《红旗》十三期社论第一次公开提出'彻底批判资产阶级反动路线',我们认为,这条路线的代表人物就是刘少奇、邓小平。李磊落的一些'经典'言论我们至今记忆犹新。他说:毛主席让夫人亲自出面指导文化革命运动,可见已处于少数地位。他进而一针见血地指出:文革的要害是争夺最高领导权。当时听了这话,有振聋发聩的感觉。经过多次形势分析和讨论,我们推想,文革下一步的中心任务就是批判刘少奇,直到把他拉下马。得出这个结论让我们感到吃惊,激动,兴奋,甚至还有点悲壮。我们决心充当毛主席的马前卒去冲锋陷阵。李磊落带头改名言志,取笔名'江林',其含意不言自明。我的名字'孙毓星'平平淡淡,受另一位改名'宋耕'的启发,决定叫'孙耘',意思是:要在革命道路上像老黄牛一样埋头耕耘,一步一个脚印地前进。此外还有'毛伟''林迅'等名字,'迅'当然指鲁迅。1966年10月19日是鲁迅逝世30周年纪念日。11月1日《红旗》十四期发表社论'纪念我们的文化革命先驱鲁迅'。社论鼓动革命群众"学习鲁迅'打落水狗'的彻底革命精神,把他们打翻在地,使他们永世不得翻身"。我们敏锐地感知:这是毛主席发出的新的战斗号令,于是把战斗组更名为'打落水狗'。

　　Y:那时,多数青年学生都是理想主义者,革命性很纯真呀。

　　S:我们'打落水狗'战斗组可算某一类典型。成员都是普普通通的学生，多数非红五类出身，也不是响当当的蒯派，但有一些共同点，比如，充满理想主义色彩；有强烈的使命感；都脱离原来的班集体寻求更广阔的天地；或许，还有较浓的小资情调。共同的理念凝聚成一种力量，使我们逐渐成为井冈山的骨干队伍。然而我们组也付出了巨大代价，文革高潮中有一人牺牲，二人重伤，我则进了班房；毕业后几十年间，在历次政治运动中多人受到冲击。面对生活的周折，我们只能自嘲：'打落水狗'自己倒成了落水狗。唯有一点值得庆幸，我们组13名成员中出了4对'革命伴侣'。当年清华的战斗小组几百上千，像我们这样的经历够独特了。

Y：革命加浪漫，就像'牛虻'和'钢铁是怎样炼成的'里描写的那样。

S：可见古今中外青年人搞革命都带有浪漫色彩。当然，革命总是第一位的。10月下旬，《人民日报》发表社论'红卫兵不怕远征难'，号召步行串联。我们从昆明返回时，临时决定从株洲下车，到湘潭住下准备步行长征。我和李磊落专程到长沙接待站借款35元，买了胶鞋、雨伞等必需品。这笔款毕业后被追回，从我的工资中扣掉了。11月15日我们从湘潭到韶山，参观毛主席故居。然后从韶山经湘潭、中路铺，过湘江到朱亭，经上屋场、攸县、茶陵，进入江西到龙市，最后到达井冈山上的茨坪，全程20多天。当时茨坪的巨幅画像还是原来的朱毛会师，尚未改成毛林会师。我们参观八角楼，登上黄洋界，吃红米饭南瓜汤，唱红军歌曲，在烈士纪念碑前留影，好像朝圣一般。在山上我们得悉中央下通知暂停大串联，而且听说北京出现了反林彪和'炮轰中央文革'的大字报，就不再继续步行长征，乘卡车下山到吉安，经南昌转乘火车于12月8日回到北京。

Y：66年末刮起所谓'十二月黑风'。你们28团正是在那个时候成立的。

S：经过昆明之行和步行长征，我们全组增进了了解，统一了思想，明确了方向，除一人以外，大家都继续在一起活动。'打落水狗'的名字开始频繁地出现在大字报和讨论会上。不久，动农系零字班的臧令瑜找到我们，要把观点相近、志同道合的战斗组组织起来，集中力量批刘少奇的资反路线。他串联了十几个战斗组,选几个战斗组作为核心,有:'雄关漫道'臧令瑜,'八一'李自茂,'第一星火'张兴华,'井冈志'吴文忠,'烈火'戴国珍,以及'打落水狗'等。核心组第一次在2号楼开会,臧令瑜建议取名叫'送瘟神战团',瘟神的所指不言而喻。我则提议取一个更有意义的名字——28团,因为当年井冈山革命根据地最有战斗力的一支队伍是红四军28团,而28团团长正是林彪。张兴华他们都表示赞成。于是,清华文革史上有名的'28团'就此诞生。刚成立的28团积极投入反击'十二月黑风'和批判刘少奇资产阶级反动路线的斗争,是12.25大行动的积极鼓吹者和主要参与者,后来逐渐成为清华文革中一支重要力量。

关于28团,我想说明几点。1,'大事日志'上说12月24日发起成立,不知根据哪些原始记录。我的记忆应该再早些,大约在中旬。2,28团的成立与蒯大富无关,核心组里也没有井冈山兵团的总部委员。在28团与三纵队的论战中,总部支持28团的观点,同时还要保持凌驾于两派之上的姿态。3,67年初,28团在社会上的主要活动包括:参与砸联动,主办联动展览等,只有个别人参与'反康'。4,28团以观点或思潮结合,组织松散,进出随意,很多战斗组都是自己宣称属于28团,而大家也就认可了。5,28团早在67年3月1日就宣布解散,几个纵队也相继解散。后来414串联会成立,28团逐渐变成团派核心骨干的代名词。

Y:照你的说法,28团组织松散,不分一二三把手,那为什么说你是28团团长?

S:这本是戏称。67年1月,28团的主要发起人臧令瑜与中央党校'红战团'头头、艾思奇的秘书卢国英一起,串连一些群众组织炮轰康生,我校还有戴国珍,龚蔺等参与,就是所谓'28团反康'。为此,臧令瑜险些被送进班房,好不容易检查过了关,就此淡出文革运动。'反康'对28团冲击很大,危难时刻,我只能义无反顾地负起责任,在内部外部撑起28团的门面。出头露面多了,有人就戏称我是'团长'。414串联会成立后,各系均设立分部。团派跟着也按系组建01——12部队,部分总部委员加上各部队一把手组成'部队核心组'。我是部队核心组成员，从此进入团派的领导层。

名不副实的28团团长头衔给我带来了麻烦。1970年深秋，学校大张旗鼓地'清查反革命组织5.16'。据说，有人对迟群讲：你知道'团派'这个叫法怎么来的吗？那是因为井冈山早期的骨干队伍叫28团。28团团长叫孙耘，肯定是5.16分子。于是就把我从内蒙古海拉尔抓回学校，进行了长达2年半的审查。

回顾这段历史，我从上井冈山，组建'打落水狗'战斗组开始，就自然而然地选择了自己的道路——跟着毛泽东干革命，把无产阶级文化大革命进行到底。而进入28团核心组，表明我已自觉地要求自己站到运动第一线。之所以说'自觉选择'，是因为它是我过去生活经历的自然延伸，是我内心追求的一个释放，是自我觉醒的一个新阶段。因此，至今我不后悔，也不该后悔这个选择。

Y：我好像能理解你了。是不是你周围的许多人都有类似情况呢？

S：起码在我们战斗小组内，大家不但有共识，而且有一种正面的相互促进，特别是李磊落，对我个人以及我们全组影响很大。

Y：你多次提到李磊落对你们的影响，那么就着重谈谈他吧。

S：如果说文革改变了我的人生轨迹，那是因为参加了'打落水狗'战斗组。'打落水狗'之所以成为'打落水狗'，就因为有了李磊落。在我们心中，李磊落这个名字永远不会忘怀。

李磊落思想敏锐，感情丰富，有理想、有抱负、有才华，文革初期的不幸使他丢弃了以往的多愁善感，从一个普通学生变为一个思想者，进而成为一个战士，像殉道者一样用全部生命书写自己的忠诚，兑现自己的誓言。

步行串连回来以后，我们战斗组的人员有分有合，分头参加28团的活动。有人到兵团保卫组。保卫组负责维持治安，还与体院等单位一起策划砸联动的行动。有人去八一学校搞联动展览会。体育代表队一些人负责展览会的保卫，逐渐成为团派的一支武斗力量。我更多参与28团与三纵队的论战等活动。此时李磊落已不满足本组的小小天地，他有更深更远的追求。崔兆喜告诉我，1966年底，李磊落参加过一个叫'共产青年学会'的小组织,其成员有著名的伊林、涤西,还有当今的政治局委员刘延东以及北大一些人。他们开过两三次会,学习、研讨马列主义毛泽东思想。伊林、涤西'炮打林彪'以后,这个小组织就寿终正寝了。这说明李磊落当时的思想是活跃的、开放的,他在不断地思考、探索。他总提出一些惊人的见解,比如:对毛泽东要'崇敬到崇拜的程度,相信到迷信的程度,服从到盲从的程度'。他喜欢引用毛泽东的一句话:社会发展到了今天的时代,正确地认识世界和改造世界的责任,已经历史地落到了无产阶级及其政党的肩上。他还结合现实斗争加以引申:'你要加入一个潮流,就要努力站到潮流的前头,引领这个潮流前进','不要做一个有了你更好的人,而要做一个没有你不行的人'。这些话语我闻所未闻,它表现出来的见地、志向和气魄,我唯有赞叹和钦佩。

　　李磊落率先走向社会。他支持中学里受压的少数派,积极筹办联动展览。北大附中高三学生朱彤是大右派葛佩琦的儿子,在'红八月'时,他曾把毛主席像章别到胸前的皮肉上以示忠诚,然而仍被红卫兵打得尿血,爬回家里,险些丧命。'十二月黑风'时,李磊落把朱彤带到我们组避难,以逃离联动的'追杀'。

　　67年'一月风暴'时,李磊落结识了'红色洋人'李敦白,由于理念相通,双方都有惺惺相惜的感觉。当时李敦白正和聂元梓一起搞'北京革命造反公社',参与北京市的夺权。今年,在美国的沈崑同学来函说:'李敦白跟我通电话时提到了李磊落,我当时还挺惊奇。他告诉我,李磊落和他熟识,1967年春李磊落曾经找他,请他到清华对蒯大富进行批评帮助。'我向蒯大富征询,证实确有其事。蒯还说:'李磊落那段相信到迷信的话就是李敦白告诉他的,当时觉得精辟极了。'查阅党史,1958年3月成都会议上柯庆施讲过这样的话。正是在这次会议上,毛泽东提出'需要个人崇拜'。李敦白应该知道这件事。

　　一月下旬,为'反康'的事,中央首长在人民大会堂接见,指明要28团负责人参加,我和臧令瑜等人出席。一开始,江青说:文化革命进入大联合大夺权的新阶段,形势有了新发展,也出现一些新问题。大家有什么看法？江青询问大家的看法不过是一句套话，出人意料，在大厅右后角有一个人突然站立起来，高声叫道：我发言，就噔噔噔走向主席台。定睛一看，竟然是李磊落。我感到奇怪，他是作为哪方代表来的呢？李磊落上去，拿着稿，大讲一通夺权后主要矛盾会转到革命队伍内部云云，大致是28团那套理论。没讲几句，江青就不耐烦地打断他的话，让他下台，然后进入正题，严厉批评反康。这件事给我印象极深，只有我明白他，在寻找一切机会践行自己'站在潮流前头，引领潮流'的宣言。

Y：李磊落的确与众不同。他的内心深处显然有某种情结。

S：那时的李磊落有着强烈的使命感，充满了革命豪情。我们保存着他的一份残破手稿，散文'满江红——与形左实左的战友共勉'，写于1967年春。他面对'二月逆流'，热情地为文化大革命唱赞歌：我们伟大的领袖毛主席一声令下，山崩地陷，寰球振颤。这个洪流冲决一切罗网，甩开一切绊脚石，潜藏的巨大能量爆发了！她狂叫着，呼啸着，冲击着，战斗着。她摧毁着座座挡路的阴山恶岭，破坏着条条保守的渠身浅道。……哪怕会遇上逆风千里，甚至有被狂风撕碎的危险，但她革命的脚步决不停顿，更不后退。……最后，李磊落想起了高尔基的'海燕'，他激奋地高呼：让我们团结起来，进行最后的殊死的战斗！让革命的暴风雨来得更猛烈些吧，我们时刻准备着！今天，人们也许很难理解他那口号式革命词藻下的真实思想。但我知道，正是他自己的'潜藏的巨大能量爆发了'，他在恣意抒发自己内心的激情。我还知道，在他的革命激情背后，隐藏着深深的自卑，那就是自己黑黑的出身。联动的喧闹已经证明，达摩克利斯剑依然悬在黑五类子弟头上，他们随时可能再次被人宰割。

李磊落要用自己的实际行动证明：我是革命的，而且比你们更革命。视死如归是革命者的最高境界。于是，他的日记中不断出现'死'的字样。比如，4月1日晚间，北大附近一个大草垛失火，我们都跑去救火，他回来后写道：死了又有什么，地球照样转动，革命继续前进。只要需要我一定毫不畏惧地献出生命。他在我们面前一再表示：要革命，就要主动地接受生与死的考验。

## 八、大学生

　　1967年'二月逆流'以后，四川两派动枪动炮，在成都132厂地质学院一名学生中弹身亡，是北京学生的首例。李磊落带领一伙中学生——他的崇拜者，跑到四川支持造反派。中学生们体验到闹革命的惊险与刺激，但他们不了解，李磊落是要去接受一次生与死的考验。他回来以后自豪地说：没什么了不起的。李磊落的思想和行动总是超越我们大家，他的理念深深影响着'打落水狗'。

　　武汉7.20事件后，兴起'第三次大串联'。当时，中央文革认定湖南'工联''湘江风雷'是左派。在常德，他们一派3000余人被军分区支持的'红联'武力驱赶到长沙。我们组的宋耕在西大操场斗蒋大会上结识了常德工联进京告状的人，他们特别希望'首都红代会'前去帮助。在李磊落的倡议下，'打落水狗'战斗组再一次统一行动，不去省会等热点城市，而到武斗激烈的常德去支持造反派，一同'接受血与火的考验'。那一刻，我们的心情激动又悲壮。

　　Y：在我来看，你们去参加武斗的动机的确匪夷所思。

　　S：客观地说，人的动机从来不是纯粹和单一的。当时的我们，在理想主义的光环下确实有一种使命感和英雄情结，而潜藏在内心深处的还有某种危机感和改变自身地位的强烈诉求，当然，也不能排除青年人追求惊险浪漫刺激的猎奇心理。

　　我们一行十余人在7月30日到达长沙，会合当地的造反派，准备走水路打回常德。李磊落目标明确，很快加入'华蓥山游击队'——一支小青年的武斗队，当上'政委'。他执意要冲到武斗第一线。后来我们看到，李磊落得悉7.20事件后就在日记中写下血书：'誓死保卫毛主席　江林 67.7.21'，临行前甚至安排了照顾弟弟妹妹等'后事'。他是怀着必死的信念奔赴常德的。

　　Y：他到底是怎么牺牲的？

　　S：8月2日我们乘两艘武装轮船随先遣队三百余人出发，走湘江进洞庭湖再入沅江，行驶近3天到达工联的据点德山电厂。第二天，李磊落等人随一支队伍渡河进入常德夺枪，但一上码头即遭阻击，我校吴庚生同学被机枪打中，鼻子和肩部连中几弹，伤势严重。李磊落亲自断后，掩护大家退出常德。他们设法直接向总理办公室汇报，终于要来一架小飞机送吴庚生到长沙救治。吴同学大难不死，后来分配留校工作，直到退休。

6日，由桂入湘支左的47军紧急派某团经德山去常德'制止武斗'。带队的尹政委很重视北京学生，让我随他走在最前面，一起进驻军分区。当晚红联撤出常德，但市区周围枪声不断，战况激烈。夜半时分，有人说东门外专区医院有我们的伤员，处境危险。尹政委决定派一辆军车转移伤员。在组织掩护队伍时，李磊落对我说：你留在这儿，我去。他随即跳到车踏板上，挥手高喊道：同志们！我们是干什么来了……他的战前动员就跟电影里的场景一样。我看他站在车头踏板上很危险，让他坐驾驶楼里面，他却说：我至少可以保护解放军司机。汽车消失在夜幕中，我心里一直忐忑不安，好像有某种心灵感应。没过多久，一个人跌跌撞撞地跑进军分区，大叫：不好了！首都红代会的人被打倒了。我急忙组织一队人前去解救。车到东门附近，我们步行搜索前进，隐约看见街心俯卧着一个人。我跑上前去，抱起来翻身一看，正是李磊落，只见他肩颈之间硕大的伤口还在流血。他的鲜血染红了我的衣襟，我的眼泪禁不住无声地流淌。此时是8月7日凌晨一两点钟。李磊落的遗体停放在军分区院里，我们组的孙铮和宋耕不知何时来到军分区，见状就嚎啕大哭。当地的武斗队员们个个情绪激愤，眼睛瞪圆，发出骇人的闪光。我突然听到屋里劈劈啪啪作响，还夹杂着呼叫声，与孙铮进去一看，一个叫黄闯或杨闯的人一边骂着一边用板凳砸向一位年长的军人，据说是军分区副司令。那人满面血迹，靠在墙角。这位闯将越打越气，突然拔出手枪就要击发，个子矮小的孙铮眼疾手快，也不知哪里来的胆量，一把将他的前臂推向上方，只听啪的一声，一颗子弹射到天花板上。这一推解救了那位副司令，也挽救了那位闯将，可以说还救了我们自己。这个场面对我触动很大。武斗中一旦死人，人们的情绪就无法控制，就会丧失理智，什么事情都做得出来。悲痛之中，我内心充满自责和担忧，作为战斗组长和带队者，我怎么向李磊落的家人交代，怎么向同学们交代呢？

李磊落的死在学校引起很大反响。陆续有很多人，大学生和中学生，认识他的和不认识他的，怀着各种各样的心愿来到常德，要继承他未竟的事业。然而，来人越多，我作为一个头头的思想负担就越重。

8月底发生了两派相持中最激烈的一场武斗。那一天，红联一方半夜偷袭，激烈的攻防拉锯中我方有十几人阵亡。'战地医院'大厅里弥漫着呛鼻的酒精味，地上蒙着白布的遗体赫然排成一列，十分刺眼，其中就有北京化工学院的胡宝新，他们一行四人才到常德不几天。我们组的朱以文被子弹洞穿腰部受伤，是孙铮她们抬下来的。那一刻，我别无旁骛，只想着如何把大家平安地带回学校。后来朱以文转到长沙手术，所幸未伤到内脏，住院近一个月，随我们一起于9月25日返回北京。回来后我们又派一同学返回湖南，找到47军和省革委会，为李磊落办理了'革命烈士'证书，拿到抚恤金2000元，一并交给了他哥哥和弟弟妹妹。

Y：你们一起去的同学一死两伤，在清华外出的几千人中伤亡最惨重了。

S：据我当时估算，八、九两个月间，常德一地双方的死亡人数就有三四百人。推而论之，全湖南省，乃至全国该有多少人死于大武斗啊。我亲历了战友的牺牲，见证了武斗的惨烈，更意想不到，对立的两派中不分伯仲，都出现了私刑、虐杀等恶行，所表现出的兽性与土匪几无二致。面对严酷的现实，我感到迷茫：文化革命为什么会变成'武化革命'？发展下去会成什么样？百思不得其解。

李磊落的骨灰由宋耕带回北京。8月13日学校举行了隆重的追悼大会，李敦白作为治丧委员会主任发言。兵团总部还专门出了一本小册子，名为'国际悲歌歌一曲'，纪念李磊落和在武汉'八一惨案'中溺水身亡的肖化时。

重新翻阅那本小册子，其中关于李磊落遇难的描述带有演绎色彩，因为作者不是亲身经历。该书编辑、付印时收录了李敦白的发言，但出版发行时李敦白已随王力关锋的倒台而失势，他的发言被撕掉，仅在目录里留存些许蛛丝马迹。这件小事也从一个侧面表明复原文革历史之难。即使文革中留下的文字资料，包括档案，也不尽可靠,更何况在派性之下选择性地处理史实是个普遍现象。档案不过是胜利者雕琢过的'正史',特别是其中的'揭发交代'材料大可存疑。所以,我要特别向今天的文革研究者和评论家进言,对关键性的、作为论据的史料,你必须按照治史的规矩从不同角度进行考证,不要轻易采信,更不能随意推演、发挥,否则你发出的宏论只能是空中楼阁,非但落不到实处,反而会误导自己和他人。

Y:我们确实不能忘记文革中许许多多像李磊落这样'献身'的人。

S:我的文革道路与'打落水狗'和李磊落关系甚大。我们通过思想的交流相互影响,通过共同的战斗生活加深感情,产生越来越强的认同感,同时,也或多或少地丧失了自我。事实上,每个文革参与者都从属于某一群体,从一个战斗队到一个派别。在派别斗争中,群体的思潮和行为往往受思想偏激的领袖所左右。群体中的个体都有程度不同的趋同性和归属感,甚至今天还在影响对文革的反思。探讨文革中的群体行为、群体与个体关系是个既有趣味又有意义的问题。

【上文引自孙怒涛:《良知的拷问》,中国文化传播出版社,2013年,119页】

八、大学生

# 肖化时（1943—1967）

孙怒涛　编辑

肖化时，男，1943年出生，湖南省涟沃县人。1961年考入清华大学无线电系，无706班学生。中共党员。1967年8月1日，在参加武汉造反派群众组织的横渡长江的活动中，因现场混乱，横渡者拥挤踩踏而溺水死亡。殁年24岁。

肖化时（1943—1967）
（赵世琦提供，李劲修复）

当他得到要他去武汉支持武汉文化大革命的消息时，已经是深夜十二点了。那是一个星期六的晚上，当许多人正在度着周末的休息时间时，他却在刚结束油印工作后，立即埋头誊写他的最后一张大字报《刘少奇抗战时的议会道路与蒋介石的4.12大屠杀》。连在北医附近的家都未去告别，信也没写，就走了。到武汉一下车，便带着旅途的风尘，满怀着对党内军内一小撮走资派的强烈憎恨，和武汉革命派一起抄了反革命修正主义分子陈再道、钟汉华的家。晚上，又紧张地制定工作计划，一直到深夜。没想到，第二天，肖化时就为无产阶级文化大革命献出了年轻的生命。

【上文摘自赵世琦（化5）提供的清华大学井冈山兵团07部队无706支队编的《国际悲歌歌一曲》中的《痛悼战友肖化时同志》，第53页。】

1967年8月12日《井冈山》报刊登的关于肖化时（还有李磊落）的讣告和纪念文章

# 刘仁堂(1944—1967)

## 孙怒涛 编辑

刘仁堂,男,1944年出生。文革中改名刘庆。1964年考入清华大学无线电系,无901班学生。1967年8月中旬,在辽宁鞍山市参加当地群众武斗时,致死。殁年23岁。

刘仁堂(1944—1967)
(周文业提供)

刘仁堂（后排左7）与同班同学一起游颐和园（1963年）

刘仁堂（后排右4）与同班同学一起游八达岭长城（1965年）

【上述两张照片由王皖贞校友（无9）提供】

八、大学生

# 羌于正（1945—1967）

孙怒涛　编辑

羌于正，男，1945 年出生，江苏南通人。1963 年考入清华大学动力与农业机械工程系，先农 91 班、后汽 92 班学生。1967 年 8 月 29 日，他在回老家穿越江苏南通城区时，恰逢当地两派武斗。他躲避到一座建筑的楼上，不幸被流弹击中致死。殁年 22 岁。

羌于正（1945—1967）
（褚露萍提供）

## 迟来的思念——悼羌于正

李自茂（汽 9）

早就想写点东西纪念于正兄（1945.8~1967.8），或是缺乏时机，或是没有条件，多是为生计奔波之故，加之慵懒。时光荏苒，转瞬竟是四十年，当年英姿勃发的我辈，今已白发苍颜，再不动笔，存储器官中的痕迹将湮灭殆尽。

于正兄（我当应称其为弟，他虽与我同年，然其生日比我小半岁）与我从1963年秋入学时就一直在一起，直至1967年孟秋分手，前后四年，交往颇多，音容笑貌宛在眼前。记得当年农九班中有三位大男生进校时均未发育成熟：李用福、王延金和羌于正，完全不像高三毕业的学生，和初一、二年级的小孩差不到哪里去，又瘦又小，许是家境贫寒，营养不良所致。噫！此三位同窗今竟先后作古，岂不痛哉！

于正兄生性耿直，又是个热血男儿。从农九一到转汽九二后，有半年时间我和他一直住一个宿舍，先是在二号楼一楼西侧北边靠洗脸室的一个小房间，我与他两人住了约两个月。一九六四年十月一个晚上快熄灯时分，我们躺在床上忽听到校广播台播出原子弹试爆成功的消息，他与我竟拿起脸盆从窗户跳出去欢呼。我俩兴奋地奔到明斋，汇入到游行的人群中，血脉贲张地喊着、叫着、唱着，在校园里转了大半圈，回宿舍后许久都无睡意，他又与我聊了很久，聊了些什么，已全无记忆，大致是我们那一代人任重而道远，肩上有解放全人类的责任之类的话。那的确是我们那些人当时的真实思潮，不是什么高尚，时代使然吧。

这时期汽九二班有两个班长，我是正的，于正兄为副。我那时对集体的事都特别热心，精力也特别充沛，不惜每周花两个小时开班委会，而他对我的工作也特别支持，我俩还是团支委，在会上不论我提出什么动议，他总是第一个表态支持的，当时就很感念他。回想起来，哪来那么多事？他和我一样犯傻！

大串联开始后，先出去的多数是干部与工农子弟，即红色子弟。那时是分黑、红色的，在这中间的可谓是杂色。到了十月底，学生约有大半串联去了，我想我等杂色弟子也应该出去见见世面，在那战斗组林立的时期，我纠集了几个成员，记得有岳川、尊正、于正和我。（似乎还有一两个人，唉，记不得了）。我们决定去东北。去了大连、鞍山、长春、哈尔滨，当然大庆是必然会去的。由于毫无目标和目的，

## 八、大学生

所以什么事也未干成，看看大字报而已，故也就没留下什么记忆。转眼就到了一九六七年夏秋，上面号召结束串联，我们忽然想到我们串联得太少，赶紧出去吧，不然没机会了。我和班上几位决定去新疆，我问了羌于正，他说他想回南通老家看看。记得我们是一起到的北京站。去新疆可能也是我的提议吧，因为我有两个姐姐当时在新疆。

走到兰州听说新疆部队在抓北京的学生，于是转道西宁，想体验一下围着火炉吃西瓜的生活。西宁城墙是土筑的，又小又破，呆了几天无聊，决定去四川，无非是成都重庆两地。到成都后听说重庆打得厉害，已经动了枪炮，我们转道去了绵阳，听说那里有清华分校，我们去后找到了金国华，他已经在绵阳呆了很久。这时听说于正兄与几位原籍南通的同学去南通了，我想也是回家看看的意思。住了两天后想返京，但因广元一带火车不通，于是又住了几天。突然有一天，学校打电话过来，说是于正兄在南通被流弹击中已去世（事后知道，这一天是8月29日），我们一下子懵了。赶紧想法回去吧。金国华与绵阳军分区曾打过交道，于是我们找到了分区司令，他老兄挺帮忙，答应派一辆卡车送我们到广元，再转乘火车。也就是在这一次我们得以一睹剑门关，颇发了一通"危乎高哉""一夫当关"的感慨。在广元上了火车，车到略阳，又走不动了，耽搁了一天。我找到车站调度商量，说了不少好话，那位调度硬是冒着被农民打的风险把停在第一道上运水牛的货车调开，给我们这趟车让开了路。前后折腾了五六天我们才回到北京。回京后次日，九月十八日，井冈山兵团在大礼堂召开了于正兄的追悼会，横幅上写着："清华井冈山兵团战士刘庆、羌于正烈士永垂不朽"。烈士乎？当然，昨天、今天乃至明天，大概没有人会认同，然在我心目中，于正兄确乎是烈士！《韩非子》云：好名义不仕进者，世谓之烈士。为了理想（尽管可能是空想），为了信念（信念应无是非？），没有惧怕，更无私欲，性情中人，非为己死，非烈士，何以名之？

呜呼，于正，卅年生死两茫茫，不思量，自难忘，天人相阻，何处话衷肠？

这些文字，鸿爪雪泥，算是我对于正兄迟到的追思。

## 忆羌于正学友

王余刚（汽9）

2007年十月金秋上海宝山、江苏天目湖汽九同学会聚后，回到硅谷的家翻寻以前的照片，目光久久停留在一张与羌于正学友在1966年9月在人民大会堂前的合影留念。于正充满活力的容貌又浮现我的面前。

羌于正，南通人，勤奋好学，积极向上，和睦近人，是一个热血青年。我们常常就读于图书馆中，长跑在圆明园北京体院的路上，夏天畅游在荷花池的游泳池中。当时我是九二班的学习委员，深知他的学习还是不错。三年愉快向上的学习生活过得飞快，他的身高也长得飞快。不幸迎来文革。1966年秋天我们还在人民大会堂前合影留念，一直憧憬着美好的

羌于正（左）和王余刚

未来。1967年夏天，我与老乡欧杨平凯（化九二班，现中科院院士）回故乡长沙闹革命，后被抓成"五·一六"分子，久久不能脱身。羌于正则回到故乡南通去关心国家大事。血气方刚的他不幸陷入地方派别武斗，被农民打死，死于非命。一代英灵就如此枉死在那个错误的年代，竟未有任何人为此负责，是何等的悲哀！

2003年非典时期，李自茂驱车与我和来可伟一道去南通看望张振刚、张国华、褚露萍等同学，才第一次看到羌于正成长的美丽富饶的故乡。要是他还活着，也一定像南通的学友一样成绩斐然，有幸福的家庭。

在羌于正离开我们四十周年之际，作为他的好友深深地怀念他、

也庆幸时代终于唾弃了斗争为纲的社会，迈向莺歌燕舞的和谐社会。

安息吧，我的好友羌于正！

羌于正（左）和王余刚，时间约为1967年上半年

【上述照片和两篇文章均载于《清华大学汽九63级纪念册》，自印本，2017年；由褚露萍提供。】

## 迟到的记录——关于羌于正

### 王晓云（冶9）

我和羌于正相识、相熟在清华。1963年，我们南通城里两所中学共有9名应届生录取清华，包括我和羌于正。羌于正所在动农系有5人，其他都是一系一人。从大一起，我们冶金系和动农系经常同在二教上基础课大课。因此课前、课间，我们南通学生总聚在一起讲家乡话，释放思乡之情，久之相识相熟亲如手足。羌于正敦厚老实，为人热情。大嗓门极富南通土话的韵味，我最爱听。大三以后到文化大革命，我们见面少了，但联系从未断过。

67年春天，我与羌于正在大礼堂前的马路上遇到了，许久不见，聊了很长时间。令我惊讶的是他告诉我，由于没钱买车票63年到北京后一直没有回过家。我问去年开始串联了，好多同家不都串回家了吗？他憨厚地叹了口气说，光顾革命了！好想家里呀！下次出去串联一定要回家。可没过没几个月却从几个渠道得到消息，证实他在南通两派群众武斗中遇难了。

他是和同班同学褚露萍同行回家的，到南通下码头东行到城边两人分手了。褚露萍向北绕城边回唐闸镇家里。羌于正家在东郊，必须继续向东穿城奔家。当时江苏武斗正烈，南通有轰、拥两派。拥派成员大部分是农民，把轰派围堵在城里，要围而歼之。那天正好是拥派组织总攻，所有出城路口被封锁，羌于正进了城却不能出城回家，只好藏身在一座建筑的楼上躲避，不巧被流弹破窗而入射进鼻孔当场大出血而亡。听到这个噩耗，我震惊、惋惜、痛心、不甘、愤怒！他曾经是一颗耀眼的明星，划过璀璨的天际来到世上，却带着抱负，怀着对亲人的眷念和愧疚，泯灭在历史的至暗时刻！

## 【后记】

时间的年轮转动，弹指半个多世纪。2024年1月9日，当我看到《清华文革死难者实录》征稿启事及死难者名单，不少人名下的资料是空白的。这让我感到了责任。"历史不会重演，但会不断地重复"。为了死难者，为了后来人，完善记录刻不容缓。可惜这些人中我只了解羌于正一人，于是我联系了农9的张振刚、褚露萍同学，据我的亲历回忆写了以上文字。我高中的同学贾其顺帮我找到了羌于正的侄子，他们都对资料的收集作出了贡献。尤其是褚露萍抱病找出了班级纪念册，完善了照片、纪念文章等主要资料。在这里我对他们表示敬佩和感谢！感谢为《实录》的编辑、出版、发行付出奉献的所有人！更感谢《实录》的每个读者和传播者，有了你们历史才能永流传！

2024年2月12日于北京

八、大学生

# 李鸿顺（1941—1967）

孙怒涛　编辑

李鸿顺，男，1941年出生，北京市人。其父为北京饭店的管理干部。1960年考入清华大学工程物理系，物604班学生，学号600106。1966年11月份开始在首都三司驻杭联络站工作，1967年4月份以后以"清华井冈山"记者的身份在浙江活动。9月份，在毛泽东南巡到达杭州前，李鸿顺曾与驻守在杭州刘庄、汪庄[1]的部队有所接触，因而引起中央安保部门的高度警觉。9月17日，李鸿顺离开上海去舟山，此后下落不明，极大可能是在返回杭州后被秘密逮捕。失踪时年龄26岁。

李鸿顺（1941—1967）
（林梅梅提供）

---

1　刘庄、汪庄为清末民初中国巨富在杭州修建的豪华精美的私人园林，位于风景优美环境幽静的西湖之畔。解放后，毛泽东在此居住的时间仅次于在北京的中南海。

五十多年过去了，校友们曾多次寻找李鸿顺，未果。诡异的是，明明是清华学子，但在清华的档案里已被完全抹去，没有了丝毫痕迹。1968年2月，团派总部告诉李鸿顺班上同学他已死于监狱；

工物604班，1963年，后排右1是李鸿顺

1984年前后，中办工作人员曾对林刚谈及李鸿顺当年已在狱中自杀。虽然李鸿顺死亡的日期、地点还缺乏权威的文字证据，严格意义上说，他是文革失踪者，但综合以上信息以及失踪长达五十多年的事实，基本可以认定李鸿顺已经遇难，死于狱中。

前排中为李鸿顺　　　　　　　右1为李鸿顺

【上述照片由李鸿顺的同年级同学郑培基、吴筑青、林梅梅等校友提供。】

## 李鸿顺在浙江的日子

姚志修（物8）

李鸿顺是清华大学工程物理系物六（1960-1966）的学生，北京人。其父李刚系军人，大校或上校军衔，二十世纪六十年代为北京饭店的管理干部。

1966年6月文革爆发，中央号召学生免费乘车到各地串联，以在全国范围内点燃文化革命的熊熊烈火。11月初，我和其他几位北京的学生在浙江美术学院组建"首都三司驻杭联络站"，获得首都大专院校红卫兵第三司令部盖公章的函文批准。1967年2月下旬，首都三司派员赴杭对联络站工作实地检查，于3月19日在《浙江日报》上发表《首都三司赴杭调查小组调查公告》，对首都三司驻杭联络站的工作予以肯定。按照中央的要求，我们于3月30日撤离杭州回北京整训，整训期间南京军区政委杜平要求我们再次返杭协助其工作，周恩来总理明确指示我们整训完毕后可再次赴杭。

联络站在杭州存在的五个月时间里，按工农兵学商各领域开展工作。李鸿顺是清华高年级学生，他身穿将校呢旧军服，行事稳重，反对武斗和一切过激言行，因此被分配从事对浙江省和杭州市的干部和机关工作。省市两级主要干部在此期间没有受到明显的人身攻击和损害，相反受到种种保护，如省委第一书记江华被安置在浙江美术学院内一座独立的小楼，配备警卫员一名为其买菜烧饭，一名华侨医生保障健康；而常务副书记李丰平先安排住新新饭店，后来送往留下野战部队保护，免受群众的批斗，其中就包含李鸿顺的功绩。

我们在北京前门大栅栏的廊房二条原浙江驻京办事完成整训后，联络站解散。成员各自回原单位学校。李鸿顺和我等回到清华大学。

4月14日，清华发生针对蒯大富团派的大游行，成立4.14组织，开启了两派争斗的局面。我们对这种群众斗群众的局面很不以为然。于4月18日以学校《井冈山》组织记者的身份再次赴杭州。先后入住杭州日报社和公安厅庆华招待所,我们帮助省联总等造反派组织开门整风,处理社会上的重要事件,如杭丝联武斗和数千人乘车北上告状事件等。5月上旬,李鸿顺、林刚、刘开洪和我还去宁波和舟山了解当地的各阶层情况。

在宁波,市革委会主任接待了我们,介绍了当地各方面情况尚算稳定。而舟山的社会局面不正常,舟山军方在文革中抓捕了二三百人,我们登岛的时候,舟山卫校尚有人仍在狱中。

9月1日,驻守杭州汪庄和刘庄的6389独二师警通一、二连派两人到公安厅庆华招待所,找到李鸿顺。此前根据中央命令,浙江省军区领导由野战二十军首长担任,毛主席常住的汪庄和刘庄警卫部队调往宜兴整训。独二师警通一、二连在杭州过惯了优越的生活,不愿离开杭州。他们请李鸿顺向中央林彪、周恩来或中央文革小组反映,让其继续留驻在杭州。他们邀请李去汪庄和刘庄玩玩。李事后向我们通报了此事。我们明确表示,中央的命令必须不折不扣执行,我们不能向中央转达他们的任何要求。李表示完全同意。但他也许出于好奇心,确实去了汪庄和刘庄。于是现代版的林冲误入白虎堂就再现了。

9月16日毛主席由南昌经萧山钱塘江大桥到达杭州,同日李鸿顺达到上海,借宿在清华同宿舍支仲骥同学家,第二天即9月17日他离沪赴舟山,说是想看看当地的文革情况。他由舟山返回杭州时被密捕,再解押至北京。此后中央办公厅曾派员到清华大学调走其档案,并传来他已身故的信息。

无论学校当局,还是他的同学,至今不知道他被捕和身故的真相和缘由。

中国时代的列车沿着民主和法治的轨道缓缓前行。昔日专为领袖服务的汪庄和刘庄现已为普通民众敞开住宿和游览大门。历史走到这一步极其不易,让我们铭记作为旧制度牺牲者的李鸿顺学长们。

【编者注:姚志修当时是"首都三司驻杭联络站"负责人,李鸿顺的同系校友。关于李鸿顺在杭州联络站更多的活动,可参见孙怒涛

## 八、大学生

主编：《历史拒绝遗忘》，中国文化传播出版社，2015年，第894页，姚志修：《首都三司驻杭州联络站文革初期纪实》一文。】

2015年7月6日，姚志修找到在上海的支仲骥校友，了解李鸿顺的情况。支仲骥是李鸿顺的同班同学。下面是姚志修记录的支仲骥谈话：

下午16：10在上海自然博物馆的茶室见到604班支仲骥，至18.00。支说，物604是核防护专业，604有50多位同学，女生4-5名。支与李鸿顺一起住同一宿舍3年。李为人很粘，从不讲家里事情。也从未见到其家人来学校看他。他一般周六下午回家，有同班女同学送至五道口。李父名李刚，班级同学均知道，是个军官，好像为大校（或者上校）军衔。同学不知道其服务单位，也不知其家庭地址。李家可能是后母当家。李的被服质量很差，曾经有同班同学周六洗被子，想在李的床铺过夜，见李被服后就放弃，与支同床共被过了一夜。毕业实习时李与支在上海同一单位。

根据支保留完好的日记，1967年9月16日傍晚，李到支家，在支家过了一夜，说自杭州来沪。李对支说，山东的王效禹不好，说一套做一套。李9月17日离开，说是去舟山。李在支家时携带手枪一支，子弹几十发。（姚志修注：8月下旬中央命令重组的浙江省军管会打通萧山铁路，军管会组织造反派去打通，当时李等清华人员住在省公安厅庆华招待所，他们一般都由公安厅或公安局配备了手枪武器。当时杭州造反派配备武器的事情十分普遍。9月16日，毛泽东在汪东兴陪同下，经已打通的萧山，达到杭州。9月18日，按照汪东兴的指示，在杭州的清华电机系6字班学生林刚被拘押，解送北京秦城监狱。李不久亦遭拘捕，押解北京。李和林自1966年11月起在首都三司驻杭州联络站工作，曾与服务毛泽东的警卫、招待等人员有过接触。）

大概1968年2月，井冈山团派总部派人来说，李鸿顺已死于监狱，要班上同学将其宿舍里的物件整理收拾一下。李的物件除衣物外就是普通书籍，很容易收集在一起后搁在李的床铺上。李家似乎没有人来领取。两派武斗时，团派全部撤离宿舍楼，李鸿顺的物件不知所终。10多年后，支问过工物系刘姓主任，刘对李鸿顺的情况一无所知。

## 关于李鸿顺的一点回忆

林刚（电6）

我与李鸿顺都在首都三司驻杭州联络站工作过。1967年9月10日前，姚志修等大多数人离开杭州回北京或回家，只有我与李鸿顺仍滞留在杭州，而那几天正是毛泽东南巡到达杭州前的最敏感的几天，完全不知道巨大的灾难正向我们悄悄地逼近...

意外终于发生了，一夜间我们从座上宾变成了阶下囚。按照中央高层的指示，9月16日晚我被强送回京，18日凌晨被解押到秦城监狱，开始了所谓"关押审查"。李鸿顺也同时失踪了。

我于75年7月25日出狱。由于我对汪东兴领导的"林刚专案组"对我做出的审查结论不服，坚持上诉。终于在80年5月27日，中央办公厅机关党委做出了《关于林刚同志的平反决定》。决定中逐一推翻了强加于我的种种"反革命"罪行的不实之词，认为75年7月16日"专案组"对我作出的审查结论是错误的，决定予以撤销，为我平反。

关于李鸿顺死亡的消息，我是75年7月底离开秦城返回清华，8月与家人见面时才得知的。

约在84年前后，参与为我作出平反决定的中办工作人员中的一位同志出差昆明，顺便过问我反映的工作安排问题尚未妥善解决一事，在与我见面时，谈起80年他们去中央档案馆调看档案及询问汪东兴同志等事，也谈到李鸿顺，他说李鸿顺被关押后不久就自杀了。但更多的详情他也没有讲。

这是从另一较高层级的主办我的案件的渠道在非正式场告知的

李鸿顺的消息。

枉死于文革李鸿顺同学，曾是我们身边活生生的青春生命。其实那个黑暗年代死于非命的人又何止千万，我们揭露那段残暴血腥的历史是为了永远杜绝这类浩劫再次发生。我虽垂垂老矣，但仍然愿意和大家一起承担起这个任务。

2024年1月

## 清华校友寻找李鸿顺

### 林梅梅（物6）

李鸿顺（有时写成李洪顺）是清华大学工程物理系66届学生，604班。文化大革命时在校的清华学生中很多人可能听到过这个名字。因为那时广为传播的一个谣言是，他和电机系的林刚"跟踪毛主席"，被抓起来了。工物系6字班的同学在1967年至1968年陆续分配，离开学校，各奔东西。直到2016年我们分别50年后重聚时，大家才发现谁也不知道李鸿顺在哪里，是死是活。于是我们开始到处打听，但进展很慢。其实在孙怒涛（自6）编辑的清华文革文集《历史拒绝遗忘》里，在有关首都三司驻杭州联络站的章节里，有一些关于李鸿顺的情况，我们没有注意到。而孙怒涛从联络站的姚志修（物8）和林刚（电6）提供的材料中发现："李鸿顺自1967年9月被抓捕以后，就与外界失联了。谁也不知道他是活着还是死了。"

孙怒涛于是在2015年在他组织的文史茶馆群里发帖，呼吁校友们提供线索和帮助，他说："要是他（指李鸿顺）也与林刚一样活着走出了监狱，那正是我们所祈盼的。要是他真的死了，我只想知道他死亡的确实消息（大致的死亡日期、地点、方式。至于整个过程恐怕已经很难了解）。我要把他补充到非正常死亡统计表中去。清华在十年文革中的非正常死亡人员不止58位，应该是59位！如果我们身边的一位同学真被文革吞噬了，在清华文革史上却连个名字都没有留下！一想到此，实在愧对李鸿顺的亡灵！"

可惜我们物六没有人在他的文史茶馆群。直到我加入了他组织的真话群以后，才发现原来我们同时都在寻找李鸿顺。

孙怒涛曾经托人在清华档案室查找李鸿顺的档案，得到的回答是，查无此人，就像清华从来没有这个学生似的。物六同学的搜索结果也是同样。据 1968 年参加物六毕业分配工作的工物系老师说，在工（军）宣队掌握的毕业生名单中就没有李鸿顺这个名字。他们根本不知道有这么个人。

2019 年 9 月份，我们决定成立一个寻找李鸿顺的微信群，邀请了物六的一些同学和姚志修、林刚及其他关心这件事的如阎淮（物0），钱东石（金七）等人参加。

首先，我在大家的帮助下起草了一封给校友会领导的信，要求负责解决李鸿顺的档案问题和查清确切的死亡原因，同时整理出了几份参考材料。阎淮在 10 月 9 日带着信和附件去清华见到校友会史宗恺副会长。史宗恺说时间久远难度大，但会认真办。随后又见唐杰秘书长，拜托他具体办理。11 月 10 日他再次去清华，约见了校友会副会长史宗恺、秘书长唐杰询问李鸿顺事宜。

唐杰说："我看到您发我的电子资料和交我的文档资料，史书记安排我具体办理。我去档案室，他们说文革档案按规定，任何人不许查看。我向史书记汇报，并私信给您了。"

阎淮问："校党委也不能查看？"

史宗恺说："是更上级的规定，我打电话去，也不让。我很抱歉，你们最好通过你们自己的其他渠道，想办法解决。"

于是王本（物六）等人提议，向清华校友会领导"要求拿到上级的文件（不准查阅文革档案的文件），这样也便于我们更好领会上级精神，用上级精神指导我们的行动，或者对上级文件提出我们的意见，以利完善文件使上级改进工作。"阎淮立即把这个意见转给校友会。唐杰的回答是："这事儿连学校都不相信？有点……不只是清华啊，全国都一样"。他没有给出文件出处。

与此同时，我在大家的帮助下又起草了第二封请求信，质疑对文革文件封档的做法，同时强调李鸿顺应有的最低人权，指出一个当年在校学生的生或死是今日校方必须给出明确结论的责任，是不能以任何理由推诿的。这次是准备给上层领导人，具体哪些领导还没有定。一个样板信抬头是给教育部长的，谨供大家讨论用。真正发出要等到在清华校友中进一步讨论过后再酌情办。

以上是在 2019 年 11 月 20 日写的"寻找李鸿顺"的第一阶段进程的报告。本来还想继续推动校方查找，并且计划找到李鸿顺父亲在北京饭店工作时的一些档案材料，如家庭地址等，但是 2020 年的新冠疫情迫使一切活动停止，四年过去了，没有任何进展。

2024 年 1 月

# 谢晋澄(1945—1968)

### 周文业、孙怒涛 编辑

谢晋澄,男,1945年出生,江苏江阴人。农家子弟,三岁丧母,与父亲相依为命。1963年考入清华大学自动控制系自904班。在1968年4月29日下午的武斗中,在九饭厅前被团派李正明开的汽车撞压,当场致死。殁年23岁。

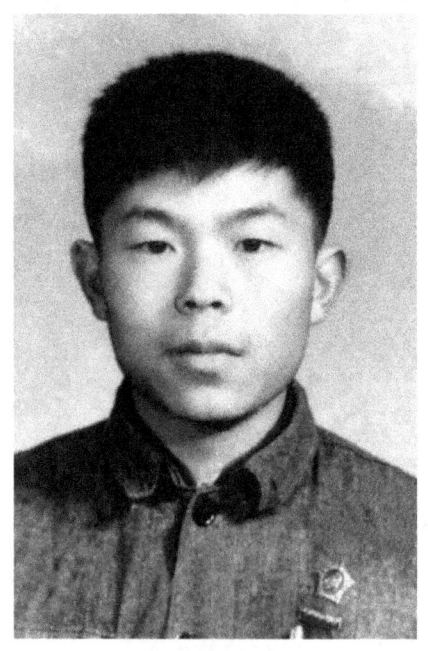

谢晋澄(1945—1968)
(周文业提供)

八、大学生

## 九饭厅前 谢晋澄倒在车轮下
### ——1968年4月29日

樊 程（自9）

1968年4月23日，在蒯大富等人的策划与指挥下，团派武斗队抢先占领了学校大礼堂、新水利馆、旧水利馆，紧接着，上午9点30分团派电机系《捉鬼队》又强占了学生11号楼，挑起了预谋中的清华园内全面大规模武斗。中午11点多钟，414派占据了12号楼，后来又占据了5号楼。414派与团派在清华东区学生宿舍楼间形成了对峙局面。

4月29日下午，我带领414自九战斗队的30-40人，由西区经13号楼前东、西区通道返回12号楼。途中，突然得到消息：团派的人在九饭厅抢粮。九饭厅位居5号楼和12号楼北面，是5号楼和12号楼414人员用餐的食堂，如被团派占据或抢劫，则将使驻扎在5号楼和12号楼的414人员无处吃饭，无法生存。为尽快阻止团派的行动，我们开始迅速地跑步前进。

那时414的战斗装备是非常原始的，一段长约2米左右的暖气管，前端锯成斜角，再扎一根红布条就是长矛了。每人腰间扎根皮带，上衣里面左右胸前各放一本厚书，用来保护要害部位，这就是防身"盔甲"了。

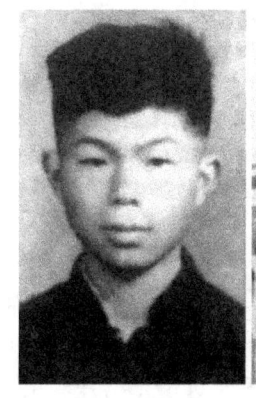 

在队伍接近九饭厅西面洼地时，我看到团派人员一部分在九饭厅西门忙碌地进出抢运粮食，大部分手持长矛站在洼地上戒备。洼地中部还摆放着几辆大弹弓车，这是一种杀伤力极大的武器，它是用自行车内胎绑在手推车铁架上组成的一个巨型活动弹弓，用它来发射

石头和砖块不仅射程远、速度快，而且杀伤力也很大。此时，团派也发现了我们的到来，人员快速向洼地中部集结。我们跑到5号楼西北角，面对洼地没有停顿，跳下土路沿着斜坡，直向洼地中部的团派队伍冲去。队伍刚下到坡底，就遭遇到团派大弹弓车的攻击，我与谢晋澄及FXX、YXX共四人是一个战斗小组，迎面打来的一块砖头击中了YXX的面部，伤势很重，FXX急忙上前扶住小Y，说了句："我送他下去"，便搀扶着满脸是血的小Y往回走去。冲击没有成功，414的队伍撤回12号楼前。

团派队伍见我们撤回，便向12号楼方向发动进攻，他们沿九饭厅西南角旁边的一条土路，进到九饭厅南侧正门前。为阻止团派的抢粮行动，自九414的队伍立即迎上前去逼退他们，双方在九饭厅正门偏西位置形成短暂对峙状态。由于路面狭窄，谢晋澄和我两个人并排站在队伍最前列，他在我的左侧。

谢晋澄是自九四班的同学，人很聪明、斯文，个子瘦小，平时为人极为随和，"派性"不强，在文革初期工作组整蒯大富期间，公开在蒯大富的大字报上留字"支持"，并署名，令蒯大富印象深刻。让人没有想到，在蒯大富等人的威逼下，他也会毅然拿起了长矛。

我们双手紧握长矛，两眼盯着面前同样手握长矛的团派武斗队员。此时，在我们左后方，一辆解放牌卡车正沿着5号楼北的土路，由西向东驶来。我瞟了一眼，无暇多想，继续紧张地与对方僵持着。突然，对面团派人员慌乱后退，我也感到背后有些异样，下意识地扭头一看，只见那辆卡车已掉转方向，开足马力，直接朝着我们背后疯狂地冲了过来，身后的队伍已被冲散，车的前部马上就要撞到我和谢晋澄。在这千钧一发之际，我本能地跳到右边一根电线杆旁，还没有来得及喊叫一声，卡车已从我身边急驶而过，撞向谢晋澄。

接着发生的这一幕永远地定格在我的脑海中了：

就在汽车将要撞到谢晋澄的刹那间，只见他右手单握长矛左手松开，上身向左转动，仿佛感觉到危险的到来，欲转身看看后面的情况。凶狠的杀手就在这时驾车撞到他的身体，卡车前部保险杠残忍地将谢晋澄撞倒在地，左前轮从他身上压过，谢晋澄的身体在车底翻转

## 八、大学生

了一下，紧接着右后轮又从他的胸部和头部碾过，随即经过九饭厅西南角驶回团派所在的洼地。谢晋澄被压倒在地上，再也没有起来。此时他头皮向后脱落，露出的白色头骨，瞬间又被鲜血染红，我扑上去大喊"谢晋澄！谢晋澄！"可他已经停止了呼吸。在场的所有人都惊呆了，他们怎么也不会想到凶残的司机竟然会毫无人性，用汽车直接冲撞碾压同学。

我的同学谢晋澄永远地离开了我们，他年仅23岁啊。他是独子，早年丧母，是父亲独自一人含辛茹苦地把他拉扯大。他还没有报答他的慈父，就被丧尽天良的"刽子手"司机残忍地夺去了生命。我强忍泪水架起他的一只胳膊，又冲上来一位同学架起他的另一只胳膊，把他运回12号楼前。

凶残的司机似乎觉得杀人杀的还不过瘾，稍后，又驾车按原路线冲过来，在驶过5号楼前时，愤怒的群众纷纷用身边的砖瓦石块向其砸去，惊慌失措的司机驾车左转，汽车侧翻在九饭厅前，司机和车上人员弃车逃跑。

悲愤的同学们强烈要求北京市革委会和中央领导：由市公安局派人验尸；严惩杀人凶手；立即派人处理并制止清华园内的武斗。4月30日414同学抬着谢晋澄的遗体在校内游行，5月1日上午又将遗体抬到北京卫戍区门前，要求司令员和政委出面解决问题。据说此事惊动了周总理，指示北京市公安局出面处理。

5月1日晚，我和但燊等几位同学，把谢晋澄的遗体由东区浴室北部一楼抬到12号楼前，市公安局法医来做检验。此时，天安门广场正举行庆"五一"联欢晚会。望着远方升起的一束束礼花，我的脑海中浮现出谢晋澄生前和同学们在一起的一幕幕场景，就在4月29日那天上午，我们还在一起开着玩笑：我手拿着一粒糖停在半空，他则弯着腰、抬起头，张口准备接糖。一幅多么温馨且又充满同学情谊的画面啊！现在，他却倒在这里，倒在他学习和生活的土地上；倒在了闻名于世的高等学府清华园里！

这是为什么？到底是谁杀害了他？！

几天后，公安局给出检验结果："重力挤压至死"。

后记：

2004年夏季开始写此文，时至2009年春才完稿，实是不堪回首，悲痛一直无法释怀，难以下笔。

2012年秋做部分改动，但燊等人给予补充。

## "迷糊"之貌，清澈之心——怀念谢晋澄同学

但燊 樊程 陈化新 郑玉歆（均为自9）

40多年来我们一直不能忘怀谢晋澄同学。

在1968年文革时期清华两派武斗中，谢晋澄被团派司机李正明开卡车撞倒后碾压致死，他是清华两派武斗中遇难的第一个人。40多年来每当我们同学聚会，就会不由自主地想到他，怀念他。我们中有的人和他是从小学到大学的同学，亲如兄弟；有的人和他在大学同班同宿舍，朝夕相处；有的人和他在文革期间并肩战斗，相互支持；有的人在他遇难时就在他的身旁，撕心裂肺；有的人在自己家中保存他的骨灰十年之久，尽心守护；有的人把他的骨灰安葬在临近他学习生活过的清华旁，让他安息。他是我们的同学和兄弟啊，我们忘不了他！他的音容笑貌总是那样清晰地浮现在我们面前，他那貌似迷糊实则专注，有着清澈心灵的形象永远留在我们心中。

如今我们都已年近七旬，我们走过了共和国成立后的全部历程，经历过许多人生的艰难曲折，算不上什么艰险，但也不容易。我们走过来了，可是怎能忘记和我们一起在风雨中同行，不幸倒下的同伴呢？谢晋澄遇难于文革两派武斗中，他不是英雄，但也绝不是没有理性的狂热之徒。他聪明好学，兴趣广泛，为人随和，待人真诚，善于独立思考，敢于坚持真理；是一个有思想的，正直的，富有正义感的热血青年。

## 八、大学生

### "他是我从小学到大学的同学,亲如兄弟"

"我和谢晋澄从小学、中学到大学都是同学。小学中学不同班,大学大一、大二都在自九五班。"陈化新说。

谢晋澄 1945 年出生在江苏江阴县夏港镇农村。那时的农村还很贫穷,在农村中学教书的父亲收入微薄,养活不起一家四口,再加上母亲患病,贫病交加的打击使母亲在谢晋澄 3 岁时就去世了,含恨把一双儿女扔给了父亲。

在人生艰难的"爬坡"阶段,本来就薪水微薄支撑不起这个家,又失去了相互扶持的妻子,父亲仅靠一人之力,再也爬不上坡了,不得已他把襁褓中的女儿送给了别人。从此谢晋澄和父亲相依为命。

谢晋澄曾向陈化新讲述了自己苦难的幼年生活。并告诉他,多年之后,在他长大时,他知道了妹妹的情况,也知道妹妹就在不远的那户人家中,那时谢晋澄的家境也渐渐好起来了,但是他和父亲都没有在生活好后再去认这个亲人。人家在艰难的时候接受了妹妹并把她抚养长大,父亲和谢晋澄都感恩这个友善的人家,不愿意去打乱人家平静的生活。这是多么心地善良,深明大义的父子啊。

妻亡女散沉重地打击了谢晋澄的父亲,他心力憔悴,没有精力来照顾儿子的生活起居。沉重的生活使父亲无语,失去母爱的孩子也欢乐不起来。谢晋澄从小就养成了不注意修饰,不爱说话的习惯。父亲千方百计地呵护着年幼的儿子,他不能再失去这唯一的亲人。他不鼓励儿子蹦蹦跳跳,这可能带来危险,他更不敢让儿子做那些爬树、游泳的危险活动,只希望儿子平安长大。谢晋澄从小便不好运动,但是他好玩,兴趣广泛,喜欢动脑子的游戏,尤其喜爱下围棋,这个爱好伴随了他的一生。

谢晋澄从澄翰小学考进了江阴县中,江阴县中是所好学校,在江阴县排在省中——南菁中学后面。县中离谢晋澄的家夏港镇很远,他便在县中住宿,周末才回家。县中远没有城市里的中学的那种政治气氛,没有什么政治压力,谢晋澄对政治也没有兴趣。本来嘛,学校就是学习的地方,为什么要小小年纪就卷入政治呢。中学的功课对谢晋澄来说太轻松了,他把很多的时间用在玩耍和下围棋上,并不用功,成绩也不突出,在年级150多个学生中排不到前十名。

但是他极为聪明和专注,一旦他认为要努力学习时,他会十分专注,成绩也就很快上来。果然高中毕业时平时成绩并不十分突出的他考上了清华大学自动控制系,是当年江阴县考入清华的三个"状元"之一。

从小县城的中学进了首都北京的名牌大学,谢晋澄和陈化新真是开了眼界。典雅的大礼堂、图书馆,雄伟的东主楼,美丽的水木清华,教授、副教授竟有108位之多,丰富多彩的文体活动,使他们目不暇接,兴奋不已。有一

刚进清华大学的谢晋澄(左一)

次谢晋澄要陈化新陪他到北大去拜访堂姐,堂姐的丈夫是一位名叫怀特的美国黑人,朝鲜战场的俘虏,他们的两个混血孩子长得尤其可爱。这是极新奇的事,要知道在上个世纪60年代的中国除了外国大使馆的外交人员外,是几乎见不到任何外国人的。这下谢晋澄算是开了国际眼界了。

兴奋劲还没有过,学习的压力就逼迫过来了。

清华学生的学习成绩好自不消说,人们认为这是因为学生本来就是百里挑一的尖子嘛。其实不完全如此,这只是一个原因。清华对学生的要求很高很严,也是重要的原因。那时的清华是一所工科大学,在基础课方面,尤其重视数学和外语,刚入学的新生一般都会感到学习的压力。清华不采用外面的教材,专业课肯定都是自编教材,就是基础课的数学、外语,也不采用通用的大学教材,而是清华教师

自编的油印讲义，程度上要比通用的工科大学教材深不少。数学老师说，自控系学生的数学知识要达到一般理科大学数学系毕业生的水平。由于课程较深，油印讲义受篇幅限制又不可能十分详尽，上大课时同学们都要紧张地记笔记。

清华教授的教学水平很高。数学大课老师是听说就要提升为副教授的施先生。他授课不疾不徐，吐词清晰，逻辑缜密，整堂大课几乎没有一个字的不当，也没有一个字的多余。他板书工整，总是不慌不忙地边讲边板书，从不看讲义，却将繁琐的数学推导过程，一丝不差地书写在黑板上。

高等数学一上来讲的是《解析几何》。尽管施先生讲得不急不慢，谢晋澄和陈化新却跟不上，很多地方没有听懂，更记不下来笔记，当施先生用三节大课的时间就潇洒利索地把《解析几何》讲完时，谢晋澄和陈化新就像坠入到五里雾中，完全懵了。

原来，一些北京、上海的城市中学在高中时就讲授了一部分解析几何的内容，现在施先生是把解析几何知识讲得更系统更深入一些，进度很快。在地域偏僻的江阴，中学数学中根本就没有教过这方面的内容。

英语课也是如此。上课时听不习惯老师的发音，进度又快，一节课下来稀里糊涂。江阴县中的师资较差，发音都是不太标准的，听惯了这种"洋泾浜"，当然就不习惯清华老师的标准的发音了。

在江阴县中时，"状元"们功课优秀，最为得意的就是一般同学感到吃力的数学、外语，他们的成绩却非常好，可是现在变成听不懂，跟不上了。

来自小地方的同学都是当地的"状元"才能进清华，他们对于保持自己的"状元"荣誉，学好功课的欲望比起来自大城市的同学更加强烈。谢晋澄和陈化新相约，只能花更多的时间，更加努力刻苦地学习，把功课赶上来。谢晋澄放下了心爱的围棋，集中时间和精力，心无旁骛，刻苦地学习。

谢晋澄人长得比较瘦弱，个子矮小。平日里衣着倒不邋遢，头发却总是蓬松，参差不齐地向一旁支棱着，眯缝着双眼，总像是没有睡醒,又像是在陷入沉思。这时的他更是不修边幅,表面上看起来迷迷瞪瞪,"小迷糊"的外号一下子就叫开了。

谢晋澄的专注,再次使他很快把功课赶了上来,经过三、四个月的努力,他和陈化新就不感到学习吃力了。尽管那一头蓬松的头发,和眯缝双眼的小迷糊形象没有什么大的变化,谢晋澄还是逐

颐和园留影(右二为谢晋澄)

渐变得活跃起来,和同学相处融洽,他又恢复了兴趣广泛的"大小孩"的天性。

### 同学眼中的"小迷糊"

谢晋澄进大学不久就有了个"小迷糊"的外号。谢晋澄对这个不太雅致的外号既不气恼,也不在意,更不对自己的形象有丝毫改变。他总在专注感兴趣的事情,无暇顾及自己的形象。

谢晋澄言语不多,为人随和,看上去缺少一点那个年代大学生的"意气风发"。即使笑起来也是抿着嘴,收紧上唇,似乎有点儿羞涩,但这种笑容却使人印象深刻。张炜同学至今想起他,还不忘他这种"稚嫩"的笑颜。

谢晋澄对围棋始终非常爱好,尽管未曾听说过他参加过什么正式的比赛,拿过什么名次,但是他也确实相当有实力。同宿舍的同学,自九五班的同学曾多次集体和他对弈,也没有赢过他。他只要听说年级里有谁围棋下得好,就会找上门去"华山论道",切磋棋艺,厮杀一番。有时在没有人和他下围棋时,他会拿着一本围棋棋谱,自个儿对弈,研究棋局。他对围棋的爱好也感染着周围的同学,不少人

开始向他请教，学习围棋，他都能耐心地指点。

他平时"迷迷糊糊"，为人随和，但是下起围棋来却十分较真。他从不悔棋，也不允许对手悔棋，常常为此和对手争得面红耳赤。

谢晋澄的体育不行，个子小，不善跑跳，运动成绩不好。但是他非常喜欢旅行游玩。他多次发起组织在京的江阴老乡到颐和园游玩，这时的他就像换了一副模样，春风满面，喜形于色。

只要是他感兴趣的事，他就会很专注投入。大二、大三时他迷恋上装收音机。那时半导体器件在中国刚刚面世，装个超外差式的半导体收音机既要有无线电的知识和技术，又是要有一点经济实力才能办得到的。到了1960年代初谢晋澄的家境比一般同学要好，老父亲就这么个宝贝儿子，当然倾全部财力保证儿子的费用。谢晋澄对吃穿一点也不在意，买起半导体二极管三极管来却是舍得出手。有一次他和同学一起到北京城里去买三极管，当时的低频三极管一只要 2.4 元，高频三极管一只要 2.8 元，谢晋澄一出手就买了三只，花了七、八元钱，这是当时大学生半个多月的伙食费，令同去买半导体管的史德明同学"咋舌"。装半导体收音机，他"装备精良"，万用表，电烙铁，小工具等一应俱全，还常说这是"工欲善其事必先利其器"。在动手装收音机时，他又是倾情投入，对生活，衣着不管不顾，更是一副"小迷糊"的形象。

只要是谢晋澄认准的事，他就会倾情投入，十分专注，这就是谢晋澄的性格。

文革前谢晋澄政治上"懵懂未开"，他把时间基本上都花在学习功课上，课余是下围棋，焊收音机，游玩，他没有政治上追求进步的欲望，也没有什么"牢骚话"及"不当言论"，因此也算不上落后，在政治上也是个"小迷糊"。

那时报刊杂志宣传的，都是共产党的光辉形象，毛主席的一贯英明正确。人们不了解历史的真相，一切史料都是经过加工的。即使是像解放战争中国民党军队起义之类的事，不太有利于正面突出共产党的光辉形象，也不会见诸报端、文章。

有一次谢晋澄在宿舍里讲起了解放战争时国民党江阴要塞炮台

起义的故事。这段历史发生在他的家乡江阴，在那里很多人亲眼所见或亲身经历。

由长江边的君山、黄山、肖山、长山组成的江阴要塞，严密控制着1500米宽的江面。抗战胜利之后，国民党军队就加紧扩修江阴炮台，建成炮兵总台，配备各种型号口径的大炮78门，总兵力达到7000多人，控制着从张家港到黄田港25公里长的江面。

共产党组织早就开始在江阴炮台内部做工作。在炮台广交朋友，启发中下层官兵觉悟，逐步将炮兵总台、游动炮团、守备总队等部队的实权控制到可靠的人手中，架空了要塞司令。

1949年初，淮海战役取得伟大胜利，解放军为渡江解放江南加紧准备。江阴的地下党员化装成商人，将国民党《长江江防兵力部署和作战方案要图》，送到解放军手中。在策动江阴要塞起义的工作中，由于白色恐怖严重，险象环生，有同志不幸被捕入狱。1949年4月20日，毛主席、朱总司令发布《向全国进军的命令》。21日凌晨，三野十兵团在长江北岸千船竞发。在这关键时刻，江阴要塞的地下党领导广大官兵阵前起义，活捉了敌要塞司令，并掉转炮口，炮击国民党阵地。解放大军登上要塞，同起义人员胜利会合了。江阴要塞这座国民党最大的要塞阵前起义，动摇了国民党军的长江防线，在长江25公里之长的区域向解放军敞开了欢迎的大门，为人民解放军渡江作战的胜利作出了贡献。

同宿舍的同学听起来十分新奇，以前大家知道的解放军打过长江，是解放军在毛主席的指挥下"宜将剩勇追穷寇"横扫千军如卷席直接打过去的。电影《渡江侦察记》所描写的解放军侦察兵深入敌后，出神入化，获得了国民党军队的江防图，更是表现了解放军的智勇双全的光辉形象。现在知道，还有江阴要塞炮台起义，还有国民党起义人员的一份功劳。

谢晋澄讲得绘声绘色，充满了自豪感，他完全没有顾及这在当时是不能宣传的，它不利于突出共产党在解放战争中"百万雄师"过大江所表现出的所向披靡的光辉形象，没有正面报道过的事，怎么可以讲呢，谢晋澄心里"缺少"那根弦，政治上也是有点"太实在"了。

大一下学期学校组织大一学生到昌平南口"当兵"一个月,由解放军工程兵部队派人训练,从打背包、搞内务,到操练军事科目,半夜紧急集合拉练,搞得紧张严格认真,同学们都感到受到极大的锻炼。这是自入学以来全体大一学生的一次重大的活动,事后当然要进行认真总结,评比先进。自九五班在评先进时,有人对郑玉歆被评为先进有不同意见,说郑玉歆不能在会上很好地讲自己的思想,不应评为先进。一向对政治活动沉默少语的谢晋澄竟脱口而出:"讲那么多好听的有什么用,关键是要看实际行动。"

这在今天看来是有道理的一句平常话。可是在那个突出政治的年代,不讲得中听是不能算作先进的。一个人的政治表现主要是表现在"讲"上,学习毛主席著作要"讲"出来,"九评学习"要"讲"出来,活思想更是要"讲"出来。为了表现进步,人们会揣摩上面的意思,讲上面愿意听的话。出身"根红苗正"的会添油加醋编造家庭苦难史,出身不好的会上纲上线痛批家庭罪恶史,出身"灰色"的会找出一些鸡毛蒜皮的小事批判家庭对自己"封、资、修"的毒害。

"讲那么多好听的有什么用,关键是要看实际行动。"是太不合潮流了,甚至有点大逆不道。可是这就是谢晋澄的真情流露。平时他对政治的不积极主动,使他少受了当时的政治污染,得以在内心深处保留朴素的良知、纯洁和正义感,他的心是清澈的。他以这份良知、纯洁和正义感观察社会,判断是非,弥足可贵。他就是这样一个政治上的"小迷糊"。

### 文革中的"单干户"

1966年的6月1日同学们都沉浸在期末考试的紧张复习准备之中,浑然不知一场巨大的政治风暴正在来临。晚上中央人民广播电台广播了北大聂元梓等人的"第一张马列主义大字报",矛头直指北大校长陆平和校党委,这是非常不寻常的。那时哪有基层干部敢公开把矛头对准上级党委的,这不是明目张胆地向党进攻吗?可是同时播出的还有人民日报的社论《横扫一切牛鬼蛇神》,却支持这张大字报,岂不咄咄怪事。

谢晋澄这个政治上的"小迷糊"还没有反应过来，他还在紧张地复习功课，准备考试。可是接着发生的事重大而又突然：第二天同学们纷纷跑到北大去看大字报，紧接着在清华有人贴出了大字报，揭露蒋南翔校长和清华党委的修正主义错误，立即就有人站出来坚决捍卫蒋南翔校长和校党委，"反蒋""保蒋"战斗打开了，小道消息满天飞，课上不成了，整个学校炸了锅。

谢晋澄被惊"醒"了，可是也完全懵了。接着蒋南翔被"罢官"，工作组进校，一切都变化得那么快。这究竟是怎么回事？谢晋澄开始在清华校园里看大字报，有时也去北大看大字报。

谢晋澄喜欢看大字报的习惯一直延续到清华武斗爆发之前。他不但喜欢看，还喜欢在别人的大字报上写批语，只要是他认为重要的大字报，他都会批上几句，落款总是"自九四班谢晋澄"。

蒯大富和谢晋澄并不认识，四十多年后的今天，蒯大富还清楚地记得谢晋澄在他最艰难的时刻，在他的大字报上的支持留言。蒯大富回忆："1966年7月我贴出了《站住，叶林，把账算清了再走！》的大字报，那时虽然已解除了对我的软禁，不用写检查了，但我们还是很孤立，谢晋澄在大字报上签名'坚决支持！自九四班谢晋澄'，令我十分感动。在其后一段时间我写的大字报上，几乎都有谢晋澄表示支持的签名，在那个时候是特别难得的，我印象特别深刻。我一直想去拜访谢晋澄，和他好好聊聊，但是始终没有聊成。以后倒是和他有过照面，但是没有详谈过。听说4.29武斗中他被汽车压死了，我特别特别难过。"

清华文革初期，工作组把一部分人打成"蒯派"，"蒯派"在政治意义上有点像当年反右斗争中的"右派"。一进大学就接受"反右斗争教育"的清华学生都深知千万不能和"右派"沾边，只要立场稍不坚定就会滑向"右派"的泥坑。因此即使当时已宣布撤销工作组，解除对"蒯派"的政治压迫，但是人们仍记住"反右斗争"的教训，心有余悸，不敢和"蒯派"沾边，更别说支持"蒯派"了。

谢晋澄不是"蒯派"，他本来是站在这个"蒯派泥坑"之外的，但是当他看到工作组对待"蒯派"不是以理服人，而是扣帽子，打棍子，以势压人时，他很反感强权压制造成的不公，他内心的正义感驱使他毅然站出来，表明身份支持蒯大富。谢晋澄也真是个不懂政治的"小迷糊"，还真有热血。

自九年级的周洪源清楚记得，有一次他和谢晋澄一起去看大字报的情景。在"清华学堂"附近有一张动农系研究生写的大字报，大概是"反对资产阶级反动路线"之类的，是老四观点，反对有人在打倒走资派、坏人时，将一般干部、好人也一起打倒，大字报后并配有一张漫画，一只大拳猛击下来，拳下有走资派、坏人，也有许多一般干部、好人。谢晋澄看得十分认真，看后非常激动，大赞文章写得好，漫画也画得好，立刻在大字报后留言支持叫好，并签名："自九四班谢晋澄"，还表示要去拜访作者。给周洪源留下了深刻印象：平时的小迷糊，大事不迷糊，肯动脑筋，头脑很清楚。

在清华文革期间，同学们纷纷组织各种战斗组，这是清华文革中的主要运动形式。战斗组是一些观点相近的同学老师，跨系跨班自由组合的，一起学习毛主席的指示，中央的精神，一起讨论互相启发，将观点写成大字报，以战斗组的名义贴出去。

谢晋澄从来没有参加过任何战斗组，他总是天马行空独来独往。他也偶尔会到当时自九的"红炮"战斗组去发发议论，但是从来也没有参加过"红炮"，没有和"红炮"的人一起写过大字报。

他不参加任何战斗组，他的观点在看大字报中形成，在大字报批语中表明，这是一种独特的参与文革的方式，他基本上是文革中的"单干户"。

谢晋澄自己也写大字报，他自己写，自己贴，从不事先和人探讨大字报的内容。张炜同学就曾看见谢晋澄在批判工作组期间，手拿一摞大字报，从宿舍12号楼西门出来，一脸严肃地自个儿去张贴，和往日两眼眯缝的"小迷糊"形象大相径庭，至今留有深刻印象。

有一段时间谢晋澄一个人办起了《动态报》。文化大革命时，所有学校都停了课，精力旺盛的青年学生像水银泻地无孔不入，到处去闹革命，大字报满天飞，到处在发生着革命行动，天天有为人熟悉的领导人物被打倒，各种小道消息铺天盖地。不了解局势就难以判断方向，除了写大字报外，一些战斗组派人到各个学校、各个部委、各个热点地方去了解情况，收集资料，然后汇编成"动态"，散发到学校或社会上去。因为消息太多，形势又是瞬息万变，要及时捕捉到这些信息，并及时汇编，刻印，散发，工作量是非常大的，往往是一个战斗组里一大批人分工合作才能完成。

可是谢晋澄却一个人办起了"动态"，他到处去了解情况，抄录有代表性的大字报观点，自己整理编辑信息，自己刻写蜡版，自己印刷，自己散发，"一条龙"作业，十足文革"单干户"。他认准的事，就会十分专注投入，他很少会考虑自己干不干得了，结果又会如何。此时他又十分"专注"，完全沉浸在编"动态"中，一个人昏天黑地忙忙碌碌。

谢晋澄还有一段文革中不为同学了解的经历。大概在1966年底，谢晋澄在了解动态的过程中接触到"三司"——"首都大专院校红卫兵革命造反司令部"——当时在全国赫赫有名的首都红卫兵司令部，在全国造反派中享有至高的威望。谢晋澄成了"首都三司驻昆明联络站"的负责人之一。他究竟在联络站担任什么职务，干过些什么，我们不得而知，谢晋澄本人也从来没有对年级的同学说起过。我们曾问过蒯大富，"三司"任命过谢晋澄为三司驻昆明联络站的负责人吗？蒯大富是当时的"三司"负责人之一，外称"蒯司令"，他又对谢晋澄有深刻印象，他应该知道。蒯大富回答：毫无印象。并说，那个时候北京的红卫兵去到外地自己打个"三司"的旗号就可以发号施令了。谢晋澄到昆明成为"三司"驻昆明联络站的负责人之一，大概就是当时"三司"的某个人邀他同去昆明，也没有什么任命，他就立刻当上"负责人"这个"官"了。在云南省委书记阎红彦被迫害自杀后，周总理派专机接包括谢晋澄在内的几个人到京，向周总理当面汇报。一国总理派专机把几个普通人接到北京了解情况，在今天看来不可思议，但这就是文革中实实在在发生的事情。可见文革时地方的党政系统已瘫痪不灵到怎样的程度了，周总理是在运用他个人的权威掌控全国的局面。

时任中共云南省委第一书记，昆明军区第一政委的阎红彦是开

八、大学生

国陆军上将，中共八届候补中央委员，一位重要的封疆大吏。1967年1月8日，阎红彦在"四人帮"的威逼迫害下含冤自尽。

1月8日凌晨1点，陈伯达打电话给阎红彦，非常刻薄的指责"不要像老鼠一样躲在洞里……你的命就那么值钱？你没了命我负责陪你一条命！……这就是中央的意见！"，在阎红彦解释边疆的稳定的重要性时，陈伯达不听并大骂他"顽固"。身为陆军上将、封疆大吏的阎红彦哪里受得了文人书生陈伯达的恶语咒骂。清晨4点，造反派闯到阎红彦的住处，秘书急忙去通知阎红彦，发现阎红彦已自杀身亡，临死前写下一张纸条："我是被陈伯达、江青逼死的。"

当时的"动态"报道了谢晋澄等人向周总理汇报阎红彦之死的事。坐周总理派去的专机回北京，当面向周总理汇报，这在一般人看来是一份难得的荣耀，是令人终生难忘的"幸运"之事，可是谢晋澄在回到学校后，从来没有主动向人提起此事。当好友陈化新忍不住好奇地问他："你们乘周总理派去的专机回来，当面向周总理汇报是怎么回事？"，他告知这位知己老同学："我当时是最早到达阎红彦的住所的人之一，周总理想了解阎红彦死时的真实情形。"淡淡的几句话，没有任何的炫耀，吹嘘，甚至连"绘声绘色"都没有。谢晋澄就是这样一个"实在人"！

在谢晋澄遇难后，很多人不理解瘦弱矮小的"小迷糊"怎么会拿起长矛参加武斗呢？

谢晋澄对文革的投入使他常常有"超乎人们想象"的举动。在蒯大富刚刚被解除"软禁、写检查"的时期，蒯大富那时还比较臭，蒯大富张扬的个性和他向工作组"夺权"的言论，使当

文革时期谢晋澄在天安门广场

时清华的绝大多数人认为，蒯大富即使不是"反革命"，也不是什么好人，"蒯派泥坑"是沾不得的。这时谢晋澄却鲜明地站出来支持蒯大富，"小迷糊"做出了"超出人们想象"的举动；就在同时期，在清华大礼堂一次关于蒯大富的辩论中，从来不善言辞的谢晋澄竟然跳上讲台，抢过麦克风，自报家门"自九四班谢晋澄"，慷慨激昂地发表演讲支持蒯大富，这真是"超乎人们想象"；一个人办"动态"，不也是"超出人们想象"吗；在学校里从来没有表现出有任何组织、领导才能的"小迷糊"，竟然能在昆明当起了"首都三司驻昆明联络站"的负责人，还乘周总理派出的专机回北京向周总理当面汇报阎红彦自杀事件，这也太"超出人们想象"了。

当我们把谢晋澄的这些"超出人们想象"的行为串联起来，看到的是"小迷糊"谢晋澄的另一面，他原来是个有理性，有思想，有激情，敢担当，富有正义感的热血青年。

"有思想，追求真理，有热血，敢于担当。"，这是任何时代的青年都应该崇尚的品德，永远不会过时。

人们奇怪，一个从前政治上的"小迷糊"，为何在文革中"突然"变得积极了呢？郑玉歆、张鸿宾等同学至今保留着谢晋澄文革中在天安门广场和串联时的照片。照片中的谢晋澄一副振奋和意气风发的样子，和文革前相比就像换了一个人。同学们感慨道："毛主席在文革中把几乎所有的青年学生的积极性都调动起来了！"。这里面有普遍的原因，也有具体的原因。

今天分析起来，是多方面的因素在改变着谢晋澄。

首先是大的形势。狂热的文化大革命震撼了每个人的心灵，谢晋澄尽管政治上"小迷糊"，但他内心里也像所有同学一样衷心热爱毛主席，毛主席发出了"你们要关心国家大事，要把无产阶级文化大革命进行到底"的号召，也同样激荡着谢晋澄的心。文革前政治是追求进步的人的"专属领域"，不善言辞的谢晋澄似乎不得入门。文革前年级的政治活动都是在政治辅导员、团支部的领导下，有计划有步骤地进行的，他用不着思考，只要随大流就行了。如今党团组织都瘫痪了，他自由自在地徜徉在文化大革命的政治海洋中，没有具体的方向，一切要靠自己的判断。当然总的方向是有的，通过两报一刊传达的毛主席的各项指示就是斗争的大方向，不过指示太原则，前后的指示有的还是有点儿互相矛盾的，到了具体问题上就要看自己如何来分析判断了。这有点儿像到颐和园游玩，自由自在，更有点儿像下围棋，目标是赢，但怎么个下法才能赢，全凭自己对棋局的判断。这些谢晋澄熟悉并且爱好，原来政治还有这么个玩法。

　　谢晋澄没有家庭的"包袱"，也没有个人的教训。父亲在江阴农村中学那个小单位，周围的同事都是知根知底的熟人，父亲历来言语不多，历次运动都是随大流，未受过冲击。谢晋澄自己文革前，政治上没有上进的欲望，从中学到大学，一直随大流走过来，没有什么辫子被上级组织或是别人抓过。自己从来没有吃过政治的"苦头"。虽然入大学时接受过反右斗争的教育，但那些事都与自己无关，自己无切身体会。右派是"反党"，现在在文革中干的一切自己可都是为了拥护共产党，捍卫毛主席的啊。谢晋澄无所顾虑地投身到文革中去。

　　谢晋澄在文革中的积极表现也与他"专注"性格有关。以前他不修边幅、"迷迷糊糊"，主要是在"专注"学习，也"专注"下围棋，"专注"焊收音机，这些就够他"专注"的了，他没有时间和兴趣来关心政治，政治之门也不得而入，和生活小节一样"迷迷糊糊"就行了。现在停课闹革命，大字报的丰富内容和文革形势的瞬息变化时刻在刺激着他，政治的大门敞开在面前，自从他开始看大字报，开始思考，他就进了这扇大门，一旦进去，他便"专注"，一旦"专注"，他便全情投入，他就是这种性格。

　　谢晋澄在文革中的积极表现更是他心灵纯洁，富有正义感，善于思考，敢于担当的品质的反映。文革前谢晋澄政治之门不得而入，在他的心灵深处没有太多的政治污染，保留着朴素的良知、纯洁和正义感。他不太懂得察言观色，揣摩上级的意思，为追求进步说一点违心的话那一套东西。他以自己这份朴素良知、纯洁和正义感来观察文革中发生的事情，判断是非。当他认为什么是自己应该干的事时，他就会全情投入；当他感到强权压迫的不公时，他就要去抗争，而根本不顾及后果。

## "他就倒在我的身边，再也没有起来"

谢晋澄很早就站出来支持蒯大富，他也自然很早就参加了蒯大富的"清华大学井冈山红卫兵"。1967年初，他从昆明返回了学校，发现清华造反派内部在解放干部问题上出现了很大分歧。以"二十八团""三十一团"等战斗组为代表的一批人，坚持"打倒一切"、"怀疑一切"，认为"解放后的十七年是黑线主导的"，"清华的干部队伍基本上由资产阶级知识分子组成，他们执行的政治路线基本上是资产阶级路线"。而以"东方红纵队"、"天安门纵队"等战斗组为代表的一批人则认为"解放后十七年是红线为主导"，"清华的干部队伍基本上是好的和比较好的，真正走资本主义道路的是极少数"。两种观点完全相反，针锋相对。在看了大量的大字报后，经过认真思考，谢晋澄比较认同后一种观点。谢晋澄认同后一种观点也是由于他看不惯蒯大富咄咄逼人，以势压人的那一套作法。1967年4月，"414"从"清华井冈山"分裂出来，谢晋澄参加了"414"，他由支持蒯大富变成了蒯大富的对立面。

谢晋澄在文革中喜欢思考，善于思考，也敢于"行动"，但是他从来没有参加过任何过激的行动，他没有参加过给干部、老师戴高帽子游街之类的行动，也从来没有干过打人，侮辱人的事。在他的内心始终保留着理性和一份良知，没有因狂热而乱，没有为愤怒而失。

1968年4月23日早上，在蒯大富等人的策划指挥下，团派武斗队抢先占领了学校大礼堂、新水利馆、旧水利馆以及旧电机系馆，紧接着，上午9点30分团派电机系"捉鬼队"又强占了学生11号楼，挑起了预谋中的清华园内全面大规模武斗。中午11点多钟，414派占据了12号楼，后来又占据了5号楼。414派与团派在东区学生宿舍楼间形成了相互对峙的局面。

谢晋澄对蒯大富等一些人挑起清华武斗十分愤慨，瘦小的他没有选择离开学校而参加了守卫12号楼的队伍——414自九战斗队。

即使在这时谢晋澄仍坚守不能打人的原则，史德明同学回忆："在清华武斗发生后，记得有一天，我们在一起讨论起如果捉到团派

## 八、大学生

的同学要不要打的时候,谢晋澄表示决不能打,都是同学怎能下得了手!多么善良的同学!"

那时 414 战斗队的装备非常原始。一段长约 2 米左右的暖气管,前端锯成斜角,再扎一根红布条就是长矛了。每个人腰间扎根皮带,上衣内左右胸前各放一本厚书,用来保护要害部位,这就是防身的"盔甲"。

武斗初期的交战也是"原始"的。往往是一方的人员冲过来,另一方的人员就后退,过一会儿,另一方的人员冲过来,这一方的人员就后退,基本上是比哪一方更"人多势众"。武斗双方毕竟是同学,绝大多数人都下不了手,自己也是害怕的。蒯大富等人挑起了武斗,除了个别的极端分子之外,绝大多数团派同学都是不明真相参加武斗的。414派绝大多数同学出于义愤,仓促上阵。双方绝大多数同学其实都没有真正去"厮杀"的心理准备。

40 多年后在自九同学怀念谢晋澄时,樊程同学悲愤地讲出了那令人不堪回首的一幕。

"4 月 29 日下午,我带领 414 自九战斗队的三、四十人,由西区经 13 号楼前东、西区通道返回 12 号楼。途中,突然得到消息:团派派人在九饭厅抢粮。九饭厅位居 5 号楼和 12 号楼北面,是这两栋楼学生用餐的食堂,如被团派占据或抢劫,驻扎在该楼的 414 人员将无处吃饭,无法生存。为尽快阻止团派的行动,我们迅速跑步急进。"

"队伍接近九饭厅西面洼地时,看到有些团派人员在九饭厅西门忙碌地进出抢运粮食,大部分则手持长矛站在洼地上戒备。此时,团派也发现了我们的到来,人员快速向洼地中部集结。我们跑到 5 号楼西北角,跳下土路沿着斜坡,直向洼地中部的团派队伍冲去。队伍刚下到坡底,就遭到团派大弹弓车的攻击。我与谢晋澄、F××及Y××四人是一个战斗小组,迎面打来的一块砖头击中了 Y×× 的面部,伤势很重,F×× 便换扶着满脸是血的小 Y 往回撤离。冲击没有成功,414 的队伍退回到 12 号楼前。"

"团派见我们撤回,便向 12 号楼方向发动进攻,他们沿着九饭厅西南角旁边的一条土路，进到九饭厅南侧正门前。为阻止团派抢粮，自九 414 的队伍迎上前去，双方在九饭厅正门偏西位置形成短暂对峙状态。由于路面狭窄，谢晋澄和我两人并排站在队伍最前列，他在我的左侧。"

"我们双手紧握长矛，两眼盯着面前同样手握长矛的团派武斗队员。此时，在我们左后方，一辆解放牌卡车正沿着 5 号楼北的土路，由西向东驶来。我瞟了一眼，没有多想，继续紧张地与对方对持。突然，对面团派人员慌乱后退，我也感到背后有些异样，下意识地扭头一看，只见那辆卡车已转变方向，开足马力，直接朝着我们身后疯狂地冲了过来，后面的队伍已被冲散，汽车前部马上就要撞到我和谢晋澄。在这千钧一发之际，我本能地跳到右边一根电线杆旁，还没有来得及喊叫一声，卡车已从我身边疾驶而过，撞向了谢晋澄。"

"接着发生的这一幕永远惨痛地定格在我的脑海中了：

就在汽车将要撞到谢晋澄的一刹那间，只见他右手单握长矛，左手松开，上身向左转动，似乎已感觉到危险的到来，想转身看看后面的情况。就在这时，凶狠的杀手驾车直接向他撞去，卡车前部保险杠将他撞倒在地，左前轮从他身上压过，谢晋澄的身体在车底翻转了一下，紧接着右后轮又从他的胸部和头部碾过，随即经九饭厅西南角驶回团派控制的洼地。谢晋澄被撞倒碾压，他就倒在我的身边，再也没有起来。我顿感撕心裂肺，扑上去大喊：'谢晋澄！谢晋澄！'，可他已经停止了呼吸。在场的所有人都惊呆了，他们怎么也不会想到凶残的司机竟然会这样毫无人性地，在光天化日之下用汽车直接冲撞碾压同学！"

"这是清华第一例武斗受害事件，悲愤的同学强烈要求北京市革委会和中央领导出面，由市公安局派人验尸，严惩杀人凶手，立即派人处理并制止清华园内的武斗。4月30日414同学抬着谢晋澄的遗体在校内游行，5月1日上午又将遗体抬到北京卫戍区门前，要求司令员和政委出面解决问题。据说此事惊动了周总理，指示北京市公安局出面处理。"

# 八、大学生

谢晋澄遇难后自九部分同学和谢父合影（中排坐者为谢父）

"5月1日晚上，北京市公安局法医来做检验。几天后，市公安局给出了检验结果：'重力挤压至死。'"

谢晋澄遇难后人们在清理他的遗物时发现了他的一本日记，在日记中他写道："我宁愿牺牲在抗击美帝国主义的越南战场上，绝不愿意在两派的武斗中作无谓的牺牲。"

多么善良的愿望，多么残酷的现实。让人扼腕，让人愤怒。

是丧尽天良的司机李正明杀害了谢晋澄。

是以蒯大富为首的极端分子挑起清华武斗，使包括谢晋澄在内的两派十几名学生老师遇难，使1968年7月27日到清华宣传制止武斗的首都工农宣传队的五位师傅惨遭屠杀，使清华大学的几百名师生，工宣队的700多名师傅受伤甚至致残。

是毛泽东发动的文化大革命的浩劫，"四人帮"的兴风作浪，使全国包括谢晋澄在内的百多万人惨遭杀戮，使几千万人的身心遭受巨大摧残，使中国的经济倒退到崩溃的边缘，使几千年悠久的中华文化惨遭劫难，使中国6亿人民陷入深重的灾难。

**安息吧，谢晋澄！**

谢晋澄遇难后，同学们不知怎样告知一生饱受打击的谢晋澄的父亲，我们如何启齿呢？

这副重担还是落在了陈化新同学身上。5年前当谢晋澄荣登江阴"状元"榜时，老父亲是觉得何等荣光，自打谢晋澄的母亲去世，十几年来的苦难、操心、付出都是值得的。那时陈化新看到的是老人的欣慰、希望和对儿子前程的憧憬。今天却要把噩耗告诉老人，将老人二十多年来的寄托，后半生的希望打得粉碎，这太残酷了！

陈化新把老人从江阴领到了北京八宝山殡仪馆，守候在那里的罗民、李明文同学试图劝阻老人去看谢晋澄的遗体，怕老人经受不起打击。但是老人怎么也要见儿子最后一面，当他看到面目全非的儿子时，他一下子扑在儿子的身上嚎啕大哭。站在一旁的同学也非常悲伤，他们不断地劝老人"节哀"，"保重"。此时的老人哪里能控制得住自己的悲痛呢？几十年来的苦难一下子涌到眼前，当自己刚刚进入中年就失去了心爱的妻子，又不得已把襁褓中的女儿送人，从此没有了欢乐，苦难的眼泪只能咽进自己的肚里，自己又当爹又当娘，含辛茹苦，好不容易把儿子拉扯大，在自己已近黄昏之年，却失去了儿子这唯一的亲人，失去了自己唯一的希望，失去了自己活在世上的唯一动力，苍天啊！你为甚么这样不公地对待我，让我遭受人生最为悲痛的"中年丧妻，晚年丧子"的苦难！

谢晋澄的遗体火化后，同学们尽其所能挑选了一个好的骨灰盒。可是遭受了沉重打击的虚弱老人再也抱不起儿子的骨灰盒了。难道要在妻子的坟旁再添一座新坟？难道还要给在天国的妻子带去这个噩耗吗？他的天已经塌下来了，难道还要让他面对一老一小的坟头，天天来折磨自己几近流干了血的心吗？

老人没有带走儿子的骨灰盒。同学们不想把骨灰盒放到公墓里去，希望等过一段时间，老人平静之后再把骨灰盒交给老人。可是不放进公墓眼下放到哪里去呢？学校是不能存放骨灰盒的，再说学校两派正在武斗，没有一处安静的地方。郑玉歆同学没有多说，他把谢晋澄的骨灰盒捧进了在北京的自己家，放在了自己的房间。他知道父母是极有善心，通情达理的人，他们会理解自己的行动的。

1968年底九字班的同学毕业分配了，谢晋澄的骨灰盒怎么办呢？面对不了解的接收单位，未知的前程，就要各奔东西的同学们对于怎样处理谢晋澄的骨灰盒一筹莫展。郑玉歆只轻轻地说了一句话："谢晋澄的骨灰盒还是放在我家吧。"这对于郑玉歆有多难啊，他当时已被分配到黑龙江，就要离开北京。

没想到郑玉歆的这一句话，谢晋澄的骨灰盒竟在他的北京家中存放了十年。郑玉歆本人多年后费尽周折从黑龙江调到北京远郊的北京石油化工总厂向阳化工厂（现在的燕山石化总公司二厂），谢晋澄的骨灰盒安静地放置在他的房间十年，一点也没有挪动。

1970年的春天，陈化新和但燊专程到谢晋澄的家乡，看望谢晋澄的父亲，希望老人家把儿子的骨灰盒接回家。那时的谢父身体更加消瘦，头发几乎全白，神情木然，看上去比两年前衰老不少。两人的问候没有唤起老人的一丝笑容。谢晋澄要活着，不也是和他们两人一样参加工作了吗？谢父只有酸楚哪里笑得起来。当陈化新用家乡话悄悄问起他，是否把"谢晋澄"接回家，老人木讷地摇了摇头，他已经无法从沉重的打击下再站起来了。

1978年10月，几个同学有机会在北京相聚，再次谈起谢晋澄的骨灰盒，认为还是"入土为安"的好，最好就在这次众人相聚时将谢晋澄的骨灰下葬。选择下葬的地方颇费心思，谢晋澄下葬的地方是他的永远安息之地，不应受到任何打扰，最好还能靠近他生前生活学习过的地方。众人实地勘查了多处地点，选中了一处幽静而又靠近清华大学的地方。当晚众人找来了洋镐、铁锹，弄来了水泥、砂子，挖下一个深深的坑，在坑底垫上厚厚的水泥砂浆，

谢晋澄安息之地如今已郁郁葱葱

小心翼翼地放入了谢晋澄的骨灰盒,再在骨灰盒的四周和上面用厚厚的水泥砂浆包起来,平整好土地。众人站在谢晋澄的长眠之地前,深深地鞠躬,默默地致哀。他们在墓地没有树立任何碑记,他们在心中牢牢记住了这个地方,他们更在自己的心中为谢晋澄树立了"墓碑":安息吧,谢晋澄,我们永远怀念你!

40多年来我们一直不能忘怀谢晋澄同学。

我们怀念谢晋澄因为他是我们大学的同窗,我们和他之间有着浓浓的同学情谊。大学时代是值得怀念的,那是我们像孩子吮吸乳汁一样自觉地汲取知识的年代,是锻炼我们才华的年代,这之后不久我们便踏上社会,用知识和才能服务社会;那是我们最单纯的年代,同学之间没有利害冲突,同学友谊没有任何功利色彩,在我们年近古稀之时,对这种纯真的友谊尤其怀念。

我们怀念谢晋澄因为在和他相处的日子里,他给我们留下了良好的印象,给了我们积极的影响。他真诚,平和,专注,认真,富有正义感,我们透过他的"小迷糊"表象看到了他清澈的心灵,看到了他善于独立思考,追求实事求是,敢于坚持真理的可贵品质。今天看来,在一定程度上他不也是在践行"自由之思想,独立之精神"吗?

我们怀念谢晋澄也是在怀念我们和他在那个年代的种种经历。在文革前,我们的思想被禁锢在党指定的框框中,不得越雷池半步。尽管如此,我们还是在学习知识的同时,参加了军训,和其他社会活动,磨炼了我们的意志,增加了对社会的了解。文革是一场浩劫,但是出乎毛泽东本意的是,我们也得以有机会在一定程度上冲破了思想禁锢,解放思想,对文革中发生的事情进行思考判断,来决定自己拥护还是反对的态度。我们有过激情,受过历练,其中也犯过错误,走过弯路,只要我们正视这些错误,检讨其中的教训,就成了日后我们踏上社会的一笔财富。

我们怀念谢晋澄也是对毛泽东发动的文化大革命的控诉。毛泽东在文革中把他的阶级斗争的学说推向了极致,多少人被批斗,多少家庭破碎,多少人惨遭杀害,全国学校停课,亿万学生中断了学业,知识越多越反动,几千年的中华民族的优良传统被颠覆,人性、良知被抛弃，国民经济走向了崩溃的边缘，使中国人民遭受了空前的劫难。我们的这篇怀念谢晋澄的文章就是要告诫我们自己及后人，绝不能让文革在中国再现。

我们怀念谢晋澄使我们更加认识到人性和良知的重要。如果说在文革中谢晋澄和我们对文革中那些丧失良知、没有底线的"革命行动"曾经反感，并与之有过抗争，今天我们就要更自觉地弘扬人性、良知等普世价值，认识到只有国家走上了民主和法治的道路，才能使人性的光辉普照中国大地，从根本上防止文革在中国的重现，使谢晋澄的悲剧今后不会再重演。让我们在中国走向民主和法治的道路中做一个拥护者，支持者。

**感谢**：在写本文的过程中，清华大学自九年级的李明文，刘寿和，罗民，史德明，王疾舟，夏雨人，夏宇闻，张鸿宾，张炜，郑易生，周洪源等同学以及自0年级的刘守岳同学给予了大力支持，提供了很多关于谢晋澄的资料，还有许多同学表达了对谢晋澄同学的深深怀念。作者对他们的支持表示感谢。

2013年12月15日初稿
2014年元旦修改

【上文引自孙怒涛：《历史拒绝遗忘》，中国文化传播出版社，2015年，731页】

## 护粮中，谢晋澄惨死在车轮下

### 唐金鹤（焊8）

1968年4月23日以后，老团和老四都忙于在清华园内抢占地盘。除了科学馆以外的整个清华西区都是老团的：老团还占领了东区的五座学生宿舍楼：6、7、9、10、11号楼。老四则先后占领了科学馆，动农馆，旧土木馆，汽车楼，焊接馆，主楼，工物馆，摆成了一字长蛇阵；并占领了东区的另外三座学生宿舍楼：5号楼、8号楼和

12号楼；还有九饭厅和东区浴室。从表面上来看，老团和老四都在各自的地盘范围内活动，实际上，暗地里双方都经常趁对方不注意时，去对方的地盘进行偷袭、骚扰活动，因此，双方的小型摩擦一直不断。

4月29日，为了解决科学馆内人员的吃饭问题，老四组织几百人到运动员食堂抢粮，把大批粮食和油盐酱醋等运进了科学馆；老团则出动了许多人去九饭厅抢粮。在九饭厅前，老团的卡车压死了自控系自904班谢晋澄。

4月29日那天，郑楚鸿在5号楼，他是守楼人员。他的回忆：

四月下旬的一天，冶金系414分部头头铸8班的朱振奎，召集我们系十几个老四，去参加占领5号楼。从那天下午开始，我们先揭起楼前地面的水泥方砖，再用房间内平时睡觉的床、看书的桌子堵窗户、大门。还有许多其他系不认识的人，我们一起忙了好几天。

4.29那天，老团来九饭厅抢粮，我们守楼人员马上各就各位。我听到(冶金系压00班)汲鹏在楼道里喊："快来人啊，上楼顶，上楼顶！"我急忙从房间里冲出来，跟着十几个人跑上四楼。我们一个跟一个，登上放在楼道里、靠近东侧楼梯口的一个方书桌，然后顺着防火梯爬上去。防火梯上面的天花板处，有一个方洞。我们立刻钻进方洞，进入了顶棚。这是我第一次进入5号楼的顶棚，里面一点都不黑，空荡荡的，比楼道里宽敞多了。我是怎么从5号楼的顶棚出去，爬到5号楼屋顶的，我一点印象都没有了。现在我只记得，我到了5号楼南侧屋顶以后，感到风很大。我往下一看，我的天啊，5号楼和6号楼之间那块空地的地面，深深地洼了下去，我没有想到，5号楼原来这么高啊！屋顶的倾斜度还特别大，把我吓得够呛，因此我远远地躲开了屋檐。我赶紧蹲下来，弯腰揭瓦，然后把瓦传给站在高处的人。那天，我大概一共揭了五十几块瓦。楼下发生了什么事，我一点都不知道。

后来老团走了，我下到地面，别人告诉我，老团的汽车压死了一个同学，遗体停放在12号楼的洗脸房。我怕死人，不敢去看。老团

## 八、大学生

走后,很多老四排着队去扛九饭厅的粮食,把粮食迅速搬到12号楼。装大米的麻袋太重了,我扛不动;我只扛面粉袋,每袋大概四五十斤吧。有人扛着麻袋,还一溜小跑,生怕老团又回来抢粮食。我大概只扛了三、四次就没了。我的全身都是面粉了。

被老团汽车活活压死的谢晋澄是江苏省江阴县人,出身教师家庭。他们家住在一个小镇上,谢父是该镇中学的物理教师。他是家中的独子,自幼丧母,由他的父亲一手把他带大。十多年来,父子相依为命,白天父亲教课,儿子读书,日子虽然过得清贫,但是上进的儿子给了老父亲生活的动力。1963年,谢晋澄以优异的成绩考入北京清华大学,老父亲多么高兴啊!

天真善良的谢晋澄,他怎么也没有想到大白天就会有人开着汽车往他的身上撞;清华园里的任何一个人也没有想到。

下面是自控系自903班樊程对谢晋澄惨死过程的回忆:

4月29日下午,我带领414自9战斗队的30、40人,由东、西区分界小桥返回12号楼。途中,突然得到消息:团派的人正在九饭厅抢粮。九饭厅位于5号楼和12号楼北面,是这两栋楼学生用餐的食堂,如被团派占据或抢劫,414人员将无处吃饭,无法生存。必须尽快阻止团派的行动,我们迅速跑步急进。

那时414战斗队的装备非常原始,一段长约2米的铁管,前端锯成斜角,再扎一根红布条就是长矛了。每个人腰间扎根皮带,上衣内左右胸前各放一本厚书,这就是保护要害部位的"盔甲"了。

队伍接近九饭厅西面洼地时,我看到有些团派人员在九饭厅西门忙碌地进出抢运粮食,大部分则手持长矛站在洼地上戒备。洼地中部摆放着几辆大弹弓车,这是一种杀伤力极大的武器,它是用自行车内胎绑在手推车铁架上组成的一个巨型活动弹弓,用它来发射石头和砖块,射程远、速度快,杀伤力极大。此时,团派也发现了我们的到来,人员快速向洼地中部集结。我们跑到5号楼西北角,离开土路,跑下斜坡,直向洼地中部的团派队伍冲去。我们的队伍刚下到坡底,就遭到团派大弹弓车的攻击。我与谢晋澄、小Y及小F四人是一个战斗小组。迎面打来的一块砖头击中了小Y的面部，伤势很重，小F急忙上前扶住小Y，说了句："我送他下去"，便搀扶着满脸是血的小Y往后撤离。我们的冲击没有成功，414的队伍退回到12号楼前。团派见我们撤回，便向12号楼方向发动进攻，他们沿着九饭厅西南角旁边的土路，到达九饭厅南侧正门前。为阻止团派抢粮，自9战斗队迎上前去，双方在九饭厅正门偏西位置形成短暂对峙状态。谢晋澄和我两人并排站在队伍最前列，他在我的左侧。

　　谢晋澄个子瘦小，人很聪明、斯文，满脸稚气未消的样子。他"派性"不强，为人极为随和。文革初期工作组整蒯大富期间，他在蒯的大字报上公开署名支持，令蒯对他印象深刻。没有想到为了抵抗蒯对414的威逼，他竟然也拿起了长矛。

　　我们双手紧握长矛，两眼盯着面前同样手握长矛的团派武斗队员。此时，在我们左后方，一辆解放牌卡车正沿着5号楼北面的土路，由西向东驶来。我瞟了一眼，没有多想，继续紧张地与对方对峙。突然，对面团派人员慌乱后退；我也感到背后有些异样，下意识地扭头一看。只见那辆卡车已掉转方向，开足马力，直接朝着我们身后疯狂地冲了过来。我们身后的队伍已被冲散，汽车前部马上就要撞到我和谢晋澄。在这千钧一发之际，我本能地跳到右边一根电线杆旁，还没有来得及喊叫一声提醒谢晋澄，卡车已从我身边急驶而过，撞向了谢。接着发生的这一幕永远惨痛地定格在我的脑海中了：就在汽车将要撞到谢晋澄的一刹那间，只见他右手单握长矛，左手松开，上身向左转动，似乎已感觉到危险的到来，想转身看看后面的情况。就在这时，凶狠的杀手驾车撞上了他的身体，卡车前部保险杠将他撞倒在地，左前轮从他身上压过，谢晋澄的身体在车底翻转了一下，紧接着右后轮又从他的胸部和头部碾过，随即经九饭厅西南角驶回团派控制的洼地。谢晋澄被压倒在地，再也没有起来。此时他头皮向后脱落，露出了白色的头骨，瞬间又被鲜血染红。我扑上去大喊："谢晋澄！谢晋澄！"可他已经停止了呼吸。在场的所有人都惊呆了，他们怎么也不会想到凶残的司机竟然会这样毫无人性地、在光天化日下用汽车直接冲撞碾压自己的同学！

## 八、大学生

　　我的同学谢晋澄永远地离开了我们，他年仅23岁啊。我强忍泪水架起了谢的一只胳膊，另一位同学架起了谢的另一只胳膊，把他拉回12号楼前。稍后，另一辆解放牌卡车又沿着5号楼北面的土路冲了过来，愤怒的同学纷纷用身边的砖瓦石块向其砸去，惊慌失措的司机在驾车向北躲闪时，侧翻倒地，车上的人员急忙弃车逃跑。

　　4月30日，老四在主楼开会控诉团派司机的罪行：光天化日之下，在清华大学校园里老团用卡车活活压死了谢晋澄。会上群情激愤，要求北京市革委会和中央领导出面干涉，立即处理并制止清华园内的武斗；要求北京市公安局派人验尸，严惩杀人凶手。有人提出去天安门广场抬尸游行，但是没有获得与会者的一致通过。会后在校内抬尸游行。5月1日上午又将遗体抬到北京卫戍区门前，要求卫戍区司令员和政委出面解决问题。据说此事惊动了周总理，指示北京市公安局出面处理。

　　5月1日晚上，我和但燊等几位同学，把谢晋澄的遗体由东区浴室一楼北侧抬到12号楼前，市公安局法医来做检验。几天后，市公安局给出了检验结果："重力挤压至死"。

　　公安局法医来做检验时，天安门广场正举行"五一"联欢晚会。望着远方升起的一束束礼花，我的脑海中不由得浮现出谢晋澄生前的音容笑貌。就在4月29日的上午，我们还在一起逗笑：我手里拿着一粒糖停在半空，他弯着腰、抬起头，张口准备接糖。一幅多么温馨又充满同学情谊的画面啊！可是现在，他却倒在这里，倒在他学习、生活过的地方，一个闻名于世的高等学府的校园里！

　　四十年了，每当我回忆起这一幕时，头脑中依然是那么清晰，我甚至记得谢晋澄被压在车底下的动作，太惨不忍睹了！2004年夏我就开始动笔，想写下那段经历。但每次写到卡车冲过来之时，便再也无法写下去；一直到至2009年春才写出初稿。实在是不堪回首，我内心的悲痛一直无法释怀。2012年秋，但燊等学友给予了补充，我最后完成此文。

　　这究竟是为什么？到底是谁杀害了他？！

下面是自控系自905班任顺良同学的回忆：

谢晋澄是我看着被压死的。那天中午我们俩人还在9饭厅前，面对面的骑在一根方形水泥电线杆上吃饭。那天的菜特别不好吃，我俩就吃着我买的那一份菜，你一勺、我一勺地吃完了中饭。没有想到这竟是他吃的最后一顿饭！下午我到科学馆去，还看见了他。我离开科学馆回到12号楼我住的房间208。过了一会儿，听说打起来了。我就趴在窗口看着9饭厅前，眼见一辆卡车从5号楼那边冲向9饭厅方向，冲倒一个人，后轮从头上压过，那辆卡车都跳起来老高。后来我看见有人把撞倒的人抬到12号楼下，我一眼就认出那是谢晋澄……太惨了。整个的头皮和头骨分开了，可以看得见全是鲜血的红红的、圆的头颅骨……实在是太惨了。

老团这个杀手司机还差一点撞死一个团派同学。他是我的朋友，他在电话里告诉我：

"4月29日那天下午，有人在7号楼的楼道里大声叫喊：'老四在九饭厅做饭呢！走，砸老四的饭锅去！'听到了叫喊，从各个房间里走出来了一批老团，大家呼应着说：'走，砸老四的饭锅去。'于是这批老团在许恭生的带领下，拿上了长矛、铁管，直奔了九饭厅。进了九饭厅，当然就是一通乱砸了，本来就是说来砸截锅的么，那还会客气吗！？但是，那个大铁锅特大，特硬，特别不好砸，砸不动。

后来我们从九饭厅里面出来了，在外面遇上了老四。当时我正站在九饭厅的西南墙角旁边，突然一辆发了疯似的卡车朝着我就开了过来，我来不及躲闪，被那辆卡车的前面撞到，我居然没有被撞伤，我真是命大，好危险，死里逃生啊！"

下面是自控系自903罗民同学的回忆：

4月29日，谢晋澄同学惨死在汽车轮子下；一片悲伤的情绪笼罩着留守12号楼的自9同学。已经两天过去了，谢的遗体却仍摆放在那里，无人来处理，无人来过问。同学们迫于无奈，决定推选出10位同学(我也是其中之一)，于5月1日清晨，将谢晋澄的遗体抬上一

## 八、大学生

辆卡车,直奔北京卫戍区。在卫戍区门前,我们请求领导接见;并要求立即派人调查事件真相,严惩凶手,尽快制止清华武斗。随后,我们坐在大门对面的地上,没有口号、没有标语、没有旗帜,只有静静地等待。大约半个钟头之后,一个军官出来对我们说:你们的要求已经向首长报告了,现在首长在天安门城楼上,没法过来,首长让你们先回学校去,他会派人去处理的。我们10个同学稍作计议后,别无良策,决定回校。(毕业后,在农场的军农连接受再教育时,为此事我还作过深刻检查。)

当晚,法医还真的来清华验尸了。当时我在三楼,一边望着12号楼北墙根下、在一支白炽灯照射下法医正在验尸的现场,冷落悲凉。我又跑到南侧,从南窗眺望东南方向京城上空不时升起的礼花焰火,心中百感交集,感慨万分。

法医验尸结束后,殡仪馆的车子就来了。当时临场决定,由我和自902班的一位女同学一起随车前往八宝山,并在那里等谢晋澄的父亲从家乡赶来与儿子作最后的告别。晚11点左右,我们抵达了八宝山殡仪馆。把谢的遗体送进停尸房后,我和那位女同学在一间办公室等候谢父的到来。窗外黑沉沉一片,夜风吹起树叶发出的瑟瑟声,令人不寒而栗;刚才在停尸房见到的,那一具具非正常死亡(那个年代太多了)的尸体又可怖地映现在眼前,令我心惊肉跳。

午夜过后,在两位清华同学(不是自9的)的陪同下,谢父终于从江苏老家赶到了。望着这位个儿不高、身材瘦削的父亲,望着他那满脸悲痛的倦态,想起他前已丧妻,今又丧子的不幸遭遇,我真不知道说什么来安慰他。他急着要见儿子,尽管我们竭力劝说,想让他放弃,怎拗得过他固执的坚持?!在工作人员的指引下,我们陪着谢父来到他儿子遗体旁。当工作人员揭开谢晋澄头上的盖布时,谢父看到儿子面目全非的样子,顿时惊呆了,一下子扑到儿子身上,声泪俱下,几乎要站不住了。我们赶紧扶住谢父的身子,连忙把他从儿子身旁拉开,口中不断重复着:"请节哀","请您多保重"……

我已经记不清当时是如何走出那间停尸房的,也想不起我们后来是如何回清华的,只记得谢父是被那二位清华同学接走的。

我和谢晋澄同学以前接触不多，除了偶尔串门去旁观他下围棋外，没什么更深的印象。但毕竟同学一场，凑巧大家让我送了他最后一程，也许这也是一个缘分吧。

几天后，我怀着对前景、对留在校内同学的深深担忧，与王荣俊、冯猛相伴，一起登上了南下的列车。

谢晋澄的死，是那个年代许许多多悲剧中的一个。我们活着的人们不应忘记那一段伤痛的历史，但愿这样的悲剧再也不要重演！

团派农机系汽9班李自茂在其大作《毕竟东流去》（简称《东流去》）276页中提到，4月29日中午，老团总部委员刘才堂坐进了第一辆卡车的驾驶室，带领一车老团去九饭厅抢粮；司机是汽车队的李正明。李自茂则站在第二辆卡车驾驶室门外踏板上，也奔九饭厅；司机是自控系自005班学生唐建民。

请看李在《东流去》277页中的回忆：

车开到5号楼后面时，老四便从窗户和屋顶上飞下砖头、瓦片，车斗里不少人被击中。我看见有的头被打破了，脸上淌着血。前方路上也散落着不少红砖头。司机似乎在犹豫，方向盘左右摇摆，或许他想躲避砖头。车斗里的女生则花容失色，又喊又叫，有人猛烈地拍打着驾驶室，喊停车。这时汽车开到了坡道口，唐建民心里定是慌乱无比，猛的向佐拉了一下方向盘，想冲下坡道。虽然车速不快，但因用力过猛，加之车上的人全是站着的，巨大的惯性让人们全向右侧倾斜过来。此时唐建民定是踩了刹车，于是，车子便缓慢地向我站的这侧倾斜。眼看着翻倒不可避免，我向侧前方用力一跃，在我两脚着地的瞬间，汽车也砰然躺倒地面，躺在东西向的小马路上，五号楼北面中央偏东的下坡道口处，车头对着坡道，与五号楼大致呈45度角。

这次翻车没有造成重大伤亡。

4月29日是血腥的一天，老团的卡车在光天化日之下，活活地压死了忠厚老实的谢晋澄。这激起了广大老四的愤怒！后来，老团又活活打死了孙华栋，等等。于是，老团点起来的清华武斗之火，被老团用一次又一次的暴行，越煽越大了。

八、大学生

5月3日，我又跑回5号楼。刚一进楼道，我就碰见了头上包着绷带、满脸浮肿的汲鹏，他说："你来得正好，谢晋澄的爸爸来了，我们一起去看看他吧！"我和汲鹏两个人一起进到5号楼的一个房间里，见到了这个可怜的老人。他瘦骨嶙峋，满脸的皱纹刻下了他一生的沧桑；老人少言寡语，欲哭无泪；他坐在那里，长时间地只是以呆滞的目光望着我们。我不知道说什么话好，只会倒一碗热水请他喝，然后想办法给他弄一点吃的东西。我非常同情这个老人，他六十岁丧子，而且是一个令人羡慕的、上了清华大学的好儿子啊，就这么一眨眼就没了，从此他将孤苦无依，太可怜了。汲鹏的头上盖着一块大纱布，受伤眉毛下面的眼睛根本就张不开，另一眼睛也因肿服只剩一条缝。汲鹏对老人说："从今以后，我们都是你的儿女，以后你有什么困难找我们。我叫汲鹏。"老人听罢，从他的口袋里掏出了一个小本本，于是汲鹏立刻写下了自己的班级和名字；然后旁边的人一个个都一笔一画，清清楚楚地写下了自己的班级和名字；我也写下了自己的班级和名字。大家这么认真地写，就是准备兑现汲鹏这句话的，没有一个人有丝毫要哄骗这个老人的意思。

老人没待几天就回去了。老人离开清华以后，我就再也没有听到他的消息。他没有找过我，我相信他也没有找过汲鹏。我经常想到这个可怜的老人，我一直在四处打听老人的消息。一想到老人家那凄楚悲凉的神情，就压抑得我透不过气来。

到写此书时，我得知，但燊和自控系的陈化新同学曾经于1970年2月，前往江苏江阴，专程去看望谢晋澄的老父亲。他们见到失去儿子的老父亲目光呆滞，面无表情，反应迟钝，见了同学也没有说什么话。过几年以后，他们又去看望老人，这次见到老人更加衰老了，反应更加迟钝了；同学们难过极了。没过多久，老人就离开了人世。

【上文引自唐金鹤：《倒下的英才》，科华图书出版公司，2015年第三版，100页】

## 哀思，在谢晋澄的"墓"前

孙怒涛（自6）

有一年，我到北京出差，与好友相聚。

现在，派组织早已消亡，派利益荡然无存，派性也已成了历史陈迹，但是派的印迹烙在我们这些人的人生轨迹上，因此形成了浓重的派情结、派友谊，终生都难以忘怀。对我来说，派友谊既包括与414派的友谊，也包括与蒯派、"八八"派、团派的友谊。

席间，谈起了清华文革，谈起了百日武斗，谈起了多位遇难的同学，谈起了谢晋澄，大家唏嘘不已。其中有位好友说，他知道谢晋澄葬在何处。一听这话，我们都说应该去看望看望他，于是驱车前往。

凭着心中的记忆，这位好友终于找到了谢晋澄的"墓地"。他向我们叙说了一段尘封多年的往事：

谢晋澄是在1968年4.29那场武斗中，在九饭厅前被汽车冲撞活活碾压而死的。他的父亲从老家赶到清华见了宝贝独子的最后一面。火化后，他的同学们为他选了一个质地尽可能好一点的骨灰盒。

老年丧子，白发人送黑发人，是人生中最大的悲伤。这位悲痛欲绝的可怜父亲，临走的时候已经抱不动重如千斤的骨灰盒。

当时学校还在武斗中。骨灰盒怎么办？一位家在北京的同学站了出来，二话没说，抱起骨灰盒，就存放到他的家里。由于当时的政治形势，以及大家的生活都不安定，谢晋澄的骨灰盒，在该同学家里一保存就是10年。然而，这终究不是长久之计。他与几位好友一起商议，大家决定还是入土为安最为妥当。

葬于什么地方？怎么安葬？这是最为煞费苦心的难题。方案一个个提出，又一个个否定。

北京，清华，是谢晋澄追寻梦想的地方，也是他梦碎魂断的地方。比较了好些可选择的地点，最后大家决定，那就让他长眠在北京，安葬在一个比较宁静的他能遥望清华园的地方吧！

某天，夜深人静之时，有几个中年人手捏铁锹，肩扛水泥，提着

## 八、大学生

水桶，捧着骨灰盒，来到预先勘察过的地方。

铲起草皮，挖好深洞，洞底铺上厚厚的泥浆，小心地安放好骨灰盒，再把泥浆浇注在骨灰盒的四周和顶上，回填泥土，覆盖好草皮。

等到一切都做妥以后，几个人站立四周，默默地致哀、告别，然后悄然离去。谢晋澄就这样悄无声息地安葬在毗邻清华园的一方净土之中。没有仪式，没有悼词，甚至没有做一点明显的标记。

当我们来到"墓地"的时候，我想起，这片地方我在校的时候也曾来过。印象中，十分荒芜冷清。如今，这里松柏成荫，绿草茵茵，斜坡向阳，清静肃穆，无意中，这儿成了一块风水宝地。

"墓地"上没有墓碑。"墓碑"就立在我们的心里。我们这一行头发花白皱纹满面的故交旧友，在春意盎然的季节里悼念我们的好兄弟，百感交集。我们悼念他，不是因为他牺牲得多么伟大壮烈，而是因为他死得太不值得太可惜。他是不幸的死难者。他以他的死揭示文革是个大劫难，以他的命控诉极左路线的罪大恶极，以他的"墓"告诫后人不要再重演他这样的悲剧。

当年的厮杀呐喊已经销声匿迹，这些年来谢晋澄听到的是后生学子们匆匆行进的脚步声。

当年的腥风血雨已经无影无踪，这些年来谢晋澄闻到的是远处飘来带着芬芳的书卷气。

清华宣称正在向世界一流大学挺进。是成为独立精神自由思想的殿堂还是培养听话出活驯服工具的衙门，我们这些已经远离清华行将就木的老人，只有请谢晋澄替我们就近"见证"了。

清华百日大武斗中十几个死难者，我唯一认识的就是谢晋橙。此时，我的脑海里又浮现出他的音容笑貌。他是那样的年轻，那样的充满朝气。我心中的旧伤再次绞痛！

谢晋澄的安葬之地，只有极少几个人知道。这也许是 414 最后的一个秘密。这个秘密也将随着我们的陆续逝去而成为永远的秘密。

每次来北京，回清华，我都要到这里来凭吊谢晋澄。一到谢晋澄"墓"前，我心里总会记起并祭奠那些我认识的、更多的是我不认识的罹难者，他们中有钱萍华、姜文波、孙华栋、刘承娴、卞雨林、许恭生、杨志军、朱玉生、段洪水、李磊落、杨树立、范仲玉、罗征敷等一长串名字。这些文革死难者，都值得我们悼念和记忆。

在团四两派争斗期间，还有更多的身心遭受巨大伤残的受害者。他们是（仅就我现在所知道的极不完全名单）：

在1.4武斗中和百日武斗中身负重伤和较重伤的江道波、郭创贤（已去世）、戴××、吴栋、周忠荣、周建秋、周坚、葛伍群、张继昆、姚清信、董庆祥、李光鸣、张南清、宿长忠（已去世）、汲鹏、王允方、程××、姚××（已去世）、霍玉金、龙铮山、李光鸣、赵厚福、时作隆（已去世）、谭昌龄（已去世）、马耀开、陈××、光积昌、唐应武、陈天晴、刘万章、党建国、杨振华、崔丕源、杨明杰、李文斌、曹大安、欧阳北辰、钟成国、王文中、谢德明、郭福鑫等。

曾被关押过的罗征启、文学宓（已去世）、李康、饶慰慈、陶森、陶德坚（已去世）、吕应中、谢引麟、黄安妮、张琴心、陈楚三、陈育延、叶志江、曾昭奋、俞善乐、杨立人、左羽、贾振陆、陈家宝、贾××、邢竟侯等。

我是策划、鼓吹、推动、实施两派分裂的主要头头之一，而两派分裂是造成日后武斗的原因之一。作为414的第二号头头，我参与了414几乎所有重大的决策，对于414所犯的错误都负有或主要或次要、或直接或间接的责任。我也发表过许多过激的极左的错误言论，写过许多派性的上纲上线的大字报，打击、批判过不同意见的干部、教师和群众。每当想起两派争斗期间死难的师生以及受我伤害过的人，我心里会有深深的自责和愧疚。我借此书向你们（以及我在这里没提及的）说一声：对不起！我有责！我知错！

我衷心祝福你们及所有健在的朋友们健康快乐、晚年幸福！

【上文摘自孙怒涛：《良知的拷问》第九章第四节，中国传播文化出版社，2013年，第675页。】

八、大学生

# 姜文波（1946—1968）

孙怒涛　编辑

姜文波，男，1946年出生，河北唐山人。1964年考入清华大学土木建筑系，给01班学生。1968年4月26日，姜文波返回被团派占领的2号楼宿舍，欲取出自己的被褥时，被团派抓住、关押。27日早晨，他从2号楼西北角的晒台跳下逃跑时，不幸头部触地身亡。殁年22岁。

姜文波（1946—1968）
（引自唐金鹤《倒下的英才》）

## 姜文波被抓，逃跑中跳楼身亡

唐金鹤（焊8）

姜文波，河北唐山人，1964年考入清华大学土木建筑系，给0

班学生。1968年4月26日，姜文波返回被团派占领的宿舍2号楼，欲取出自己的被褥时，被团派抓住、关押。4月27日姜文波逃跑，从2号楼西北角的晒台跳下，不幸身亡。

姜文波的同班同学张南清写道：

1968年4月26日，老团占领了2号楼。姜文波非要上楼去拿被子，后被绑架了(老团用铁丝绑住姜文波的双手，毒打几个小时——作者注)。还有土建系建8班徐锡X也被绑架，也遭到拷打。徐逃脱后，当天在医院作体检时，我问过徐。他说：他们两人被关在照相业余爱好者使用的暗室里，姜文波托起徐锡X；徐在天花板上弄出个洞，爬进大屋顶，再从通气窗爬出至晒台，从防火楼梯逃脱。由于徐锡X很了解建筑结构，所以逃脱成功。姜文波则以小便为由，冲向阳台跳楼逃跑。土建系暖00的李××是看守；据李讲，他是想抓住姜文波的，但没成功。我问李，在跳楼前有无搏斗，他说没有。文波是武斗以来被绑架并死亡第一例，他死得太惨了！

姜母早亡，父重病住院，他由其姐姐供养，姐弟情深。他是校短跑队队员，要求进步，交过入党申请。他为人耿直，性格刚烈，较固执，好争辩，一旦辩输了就认输。68年4月20号左右，他给我看日记，表示反对武斗，如解放军来制止武斗，则自己一定与解放军站在一起。他给了我一张照片留念，还关照我：如果他有什么意外，千万别告诉他父亲，只能告诉他姐姐。好像冥冥之中，有意在作安排似的。4月27日晨，我听说文波出事了，急忙从8号楼跳窗而出，直奔2号楼西北角。在现场碰到一位公安人员在查看，冷冷清清的，未碰到其他人。地上有一摊血。公安人员对我分析道：可能是跳楼挂到了电线致头都着地而受伤，现在宣武医院抢救，生死不明。我要求查明真相。他说：目前我们也没法查。我和同班同学苏发兴、万润南(土建系给0班)三人直奔宣武医院。到那里，文波刚到太平间。我们看见文波左额上有一个洞，他光着膀子，我摸了摸他的胸部，身体还是热的。我们三人禁不住大哭起来。一个鲜活的生命就这样结束了，真是太冤了！我给他姐姐发了电报：文波病危，速来清华科学馆。我们沉浸在深深的悲痛之中！

4月29日上午，文波的姐姐赶到清华，我们得知她怀孕了。我不敢告诉她实情，只能先说文波很危险。见她抽烟，我就买了包烟给她。我和苏发兴陪她到了宣武医院，她一见到文波，当场晕倒。我和苏发兴扶着她不停地叫：大姐，大姐。她醒过来后哭得死去活来；我们也禁不住失声痛哭，同时还得劝她节哀，为了孩子保重身体。我们请她吃饭，她怎么也吃不下。她不停地抽烟，于是我又买了包烟给她。下午4点，文波的姐夫(他是一个解放军现役军人)赶到了清华。我们未找到414主要头头，便请他们明天再来，我送他们到南校门。不幸的是，5月2日晨我在旧土木馆也遭了大难，文波的后事我没能在场。

团派工程力学数学系力903班王醒民同学在校友网上回忆：

1968年4月，清华园发生了武斗，我决定远离这个是非之地。4月底，我从杂志社弄来了一辆手推车，打算与好友、土建系给0班的马雨农同学，一起推着我们不多的一点生活用品，逃到城里躲避战火。当走到1、2号楼之间时，忽然看见2号楼墙角附近的地下躺着一个青年人，头部摔得血肉模糊，脸部肿大，鼻腔被乌黑的淤血堵塞，艰难地发出低沉、含糊不清的呼噜声。那是我第一次看见一个活人在死亡的边沿上作无望的挣扎。我们感到十分惊恐。这时周围又聚起了几个人，大家赶忙把他抬到我们的手推车上，送到校医院去了。除此以外，那时候我们也无法为他做更多的事情。

后来我才知道，他最终还是因伤势过重，年纪轻轻便不幸死去。他是土建系的学生，名叫姜文波，想跳楼逃脱敌对一方的囚禁，结果绊倒在栏杆上，摔下楼来，酿成悲剧。

王醒民写的是绊倒在栏杆上。2号楼西翼西北晒台没有栏杆，但有围墙，围墙外有凸沿。我感到姜文波从晒台跳下时，可能他的脚被晒台外的凸沿绊到，致使头部向下先着地。

汲鹏这个人，把人气够了，还让你办事。他把话头突然一转，对我说："姜文波死了，他的姐姐来了，现在一时找不到人，你能够去陪陪她吗?"尽管我当时心里很不痛快,我在想怎么回击汲鹏的讥讽,但是,我出于对死者及死者家属的同情,就没再和汲鹏废话,我二话没说,就去陪姜文波的姐姐了。

我根本不认识姜文波,在见到他的姐姐前,我甚至没有听过姜文波这个名字。把姜文波送走后,我痛苦极了,我一下子长大了。我记得姜大姐哭诉着:"弟弟啊,你说好今年暑假要到姐姐家来玩,姐姐在等你,你怎么不来啊?弟弟啊,你怎么这么自私,你一句话都不说,你就走了,你让我这个做姐姐的怎么去向咱们那生病的爹讲啊?爹都那么老了,你这不是要他的命吗?你要他以后怎么活啊?弟弟啊,弟弟啊,你到底是为什么要这么做啊?"

她声声泪地呼唤着弟弟:"弟弟啊,你好狠心啊,你让我怎么办?我也不活了,我和你一起走。"吓得我赶紧去找傅正泰老师,我说:"不好了,姜文波的姐姐要不活了,要和姜文波一起走,怎么办?"傅正泰老师说:"不会的。她结婚了,她有丈夫,她不会去死的。"我将信将疑,不知道傅老师说得对不对。她哭她的弟弟,一直哭到口中吐出鲜血。见到此情景,就是铁石心肠的人也要落泪了。

我只见过姜文波一次,就是傅正泰老师、他的姐姐和我送他上路的那一次。姜身材高大、魁梧,估计身高有一米八,这么健壮的人怎么会那么轻易就走了?我不敢想下去,到底发生了什么事情啊?取骨灰那天,傅正泰老师让姜大姐挑选一个骨灰盒。在玻璃柜台里摆放了好几个,最贵的是五、六十块钱一个;但是她却挑了一个最便宜的,好像是十三、四块钱的。我在旁边看了心里非常难过,我让她换一个。傅正泰老师也说重新选一个吧。她也只选了稍微贵了一点点的,好像是十七、八块钱一个的骨灰盒。

在她离开前的两天,她已经开始反过来关心我了,经常问我累不累,要不要休息一下,问我饿不饿。处在极度悲痛中的她,居然还能够为别人着想,关心别人,这个世界上竟有这么好的人啊!

为了减轻她的悲痛,总部的人让我陪着她到处走一走。我问她想去哪儿?她说哪儿也不想去。后来她提出要去北京东面的通县,我就陪着她到了通县。原来他的丈夫是一个解放军的现役军官,驻扎在通县。我们一起到了部队，见到了她的丈夫。她见到丈夫以后，一直泣不成声。她的丈夫沉静地听完了她的诉说，沉默了很久，然后才慢慢地说："中央有文件明文规定，我们部队是不允许介入清华大学的文化革命的。"姜大姐听了以后，她没有嚎啕大哭，没有给她丈夫施加任何压力，而是什么也没有讲。她的丈夫留我们在部队晚餐，我们没有吃。我见她强忍悲痛离开了部队，一路上，她很少讲话。我亲眼看到在这艰难时刻，她仍然可以做到通情达理地处理问题，她对丈夫的理解和支持，令我很感动。

我陪了姜大姐好几天，我居然不知道她怀孕了。当时她没有告诉我她怀孕了，我就不知道。这也说明她尽量不给别人添麻烦。从姜大姐的所作所为，我可以猜到姜文波的为人，我相信姜文波一定也像他的姐姐一样，纯朴、善良、处处为他人着想。

听说姜文波是从 2 号楼西北角的晒台内侧跳下时，脚被半空中的电线绊到，致使头部向下而身亡的。清华武斗刚一结束，我就专门去 2 号楼的西北角看了，但我根本就没看见，在人脚可以够得着的地方有任何电线。我怕我搞错了，2 号楼南北两面的晒台的四周，我都看了，半空中都没有见到任何电线。估计姜文波是从 2 号楼西翼、西晒台、东北角跳下时，晒台围墙外面的凸沿，绊到他的脚，使他摔下楼来，头部先着地，酿成悲剧。

2014 年是土建系给 0 班同学入学 50 周年，班上同学组织了"情归清华园"的活动。这么多年来，大家一直怀念着姜文波，在同学们的努力下，终于找到了姜大姐——姜文凤一家。给 0 班派杜文涛和任丽娟二位同学作为代表，于 7 月 14 日专程前往唐山看望姜大姐，班上的 17 位同学按照自己的能力，都捐了一些钱，一共凑了一万五千元，送给姜大姐，表示大家对姜文波深深的怀念之情，和对姜大姐诚挚的问候。

姜大姐自幼丧母，她身兼母职，带大两个弟弟。结婚后，她放弃了随夫去北京，而是留在家乡照顾生病的老父亲。弟弟以骄人的成绩考上清华大学，但又突然悲惨地离去。还没有从伤痛中走出来的她，在 1976 年唐山大地震中又失去三位亲人：父亲、另一个弟弟和大女儿。正当年的丈夫，因病在 1998 年早早地离开了她。这么多年来，人祸天灾，是何等残酷。可是她顽强地活着，这真是一位坚强的女儿、坚强的姐姐、坚强的妻子、坚强的母亲！

已经快半个世纪了，给 0 班的同学竟然还没有忘记文波，姜大姐见到给 0 班同学这么有情有义，感动不已，一再地表示感谢。而同学们见到了姜大姐身体还好，老来有二子一女陪伴，大家也就放心了，多年来心中的那份牵挂得到释然。

【上文引自唐金鹤：《倒下的英才》，科华图书出版公司，2015 年第三版，97 页】

以下均为马雨农校友（给 0，姜文波同班同学）提供的文字：

姜文波

姜文波 1946 年生于河北沧县李龙屯村。出生不久全家迁居唐山市。时年 28 岁的父亲姜玉珍，在天津铁路局唐山站任货场职员。姜文波 14 岁时母亲病逝，由年长他四岁的姐姐姜文凤操持家务，悉心照料他的学习与生活。高中就读于唐山市第一中学。他学习勤奋，成绩优良，1964 年考入清华大学土木建筑系，分在给排水专业给 0 班，学号 640086。

在校时，姜文波身体健壮，是学校短跑队队员。他关心集体，很热心参与班级活动。协助体育委员工作，经常在起床前到男生宿舍记录每人的脉搏；下午体育锻炼时间，辅导和督促同学做好立定跳远、引体向上等动作。他工作非常负责，为人热情，乐于助人，与同学相处融洽。文革中不幸离世。

综合本班同学的回忆和邱心伟、原蜀育主编的《清华文革亲历——史料实录 大事日志》有关记载，事情经过大致如下：1968 年 4 月下旬，清华百日武斗初始，4 月 26 日下午 4 时左右，团派武斗人员开始占领了 2 号楼。土建系的同学都住在 2 号楼。姜文波回自己的宿舍取被褥时,团派人员正在搜捕 414 骨干分子,当即被他们抓住,关押在一个洗印照片的暗室里。"团派的人用铁丝绑住姜文波的双手,并对他进行几个小时的毒打。"27 日早晨,"姜文波乘看守不备,从 2 号楼关押点逃出,因团派人员追赶,被迫从四楼(西北侧露台)跳楼,(绊住电线或露台围墙外的凸沿)头部触地。"学校同学见状,立即把他送到校医院,校医院即联系急救车送到宣武医院。不久,终因抢救无效死亡。

　　姜文波意外离世时,其姐姜文凤正怀有八个月的身孕,其父生病在家。她接到我班同学的电报赶来北京,见到已躺在太平间的弟弟,当场就晕了过去。被我班同学叫醒后,悲痛欲绝,哭得死去活来。安葬好姜文波后,她仍常常以泪洗面,难以排解悲痛之情。不意 8 年后,1976 年 7 月 28 日唐山大地震,她的父亲、小弟弟和大女儿三人又不幸遇难。姜家的所有厄运和灾难都压在她的身上。面对又一次沉重打击,她和丈夫顽强地与命运抗争,含辛茹苦,抚养幸存的两儿一女成长。1998 年 4 月丈夫病逝后,她独支门庭,负重持家,更是不辞辛劳,直到 2017 年 2 月因病仙逝,享年 75 岁。她一生历尽磨难,实在太不容易!二儿子商国平说:"这些天灾人祸不断地考验着母亲的意志力,我为有母亲和舅舅这样的亲人感到无比的骄傲和自豪。"

1964 年 10 月,给零班同学香山秋游留影。后排左三为姜文波(给零班马雨农提供)。

1964 年 10 月,给零班同学香山秋游时,姜文波(右)与魏晶乾合影(给零班魏晶乾提供)。

唐山一中毕业照，第三排左三为姜文波（姜文波外甥商国平提供）

1965年夏，在昌平解放军第三工程兵学校军训结束时合影。后排右七为姜文波（给零班赵阶松提供）。

1965年国庆节期间，给零班同学在大礼堂前合影。后排左四为姜文波（给零班赵阶松提供）。

八、大学生

## 最后的一夜

万润南

我说的是 1968 年 4 月 25 日，姜文波遇难的前一个晚上。

那一年的四月天，热得有点邪乎。周边气氛的狂躁，更让人觉得心烦意乱。姜文波、吴荣辉、苏发兴和我在二号楼 3072 玩扑克，打升级一类的游戏，一边打牌，一边议论学校的形势。大家都隐隐有一种莫名的担忧，所以打牌的兴致始终提不起来。姜文波把牌一扔，说："不玩了。"

为了活跃气氛，我拿起牌，说："来，我用扑克牌给你们算命！"吴荣辉和苏发兴都跃跃欲试，姜文波则在一边冷眼旁观。

算命的规则大约是这样的：首先由他们自己从整叠牌里抽一张，比方是 7；然后每隔三张看一下，如果是 6 或 8，便接上；这样依次接成一条龙；从 A 到 K。如果翻完所有的牌这条龙还不完整，再每隔两张看一下；再每隔一张看一下，总能完成这样一条龙，这条龙就预示了你一生的命运。

关键是如何解读。首先是大小，7 以下代表你的青少年；8 以上代表你的成年以后的命运。其次的花色：黑桃代表官运，官场得意；红桃代表桃花运，情场得意；方块代表才气或财气，预示你事业上会得意；梅花是倒霉，表示你要交厄运。有三张牌很重要：J 代表小人；Q 代表你的另一半；K 非常重要，代表你一生的归宿。如果这三张牌是梅花，就很糟糕；梅花 J 表示你要遭小人暗算；

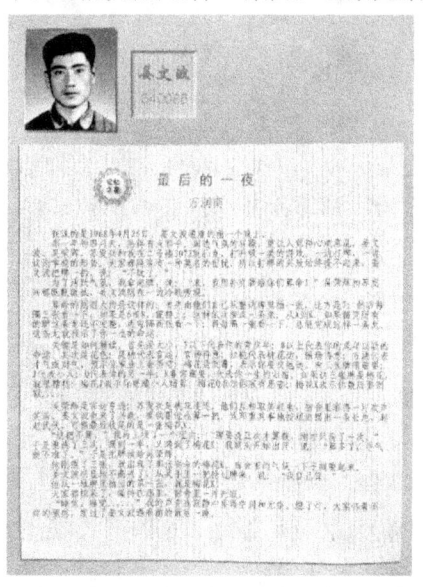

给零班毕业四十周年和五十周年的纪念册中，各有一页介绍姜文波。

梅花 Q 表示你家有恶妻；梅花 K 表示你最后要倒霉……

吴荣辉是官运亨通；苏发兴是桃花连连。他们互相取笑起来，宿舍里难得一片欢声笑语。姜文波也来了兴致，要我帮他也算一把。我郑重其事地按规则摆出一条长龙，起起伏伏，可惜最后收尾的是一张梅花 K。

"这把不算，"我马上找了一个理由："牌要洗三次才算数，刚才只洗了一次。"于是重洗了三次，摆到一半，又遇到了梅花 K。我额头开始出汗。说："算多了，手气就不准了。"于是把牌推给吴荣辉。

他刚摆了三张，就出现了那张要命的梅花 K。宿舍里的气氛一下子凝重起来。

姜文波明显地不高兴了，从吴手里一把抢过牌来，说"我自己算。"

他从一堆牌里抽出的第一张，就是梅花 K！

大家都惊呆了。僵持在那里，宿舍里一片死寂。

"睡觉、睡觉……"我的声音在寂静中显得空洞和无奈。熄了灯，大家怀着不祥的预感，度过了姜文波遇难前的最后一晚。

### 唐山慰问行纪实

2014 年校庆，适逢给 0 班同学姜文波不幸离世 46 年。同学们至今对当年姜文波的印象难以忘怀。建议尽力找到她的姐姐，前往拜访和抚慰，以表示大家对文波怀念之情。

校庆之后，杜文涛立刻着手查询。很快就得到信息：文波的姐姐住唐山市龙华里。得知此信息，无论在北京还是外地，在国内还是国外的给零班的同学们都非常高兴，纷纷在网上留言发表感想，张南清

同学还多次和姜姐通话问候。

7月14日上午,给零班选派的代表杜文涛和任丽娟到达唐山与姜姐会面,向姜姐问候,把三张清华就学时有文波参加留影的照片、唐金鹤的深情慰问信和邀请姜姐赴港见面的建议、及给零班同学集体慰问金转交给姜姐。

见面时姜姐讲述了这些年来她经受的磨难:幼小年龄时,母亲去世;好不容易把两个弟弟抚养大,文波以骄人成绩进入清华大学,文革中却悲惨离世;1976年唐山地震又夺走了三位家人生命;1998年,年纪不到60岁的丈夫,因病离开她们。真是多重天灾人祸。姜姐期望能找到46年前出事当晚看护文波的人员,弄清事实真相。

姜姐气色和精神很好,杜文涛请她天气凉快时到北京游览和做客,也请在她方便时一起去香港拜访唐金鹤。姜姐表示愿意认真考虑。

下午近3点,杜文涛、任丽娟完成同学们的委托,与姜姐及其家人不舍道别。

(杜文涛记录)

### 姜文波的家庭

姜文波1946年出生于河北沧县李龙屯村,月份不详。

姜文波的父亲姜玉珍,生于1918年12月13日,小学文化程度。母亲张洪文,生于1923年,余情不详。姜文波的姐姐姜文凤1942年10月11日出生。

就在姜文波出生的1946年,他父亲到唐山谋生。时年28岁的姜玉珍,在铁路唐山车站的货场当了个装卸工。不久,就把姜文波和他的母亲和姐姐姜文凤,由沧县农

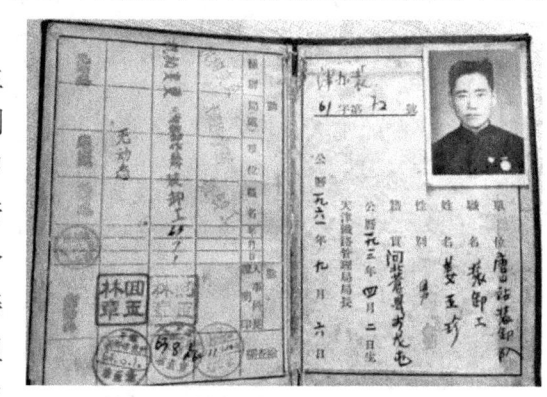

姜文波父亲姜玉珍1961年的工作证。

村接到唐山。从此，一家四口就定居到了唐山市。初时住在义字街，后来迁居到城子庄四街46号。家里靠父亲做工的收入维持生活。母亲在家操持家务。

1950年2月18日，姜家添丁，姜文波的弟弟姜文山出生。

10年后，姜文波的母亲张洪文，因病于1960年8月10日去世，享年37岁。

那一年，姜文凤18岁，姜文波14岁，在上初中；姜文山10岁，在上小学。

刚成年的姜文凤在丧母后，担起了母亲留下的持家重担。她操持家务，照顾着仍在当装卸工的父亲和两个还在上学的弟弟。

1961年，19岁的姜文凤为了接济家庭的经济收

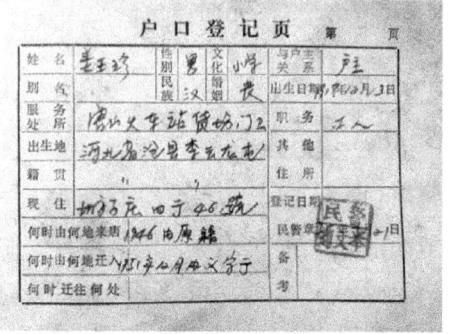

姜文波父亲姜玉珍1975年的户口本。

入，外出工作也当了工人。初时在唐山铝厂做炊事员。1962年3月，到市化工局下属的唐山第一橡胶厂，当了无接头内胎压垫工人。她既在外做工，又料理家务，终日为一家老小的生计劳神费力。

1964年，姜文波从唐山市第一中学高中毕业，考上了清华大学。这给他们清贫的工人家庭，无疑是带来了转变命运的希望。一家人都为之高兴，充满着对未来的憧憬。

没想到，进清华刚两年，一场突如其来的政治风暴，席卷中国大地，顿时打乱了整个社会的正常生活。全国学校不仅都停了课，响应号召、高举革命造反旗帜的学生，迅速分裂成两派，文斗不休，又升级到武斗。在清华园里，武斗初始，姜文波不幸成为无辜遇难的第一人。

姜文波的姐姐姜文凤接到电报赶往北京时，正怀有八个月的身孕。已在唐山车站货场当门卫的父亲，生病在家。姜文凤见到已躺在太平间的弟弟，当场就晕了过

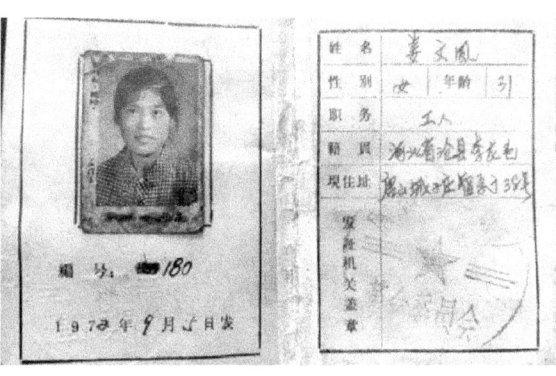

姜文波姐姐姜文凤1972年的工作证。

去。被文波的同班同学叫醒后，她悲痛欲绝，哭得死去活来。安葬好姜文波后，她仍常常以泪洗面，难以排解悲痛之情。由于这个意外的沉重打击，她身体遭受严重损伤，随后生下的二女儿出生不久就夭亡了。这又给她带来极大的伤痛。

姜文波的外甥、姜文凤的二儿子商国平后来回忆说：关于我舅舅在校的一切情况，文革那个动荡的时期，家人无从知道，谁也没成想他会为此丧生。我妈妈接到同班同学发来的电报，火速前往北京处理后事，到现在我也不知道舅舅是为何而丧命的，骨灰又安放在什么地方。舅舅的死，对我们一家人的打击，实在无法用语言来形容。家庭的悲痛和损失极为巨大，也不知道国家会不会给在文革期间这些丧生的英才，有一个正确公允的评价及补偿。

姜文波弟弟姜文山1971年时的工作证

1976年7月28日，唐山大地震又给姜家带来灭顶之灾。

地动山摇之间，姜文波58岁的父亲、26岁的弟弟和13岁的外甥女商丽萍，不幸罹难。姜文凤又丧父、丧弟、丧失了大女儿。她一

个弱女子接连不断地遭受苦难的打击,真感叹命运对她实在不公!幸存的她只能强忍悲痛,顽强地生活下去。

姜文凤曾给儿子谈到,姜文波在考大学之前是个聪明好学的好孩子,上清华后与家里常有书信来往,但唐山大地震姜家家毁人亡,当时家中的一切都埋在了废墟之下,那些家书、照片等等根本无暇顾及,永远地消失了。

### 姜文凤的家庭

姜文波的姐姐姜文凤,是1962年与商子礼结婚,独立成家的。

商子礼生于1936年6月。1956年他20岁那年参了军,服役于北京通县总后装备部二八六部队,曾任助理员。1969年转业到唐山,与家人团聚。

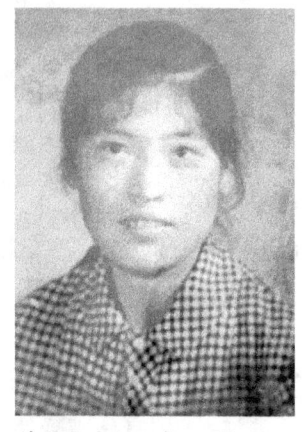

姜文凤(1942年10月11日—2017年2月24日)

转业前期,商子礼按照组织分配,到唐山市规划局任职。后来,又按组织安排参与唐山钢铁厂的建设生产,先后在唐钢武装部、中型轧钢厂和第四轧钢厂任职,从事政工和党建工作。

姜文凤与商子礼育有三女二子。除大女儿、二女儿不幸早逝外,两个儿子和小女儿的情况如下:

商子礼(1936年6月—1998年4月)

大儿子商永平出生于1969年4月25日。1989年20岁时响应国家号召参军入伍,曾在38军石家庄藁城驻地任高炮指挥员。在部队期间,各方面表现优秀,光荣入党并获得过荣誉勋章。退伍后,参加唐山钢铁厂北区新炼铁厂的建设,现在从事运行管理工作。

二儿子商国平出生于1971年10月,现就职于河北钢铁集团唐山钢铁股份有限公司信息自动化部,从事自动化工作。

八、大学生

小女儿商继萍出生于1977年12月30日，因时运不济高考落榜，之后进入职业学校学习酒店服务和礼仪管理，毕业后没有合适单位接收，于是自谋生计，现为自由职业者。

二儿子商国平曾回忆：

1963年，姜文波与姐夫商子礼的合影

在我的心目中，父亲是一个既和蔼可亲又严肃可敬的形象，他对待工作无比的认真，对待家庭无限的付出，这些都给子女们做出了耳濡目染的榜样。因常年工作劳累过度，身体健康出了问题，于1998年4月过早逝世，享年62岁。

我母亲18岁时姥姥张洪文病逝；26岁时舅舅姜文波去世；34岁时姥爷姜玉珍、二舅姜文山和我大姐商丽萍，在唐山大地震时罹难；56岁时我的父亲病逝；一生历尽磨难。这些天灾人祸不断地考验着母亲的意志力，我为有母亲和舅舅这样的亲人感到无比的骄傲和自豪。

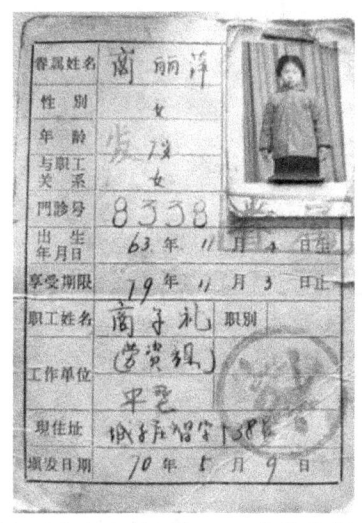

姜文凤大女儿商丽萍1970年的医疗证

1980年，姜文凤全家的合影

# 孙华栋（1944—1968）

孙怒涛　编辑

孙华栋，男，1944年出生，北京市人。1964年考入清华大学无线电系，无01班学生。校航海队骨干队员。1968年5月14日晚，并未参加武斗的他骑自行车途经团派占据的第一教学楼时，被抓进楼内，遭到前哨广播台负责人、自控系自7学生吴慰庭（外号"狗熊"）为首的一伙人连续几个小时的毒打，遍体鳞伤，内脏出血，当场死亡。第二天团派把他送到阜外医院，留下化名字条弃尸逃之夭夭。殁年24岁。

孙华栋（1944—1968）
（引自唐金鹤《倒下的英才》）

八、大学生

## 几小时里活活打死孙华栋

唐金鹤（焊8）

孙华栋是无线电系无01班的学生，他身体健壮、魁梧，是一个棒棒的小伙儿。他是学校航海队的骨干队员，他身上的肌肉都是一块一块的，所以周围的人都亲切地叫他"大块"。他为人善良、憨厚，性情平和。文革期间他同意414的观点，但是他的情绪从不偏激，因此与航海队两派的同学都相处得十分融洽。

大家看看下面孙华栋生前的照片，这是一个多么魁梧、多么清纯的小伙子啊，简直就是一个中国版的阿波罗！

孙华栋是学校航海队的棒小伙之一，后排左起第二人是孙华栋

1967年夏孙华栋与同学们在天安门广场，正中间者为孙华栋

清华体育代表队的同学回忆，清华两派发生武斗期间，孙华栋住回西单的家中。但他关心学校的动态，不时回校看看。1968年5月14日，孙华栋到地质学院看望了住在那里的清华的同学，然后在五道口修理了自行车，就骑车到学校去了。孙到了科学馆，看望科学馆里的老四们，他还带来了一些从家里烧好的鱼和肉给大家吃。

一个当时在科

学馆的老四回忆：

天快要黑了，有人到科学馆来报信说，有几十个老团拿着长矛，在动农馆东北面小树林一带活动。当时学校里的气氛很紧张，这个消息立刻引起大家的注意。一位总部委员马上想到，这些老团是否准备攻打动农馆；他更担心动农馆的老四不知道这个消息，没有任何准备而挨打。于是他立即写好一张字条，准备送到动农馆去。

见到天黑了，孙华栋要回家了。当时，天黑以后，没有老四敢从一教前面的马路上走；住进了科学馆里的人员很少外出，害怕被老团捉去。而孙华栋并不是武斗人员，他已经离开了学校，搬回西单的家中居住了。孙华栋主动提出："我回家顺路，我把字条带到动农馆去吧。"于是这位总部委员就把那张字条交给了孙华栋，请他顺路带到动农馆。孙华栋骑上自行车走了。

5月16日，科学馆突然收到了一个自称是阜外医院打来的电话说：在阜外医院的停尸间里有一具你们清华大学的尸体，请你们派人来认领。大家被这莫名其妙的电话给搞糊涂了，无论如何，人命关天，于是一位总部委员和另外两个老四立刻前往阜外医院。

当他们一见到这个尸体是孙华栋时，真是晴天霹雳，使他们悲痛欲绝。这到底是怎么一回事啊？难道那天孙华栋没有回家啊？他不是说了，他要回家吗？

孙华栋遇害的过程可能是这样的：

自从老团宣布封锁科学馆以后，一教门前的那条马路就很少有人行走了。我们估计那天孙华栋去科学馆时，他骑着自行车第一次经过一教前面，已经引起了一教老团的注意。当他离开科学馆，再从北向南，第二次经过一教前面，又被一教的老团看见了。

孙华栋离开动农馆后并没有立即离校回家而仍然像平时一样，骑上了自行车在学校里转。他从南向北骑着自行车，第三次通过一教前面的那条马路时，一教的老团松开一教门前大拍子的控制绳，大拍子从天而降，把孙华栋连人带车扣倒在地。一教的老团冲了出来，把扣在大拍子底下的孙华栋绑架到一教楼内。

八、大学生

老团保卫组的人对孙华栋连续毒打了九个小时。孙的内脏完全被打坏,全身80%皮下出血,左腿骨折,两臂打烂。这么一个壮小伙,竟被老团活活打死了!

15日上午,据说由团派总部委员×××带领几个人,把孙华栋的尸体送至阜外医院后就逃之夭夭了。

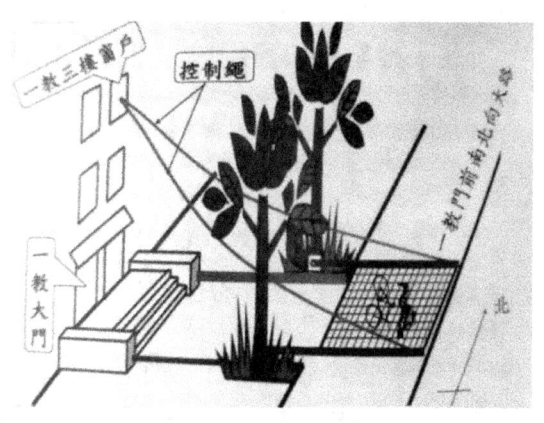

大拍子示意图

将孙华栋扣倒的大拍子,是老团在武斗期间,继弹弓车之后的又一项"发明创造"。这个大拍子就安装在一教门口一左一右的那两棵大树上。它类似中国古代城门口护城河上的大吊桥,当然,所起的作用完全不同。大拍子的两边是两根杉篙,中间是一个用绳子编结的网。老团在一教门口的两棵树树干底部,各固定了一个铰链:这两根杉篙就固定在这两个铰链上,可以绕两个铰链转动。两根杉篙的顶端系着绳子,绳子被连接到一教三楼的窗户内。

平时这个大拍子高高地直立着。在看到有老四从大拍子的下面经过时,三楼窗户内的人就松开控制绳,大拍子就迅速地向地面扣下去,把正在路过的老四给扣住(见大拍子示意图)。然后老团从一教跑出来,毫不费力地把那个被大拍子扣住、还没有来得及逃脱的老四捉到手。

【上文引自唐金鹤:《倒下的英才》,科华图书出版公司,2015年第三版,124页】

## 关于孙华栋被害经过——我们所知道的和记忆的

卢纹岱（自7）　　宋楚强（自7）

孙华栋被抓到一教去的事情是团派同学告诉我们的。我们正在着急，想通过团派同学去设法放他出来时，又传来消息，团派和414要交换俘虏。我们想，孙华栋没有在学校参加武斗，情绪又不很激进，肯定会被放回来。谁知，从团派同学那里又传出消息说："交换名单中没有孙华栋的名字，看来凶多吉少。"我们很担心，凶，又可能凶到什么程度呢?于是同学们到处打听。

航海队的团派同学也为孙华栋着急，到处打听消息。

1968年5月16日两派在毛泽东塑像前(现二校门所在地)交换被俘人员。在所交换的被俘人员中，没有孙华栋。

凶讯终于传来：孙华栋已被自控系五年级学生吴慰庭打死。尸体是团派某女总部委员带着4个人送到医院"抢救"，放下尸体就溜走了，没有留下姓名。到底送到哪个医院，不得而知。

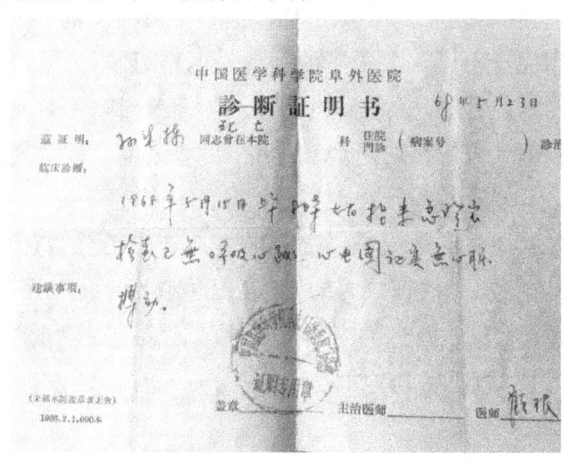

凡是在北京的能够通知到的代表队的同学，都被动员起来，到北京市各大医院的太平间寻找孙华栋。大家冒着酷暑、大太阳，骑着自行车，到北医三院、海淀医院、复兴门医院太平间都去找了，没有! 最后找到阜外医院太平间总算找到了。

我们几个人赶到阜外找到了孙华栋遗体。当太平间的师傅把孙

八、大学生

华栋的尸体从冷冻柜里往外拖时，没想到，因为孙华栋的肩膀太宽拖不出来，师傅只好伸进手去把尸体侧过45度，才把抽屉拉出来。我们请当时接诊大夫顾珉写了一个接收孙华栋遗体的经过。孙华栋的遗体是在5月15日早晨由四个人送来的；抬来时，医生立刻为他做了心电图检查，当时，心电图上已无心跳、脉搏的显示，因此证明这是一具已经死亡的尸体。

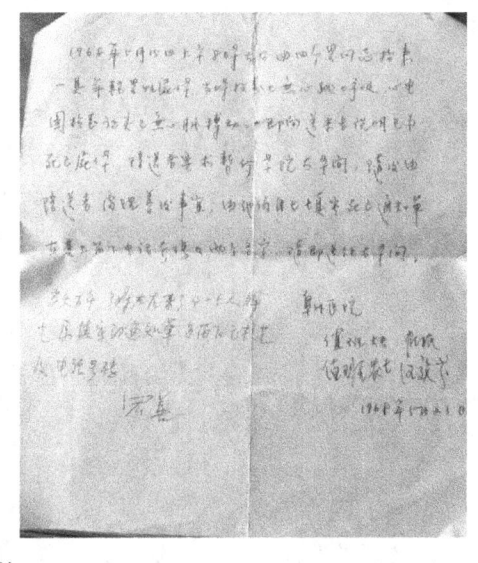

看管阜外太平间的宏善老先生补充写下了"来人留下了王桂芝的名字及电话号码"。可惜我们没有看到来人留下的这张纸条，不过即使看到了，又怎么能保证名字及电话是真的呢？

我们含着热泪，察看了孙华栋的遗体。我们把孙华栋的遗体放到院子中，拍了照片，作为将来惩罚凶手的证据。可惜这些照片交到414总部后，因为我们不久毕业离校，也就不知道下落。真是惨不忍睹，胳膊、脖子上都是深深的深紫色的勒痕，全身到处是青紫色；尤其左下腹，更是一片深青紫色，我们都意识到，那是致命的创伤。被打内出血是显然的，应该是把脾脏打坏了的结果。到达阜外医院的人都流下了眼泪，这么壮实的一个同学就这么被打至死，什么人干的？真是残忍到极点了，怎么能下得去手？

随着时间的推移，事情逐渐清晰。原来，孙华栋被抓后，团派认为他是414派的奸细，于是严刑拷打。无辜的孙华栋没有参加武斗，什么情况也不知道，打，又能打出什么？在严刑拷打后，他的内脏已经被打出了血，他感到口渴，吴慰庭就给他喝水，促使内脏快速大量出血，但是他还坚持自己走到厕所，在厕所中倒在地上，再也站不起来了。

## 编者的话

卢纹岱、宋楚强两位校友的回忆（以下简称卢宋文），是对以蒯大富为代表的团派少数极端分子灭绝人性、惨无人道罪行的血泪控诉！编者了解到，卢宋文中提到的报信的团派同学，是与孙华栋同在航海队的唐梁校友：唐梁先是告诉宋楚强：孙华栋被一教团派抓去，后又告知5月16日两派交换被抓人员名单中没有孙华栋，"看来凶多吉少"。这充分说明，唐梁和大多数团派同学一样善良，在涉及同学生命的重大问题上，人性超越了派性。

按照金水高校友的回忆，"凶讯终于传来"的时间大约是5月17日前后，但不知道尸体放在哪个医院。

得讯后，卢纹岱、宋楚强二人冒着酷暑，骑自行车先后找了离清华比较近的北医三院、海淀医院、复兴门医院太平间，都没有找到：再继续到第四家医院找。

5月18日前后，有人告知414总部：阜外医院有清华的无名尸体：卢纹岱宋楚强要找的第四家医院也是阜外医院，他们终于在阜外医院的太平间找到孙华栋遗体。

消息传到414总部，总部委员张雪梅和卢纹岱、宋楚强、金水高等人赶到阜外医院，查看孙华栋遗体。在阜外医院，他们亲眼见到了孙华栋被毒打摧残的遗体惨状，并拍了照。

金水高保留了5月23日值班医生顾珉、值班护士汪效芬、太平间师傅宏善亲笔书写的接收遗体经过和顾珉医生签字、医院盖章的死亡证明书。

邱心伟、原蜀育所编《大事日志》记载，得知孙华栋被害后，"414人十分气愤，开展调查。孙华栋于14日晚8点30在团武斗队包围汽车楼时，骑车由动农馆向科学馆去，被一教团派设埋伏抓住，拷问毒打了一夜。15日7点团派将他送到阜外医院，护士讲：'送来，已是死人了'。团派谎报姓名，留下尸体逃走。"

卢宋文指出，孙华栋的尸体"是团派某女总部委员带着4个人送到医院"的，这个女总部委员是谁？不是别人，就是5.30推来油桶

## 八、大学生

为火烧东区浴室"火上浇油"的陈继芳！就是伙同蒯大富制造所谓"罗文李饶反革命集团"和"十二人反党集团"、并直接指挥团专案组毒刑拷打逼供受害人的陈继芳！从顾珉医生和宏善老师傅写的接收遗体经过中我们知道：陈继芳等人欺骗了阜外医院。他们要求将孙华栋遗体"暂停"阜外医院太平间，"随后由陪送者(按即陈继芳等人)处理善后事宜"，并且陈继芳等人自己填写了死亡通知单，留下电话号码和两个名字：但是当天(5月15日)下午他们却拿走了原来填写的通知单，"另留下王桂芝及电话号码"！这不是明摆着"做贼心虚"吗！

《大事日志》还记载，此后"414与公安局、卫戍区、革委会对此事进行长时间的交涉，要求法医验尸，组织专案组，依法逮捕枪毙凶手，但没有得到答复。""公安局15日9点就得到阜外医院的报告，但一直不作处理，不通知414，也不通知家长。现在我们交涉，只派接待员来应付。而卫戍区借口'不管大学问题'，连接待室的门都不让进。革委会大学组、文教组也是如此。十天来，凶手依然逍遥法外，公安局拒不验尸，拒不追查凶手处理后事。414的'文攻武卫指挥部'在忍无可忍的情况下决定：5月26日到市内抬孙华栋烈士尸体游行。"

5月26日下午，414到天安门广场集会，反对武斗，参加者600至700人，同时用卡车把孙华栋尸体抬到公安局，与公安局交涉。游行队伍通过前门、珠市口、崇文门，到公安局门前，要求专政机关逮捕凶手，立即验尸。又到市革委会，高呼口号"蒯大富从市革委会滚出去！"

卢宋文中说，孙华栋遗体"真是惨不忍睹，胳膊、脖子上都是深深的深紫色的勒痕，全身到处是青紫色；尤其左下腹，更是一片深青紫色，我们都意识到，那是致命的创伤。被打内出血是显然的，应该是把脾脏打坏了的结果"，唐少杰先生则在其《一叶知秋》文章中，根据清华的档案记载指出，孙华栋"内脏完全被打坏，全身80%皮下出血，左腿骨折两臂打烂"；由此可以判断，团派吴慰庭等少数打手疯狂毒打孙华栋，凶残暴虐到何种程度！

6月23日，孙华栋遗体火化。

打死孙华栋的主要凶手吴慰庭，绰号"狗熊"，当时担任团派"前哨广播台"台长，1968年工宣队进校时曾参与武力驱赶工宣队，后被送解放军农场"劳改"，1973年5月被判刑15年。

尽管吴慰庭为"前哨台"少数打手灭绝人性的凶残罪行受到了应得的惩罚，但是五十年来，包括吴慰庭在内，这少数打手中没有任何一个表示过一丝一毫忏悔，他们应该扪心自问：用如此凶残的手段杀害自己的同学，人性何在？良心何在？蒯大富和陈继芳在自己的文革回忆中，选择性"遗忘"了对团派"不利"的许多恶性事件，其中就包括孙华栋被活活打死和刘承娴被逼跳楼后继续迫害身亡的事件。

还有一些原团派人士为吴慰庭辩解，说孙华栋的死亡是因为被打伤后喝水造成的，言外之意，如果不给他喝水就不会死。难道孙华栋侥幸存活，就能掩盖"狗熊"们灭绝人性的凶残罪行吗？而且，孙华栋是"内脏完全被打坏"，不喝水也不可能存活：用喝不喝水来"淡化"团派极端分子的残暴、为吴慰庭等人的罪行开脱的任何企图，都完全是徒劳的。

吴慰庭和"前哨台"少数打手的罪恶行径，以及蒯大富陈继芳捏造"罗文李饶反革命集团""十二人反党集团"并指挥团专案组残酷毒刑拷打受害人的罪恶行径，都将被钉在清华文革历史的耻辱柱上！

【上面卢纹岱、宋楚强文及"编者的话"均引自胡鹏池、陈楚三、周宏余编：《从生物馆到200号——清华文革蒯氏黑牢》，时代文化出版社，2021年，158页】

八、大学生

# 许恭生（1944—1968）

孙怒涛　编辑

许恭生，男，1944年出生，江西临川人。1962年从南昌市第三中学考入清华大学冶金系，焊82班学生。校击剑队队员，曾两次获得北京高等院校大学生运动会重剑击剑冠军。在1968年5月30日的大武斗中，团四双方在东大操场北侧布阵对攻。许恭生在后撤时不慎跌倒，被一拥而上的多名老四的长矛乱刺刺中。因失血过多抢救无效而死亡。殁年24岁。

许恭生（1944—1968）
（引自唐金鹤《倒下的英才》）

# 忆恭生

唐金鹤（焊8）

### A. 我们班的许恭生

2008年是我们冶金系焊8班毕业四十周年，我们班很多同学重返清华园，在当年学习和生活过的地方欢聚一堂重温过去的快乐时光。但是，在我们的欢声笑语里，却是遍插茱萸少一人。当年和我们坐在同一间教室里、一起上课的同班同学许恭生，在清华大学的5.30大武斗中不幸丧生，长眠在地下已经四十年了。一想到此，我们就感到了一种透骨的凄凉，一种难言的哀伤。

许恭生，小名银波，江西临川人。1944年4月9日生，1956年考入南昌市第三中学，1962年考入了北京清华大学。他中等偏高，瘦瘦的身材，大大的嗓门。他永远精力充沛，思维活跃，是一个从来都闲不住的人。他很喜欢和别人辩论，经常在走廊里就可以听到他和别人在宿舍里辩论的声音。他人很聪明，学业成绩优秀。

当年我们每天在一起，一起上课，一起吃饭，一起锻炼，一起复习功课，一起讨论问题。我们亲如兄弟姐妹一般，生活得非常愉快。许恭生是进了大学以后才开始学习击剑的。白天他和我们一样地上课，只在每天下午四点半以后，他才去学校击剑队学习一到两个小时，然后晚上又和我们一样上晚自习了，他一个星期练习击剑的时间最多是十个小时。但是，由于他的动作敏捷，反应迅速，有着天生聪明伶俐的头脑，又学习得法，使得他在短短几个月的时间里，就展露出了他在击剑方面的天赋。他曾两次获得北京高等院校大学生运动会重剑击剑冠军。当年的他真是一个风华正茂、前途无量的小伙子啊。但不幸的是在他的人生旅程中遇上了文化革命。在文化革命中，他担任了老团一个连队的指挥员，站到了武斗的最前线。就我们现在收集到的资料，1968年4月29日，许恭生带领一批老团，闯进九饭厅，砸老四的饭锅。5月14日，他领头进攻汽车楼，把一套军用刺杀服丢给了老四。5月17日，许恭生又带人装扮成农民，假装在主楼南面的农田里锄地，捉了回校取粮票的和统。5月23日，我在动农馆桥被老团绑架，事发突然，当时我没有看清有没有许恭生在场；但到了1号楼审问我时，我可以肯定有许恭生在场。5月29日，许对我们班的同学讲，他病了，想回南昌老家休息。但在5月30日，他竟然带病上场了。他冲在最前面，撤在最后面；清晨他受了伤，拖到下午，他就离开了，永远地离开了。

1968年清华大学武斗中的许恭生

如果没有文化大革命，像许恭生这么一个文武双全的年轻人，这么一个聪明、能干的小伙子，成长起来，成熟起来，能给社会做出多大的贡献啊!如果许恭生能活到改革开放的今天，以他旺盛的精力，以他那透顶的聪明，以他的文武全能，那肯定是一个百万元、千万元都挡不住的大款，天妒英才啊!

### B.许恭生之死

当年在东大操场北边，有一排小白杨树。树的北面是一条土路，土路北边是一片坑洼不平的荒地。荒地上杂草丛生，乱石横躺竖卧。1968年5月30日，这里成了武斗的战场。上午七点钟，许恭生就在这片荒地上不慎摔倒，被扎成重伤；几个小时以后他才被送去医院，但太迟了，因失血过多，他永远地闭上了眼睛。

#### a) 战地失足，被扎成重伤

早上五点钟左右，樊程带领老四三十余人，趁老团不备，沿着东大操场北面的土路迅速冲到了九饭厅前，与驻守12号楼的老四会师了。老四们很快就见到了，老团的一支队伍守住这条土路，封住这个缺口。这支老团队伍就是许恭生所带领的连队。这时，"科学馆独立排"的老四赶到了，就与许恭生所带领的连队对阵。

　　早上六点多钟，这边的老四看到，许恭生走到他的连队前面，给老团们做示范，教授他们如何使用长矛进行刺杀。他经常给老团上课，老四就送给他一个"教师爷"的绰号。随着许恭生所示范的一个一个的动作，老四这边的哄笑声此起彼伏，又是鼓掌，又是叫倒好，有的老四高声嚷着："好！再来一个！"这些老四对许恭生的刺杀动作，报以嗤之以鼻的哄笑、冷嘲热讽的啸叫。我们事后分析认为，这种侮辱性的气氛，会大大挫伤许恭生的锐气。

　　老实讲，有不少的老四是非常惧怕许恭生的。我就听到不止一个老四对我说："许恭生一个人可以对付六、七个人，他把长矛在那儿一挥舞，就无人能够靠近他，他一个人扎伤过多少老四啊，他太厉害了。他是高校的击剑冠军啊。"

　　我到了为写这本书而收集资料时，才听到老四里居然还有不怕许恭生的人。我不相信这个消息，认为这是在吹牛；但是，经过多方核对以后，我信了，老四里真的就有不怕许恭生的人。

　　就在老四这边起哄、讥笑、羞辱许恭生之时出现了下面这一幕：一个膀大腰圆的小伙子、校设备工厂教工李光鸣手持长矛，沉着冷静地离开了老四的队伍，一个人头也不回地向前走去，他向着老团的方向大概走了五十米在双方的阵地中间停了下来。他对着许恭生大叫"许恭生，你过来！咱们两个一对一，今天就在这儿比试比试。"他的这句话，无论是对面的老团，还是身后的老四，大家都听得一清二楚。顿时老四这边欢呼起来，向着许恭生叫起板来："许恭生，过来！许恭生，过来！"许恭生当时在想什么我们就无法知道了，我们只知道许恭生坚决不肯走上前来，不肯和李光鸣进行一对一的较量。

　　许恭生坚决不出列应战，是因为李光鸣比他高大魁梧？还是因为太阳光晃着他的眼睛，不利于他的刺杀动作的发挥？无论老四这边怎么叫号，许就是不应战，于是李光鸣得胜回朝了。那当然又赢得了这群老四的一片掌声和欢呼声了。老四士气大振。

而身为连队指挥员的许恭生，在这么危险的武斗现场，被对方如此羞辱，这必定大大地挫伤了他与他们整个连队的斗志。

在四十几年后，我才得知 5.30 那一天，许恭生是带病上场的。和我同班的一个同学告诉我："5.30 的前一天，就是五月二十九日，在 7 号楼的宿舍里，许恭生对我讲，他最近感觉身体不太好，疲倦，全身无力，不想吃东西。他去校医院看病，医生给他抽血做化验。我看到了他手中拿着化验单，我记得是他的肝脏不太好。他告诉我，这一二天他就要买火车票离校，回南昌老家休息。"讲到这里，这个同学痛苦地摇着头："哪里想到，第二天就发生了 5.30。5.30 再晚发生一二天，许恭生也就离开学校，回家了，也就不会死了。我怎么也没想到，他明明知道自己病了，怎么还上场参加武斗啊！"听到这里，我同样感到，许恭生死得太可惜了。他知道自己病了，还冲到了武斗的最前线，唉，可怜的年轻人啊，你这是为了什么呀？

对于许恭生在那一段时间的身体不太好、疲倦、全身无力、吃不下饭的情况，老四这边是绝对没有人会想到的。而这可能是许恭生坚决不离开队伍，不出队应战的一个原因。

以上戏剧性的场面结束了，双方开始交手了。许恭生走在老团队伍的最前面，挥舞着他那支所向无敌的长矛，指挥着他的连队。双方就在东大操场北面的土路附近，一方冲过来，另一方挡过去，进进退退，打了几个回合。

大约是早上七点钟，老四一步步往前推进，老团向后撤退。许恭生武艺高强，一贯都是他一个人断后，这次也不例外。他面向老四，挺着长矛，一步一步地后退着；突然，他失足了，被一个小土堆绊倒在地。那片荒地坑坑洼洼，无论谁倒退着走，都会出问题。

许恭生带领的那些老团转身就跑，早就跑光了；留下了许恭生一个人躺在那里。当时许仰面朝上，四脚朝天。许恭生平时身手敏捷、动作麻利，是完全可以翻身一跃而起的；那他就不会受伤了。

但是，他躺在那里没有动，没有人能够明白，他为什么不立刻起身？是不是老四那边对他冷嘲热讽的啸叫，羞辱性地喝倒彩影响了他的情绪？还是刚才那个老四的出列叫阵严重地打击了他的士气？也许他当时身体不好，疲倦，全身无力，吃不下饭，他没有力气跳起来？不管怎么说吧，他摔倒以后，一动不动地躺在那里。

对阵的老四们，一直盯着许恭生：他们没有料到，许恭生会突然摔倒。有人大叫："倒了，倒了！"老四们一拥而上，许的身上被扎了二十多长矛。于是，在这么严酷的武斗现场，许恭生战地失足，摔倒，被扎成重伤。

许恭生是早上 7 点钟摔倒的，这个时间来自一个当年有手表的老四：工宣队进校以后，他写给工宣队的材料中记下这个时间。另一个现场的老四回忆，当时出太阳了，但太阳光是斜射的，把浴室的墙照得很亮。7 点钟这个时间是可信的，我们采用了它。

我们回头来看一看，5.30 那天，老团和老四双方的阵势。

那天，许恭生连队扎营在那条土路西端的北侧，老四的队伍扎营在那条土路东端的北侧。老团和老四所处的位置，一东，一西。这样的位置对老四是非常有利的，而对老团就很不利了。

第一：老团是从西往东推进。5 月 30 日那天，太阳出来特别早，早上 7 点钟前后，明晃晃的阳光直刺他们的双眼。在双方拼长矛时，这可不是小事情，稍一眨眼，就可能要命呀。这刺眼的太阳光给老团带来了沉重的压力；而老四背对着太阳，当然就没有这个问题了。

第二：许恭生连队要封锁那条土路，不许老四再由土路冲过来，他们就驻守在土路西北侧坑洼不平的荒地处。老团武斗前的准备、安排不可谓不周密，但智者千虑、必有一失。这么危险的地形，老团却忽视了。以致老团的一员勇将许恭生，当场在此摔倒。

下面谈一谈许恭生给 414 这边留下的印象。

武斗刚开始没有多久，我在焊接馆听到几个老四在说话。一个说："见了老团，我就不怕，不是所有的老团都往死里扎人。"可是另一个说："老团里的许恭生可厉害，他扎人可狠呢，他就是往死里扎的，我见了许恭生就跑。"当时在校的老四中，大概没有人不知道许恭生；许恭生这个名字成了老团武斗力量的代名词。

我记得有三个老四一起在焊接馆门口找到我，其中一个老四怒气冲冲地，劈头就说："你们班的许恭生把我给扎了，许恭生刺伤过我们好多老四,他太可恶了。我们一定要好好地教训教训他。"看他气成那个样子,只因为我和许恭生是同班同学,就大有要拿我兴师问罪、狠狠地揍我一顿的意思。我当然无话可说,只有很尴尬地看着他。等他说完了,我问他:"扎哪儿了?要紧不要紧呀?要不要去医院看一看啊?"这时候,他自己也觉得不好意思了,就补了一句:"当然了,这事和你没关系。"然后他们三个转身一起走了。

这些对许恭生仇恨的种子在一个适当的时机,露头了;以致在许摔倒在地时,不仅没有人过去扶他一把,反而是一个人、两个人、太多的人一拥而上,这些人都要出出那积压已久的心头的怒气,都过去扎上了一长矛,多么可怕的仇恨啊!

我的一个同班同学分析许恭生摔倒、受重伤这件事,他说:作战时要占天时,地利,人和。天时是指作战时的自然条件,5.30 那天太阳光晃许恭生的眼,他没有占到天时。地利指地理环境,许恭生所处位置坑坑洼洼,高低不平,他没有占到地利,导致他不慎摔倒。但是,天时不如地利,地利不如人和。人和指的是人心的向背。许恭生在多次武斗中和老四积累下仇恨,他在老四那里是失人心的。一旦让老四抓到了机会,这些平时拿许恭生无可奈何的老四们就将长矛扎了上去。我认为他的分析是很有道理的。

团派总部委员孙毓星在清华校友网上写道:"关于许恭生,我当年就听说过他教大家'扎屁股',尽量避免伤及要害,以我对许恭生的了解,相信这是真实的。"孙毓星认为许恭生是心地善良的,是不可能与老四结怨的。

但与许恭生对过阵的老四,看到孙毓星的这种说法以后说:"我们搞不明白他在说什么。拼长矛时,双方面对面,长矛对长矛,屁股长在后面,要是没有孙悟空的本事,怎么能够专门去找对方的屁股扎?"他们还指出:"在 5.30 那天,很多人都亲眼见到许恭生在现场教其他的老团,他的双腿作出弓箭步,两手平端着长矛,朝前刺出,动作干脆有力,每一下都直指对方的胸部和腹部,每一下都是要命的啊,哪里有半点仁慈之心?只有把长矛尖有意向下,那才可以避免刺中对方的胸部和腹部。那天,很多人都看见许恭生平端着长矛,我不知道谁见到许恭生把矛尖指地，反正我没看见。"看来这些同学不接受孙毓星的这个看法。

"扎屁股"很有可能是指对方逃跑时，追击对方要手下留情，只扎对方的屁股，不要伤及要害。这点仁心，我相信许恭生还是有的，他毕竟只是一个二十几岁的年轻人啊！何况对方又是自己的同学。我相信他也有着人类的善良天性。

但是，我听到的是被扎了屁股的人都在庆幸自己当时逃跑得快，又是谁在危难时救了他，否则后面追上来的老团肯定要了他一条命；而我从没有听到哪个被刺了屁股的人，对刺伤他的人感恩戴德。看来老四这边只记住了许恭生的凶狠，只记住了许恭生给他们带来的伤害，一点也没有体会到他的善心。

唉！许恭生离开我们已经四十几年了，到现在才来讲许恭生教大家"扎屁股"，尽量避免伤及要害，来讲他也有着善良的心，已经太迟了，许恭生已经死而不能复生了，让人惋惜啊。

### b）延误送医，失血过多致死

许恭生从早上7点受伤，拖到下午才送医院。关于这个过程，我同班的几个同学，我的多个其他班级的、在现场的团派朋友，他们都提供了最可靠的第一手数据。

趁老团和老四脱离接触的空隙，我同班的一个男同学陆××冒险冲上前去，将许恭生背回到土路北侧、他们连队所在的空地。这个情况是陆××在事发后没多久，亲口对我讲的。

当他被背回到老团阵地时，大家都围上来，问他怎么样？伤在哪里？伤得重不重？我的一个团派朋友清楚地记得，当时许恭生居然自己咬着牙站了起来，当着大家的面走了几步，他安慰大家说："没事，没事。"大家都急忙让他赶快躺下，别动，他才重新躺下。就是说，他从现场被背回来时，能说话，能走动。

一个老团同学告诉我："许恭生被背回老团的阵地以后，在老团的阵地上躺了一段时间，然后被抬到了6号楼东南门门前的空地上。动力系量0班的女同学×××，给许做了一些包扎处理。"

我的同班同学对我说："在6号楼东侧南门前的空地上，我见到许恭生时,感到他已经不行了,他的脸色苍白,面无血色。有人脱下许恭生的裤子,我见到许大腿根部的伤口到这时还没有包扎。那个先前给他包扎的女同学就站在旁边,她不好意思地把脸转了过去。当时的时间是上午,还没有吃午饭。"许恭生后来被送往北京积水潭医院,在医院时他停止了呼吸,那个时候已经是下午了;也有的同学说,许是在送院途中不治的。不管怎么说吧,一个人能有多少血?哪里禁得住这么长时间地流淌?哪怕是早一个小时送到医院,也可以救他一条命啊!

据说,许恭生身上有二十余处伤口,几乎都在双腿上。造成他死亡的致命刀口有两处,一是大腿根部的股动脉破裂,造成外出血;一是肝脏破裂,可能造成严重的内出血。

许恭生、高建枢和我,我们三个是1962届冶金系焊8班的同班同学。高建枢是我们班的老团支部书记,2010年12月22日,在清华校友网上,他写了下面一则留言:

唐金鹤:你的书倾注了你的心血,也是对清华那段历史的贡献,难能可贵,可敬可贺。我亦赞成愿逝者安宁这句话,恭生英年早逝于国于其家都很可惜。你的忆恭生一节乃成同学忘却的纪念,我相信恭生在天之重足矣!至于文革已成历史,让以后的历史再评说吧。记住辩证唯物主义和历史唯物主义是正确的,实事求是永放光芒!

我们班24个人中,22个人是团派,只有冯韵芬一人是老四。我是逍遥派。被卷入武斗以后,我才算是一个老四了。

【上文引自唐金鹤:《倒下的英才》,科华图书出版公司,2015年第三版,229页】

## 清华园百日武斗

鲍长康(化9)等

"团派"冶金系焊8班学生、学校击剑队队员许恭生在东大操场北侧荒地长矛狂舞,勇猛异常,吓退一排"四派"长矛。后撤时不慎摔倒，被一拥而上的"四派"派人员数支长矛刺下，失血过多而死。

浴室楼久攻不下，"团派"决定火攻，坚守这里的"四派"渐渐不支。这时，一名"四派"被"团派"长矛刺中，出现气胸，有生命危险，"四派"东区浴室负责人与"团派"谈判，只要同意派车将"四派"伤员送医院救治，"四派"人员可以放弃东区浴室。"团派"鲍长康站在九饭厅房顶上向"四派"守浴室负责人保证，只要"四派"投降，同意将伤员送医院，并保证不打俘虏。于是，"四派"最后的守卫者 21 人，通过在九饭厅房顶上搭的木板，从浴室楼上走到九饭厅房顶后，被"团派"押往 13 号楼。作为交换条件，"团派"把"四派"的两名重伤者送到北大附属医院。

这次大武斗从凌晨 3 时开始，进行了近 11 个小时之久，动用了土坦克、土炮、炸药包、长矛、大刀、箭矢、弹弓车、燃烧瓶、硫酸瓶、石灰瓶等等。两派群众还进行了殊死的肉搏战，致使 3 人死亡，近 300 人负伤。浴室武斗结束后，鲍长康听到许恭生被长矛刺死的消息，赶到北医三院。他在临时太平间里看到许恭生的遗体，但是不相信许恭生已经死亡，亲自用手去摸许恭生的脉搏，居然感到了跳动，当即叫来护士。最后证明是他的幻觉。从许恭生的伤口看，他是被 12 支长矛刺中，大动脉被刺穿，引发大出血而身亡。

【上文摘自鲍长康等：《钟声在这一天敲响》，美国华忆出版社，2023年，17 页】

## 往事 真情

### 孙耘（无 8）

那是一种什么样的环境气氛呢？李自茂在"跋语：回顾与反思"一章中有这样的叙述和分析：

团派的许恭生死于天亮前的打援时，当时四派的人跟着土坦克从东大操场（高压试验室方向）冲过来，许带队后撤，在后撤中，许

## 八、大学生

的位置突前，被石头绊倒，四派有二十多支长矛（据沈如槐说）刺向许。许穿的是正规的军用刺杀服，有较好的抗刺力，有人将其下摆挑开，刺中了股动脉，致其流血过多，在送医院途中已不治。有人说（如唐金鹤在《倒下的英才》一书中所述）许自恃武艺高强而一人突前，这是不厚道的，我以为当时他更多考虑的是自己的责任。甚至有人说是老团耽误了救治，致使许身亡。这是至今被派性糊住双眼的人的臆语。我们那一代人都有强烈的责任感……制九高子正同学肯定地说许恭生为掩护战友而拖后，是尽责的表率。这才是恰如其分的评论。

高子正在《5.30 难以忘怀的碎片记忆》（校友网）中写道：

5.30 那一天，我们接到任务（可能是打援；更可能是侦查，记不清楚了），由许恭生带领约十几个人出发。但是，许不是走在最前面。

突然，不知道从哪里冒出来一群老四武斗人员，大约 30 多人，瞬间便冲到了我们的跟前。走在最前面的 L 边打边退，不慎摔倒在地，两个老四举起长矛向他刺去。正好我和另外一个同学赶到，将其击退。L 君得以重新站起。老团多人喊：快撤！而这时的老四，显出目标首先集中是许恭生一人。当我转身向后"逃跑"的时候，正好看到在不到 5 米远的地方，许恭生向后慢慢地倒下，老四的十多根长矛一起向他刺去的镜头，那是一个"铭刻在脑海里"终生难忘的"画面"。显然，许恭生是有意掩护大家撤退，才走到了最后面。我心中一阵颤抖和剧痛，但是知道自己无能为力。

跑了一二百米，遇到了团派的另一支队伍，约 50 多人。我们求救；他们立即直追，打退了刚才那批老四。我看到，5 到 6 个人，抬着拽着许恭生向回跑，许的头盔掉了，脸色煞白，四肢无力的耷拉着，鲜血一股一股地流着撒在地上……

李自茂进一步分析：

许恭生是 5.30 那天死亡的第一人，他的死对全天形势影响至深。

如果许恭生仅是受伤，团派眼看攻楼无望，肯定会偃旗息鼓，老团本来也没准备强攻。由于他的阵亡，激起了团派特别是东区同学的义愤,全体一致要求"报仇"。报仇的意识在当时的场景出现,毫不奇怪,平静如水才是不正常。许恭生在武斗中伤过四派多人,四派出于"报仇"意识在其倒地后仍将其刺死,手段足够凶狠,而这又激起团派的报复,从浴室南面和东面一次次地攀梯强攻全是在"为许恭生报仇"理念驱使下的东区团派的行动,使一场偷袭演变成大型武斗。

许恭生,冶金系焊8班学生,1962年从江西南昌考入清华,参加校击剑队开始正规训练,没几年就获得高校重剑冠军,在体育代表队里有一定名声。许恭生文武兼备,文革中是28团的干将,团派里知名的辩才(戏称"嘴皮子")。武斗爆发,属于稳健派的他义不容辞地留校担当刺杀教练。我听说,他执教时强调不要刺致命处,以使对方丧失作战能力为目标。许恭生曾刺伤好几位414战士,不知有没有致命处的伤情。我相信在战场对垒中他会尽力按自己的原则行事。

5.30清晨许恭生的阵亡引发老团一片"报仇"的激愤情绪,随即奋不顾身地发起一波又一波攀梯强攻。小时就是在这种气氛里披挂上阵的。

【本文引自孙怒涛:《历史拒绝遗忘》,中国文化传播出版社,2015年,812页】

八、大学生

# 卞雨林（1947—1968）

孙怒涛　编辑

卞雨林，男，1947年出生，江苏泰兴人。1965年考入清华大学工程化学系003班。在1968年5月30日的大武斗中，卞雨林在东大操场中毒箭身亡。殁年21岁。

卞雨林（1947—1968）
（引自唐金鹤《倒下的英才》）

## 东大操场初战

唐金鹤（焊8）

再看郑楚鸿的回忆："很快我们就推进到了操场的西跑道。这时太阳已经升得很高了，时间大概是不到六点钟吧。突然，有两个人架着一个伤员，就从我的身边撤下去。我瞥了一眼那个伤员，他的脸朝天，仰躺着，旁边的两个人，每人架着他的一只胳膊；伤员的身材高大魁梧，但全身却是软塌塌地、就像没有骨头一样；他的嘴边堆满白沫。最让我害怕的是他的脸色，在太阳光的照耀下，他的脸色是金黄、金黄的。当时我的脑中闪过了一个问号：人的脸色怎么会黄成这个样子？看来他不行了，他是没救了。"

关于卞雨林，5.30那天，当我送老四的伤员到达北医三院急诊室时，见到了送卞雨林到北医三院的两个身材高大的清华同学，站在急诊室的门口。他们面色凝重，眉头深锁。有一个人都快哭了；另一个告诉我，卞雨林死了。当时三院的医生护士正在交接班，大概是早上八点钟。急诊室里，患者和患者家属议论纷纷，说清华的一个大学生中毒箭死了。当时刚刚送到北医三院的一大批老四伤员急需治疗，我没有时间去详细打听此事，错过了向医院了解卞雨林死亡原因的最好时机。这么多年来，我一直为此事后悔不已。

那天早上卞雨林是从东主楼出发前往小树林的。早晨六点钟左右，太阳已经升得很高了，在东大操场的西跑道靠北一带，从老团方面射过来的一支箭，射中卞雨林左胸部。伤口很浅，好几个老四看过这个伤口，就在胸部的表层；他的身上没有发现任何其他的受伤痕迹。但是，卞立刻倒地昏迷，口吐白沫，在太阳光的照耀下，整个脸变成金黄色。他身旁的两个老四立刻把他从东大操场上撤了下来，然后立即送往了北医三院。据说，卞雨林在送往医院的路上，就已经停止了呼吸。就是说卞雨林从中箭到死亡，前后最多只有两个小时。卞雨林死得太快了，死得太怪了。

在卞雨林火化时，一个老四从他的遗体胸部中箭部位取下来一块组织，把它浸泡在福尔马林的液体里，密封好。我们留下了它，是为了等待能有那么一天，拿去化验。老四的总部委员蒋南峰、我，还有其他的人都在焊接馆的地下室里见到过这个瓶子。但是我们不知道这个瓶子现在的下落。

有关可以使人迅速致死的剧毒物质的知识，我们这些学生所知不多。我们只从电影中知道了氰化钾可以使人迅速死亡，因此，在清华园里流传着，射中卞雨林的那支箭的箭头上涂有氰化钾。

武斗结束后，我与一位资深的解放军军医，多次讨论卞的死亡过程：最近几年，我又查阅了一些医学数据。现在我认为，卞就是中剧毒死亡的。

郑楚鸿见到卞雨林不省人事，脸朝天地躺着，由左右两个人拖着撤出东大操场，这说明卞雨林中箭后很快就昏迷了。口吐白沫，那是他的肠胃内部急剧收缩，使胃液上翻并与空气混合后形成的。因为肠胃过度收缩，往下面走不通，所以只有逆行从口中吐出。

郑楚鸿特别强调，卞雨林的脸色是可怕的金黄色。我估计是卞已出现了严重的黄疸体征，在太阳光的照耀下，就显得更黄了。根据卞的这些体征，可以肯定地说，在很短的时间内，他的中枢神经系统、血液循环系统和一些内脏器官都已经受到了严重的损坏。看来，射中卞雨林那支箭的箭头上，涂了不知名的极毒物质。

【上文引自唐金鹤：《倒下的英才》，科华图书出版公司，2015年第三版，168页】

张启义校友（化7）的回忆：

我68年毕业后分配至泰兴县，这里是卞雨林的家乡。化零零同学知后，委托我将卞生前的一些书本，笔记等遗物带给他家人。到泰兴后随即去了卞家，接待我的是他三个弟弟，言兄不幸去世后，父母身心俱垮，（其父曾任副县长，工商联主席），母亲精神已失常，怕与我见面会再受刺激，故想避开他们，我十分理解，同情，赞成他们的做法，说些安慰话就告别了！他三位弟弟后来工作都挺好，大弟在本地一中专任教，二弟是某厂厂长，三弟更了得，由工厂考入北京政法大学，毕业后留校。我想他们的哥哥卞雨林同学，本可有更大作为，只可惜……。

## 文革受难者——卞雨林

以下为王友琴《文革受难者》一书中的有关记述：

卞雨林，男，清华大学化工系003班学生，于1968年5月30日在清华大学两派组织武斗中，中箭死亡。

# 朱玉生（1946—1968）

孙怒涛　编辑

朱玉生，男，1946年出生，江苏淮阴人。家在农村，有弟妹，家境贫寒，享受全额助学金。1964年考入清华大学土建系房01班，校文艺社成员。1968年7月4日凌晨，在科学馆后门外，被埋伏在闻亭暗堡里的枪手、动力系量0班樊思清射杀，殁年22岁。

朱玉生（1946—1968）
（引自唐金鹤《倒下的英才》）

## 老团枪杀朱玉生

唐金鹤（焊8）

7月4日，老团枪杀了土建系房01班的学生朱玉生。

朱玉生为人单纯、直率，可以为朋友两肋插刀；性格豪爽，很有

## 八、大学生

男子汉的气概。他聪明好学,热爱集体,关心同学。他做事情总是一腔热血,一片赤诚,无私无畏。同班的刘玉梅曾几次前往科学馆,劝说朱玉生离开。但是朱玉生认为此刻祖国和人民需要一个热血男儿为祖国、为民族献身时到了,他不应该离开,因此,他毅然决然地留在了科学馆。就这么一个好青年,却被一颗罪恶的子弹夺去了生命。他太年轻了,他走时年仅22岁。

老团在闻亭(为纪念闻一多先生而命名)设有岗哨,昼夜24小时地监视着科学馆的一举一动,上面配有探照灯,四周有电网和地雷。1968年7月4日凌晨2时左右,朱玉生在科学馆后门靠北的地方值班。这时,闻亭岗哨发现了科学馆西北角附近有

朱玉生被老团闻亭岗哨动力系量 0 班张行开枪射中,永远离开了我们。

人影移动,在黑暗中他们开枪了。这颗罪恶的子弹从朱玉生的背部左肩胛打进,由右胸右上部穿出,朱玉生立即倒地。科学馆的几个老四冲出去,抢回了朱玉生,但是,朱玉生已经停止了呼吸。

朱玉生的老父亲在得知爱子中枪身亡的消息后,从苏北农村赶到了清华园。他到了动农馆,儿子的遗体躺在科学馆。动农馆到科学馆也就只有百米之遥,但是老人却不能前去看儿子最后一眼,因为科学馆被几支枪24小时封锁着。为了安抚老父亲那颗滴血的心,有人提出愿意打着白旗,陪同老人前往科学馆去看儿子。这个曾经参加过第四野战军的老人回绝了,这个挺直腰板做人的老人,不愿意在他刚强的一生中承受这种屈辱。就这样,他没有见到儿子的最后一面,就离开了清华园。

房01班同学。左起顺时针：朱玉生、杨振华、钱穑茹、王志浩、马有志和姚荣达。亲爱的同学们，你可曾记得那幸福的时光？！

蒋南峰回忆：

6月30日早上，为接应8号楼人员突围，大批老四在东大操场的南面排阵。7月1日晚，以纪念"7.1"的名义，但燊主持召开了主楼防区全体人员大会。由当时的形势判断，武斗随时可能升级，老团随时可能开枪。为了引起所有人的重视，在会上，我公开严厉地批评了6月30日的排阵方式，但燊当场诚

1968年4月14日在北京颐和园，左起：倪寿增、朱玉生、杨振华和王志浩。80天后朱玉生不幸中枪遇难。

恳地接受了我的批评。我在会上明确要求，各哨位立即把明哨改为暗哨。会后我由西向东到各个哨位作了检查，见到工物馆楼顶的木质高架瞭望台上，还有两名女同学在值班。她们见我上去时还笑脸相迎，没想到换回我一顿严厉批评。我叫她们立刻撤下来。但这么多年来，使我追悔莫及的是，当时却没有想到主动联系科学馆，提醒科学馆！朱玉生的死，我有责任！

开枪者是动力系量0班的张行。那天晚上，他一枪就打死了朱玉生。老蒯打电话问他："哪里打枪，出了什么事？"他回答："不知道。"(老四在监听老团电话时听到了这段通话——作者注)

同学们毕业分配时，张行没有毕业，而是在一个小土电厂监督劳动以后他又坐了十多年牢。张行在1995年和2010年校庆返校时，他自己还向同学们谈起过这件事，这两次他都表现出了忏悔，表示无法面对死者和死者的家人。他出狱以后，回到武汉，先是搞表面喷涂，后来又做过健身教练。

【上文引自唐金鹤：《倒下的英才》，科华图书出版公司，2015年第三版，276页】

## 我要忏悔——直面我失落的人性

樊思清（量0）

我一九四六年生于四川重庆歌乐山。抗战胜利后我们家搬到南京。小学时我在南京，中学时代在武汉。我出生在一个知识分子家庭，父亲是水利部部聘高工，母亲是小学教师。当时南京鼓楼小学里没有幼儿园，1950.9开学，母亲就把我"放"在她当班主任的那个班上，我"花费"四年，读了2年小学一年级，2年小学二年级，才许我正常升级。初中保送高中，高中全科成绩优秀，体育成绩有特长，年级数、理竞赛拿过第一，一九六四年我考入清华大学。

家庭精心养育十八年的长子，在清华武斗三个月消费殆尽，一秒钟负债累累。

### 一、武斗，三个月铸成终身遗憾；杀人，一秒钟改变两人命运

1968年4月23日旧电机馆发生了武斗。当时我从二校门回2号楼经过现场，在那儿驻足了两三分钟，看见我们系也有同学在那儿打

得正欢。当时我还在想："有什么说不好的事情不能解决？非要打这么厉害，非要武斗呢？"后来才知道清华的"百日武斗"就是从这一天开始的。

其实，我在4月25日就已经打算回武汉了。我把行李都集中在一个箱子里面，运送到我（北航1964级一系的）中学同学那里。后来，因为没有及时买到火车票，我才没有离京回汉。我回到学校以后看见两派的武斗升级了，那时既然没有回家回武汉，就鬼使神差地留在了学校，参加了团派很多活动。

记得在清华大学414和团派之间交换俘虏的那天，双方俘虏交换之前还保持住了各自的阵形。我在团派的队伍这边，手里拿着一根长矛，充当着414俘虏的"护卫"。正式交换俘虏的时候，现场双方的气氛好像还比较正常祥和。可是刚刚把俘虏交换（受伤的先被抬走）完毕，双方各自带着队伍散开并且缩回据点，场面气氛即刻恢复到武斗的状态——极度紧张和敌对！

此时，我和护卫俘虏的其他几个团派同学，背靠二校门清华老邮局，躲在其西北角。突然有一根长矛，从清华老邮局里面，刺破窗户玻璃，直接扎到我的后腰正中间，至今后腰上还有一个矛尖疤痕的印记。幸亏当天，我配带着牛皮护腰（举重用腰带）。由于我练过举重双腿的力量比较大，所以当对方双手双臂全力把长矛推送到我背后的时候，我只向前踉跄了两步而并没有跌倒。因为那毕竟只有一个人的质量，刺破的玻璃也起到了消减作用。晃过神来当我回过头再去堵邮局的大门，已不见"刺客"人影。当时并没有感觉到自己受伤，回去以后解开腰带才知道背后有血。如今我想："您用长矛扎我，若见到此文会有何感想？为什么下手不重一点！哪怕让我住院几个月……"历史没有如果！

当天我已经手持长矛参与了团派的群体活动，"手持长矛"的形象业已暴露在清华园的众目睽睽之下了（当时清华园里围观的师生员工和居民有几百人）。

武斗期间我的父亲正好上北京来出差，就住在北京东交民巷附近的水利部招待所。礼拜天他到清华来看我，正好赶上许恭生和段洪水的追悼会。当时在 5.30 武斗中许恭生被 414 的众同学用长矛刺死。许恭生被刺也是因为在 5.30 武斗之前 414 武斗战士留在脑子里的复仇情绪使然。段洪水从攻楼的梯子上面摔下来致死。我还记得在追悼会上许恭生的妹妹作了控诉 414 罪行的发言,这激起了我心中对 414 的愤怒。当时我的父亲也经历了这个追悼会的全过程。父亲虽然当场劝我同他一起回武汉,回家,但是最后还是同意了我的决定。我还是留在北京,留在学校里。多少年以后,我才知道我的父亲没有对我母亲说过这些事(我和父亲在北京都参加了许恭生、段洪水追悼会的事情,以及我在北京参与清华大学武斗的事情)。

此后我不断地进一步参与了团派的群体活动,受到了潜移默化的影响。所有参与者的情绪亢奋,且呈正反馈影响中(同一派的互相怂恿,对立派的积恨成仇)!此时,我并没有察觉到:派别团体活动有"群体裹挟效应"。1966 年下半年以来,我的政治立场,已经完全地站在了团派这一边。但在这一段时间里,还是仅仅停留在观点上面。

今天回过头来认真思考,文革期间各种理论对自己影响最大,能够算得上引导我走向犯罪的洗脑效果,就是始作俑者关于阶级斗争的理论。把两派群众比喻成国、共两党在斗争。江青又叫嚷"文攻武卫",为武斗背书。她还提出:当前文化革命要解决的主要问题就是武装左派,应当大量武装左派。这对我起到了立竿见影的影响。虽然文革进行中双方还是同学(如反右鸣放初期相互之间还是同学一样),还不像是国共双方,可越是接近秋后算账之日,也和国共两党你死我活的关系没啥区别了。我很真切地感受到虽然文革属于人为制造,可"秋账算后"其你死我活的仇恨将会真真切切闪烁在仇人的目光里!

老团广播台里不断广播着有关美国黑人领袖马丁·路德金遇害的消息,使他成了我的偶像。找到了搞革命就一定不能够放弃武装斗争的例证,对我有很强的刺激。以上是参加武斗前后,那些"人造阶级斗争理论"对我思想产生的影响。

我记得我是在 1968 年 5 月 30 号左右进驻大礼堂的,之前我住在一号楼的4楼。我进驻大礼堂的时候，除了我们系的几个人以外，还有一个石油学院的"理论家"（他的父亲是一位历史学家）。在两个来月的武斗全过程中，他一直驻守在大礼堂并且给我们上"政治形势课"，讲解他的文化大革命的理论。当时我一直认为他是团派总部派过来的。说实在的，石油学院的"理论家"关于文革的理论，尤其是关于"必然要发展到武斗阶段"的理论，以及"党中央就要召开第九次全国代表大会"，以及"可能会作出什么决议"，等等，他都讲得头头是道。对当时的我影响极大，也使我对他佩服得五体投地！

6月30日，当我正在礼堂里面吃饭的时候，在大礼堂和新水利馆之间传来了爆炸声。我们放下饭碗赶出去一看，有几个团派的同学在抢救和搬运我们的伤员。原来是414的人从东区突破我们的包围（沿着大礼堂北边的那条小河的南岸），左拐弯跑到新水利馆和大礼堂之间时，遇到了团派的同学，于是他们扔出了手榴弹。团派同学，一个人的腿骨被炸断了，另外一个腹部进了弹片受重伤。而后这一帮414的同学就跑进了科学馆。

于是我们加强了警戒。当天我就带人进入新水利馆（包括某档案室），巡查了两个多小时。确认没有414的武斗人员潜伏在新水利馆里面而消除了侧翼的隐患以后，才放心回大礼堂。

我们大礼堂守区很快就接到了蒯大富的命令，命令要求我们包围和封锁科学馆，直到414方面交出凶手和肇事人员，不放一个人"出"或"入"！凡有出入科学馆者格杀勿论。蒯大富的命令渲染和强化了"包围科学馆，困住414的武斗人员"的紧张气氛。

与此同时我们还在（大礼堂的管辖区）闻亭上用沙袋草包构建了掩体和工事。团派当时的"洋枪队"为我们配备了半自动步枪，子弹和探照灯。我们分班日夜值守，严防414的人突围。当时在现场和我一同值班的还有动力系的实验员某某和一个中学生，我们三个人组成一个值班小组。

<u>1968年7月4日凌晨，我和动力系的实验员某某加上一个中学生，三个人正在向科学馆方向观察（距离很近，一共65米），中学生突然小声说："有人突围！"我立刻拿起枪对准黑影就扣动了扳机。某</u>

某说:"人倒下了!""还有人要突围出来,趴下别动,把探照灯对好"。

<u>从被害人出来,到开枪,到被害人倒下,一共就十秒钟左右。</u>

<u>我们趴下没动,又观察了一阵子,没看见有什么动静。我开始害怕了,对他们说:"人怎么躺在地上不动了?快把探照灯关了!有人出来救,就再不要开枪了,让他们把人救进去"!当时我心里非常紧张和害怕,大脑一片空白。我对他们两个说:"我回大礼堂了,你们两个在这里守着"</u>(下划线部分我交代过无数次了)。

于是乎我回到大礼堂,这时候蒯大富打电话来问,是我接的电话。我说:"我是黑胖子(当时在武斗期间他们都叫我'黑胖子')"。蒯大富问我:"刚才是不是大礼堂那边打的枪?"由于非常害怕和紧张,我回答蒯大富:"我不知道啊!"又过了几分钟,我就听见在清华的好几个武斗据点传来了枪声。事后才听说这是蒯大富下的命令,用其他的枪声来掩盖我这一枪,企图造成"众枪声责任分散效应"(与"众长矛责任分担效应"道理相似)。密集的枪声哄抬了武斗的紧张气氛,加剧了对立情绪!"群体裹挟效应"再施魔法,使得第二天7月5日胡Y开枪打死了科学馆里的杨ZJ。科学馆里一百多人被困在极度的悲愤和恐惧中。

我曾经在监狱里对胡Y说,我在7月4号开枪以前和以后的情绪大不一样,我开枪以后很快就害怕了。胡Y回答我说:"我也是。在7月5号开枪以前想的就是——要包围科学馆,不放人出来,没想太多。可是在开枪以后,也很快就感觉害怕了。"后来我想:真正胆大的还是蒯,一直不怕。他的胆是谁给的?

**在此,我愿跪在(被困科学馆以及在动农馆积极实施救援的)众人的面前作忏悔!进行道歉。我对我自己往昔所造之恶行感到无比惭愧!无地自容!我发愿以后再不作恶。**

说起我开枪以后躲在大礼堂里和蒯大富通电话的事情,还有一件相关的事。

在工宣队军宣队开进学校以后,两派的同学坐在一起说起武斗,我们系里面414的一位同学对我说:"你知不知道你开枪以后老蒯打电话问你,是哪个方向开的枪?是谁开的枪?你回答说:'我不知道!'。你和老蒯之间的这段通话,被我们录了音,留下了证据。""我们 414 的录音对你有利,说明你开了枪以后并没有立刻向蒯大富去邀功。"乍一听到此话,我即刻发愣了!当时都不知道如何回答。过了一会心里才想:怕都来不及呢!还去邀功?旁观者和当事人的想法的确大相径庭啊!旁观者可发奇想,随意推断。事不关己的旁观者,在事后所发挥的穷尽想象力和无穷尽推断力不可小觑。我与蒯的电话内容呈现出了当事人本人的罪恶感,而当事人的同伙也具有连带罪恶感或怕被牵连感。其表现在,事发之后的第二天我就开始感觉到,大礼堂的同伙已经怕我,回避我,不理我了!也根本就没有人拿我当英雄对待,去蒯那里"报功""庆功"。日后有多次,我自己还在内心赌气地想:参加武斗的人难道同当年"日本鬼子"一样穷凶极恶吗!?

<u>我一直在大礼堂内惶恐不安。天就差不多快亮了,我又跑回闻亭,面向开枪的方向看。天麻麻亮的时候,我在慌张之余,看见科学馆里面有 414 的同学出来把朱玉生抬了进去。我只瞥了一眼就赶快回头不敢再看,心里害怕情绪紧张到了极点,又独自一人回到大礼堂去了。大礼堂内空空如也,只有我一个人,谁也不来陪我一下。这一点印象太深,太强烈!当时我就想不通其原因何在?</u>

记得接下来的两天没有吃什么东西,抽了几包烟,很少和其他人说话。大礼堂的人见了我也不主动搭话,整个大礼堂的气氛好像突然沉闷起来了。第二天自己一人回到一号楼,独自一口气喝进去整整一瓶烈性酒"二锅头",没有任何食物下酒,全是空喝,也没有喝醉,只是感觉身体有一阵子轻飘飘的。

此时虽然命案在身,可是心里想的还是包围科学馆,不放一个人出来,所以有人(赵德胜)"事发"后出逃内蒙古,而我没有。7 月 27 日以前我一直值守在大礼堂。记得事发后几天,我还听见郭仁宽学友从动农馆大喇叭直接点着我的姓名喊话,现在想起来感觉到恐怕与上面那个录音有关。

7 月 27 日工宣队员进清华,队伍开到了老图书馆和大礼堂旁边的时候,对我们喊话,要我们放下武器。由于我自己背负着打死人的

八、大学生

思想负担，当时比较顺从，而且我开枪杀人的事件发生后，整个大礼堂守卫人员的情绪都比较沉闷，说明大家心里都在想这个事情，所以就一致采取了放弃抵抗的态度。这时我无形间就把大礼堂东边靠近河边的那个门打开了。守卫大礼堂的我的几个同伙似乎也怀着和我同样的内疚，没有抵抗就让工人师傅和解放军进入大礼堂。我的负罪感对大礼堂区包围圈的和平瓦解起了催化作用。工宣队军宣队顺利进入大礼堂这个百日武斗的主战区，宣告了包围圈的解体。

接着，工宣队军宣队便顺利地接近和进入了科学馆。科学馆里的同学看见了大礼堂顶部已经有解放军在拆除大皮弹弓和高音喇叭。

大礼堂是我们认为团派最坚固的堡垒，里面存有两个月的食物、水、燃料，只要关住了门，不付出巨大代价是不会被攻破的。事后我每当想起这件事，总是后怕并庆幸自己：幸亏当天没有任何一个人企图倚仗着大礼堂这个最坚固的堡垒，对工宣队军宣队进行殊死抵抗，否则后果不堪设想。大礼堂内有半自动步枪，有制高点。我想，应该是负罪心理瓦解了我们内心的张狂吧？

军宣队和工宣队的师傅把我们驻守大礼堂的几个人隔开，分别询问情况。问到我的时候，我说我是参加武斗的学生，如实地说了我自己的姓名，是哪个系哪个班的……当我正在大礼堂里面回答解放军向我提出的问题时，听见大礼堂和新水利馆之间（道路）方向"砰"的一声巨响！我想赶紧跑出去看，但是解放军和工人师傅不让我出去。正在这时，听见外面有一个工人师傅进来报告说："刚才是手榴弹爆炸，有一个女师傅（后来才知道是针织总厂的革委会委员）屁股被炸成重伤，还有一个军宣队员（后来才知道是针织总厂的军代表）后腰被炸伤。"这个时候那个军宣队员对我严肃地说："我们是毛主席派来的中国人民解放军，你们现在应该做的是马上交出你们手里参加武斗的所有武器。"

我自己心虚，经过几番盘问，只好对他们交代："我们的枪放在大礼堂的储藏室里面。"我们带着工人师傅找到了大礼堂储藏室的门，让他们进入把武器拿了出来。当时我当然不敢说自己有开枪打死了人的事，只说了自己是参加武斗的学生。那个解放军和工人师傅看

451

见我比较配合，把武器抄出来了以后就放我走了（2016年后才知道是工宣队按计划撤离）。我回到了一号楼，才从其他据点撤回来的同学口里得知蒯大富总部下达了撤退的命令。

当天下午还是晚上，我又进入了礼堂区域，发现在闻亭那里的山坡上，工事的两个大石头中间，还有一把土制的"火桶子枪"和一个手榴弹。我把这两个武器拿了以后，就按照总部的命令撤退了。我在撤退时路过13号楼和1号楼之间的小河，就把手榴弹和土制的"火桶子枪"扔进小河里。之后，跑到一个团派北京同学的家里躲避去了。

在11月中旬，在追查枪支和手榴弹的过程中，我交代了在撤退前把手榴弹和枪支扔进13号楼和1号楼之间小河里的事情。这时冬天已经开始，工宣队的师傅要我跳入那条小河去打捞丢弃的枪支和手榴弹。经过几十分钟的触摸，万幸的是两件武器都被我捞起来了。我记得河面结有薄冰早上很冷，工宣队的师傅同意我下午再去打捞，再喝一点酒暖和点。说实在的，我当时只感觉心里紧张，只想把东西赶快捞出来，根本没有觉得很冷，直到现在也记不起当时有冷的感觉。只过了几分钟枪就被我触碰到并且捞出来了，赶紧把枪扔上岸。手榴弹可不好找，余下的时间都在找手榴弹。用脚触碰到了，再用手确认后，兴奋不已！小心翼翼地拿出水面（这回可不能扔上岸），走上岸，岸上的人比我紧张多了。直到我把手榴弹主动放在地面上，十几秒钟以后他们才拢过来。

为了交代以上开枪杀人前后的这一段过程，我自己也记不清写过了多少回？交代了多少次？包括向工宣队交代的，也包括在司法机关里面，我向司法人员交代的，以及在后来的劳动改造岁月里自己经常自我批判时说起的。这些都记录和保存在我的档案里。

我记得是1968年的8月8日，我主动找工宣队的师傅，首次坦白交代了自己的罪行。以后我又写过和回忆过无数次与武斗相关的事情。

后来清华大学工宣队的迟群和谢静宜，组织过全校的师生员工对武斗作清算批判大会。全校各个系都有分会场，我被安排在主会场，主会场在大礼堂前面。开会进行中，会上有人曾经当面向蒯大富提问："在闻亭的开枪是不是你下的命令？"蒯大富毫不含糊地说："是我下的命令"。蒯大富的回答，我终身难忘。实际上蒯大富的命令是很笼统的。

## 二、我的忏悔词

2016年4月4日清明节到了。我愿跪在朱玉生同学面前，向在清华大学百日武斗中被我打死的您作忏悔！再次进行道歉。我对我自己往昔所造之恶行感到无比惭愧！无地自容！我发愿以后再不作恶。

我是"三种人"里面的一种人，不够资格做几个代表。

在此我谨代表我的忏悔之心发愿：除恶业清劣迹！向被害者赔罪，跪在地上请求恕罪！

一切我今皆忏悔！愿忏悔使我身心轻安，灵智得以解脱。尽管已经受过刑事处分，但那仅仅行进了"一小半路程"，仅仅是法律层面的事情。

世界之大，不管属于哪一种人，罪灭障除，方可进功修行。文革五十周年即将到来，众生祈求悟真，以免难消灾，仅防其重演。

罪人：樊思清　2016.4.4　00:00:10

## 三、我的忏悔观

在忏悔进行中反复思考，形成了我关于忏悔的总的根本的观点，表述如下：

### （一）忏悔的前提

犯罪人应该要求自己：必先揭露真相，厘清事实，廓清原本，才有忏悔。

充分揭露真相，认真厘清事实，廓清事件原本，忏悔方现真谛。

罪恶既已充分披露牢牢绑定，"普世俱忏悔，随遇而忏悔"方能进功修行。

### （二）忏悔的独立性

是属于个人心理层面的活动，是一种内省的方式，他在人格上应该是独立进行的，只能自己独立全盘承受，不需要示范，不需要胁从，也不需要被认同。

朱玉生被我杀害多年后，尽管并没有专政机器天天逼我，我却通过独立内省，使自己从精神上的恐惧转变到灵魂内的不安，跨越了一个层面。

（三）忏悔必将心比心，划断昔今

必须将对方之心，比自己之心，是自己和自己内心的对话；

忏悔，是以目前的我，来审视、批判和解剖过去的我。

（四）如何看待自己？

由此我作了简略假设："假设自己已经被枪毙过一回"，作了前后两个阶段"昔今两个我"的区分。"今我"必须站在"对方"的立场来审视、批判和解析"昔我"，一切才会更加明朗清晰。

（五）忏悔应不计得失

是无条件的，它容不得任何借口，不允许戴任何面具。

过去的我已经死了。既然不杀我，我必自觉划断过去；赤条条地重新来过！岂容任何"借"，"戴"。

（六）忏悔，不可能改变罪恶的原本

牢记：过去的罪恶已定格成为历史，那个我已被牢牢地钉在耻辱柱上。

（七）忏悔的底线，是"不二过"或"后不再造"

忏悔过后又重新作恶，那还叫忏悔吗！

（八）忏悔，不拘形式，不拘时空，一般也不拘场合

无论选择欧美式《牛虻》的内省忏悔，还是选择俄国式《复活》的公开忏悔，内外不拘，皆可忏悔；

不管是心念佛陀以清障蔽，还是祈祷圣灵如何使人悔改成圣，教仰无类。

（九）忏悔的终极形态

到什么程度才算是最后的"最真实的状态"？

"不能自拔"，"无法解脱"，"自强自担"应该是忏悔的最后正常

状态；忏悔只有起始状态（起点），没有最后状态（终点）。

很多人忏悔到"不能自拔，无法解脱"之时，或心念"陀佛"，或祷告"耶稣"，或跪求"真主"（推给神灵）以抚平自己的内心，求得解脱！盖源于此。

而我独感悟：终极的问责令人"不能自拔"，"无法解脱"时，不要试图推给神灵，而应"自强自担"苦果，直至人性复归！

我选择直接跪求朱玉生同学！心念朱玉生的父母兄弟！向天下的父母祷告！

"他来之手"偶遇而不求——有没有真正的原谅、宽恕与和解，都不是忏悔者所应考虑的。

（十）**忏悔的威慑力**

忏悔的自强自担的最后状态是对作恶者的最大的威慑。

任何人只要敢于作恶，那么等待他的将是无穷无尽的忏悔，不会终结！

（十一）**忏悔的相对性**

施害者在某种意义一定程度上，有可能也是受害者；受害者某个时段在某种程度上，也可能有过加害行为；也可能会有忏悔的愿望。

具有相对性，因此可换位思考。

（十二）**忏悔的反身性**

受害者在一定情况下，还没有来得及对施害者提出责任要求时，施害者越是应该主动及时忏悔，否则良心负担会越发沉重。

具有反身性，因此对责任主体的谴责暂时缺位时，忏悔主动回补更显必要。

（十三）**为求和解，对悔悟者的忏悔在时间上允许暂时（与真相披露）相错配。**

施害方停止施害，表示认错，幡然悔悟，但一时未能完全彻底公开施害事实时，受害方可先等待真相逐步披露，而不一味苛求施害事实必先彻底廓清才许认罪。受害方的等待，显示睿智，暗示宽容大度，反而有利于事实的彻底揭开，甚至会揭露出藏匿于后的真凶。真相披露和认罪忏悔两者不可能完全重合。暂缓苛求，宽容时间之错配，往往会奏出和解序曲的谐振之音。

我犯罪 48 年以来，回归社会 35 年后，已不再作恶，所以我取得了一直忏悔下去的资格。那么我还将继续忏悔下去，让忏悔与生命一同终止：

（1）即便对于自己，忏悔的缠绕时刻存在，相信忏悔会再次使我内心平静；

（2）即使无人理会或是有人挑剔，也选择把忏悔的纠结埋在心底让她继续。

清华大学　动力系 零字班 樊思清<br>
2016.4.18　01：12

忏悔本来只待 静默悄悄进行

时代列车 永远行进，
大众反思 正在进行；

受害者 揭竿而起！
施害者 确在分化：
　主动 独立忏悔？
　被动 胁从道歉？
　无动 于衷？
　身心 均不安宁，
逍遥者 尚未觉醒。

我愿主动 独立忏悔，
谢启蒙者 愿者继续。

八、大学生

启蒙者说 去做吧：
没做过的 叫成长，
不愿做的 叫改变，
不敢做的 叫突破。

你向 上帝求助，
你 相信上帝；
上帝 没有回应，
主 相信你。

启蒙者 不是上帝，
她是你 命中贵人；
只要你 突破自己。

忏悔过程 纵然痛苦，
每次解脱 祈幸于心，
知耻成勇 灵智宽息。

樊思清　写于 2016.5.9　　00:30

把自己的忏悔和别人的段子相结合，牵强垒砌、排列出的"造句"；

以强化和记住《直面我失落的人性》落稿后的"解脱感"。

自意自解：揭（笔）竿而起，不是揭竿而起。"造句"里一共有五个"者"。

施害者，在"同时也受害"的意义上也应该揭竿而起。

【上文引自孙怒涛:《真话与忏悔》,中国文化传播出版社,2018 年,287 页】

# 杨志军（1946—1968）

## 孙怒涛　编辑

杨志军，男，1946年出生，河北安国人。1964年考入清华大学电机系，高01班学生。1968年7月5日早上，杨志军在科学馆后门值班，被团派一教暗堡里的枪手、精仪系精00班学生胡远射中颈动脉，当场倒地，鲜血喷射不止，很快身亡。殁年22岁。

杨志军（1946—1968）
（引自唐金鹤《倒下的英才》）

## 老团枪杀杨志军

### 唐金鹤（焊8）

7月5日，老团枪杀了电机系高01班的杨志军。
关于杨志军牺牲的过程，土建系房01班姚荣达回忆：

## 八、大学生

　　1968年7月4日凌晨朱玉生遇难后,科学馆立即对闻亭岗哨方向作了防护,用木板、桌椅隔断了闻亭岗哨对科学馆方向瞭望的视线。第二天,7月5日上午,轮到我和杨志军在科学馆后门值班,我们俩都在门外巡视。突然我听到两声枪声,声音小、而且尖,我怀疑这是小口径步枪射击的声音。我感到这是从一教西北打过来的,过去我们不知道老团在那里有一个暗堡。当时我面对着工字厅方向,那第一枪的子弹就从我的鼻子前飞过,然后打在阻挡闻亭岗哨视线的防护木板上;我朝木板看了一眼,见到木板被打穿了一个洞。这时候,又打来了第二枪,第二枪打中了杨志军的颈动脉,杨志军一声不响地倒下去,他的头倒向科学馆一边,脚向着工字厅方向。我见状,立刻奔向杨志军,要把他弄回科学馆。但是他块头大,我只能连抱带拖地把他往科学馆的门里拉。我见到他的脖子流血了,急了,立刻用两个大拇指一齐按在他的脖子的出血处,但是,哪里按得住呀!他的鲜血喷了出来,喷到了我的身上、脸上。我随即大声呼叫:'来人啊!来人啊!小杨中枪了!'科学馆里的人一听到我的呼叫声,立刻冲出来许多人。大家立刻把杨志军抬进了科学馆,放在科学馆内的一楼门厅处。这时候.李光鸣见到杨志军的血还在喷出,立即冲向前去,用自己的整个手掌捂住了杨志军的脖子,血由杨志军的颈动脉中不断地喷射出来,喷得很高,弄得李光鸣的脸上、身上全都是血。科学馆内的清华校医院院长张寿昌大夫立刻赶到,当场给杨志军连续打了三针强心针,但是,杨志军血喷不止,没有多久,就闭上了眼睛。男儿有泪不轻弹,四十多年来,我的心在淌血呀!那活生生的同学,眼看着就没有了!当场的许多人流下了男儿泪。就是四十年后的今天,写到这里,我双眼里的泪水,一滴滴地流了下来。 在杨志军不幸遇难的43周年忌日,2011年7月5日清晨,姚荣达同学因病不幸在福州离世。

　　《清华文革亲历》里描述:

　　大约十点左右,听到了两声枪响,又听到下面喊'小杨受伤了',我们跑下去,几个同学把杨志军抬进楼里,杨满脸全是血,身上也全是血，很危险。大夫就在过道里对他进行抢救，止血、打强心针、做人工呼吸。小杨刚一受伤，科学馆马上用喇叭广播通知团派："414一名战士被你们打伤，现在生命很危险，我们决定用最短的时间最短的路

杨志军的父亲（前排中间）在工宣队进校后，来校与同学们合影

程，把他送出去抢救，请你们答复。"隔了一段时间，团派答复，要科学馆派代表到礼堂东门去谈判，条件是释放7个司机……约20分钟后，杨志军已经不行了。为了抬出烈士遗体，宁可做最大让步我们仍要求谈判。土建系材00班的两个女生（谢静懿和包薇——作者注）穿着白大褂，抬着担架上的烈士遗体和谈判代表张用藩（土建系039班，这是研究原子能设备给排水的保密专业。张已不幸离世。——作者注）一起去礼堂。张用藩打着红十字旗，刚出门就有人朝他们打了两枪，他们只好退了回来。张用藩一人去大礼堂谈判，同意放7个司机。张回来后，我们用广播通知了东区。后来考虑到杨已牺牲，又怕老团趁机抓科学馆的人，为了免遭更多损失，科学馆决定暂不运出杨志军的遗体。

当时被困科学馆的陈楚三回忆：

记得杨志军在武斗期间离开过学校，但他又毅然返回了科学馆。有一天我们科学馆的人被召集开会，主要就是听杨志军讲他离校以后的情况。他讲到，他的哥哥是8341部队的连长，他哥哥不让他参加学校武斗；他对哥哥谈了校内两派的分歧，谈到自己对这个问题的认识，他向他哥哥说明414是为捍卫毛主席革命路线而斗争。哥哥

## 八、大学生

听了以后表示理解,并支持他返回学校,只是叮嘱他要注意安全。就在这次讲话后几天,杨志军就遇难了,他和哥哥的谈话竟成永别!

武斗期间,在科学馆里这次会议给我的印象非常深刻,因为杨志军的话鼓舞了我,毕竟,那是来自"御林军"中的声音啊。

过去我并不认识杨志军,是在这次会上我才算"认识"他了。哪里想到,几天以后我和杨志军的第二次"见面",竟已是阴阳相隔。这成了我心中永远的伤痛。

杨志军平时寡言少语,为人忠厚老实。他的家乡在河北省保定地区的安国县。保定地区的老百姓一向尚武,民间素有习武之风气,杨志军也不例外。民间有一句顺口溜:"京油子,卫嘴子,保定府的勾腿子"。勾腿子就是指保定地区练武的一种著名招数:下面勾腿,上面以推、搡来撂倒对方的一个狠招。勾腿子后被民间误传为"狗腿子"。科学馆的同学记得,杨志军曾经在科学馆西面的空地上,为大家表演过一套武术动作。杨的一招一式,都有模有样。可惜的是,杨志军只为大家表演了这一次武术,永远没有下次了。

开枪者是精密仪器系精00班胡远。胡被判刑十多年,90年代前后出狱。2005年因心脑血管疾病离世。

四十年后,当我再见到杨明杰时,他告诉我说:

"杨志军中枪的消息传到了动农馆,大家都急了,立刻商量怎么尽快地把杨志军从科学馆运出来。我们知道老团从二校门旁边的地堡往外开枪,但是,已经没有别的办法可想了。大家定下来,由我和其他几个人开上坦克,从二校门硬冲过去,冲到科学馆把杨志军接出来。当我们准备就绪,就要开上土坦克出发时,接到了杨志军已经过世的消息,我们才取消了这次行动。要是再晚一分钟的话,那次我们就开上土坦克硬冲了。"

这几个老四是准备拼死去开土坦克,硬冲过二校门,冲到科学馆去救杨志军,他们这是要舍命相救啊!听到这里,望着坐在我对面的杨明杰,我的眼泪一下子就涌了出来,我太知道这里的危险了。如果他们开了土坦克,二校门等处的地堡一定开枪,那又有可能要死人啊！在当时我还嫌动作慢，埋怨说："为什么这么久不送过来？耽误了这么多的时间。"我只想抓紧时间往北医三院送，我就没有想一想，差一点点就又出大事了！苍天啊，苍天，要是那天那辆土坦克开了出去，今天我还能够和杨明杰坐在这里忆当年吗？

【上文引自唐金鹤：《倒下的英才》，科华图书出版公司，2015年第三版，280页】

八、大学生

# 钱平华（1943—1968）

孙怒涛　编辑

钱平华，女，1944年出生，江苏苏州人。1962年考入清华大学自动控制系，自802班学生。1968年7月18日中午，钱平华从苏州家里回京返回学校时，在清华大学西主楼前，被团派枪手、精仪系制02班学生陈志堃从9003大楼射来的子弹击中，因抢救无效而死亡。殁年25岁。

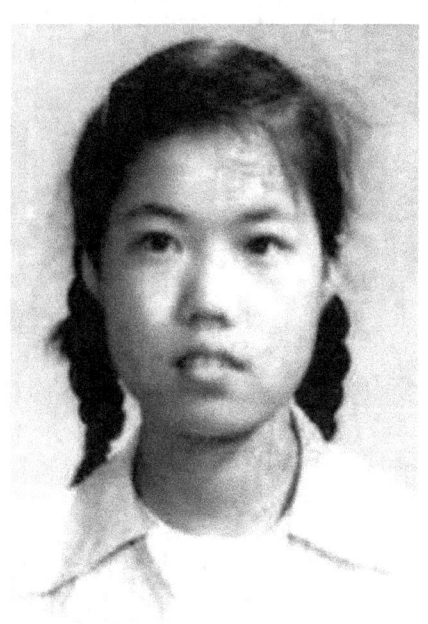

钱平华（1943—1968）
（仇伟立提供）

## 最后罹难者的启示
## ——悼钱平华兼思索

仇伟立（自8）

45年前的炎夏，"文化大革命"中的清华大学西主楼门前，枪声响过，自动控制系8字班女生钱平华中弹倒地，时间是1968年7月18日12时25分。4个小时以后，救治无效，钱平华永远闭上了双眼。

9天以后的1968年7月27日，首都工人宣传队奉命开进清华，结束了持续近百日的武斗。这9天当中，继续有人被枪击后受伤，但无人再遇害身亡：钱平华是清华"文革"两派"百日武斗"中的最后罹难者。

两个月后，被准予毕业并分配了工作的同学陆续离校。1962年入学的钱平华，原本也应该于此时和同学们一起走出校门，踏入社会。

钱平华没能走出校门，她23岁的生命以令人扼腕的方式结束在她求学6年的校园里。

钱平华于1945年8月11日出生在苏州一个普通市民的家庭，她前有一兄一姐，后有两个弟弟。因为子女多，钱家经济上并不宽裕，直到钱平华的哥哥参了军，情况才有好转。虽然家中拮据，父母还是坚持让孩子们多读书。钱平华自幼聪慧，高中就读于江南名校苏州高中，1962年考入清华大学自动控制系时，刚满17岁。

自动控制系是清华大学于1958年成立的5个新技术系之一，主要为国防建设培养技术人才。全国各地很多优秀学生考进系里，原来在高中时都是各自学校的学习尖子，此时集中在一起，免不了产生更大的压力，进而化为动力，学习倍加刻苦努力，钱平华也不例外。她的班长回忆，她生性好强，依当时的说法，虽在政治上被认为"不太开展"（通常指没有积极要求进步，如申请入党），但非常在意学习成

八、大学生

绩的排名,并常常为此纠结。实际上,她学习成绩不错,曾进数学提高班,担任班上的数学课代表。深藏在性格中的好强执着,也许是日后明知校园里已响起枪声,她还坚持回校的动因之一。

1962年秋季入学的自控系8字班同学,亲历三年国民经济严重困难时期,又在经济恢复的曙光中迈进清华园,对党和领袖充满信任,钱平华是其中最为真诚者之一。她对党组织的教导无比信服,时时检讨自己思想上的"差距"。在工厂实习时,她从内心感谢学校提供了向工人师傅学习的宝贵机会,放弃休息,请师傅"开小灶",认真实践,多学技术。在部队军训时,为了射击取得好成绩,她在规定的午休时间加班训练,感动了部队战士陪她练习,帮她"违反纪律"。对于国家的每一个辉煌成就,钱平华都从内心欢呼雀跃。据蔡一寰在纪念文章《永远的痛》中回忆,1964年10月16日,我国第一颗原子弹爆炸成功的消息传到清华,游行的同学在校园里形成了沸腾的人流。钱平华冲下宿舍楼,激动得和她抱在一起又蹦又跳,穿着拖鞋就要参加游行。

钱平华很善良。蔡一寰回忆,同学发烧呕吐,她帮助又擦又洗毫不在意脏了自己的衣物,她们俩一起把病人迅速送到医院,医生感叹"送得及时",生病的同学避免了罹患脑膜炎后遗症的危险。蔡一寰还回忆,钱平华生病,被她背去校医院;日后钱平华不过意,笑着非要再背背她不可。钱平华常常手拎三四个暖水瓶,

钱平华(右一)和自8同学周曼灏(中)、刘芬蕊在苏州

坚持为全宿舍同学打开水。钱平华常常手拎三四个暖水瓶，坚持为全宿舍同学打开水。男同学饭票不够，她主动向女同学"募捐"，把饭票及时送到男同学手中。

钱平华感情丰富而细腻。她来自美丽的苏州，经常自豪地赞美家乡和母校，怀念亲人和同学。她参加了学校的评弹组，自弹自唱博得了同学们的喝彩。对此，胡贵云在《缅怀钱平华》一文中有生动的回忆"她怀抱中阮，带着金属指套的纤纤手指，一边轻拂琴弦，一边曼声儿唱着：'雷锋呀，你处处为人民，毫无利己心，你是那永不生锈的螺丝钉。'琴音一会儿轻柔如小桥流水，一会儿又急促如大珠小珠落玉盘；而她的声音则于纤细柔弱中透露出几分刚强。"

钱平华又是脆弱甚至带几分娇气的。学生宿舍一度臭虫成灾，女同学中，皮肤细白被戏称为"油豆腐"的钱平华耐受力最差：她被臭虫咬得睡不着觉，痛苦不堪，半夜里跑到走廊里低声哭鼻子。

钱平华也是天真的。她从家乡返回北京的第二天，即7月18日上午，曾去北京市革委会门前，从同学那里听到了清华园里已响起枪声的消息。她执意回校，不相信子弹会射向她这个赤手空拳的女生。

真诚而执着、善良而天真、温柔而脆弱的钱平华之罹难，酿成了清华"文革"两派武斗中的最后一桩血案（日后工宣队进校时更令人震惊的血案不在其内），案情并不复杂。钱平华持一派观点但并非武斗队员。她用哥哥的部队复员费买了车票，从家乡返校，想回到本派人员占据的教学楼里。7月中旬晴朗的天空，灿烂的正午阳光下，她手无寸铁，身着简朴的衣裙，外表女性特征明显。前文提到，尽管当天上午在北京市革委会门前已经听到校园里响起枪声的消息，她还是天真地以为枪口绝对不会对准自己这个赤手空拳的女生。射手共打了三枪，前两枪没有打中。钱平华在第二枪响起的时候迟疑了一下，但既没有卧倒也没有快跑，而是继续前行，想必当时还是不相信子弹会射向自己，直到被第三颗罪恶的子弹击中。

接下来4个小时内发生的事情，唐金鹤在《倒下的英才》一书中有详细完整的记述。躺倒在离楼门口不远处的钱平华被唐应武抢回，

八、大学生

背到西主楼过街楼下的平板车上。经校医院大夫简单包扎后,用汽车赶紧送往北医三院。途中她神志尚清楚,轻声呼唤护送的同学,睁开眼睛时留下了人生中最后的微笑。三院医生抢救时,钱平华已无血压,下肢失去知觉并有气胸。X光片显示,子弹从左肩打入,从右后背穿出,但外面看不到流血。在人工按摩心脏,人工呼吸,输液输氧均无效后,钱平华的心脏于下午4时25分停止了跳动。中弹以后至闭上双眼之前,钱平华很可能并未意识到自己的伤势即将危及生命,只说了一句"好疼!"

过程简单,但有值得注意的细节。

在钱平华遇难前半小时,已经有两个从市区返校的人遭到枪击。而在钱平华之前,又有一骑车人从主楼前广场进校时被枪击,而且不止一枪,只因速度快未被击中。

这几个被当作靶子的人并无任何派别特征,当无从判定他们是某一派的人还是住在清华但并未参加两派武斗的人。这就是说,射手们的枪口是瞄准平民的,是对准除本派以外所有人的,目的是封锁交通要道,使紧张局势升级。

而据唐金鹤记述,她自己日常进出清华,常身穿和钱平华相似的衣裙。7月18日黄昏,她从市区返校后,有同伴惊呼:钱平华穿了你这样的衣服,被打中了。因此唐认为

今日清华大学西主楼,楼前广场是当年钱平华罹难之地

射手们很有可能把钱平华误认为是她。但就算是唐从本派占据的楼里进出,她最多也就是个"非战斗人员",而且是女性。

射击平民,射击女性非战斗人员,战场上的狙击手亦不为之;除

非丧心病狂，狠毒至极。

还不止于此。如上所述，至钱平华遇难，射手共打出了五六枪之多，这五六枪当不是一人所射。这一细节迄今没有资料提及，只是称"有好几支枪瞄准，只有一人扣动了扳机"（见沈如槐着《清华大学文革纪事》第401页，时代艺术出版社2004年4月出版）。而据自8同学回忆，工宣队进校后查明，射向钱平华的三枪系三人所为。射手A没有打中，射手B接手，仍未中，于是射手C登场。后查明，射手C是精密仪器系0字班学生，是北方名校天津耀华中学的毕业生，似乎还在射击运动方面颇有天赋。曾经的优秀生，手指一动，就此化为凶手。

如是，加上射向钱平华之前的那几枪，无疑可以证明射手是个小群体。钱平华血案，是群体作案，是若干个射手在追杀目标，只不过打中的仅一人，其他射手技不如人而已。说"只有一人扣动了扳机"，其实并不准确。

还有一个细节似乎更值得关注。在唐金鹤的记述中，抢救钱平华的唐应武回忆，当他奋不顾身背起钱平华往回跑时，又一声枪响了，子弹好像从耳边飞过。他腿一软，和钱平华一起倒地。稍后感觉未被击中，于是赶快和另一同学一起把钱平华架到枪击不到的地方。

射手们朝救钱平华的人也开了火，只不过没有打中。至此，又增加了罪恶的一枪。

唐金鹤说到，清华校友网上曾有一段留言，称救钱平华的人"穿了武斗服"，所以又被枪击。但据唐应武陈述，自己当时根本未穿什么"武斗服"，穿的是一件衬衫，一般的学生服装。唐金鹤气愤地指出：这段留言许多人看到了，但没过多久就被删去；删者不是开枪者，就是瞄准者，起码是知情者。刚打倒一个，又想再杀一个，心真够狠啊！即使穿了"武斗服"，去救人，也往死里打吗？还有人性吗？

唐金鹤还痛心地说，40年后，还有人说出这样的话来，真让人心寒啊！

细节说明问题。

## 八、大学生

群体作案；射击平民；射击手无寸铁的女性（而且是毫不留情、必欲置人死地的追杀）；更骇人听闻的是射击救死扶伤的人。几十年后还死不认错，绞尽脑汁为自己开脱，还有人性吗？

关于人性问题的考察，就这样无可回避地摆在了我们面前。

多年来，"文化大革命"一直是中国现代史研究的热点，研究者几乎穷尽了所有能想到的、找到的观察视角。史学家们，以及亲历者、反思者、热心研究者无论持何种观点，在这个日渐多元化的语境里都有不凡的贡献，当然前提是要基于史实。所以，那些锲而不舍追寻真相的人，真是可钦可敬。

基于人性去思索，只是其中一个小小的视角，但也不可或缺。

曾几何时，"人性"是人们唯恐避之不及的语词之一，"人性论"的帽子真的是重于枷锁。"哪个阶级的人性？"的诘问在各种大批判中都能最先抢占制高点。但是，时代毕竟前进了。现已无人公开质疑"以人为本"，若在"文革"中，一句"以哪个阶级的人为本？"就能掀起又一场轰轰烈烈的运动。

现在，我们可以从人性的视角观察钱平华之罹难了。

主流哲学家、政治学家、心理学家等理论工作者们现在已就"人性"问题基本上有了共识（至少公开是这样）：人的本性中，既有善性，又有恶性；善恶二重性是所有人都具有的共同人性，人人如此，没有例外。

人性中的人欲，应该予以承认、有限度地满足，适度利用并加以限制。如不限制任其膨胀，就会发展为恶性大发作。但恶性又不能根除，只能用法律、道德和理性去约束，所以人性需要教化，也就是说人需要受教育，家庭的、学校的、社会的教育。人受教育的主要目的之一，是提升人性中的善性，将善性内化为操守，外化为习性；对恶性则要形成共识，共同抑制、约束，减少作恶。

钱平华遇难及救治的全部过程中，参与抢救的所有同学，尤其是唐应武身上显现的人之善性，无疑最有光辉；但最值得探讨的，恐怕还是射手们的人性。

射手们的人性中,不能说善性已经完全泯灭;但射击的一瞬间乃至前前后后,恶性已经膨胀以至充斥他们的头脑,主宰了他们的行动。他们难道没有想过,他们瞄准的目标,也和曾经的自己一样,满怀着求知报国的理想,承载着父母亲人的热望,经过多年苦读才迈进清华大门?他们肯定清楚地知道,只不过这些信息被视生命如草芥,视杀人如儿戏,对击中目标充满强烈的"成就感"等等更强的恶信号所屏蔽,终于在瞬间完成了从"射手"到"凶手"的转换。这转换中又发生了何种心理变化?是如今一些学者所说的"逞能型冲动""青春期激情发作"吗?扣动扳机的那一刻,用"积极响应关心国家大事的号召""怀着满腔革命热情",以及"捍卫革命路线"等等说辞显然也难以让人信服。

那一刻到底发生了什么?所谓"一念之差"的说法过于简单。

所以,深究一下"恶性如何大发"这类问题还真是有意义。

老作家巴金在《随想录》里多次发问,表示困惑:

"那些造反派,'文革派'如狼似虎,兽性发作起来凶残还胜过虎狼。连十几岁的青年男女也以折磨人为乐,任意残害人命,我看得太多了。我经常思考,我经常探索:人怎样会变成了兽?对于自己怎样成为牛马,我有了一些体会。至于'文革派'如何化作虎狼,我至今还想不通。然而问题是必须搞清楚的,否则万一将来有人发出号召,进行鼓动,于是一夜之间又会出现满街'虎狼',一纸'勒令'就使我们丧失一切。我不怪自己'心有余悸',我唠唠叨叨,无非想看清人兽转化的道路,免得第二次把自己关进牛棚。"

"人为什么变为兽?人怎样变为兽?我探索,我还不曾搞清楚。"

类似的发问在《随想录》中还有多处,但似乎未见回答。

有意思的是,近年有人著文为"兽性"鸣不平,说就残忍、贪婪、耍阴谋、妄图独霸一切等人的恶性而言,野兽的"兽性"远远不及。把人作恶喻为"兽性大发",是对野兽的侮辱。想必巴金老人生前未闻此说;若与闻,多半他会表示同意并对自己的说法稍作修正。

社会上的关注还常见于各种报道,包括名人和非名人现身道歉。

网传有"文革"中曾伤害过别人的刘伯勤作出忏悔:"垂老之年沉痛反思,虽有'文革'大环境裹挟之因,个人作恶之责,亦不可泯。"态度非常真诚。然而原本并非恶人,怎么就作起恶来了呢?没有往下细说,看样子也在求索。

其中的"裹挟"之说,就是指在当时当地的氛围之中,被动地"从众"了。"从众",是中国人国民习性特点之一,"裹挟"说很有些道理;但也难以解释形形色色的现象。比如钱平华案中,射手们并非被"裹挟"而身不由己,而是颇为踊跃地在"比赛"射击技术,为满足于射中目标的"自豪感"而竞相去"立新功"。

善良的大众也常常不解,用一句朴素直白的"怎么下得去手?"来表达困惑。

可见人如何被恶性主宰这个问题一直在被很多人探究;但迄今答案尚不清晰。追寻答案的意义何在?还是巴金的话:

"人兽转化的道路必须堵死!"

探究人之恶性发作的机理,堵死或基本堵死人之恶性上升、膨胀的路,庶几可以大大减少"再来一次'文革'"的冲动和最终"再来一次"的可能性,甚至可能从悬崖边拉回相当一批潜在的"射手们",或至少可能让血腥和暴力渐渐远离。是不是可以"治本"呢?恐未必。像"文化大革命"那样的大事件,其发生自有特定的政治、经济、社会、历史、文化的,以及国内、国际的种种背景条件。条件一旦具备,史学家们的所有"警示"都会败下阵来。

可是仍然不能放弃。"不放弃"蕴涵着改变那些条件的可能性。

求索还要继续。求索的过程本身就是减少暴戾之气,将人之善性发扬光大的过程,这个过程会很漫长。当全社会都能"勿以善小而不为,勿以恶小而为之"的时候,理想中的"和谐社会"才能真正到来。

大恶均由小恶累积而来。其实人之恶性大发作,开枪射杀同学、残害无辜(包括使用酷刑)只是"文革"中的一种极端行为,并未充斥整个"文革"期间;否则"文革"早已不可收拾,断不能持续 10

年之久。更为常见的、表面上比杀人要"小"的、在"文革"中时时发作的恶性，是制造谎言、谣言，行骗术、不择手段和耍阴谋诡计。一些人将这些"技巧"付诸实践，运用娴熟，尤以少数首领人物为甚。而今已公开出版的马基雅维利的《君主论》，大约"文革"时还没有传到清华园（也许有人读过？存疑），但个别人竟然在短时间（不超过两年）内无师自通地参透了那些连路易十四和拿破仑都要研习一生去领悟的权术之道。"政治无诚实可言""为达目的可以不择手段"，不仅内涵相通，连字面都无二致，真是令人叹为观止。小小年纪便如此老到，真成了气候不可怕么？然而"道"又从何而来呢？不少我辈同龄人曾大惑不解。

但从中国几千年的文化积淀中也不是无迹可寻。譬如本是写给军事统帅的兵书《孙子兵法》，宗旨为"兵以诈立"，生命力最强，"文革"至今在各领域都被"活学活用"，奉为圭臬。又如"三十六计"，计计都是骗术，现在堂而皇之活跃在商战、职场等各"战场"上，甚至朋友、熟人之间，使社会良知、道德底线若隐若现，无所措手足。

"谋略文化""权谋文化"从大众社会生活中淡出之日，或许就是人性中之恶性被釜底抽薪之时。建设现代文明国家，对那些隐含着恶性基因的所谓"传统文化"不能不加以重新审视。这样思索钱平华罹难并发掘启示，当不能说是离题。"几支枪同时瞄准开火，查不出是谁打的"，其"谋略"虽算不上高明，却也足以令人毛骨悚然。（这是清华"文革"中生成并流传至今、令人印象深刻的几句"高论"之一。据唐金鹤在《倒下的英才》第314页记载，著作权者为何人迄今尚无定论，但完全杜撰、子虚乌有的可能性也不大。）

如今，几十年过去了，当年自诩为"革命左派"的张狂；号令"三军"时叱咤风云的气势；被利用而不自知、满以为从此步入了高层政治的幻觉等等，早已成为过眼烟云。该是冷静下来进行反思的时候了。如果此时尚不能坦诚地面对真实的历史，面对在畸形文化中形成的种种恶性，那真是让人无语了。

如果说人之恶性发作的内在机理尚在探求之中，诸多深层次、纯科学问题可以暂时绕开,那么"造成恶性发作的外因何在"恐怕是下一个绕不开的话题。前文提及,人性是要教化的,要用几千年来人类积累的现代文明去教化。人性出了问题,推论之一当然就是教化出了问题,教育出了问题。出了什么问题?这题目过于宏大,求精确解很难,众说纷纭,各有道理;但有一点如今恐怕无人公开否认,那就是"阶级斗争为纲"时代的教育对人性的成长有重大误导。

新中国成立以后,构建社会成员间的新型关系(包括教育)是一个需要慎重对待的重大课题,本应与时俱进。可惜的是,阶级斗争教育一直延续下来,在"整个过渡时期都存在阶级斗争,而且越来越激烈"的思维指引下"发扬光大",至"文革"时期登峰造极。所谓敌对的阶级、人,乃至思想、意识(包括不分阶级讲人性)不断被制造出来,统统被列为必须"横扫"的"牛鬼蛇神",异类分子生命的消失理所当然。这种"融化在血液中"的"阶级仇恨",成为"文革"中打人、杀人凶手们"洗红"人性中之恶性的强大精神支柱。

射向钱平华的子弹(打中的和没有打中的)背后的有恃无恐,在这里可以找到重大答案,虽然不是唯一的。

所幸阶级斗争教育已经走进历史;但这并不说明现在的教育释放的百分之百是正能量。当今大众普遍认为,我国学校的、家庭的、社会的教育都有缺失,都有值得反思之处。比如学校教育,竟被概括为"应试教育"。都说有问题,又都无可奈何,目前尚不知如何解套。

大环境更不容忽视。如今"阶级出身"的阴影已悄然褪去,贫富悬殊,以及权势之大小、权势之有无形成的身份歧视又有大面积泛滥之势。社会流动性日益减弱,身份似在固化,底层对地位上升失去信心等等现象,成为人性中之恶性滋生的隐性元素。"谆谆教导""苦口婆心"抵挡不住现实的残酷。善性教育,何其难啊!可是不但不能退却,还必须知难而进,否则民族、国家的出路何在?

行文至此,一个更为严峻的话题同样无可回避地摆在了我们面前,那就是:教育可以从根本上解决约束恶性、提升善性的问题吗?

恐怕不能。最终答案还是要建设现代法治社会。详论这一更为宏大的题目已经超出了本文的范围和笔者的能力。

钱平华的青春年华在23岁时就画上了句号，付出生命代价的悲剧全然不该发生，令亲人和同学们痛心不已。"太不值得了！"是众人扼腕、谴责凶手时的又一声叹息。"不值得"似乎就是无意义了；可是当真无意义吗？

当然有意义！而且套用一句老话，可以说有"重大的现实意义"和"深远的历史意义"。

钱平华是清华两派百日武斗中的最后罹难者，当时这一残酷事实肯定会上报、上达，虽然很可能只有"清华又开枪打死了一名女学生"之类简短的一句话，略去细节，不会详述，但给制止武斗的高层决策又增加了砝码应该是没有疑义的。9天之后，工宣队以血的代价进驻清华，引起连锁反应，最终宣告了全国红卫兵运动退出舞台。这样看来，钱平华罹难或许是压垮造反派的最后一根稻草呢！

这是钱平华罹难彼时的"现实意义"，能说不"重大"吗？

45年以后，在反思清华"文革"的时候，钱平华罹难是绕不过去的事件。它让我们思索何以"人化为兽"，又进而领悟提升人之善性、抑制恶性之道，以及人的教化之道。虽不能"立"至，但心向往之，有愿望就有希望。当全社会对树立公民意识，对"以人为本"真正达成共识并身体力行的时候，谁能说钱平华罹难和我们得到的启示无关呢？

这是钱平华罹难此时的"历史意义"，能说不"深远"吗？

将近半个世纪过去了，钱平华长眠在家乡苏州父母墓边。她大概不会想到，她年轻生命的付出多年后还会被认为如此有价值。并不是每个普普通通生灵的逝去都能给活着的人带来启示和思索，钱平华在天之灵，不知可否由此得到些许安慰？

自动控制系在清华百日武斗中有两位同学罹难：自8的钱平华和自9的谢晋澄。谢晋澄同学我不熟悉，但他遇害的那一刻映入过我的眼帘。我本人坚决反对武斗（而且对武斗得不到及时而坚决的制止长期迷惑不解），自然不会去参加；但对武斗队的命运还是非常关心。4月29日那天，我在12号楼宿舍窗前紧张地注视着两派武斗队

## 八、大学生

员列阵、对峙,目睹一辆卡车先是撞倒了一位同学,然后又从他身上轧过。遇害同学的遗体被同伴拖到12号楼下,只听楼上同学喊:是谢晋澄!随后赶紧扔下被子盖住了他。就在那一刹那间,我看清了那张被重力碾轧后完全变了形的脸,比后来在北医三院太平间看到的钱平华遗体被大冰块(那时还没有电冰柜)压变形的脸可怖得多,其惨烈程度不忍在这里细述。"文革"结束后的好多年里,那两张变形的年轻面孔还在我脑海里时隐时现。

近几年,社会上对"文革"议论不断。有人怀念"文革"时期短暂存在的"巴黎公社式的民主",应该说还是满怀善意,虽然颇有些一厢情愿的天真。但另有人则不同,居然呼唤再来一次"文革"。什么人这么想呢?据分析有造反没有造够的人(作家梁晓声在其文集《忐忑的中国人》中以"难以撼动的暴劣本性"为题对此种人有非常精彩的描述:"盼着哪天再搞一次,铁帚扫而光!"),又据说更多的人是出于对腐败的痛恨,认为只有"文革"才治得了贪官。这真是一个良好而又无知的愿望。"文革"是什么?那自毁阵脚自捣根基,那对文化的大摧残,那无政府主义大泛滥,那人之恶性大发作,那"天下大乱",那残忍血腥,今日还能"再来一次"吗?如果再次如当年"天下大乱",还有谁能如当年领袖最初设想的那样收放自如、"达到天下大治"吗?何况即如领袖那样的雄才大略,最终"大治"也并未到来,而是使国家几乎陷入深渊。

钱平华离世后的45年中,外系同学在多篇回忆文章中提到了她的遇难。作者们满怀正义感和责任感,记录了历史,抒发了对她的悼念之情,这使自8同学深怀感激。钱平华罹难,正如曹友治在清华百年华诞时撰写的《不能忘却的纪念》一文中所说"代表我们承受了最为沉重的苦难",又如蔡一寰所说,是自8同学"永远的痛"。钱平华遇害时,没有自8同学在现场参与抢救,这使自8同学痛上加痛,长期不安。作为同窗6载的自8学友,总该为钱平华做点什么吧!但钱平华的双亲已在她遇难不久后离世,实际上我们也做不了什么,只剩下了写点什么,于是就有了本文。文之副题有"兼思索"字样,但因缺乏思想深度，思来索去也就只能写下上面一些话；而且还没有想得很明白，离"反思"更差得远。

虽如此，总算是为钱平华做了点什么。

努力之下，还是做得不够好；但想做好的心是真诚的。

**致谢**

关于钱平华罹难全过程及有关记述，均引自唐金鹤着《倒下的英才》（科华图书出版公司2013年1月修订版）第308页—第314页，谨此致谢。

本文还引用了自8曹友治、胡贵云、蔡一寰等诸位同学的文章，又承以上各位同学提出宝贵意见，另承周曼灏、刘芬着同学提供和钱平华的合影，一并致谢。

2013年10月

**补记**

本文在悼念学友钱平华的同时，试着思索了人性善恶及其转化问题，但最终仍觉不得要领。直面大背景下的恶性事件需要勇气，身涉其中的普通人常为自己也需要承担一份责任而纠结不已，别人对于其角色、作用，以及动机的观察很不容易到位。

近日读随笔集《观念的水位》（浙江大学出版社2013年1月版，作者刘瑜就职于清华大学政治学系），其中一篇《恶之平庸》有两段精彩的话（第016页—第017页）：

"西谚云：没有一滴雨会认为自己造成了洪灾。当一个恶行的链条足够漫长，长到处在这个链条每一个环节的人都看不到这个链条的全貌时，这个链条上的每一个人似乎都有理由觉得自己无辜。"

"而所谓人性的觉醒，就是从自己所隐身的角色中抽身出来，恢复成独立、完整并需要为自己一举一动负责的人，从制度的深井中一点点爬上来，在广阔的天空下，看到雨滴如何汇成洪水。"

我、你、他，是不是所有的人都应该让这些话入耳？

前文说过，未及时休止的阶级斗争教育是误导人性成长的重大原因，但不是唯一原因，这另外的原因就要从个人身上去找，各有各的责任。不然为什么都在接受阶级斗争教育，偏偏是你上去开了枪？

当然，钱平华血案中曾经的射手在为自己的行为付出了沉重代价以后，有权利拥有新的生活，任何人不可再往人家伤口上撒盐；但是要让当年的所作所为不留痕迹也难。正如皮肤扎了毒刺，虽然刺被拔出，但伤口长久不愈合，甚至留下终生不退的疤痕，这正是历史的残酷。

如此，在悼念亡灵的时候，我们可得到如下警示：

时时审视自己的人性，是人生必修课。

底线不能越过，尤其是道德和伦理的底线；

有的事不能做，特别是危及人生命的事；

无论目标看起来多么崇高，口号听起来多么响亮。

2014年5月

【上文引自孙怒涛：《历史拒绝遗忘》，中国文化传播出版社，2015年，799页】

## 7.27 前夕不幸遇难的同学与实验员

陆忠楠（自8）

本文作者于1968年7月9日，在主楼九楼西端目睹414的据点科学馆的顶层遭团派某些人投掷燃烧弹而化为灰烬。又于1968年7月27日上午十时许，在主楼三楼目睹首都工人、解放军毛泽东思想宣传队，用救护车开道，从东便门进入母校，清华两派百日武斗宣告结束。在这之间的半个月中，有数个鲜活的生命被枪杀！他们没有等到脱离险境的那一天。四十五年之后的今天，特作回忆文章，以纪念两位与我们永别的同学与实验员。

### 第一篇 钱平华同学遭枪杀

"君到姑苏见，人家尽枕河。古城闲地少，水巷小桥多"。钱平华同学（自802班）家住苏州城内西善长巷，周围环境幽静，人文底蕴丰厚。她有苏州才女的潜质与素养，乃不得已而读工科，亦照样学习成绩拔尖，人品素质出众，举止行为大方。她说话带苏州腔，软绵绵的，养耳。她耐得住寂寞，骨子里头总有一股子劲。1968年5月初，她满可以利用千载难逢的假期，回到苏州城内老家，过上一段诗情画意的安稳日子，与家人共叙天伦之乐。而她选择留在学校主楼替老四做具体事情。

自八年级同学150余人，老四占绝大多数，1968年5月初选择留下来的仅有钱平华与我两人。真是奇迹。我们同属主楼第三梯队，分工不同，平时见面机会不多。那时我在想，自八年级唯有我们两人留下来这一事件的随机概率不到万分之一，如此小概率的事件得以出现，说明彼此之间存在特定的共同之处。现在看来，这种共同之处非常难得。她本是值得我崇拜，去追求的女生，可惜当年缺乏勇气而错失良机。而我的错失良机又使得她失去机会。她一旦接受我的追求，在我（一个做事有点仔细的人）的叮咛下，有望时刻注意自我保护。为此，我永远后悔当年缺乏勇气。

1968年6月底，钱平华同学正忙着，收到了母亲身体不适的电报。她急匆匆赶回苏州，发现母亲仅是牵挂女儿所致。陪伴母亲约两周之后，钱平华辞别母亲回京。她来到设在市府门前的老四联络站，联络站负责人明确告诉她，主楼前广场已被9003大楼老团枪支封锁，无法从学校东便门进入西主楼。她当晚住胡贵云同学家。第二天，或许她一时未能理解枪支封锁的真正含义；或许她坚信一个文弱的女生不会遭到枪支攻击；或许她急于回到主楼内相处已有时日而难舍难分的老四伙伴那里；或许这难舍难分的老四伙伴中间，有一位与她情投意合的老四男生；或许她今天要给自己情投意合的老四男生一个惊喜。钱平华同学穿着白衬衫与黑裙子，于7月18日中午，风采动人地进入学校东便门，经过主楼前广场时不幸被9003大楼老团枪支打中。

那时我在焊接馆北门口吃午饭。见自控系老四负责人但燊呼着我的名字大声说"你们年级钱平华中弹了！""在哪儿呢？"我受惊而

## 八、大学生

问。"主楼前广场"。我赶忙奔跑至西主楼一、二区之间的过街楼底下（属安全地带），见主楼前广场空无一人。旁边老四同学说，钱平华已用吉普车送北医三院抢救。

傍晚，噩耗传来，钱平华同学经抢救无效而逝世。

当晚，老四总部记者就钱平华同学的生平事迹采访了我，并写成悼念文章。半夜零点，老四广播台（主楼）播放哀乐之后，播出了关于钱平华同学逝世的讣告以及悼念钱平华同学的文章。

据后来消息，抢救时，钱平华曾醒过来一回，说"听到两声枪响，第二声以后就不知道了"。

八饭厅一位穿军装的大师傅说，当时他骑着自行车也经过主楼前广场，第一声枪响后，他拼着命往前骑，听见弹头嘘嘘声。

如果钱平华同学听到第一声枪响立即奔跑的话，定可幸免于难。

7月约20日，我跟五、六位老四同学一起来到北医三院太平间。当时无冷藏装置。翻开存放钱平华同学遗体的长方形木箱，见遗体上下铺盖着冰块。除去上面冰块，小心揭开遗体双臂的衣物，左上臂进、右上臂出的弹痕清晰可见，近似圆形，比赤豆略大。随行的老四摄影记者站在木箱两侧侧板上，拍遗体照多张。

9月约20日，毕业分配结果已宣布，自802班班长吴兆远交给我两个镜框，一是由光学实验室放大的钱平华同学遗像；二是别在红布上的二十余个像章。托我带到上海择日送到钱平华同学苏州家里。

1968年10月2日，我携带两个镜框来到苏州城内西善长巷，钱平华同学家里。钱母号啕大哭，摸着女儿的遗像，不停地喊着"心肝！心肝！妈等你分配呀！"。一会儿，钱父劝说"不要哭了，听这位同学说说"。

我永远后悔当年缺乏勇气。

【上文引自孙怒涛：《历史拒绝遗忘》，中国文化传播出版社，2015年，765页】

## 老团枪杀钱平华

唐金鹤（焊8）

7月18日，老团枪杀了自控系自802班的钱平华。

1945年8月11日，钱平华出生于江苏省苏州市。她排行老三，她有一个哥哥，一个姐姐，两个弟弟。钱平华出生的第四天，日本投降了。父母高兴极了，给她取名平华，意思是我们的国家从此太平了。钱家人口多，收入少，生活相当困难。她是家里唯一的大学生，进的又是全国最高学府——清华大学。钱平华的入学给这个温馨的家庭带来了希望，带来了欢声笑语。聪明伶俐的她从小就得到了全家人的钟爱，父母视她为掌上明珠。但这颗明珠，被老团一枪打碎了。痛失爱女的老母亲接受不了这个残酷的事实，她在地上不断地翻滚着，痛不欲生。他父亲从此少言寡语，一年以后离世；没过几年，母亲也相继过世。现在，钱平华的骨灰就葬在父母的墓地旁，她永远长眠在家乡的土地上。

四十年以后，在社会各界的帮助下，我们找到了钱平华的兄、弟和姐姐。她的亲人为我们提供了钱平华生前的照片，我们又见到了这个性情温和、举止文静、正在窗下绣花的苏州姑娘。

钱平华遇难后，水7班宋卓勋和电机系电00班陆彭年连夜赶赴苏州。第二天，他们又找到苏州的一个清华同学，他们三人不敢把这个不幸的消息直接告诉钱平华的父母，拐弯抹角地告诉了刚刚从解放军部队复员回家的钱平华的大哥。她的哥哥和姐姐得知这个不幸的消息后，强忍悲痛前来北京处理钱平华的身后事。我在北医三院见过钱的亲人，当时大家都悲痛极了，什么也没说。

1968年7月20日，宋、陆两位写下了钱平华遇难的经过。钱平华的哥哥把这份保存了四十年的资料交给了我们，再结合我们掌握的情况，我们得知了钱平华遇难的全过程。

1968年7月17日，钱平华从苏州老家坐火车回到北京。钱的大哥刚刚从解放军部队复员，回到苏州老家，他带回来一笔复员费。钱

八、大学生

平华用大哥的一部分复员费，买了那张苏州到北京的火车票。她听从了大哥的教导，没有立刻返回学校；钱的同班女同学胡贵云的家在西单附近，当晚她在胡家里住了一夜。7月18日上午，她到北京市革命委员会的办公大楼前，参加了清华校外414成员举行的形势讨论会。讨论会后，她决定返回学校。她

苏州姑娘钱平华正在窗下绣花

乘坐331路公共汽车在五道口下了车，然后在五道口商场为校内的同学们买了一些香瓜，提在手上，由老四平时进出学校的京张铁路道口返校了。

　　中午时分，有一个人骑着自行车由主楼前广场进校，老团从9003大楼方向朝着主楼广场开了两、三枪。听到了枪声，正在中央主楼五楼的陆彭年、自控系自8的金萍、解放军转业的吉元庆就赶快从窗口往下看，他们见到骑车的人飞快地朝前冲去；在自行车的后面走过来一个穿黑裙子的女生，仔细一看，那是钱平华。钱平华正在主楼前面的广场从东向西走，突然听到"乓"的一声，她略微迟疑了一下，然后继续往西走了两步；这时，又是"乓"的一声。大概这声音离她太近，她停了下来，左右看了看，又继续往西走。12点25分，当她走到西主楼二区门口时，又是"乓"的一声，钱中弹倒下了。这时候，唐应武不顾个人安危，冒着被开枪打中的危险从过街楼冲出去抢救钱平华。钱平华被抢回来以后，医生立刻为她做了简单包扎，随即出车，由小曹陪同把钱平华送往北医三院，送院途中她的神志还是清楚的。一到三院，医生立即为她检查血压，她已经没有血压。检查中医生又发现她有气胸，下肢失去知觉。钱平华一到医院立刻输液，并照了X光片，然后，很快就被推进了手术室。医生进行检查，得知那

481

颗罪恶的子弹从钱的左肩打入从右后肩背穿出，但是外面看不到流血。在手术室内，钱平华的心脏跳动逐渐减弱，经过医生人工按摩心脏、人工呼吸、输氧、输液等多方抢救措施，无效。在7月18日下午4点25分，钱平华的心脏停止了跳动。

请看唐应武的回忆：

当时，我正站在过街楼附近，听到了枪声，然后见到钱平华应声倒在西主楼前的空场上。我立刻意识到坏了，出事了；于是，我不顾老团还在开枪的危险，立刻从一区隐蔽的地方跑了出去，我拼命地冲到钱平华的身边，背起钱平华就往回跑。这时又一声枪响了，子弹好像从我的耳边飞过，我的腿一软，和背上的钱平华一下子就倒在了地上。我动了动身子，还好，我意识到自己没有被打中。这时另一个同学冲了过来，他拉起了我，我们共同把钱平华架到西主楼前的空地上，然后，把她放在一辆平板三轮上，校医院的大夫立刻为她进行检查、包扎。很快，车就到了，立刻就送她到北医三院去了。钱平华到了医院以后，没有多久就走了。

冒着被枪击的危险、勇敢地冲出去救人的唐应武和另一个老四，他们是生能舍己的堂堂的七尺男儿，是我们心中的英雄。

钱平华去世以后，小曹难过极了，他多次地向我讲述：

钱平华中枪以后，我看着她躺在那里，她睁开了眼睛，看到了我，然后用微弱的声音叫我，'小曹'。我听了以后难过极了，一下子眼泪就出来了，我怕她看见，赶忙转过脸去，擦掉眼泪。

我跟车一起送她去北医三院。那天是黄实开的车。车上钱平华的颈就枕在我的大腿上。在路上钱平华还睁开了眼睛，对我微微地笑了一下。这是钱平华人生中的最后一笑。当时，她的胸腔里淌满了血，她痛苦极了，但是，她仍然用尽了她生命中最后的一点力气，留给人间的是她那微微的一笑。此情此景，四十多年了，一直留在了我的脑子里，终生难忘。

那颗罪恶的子弹夺去了钱平华的生命，她走了，她是那样的无辜，而她临走前留给人间的竟是她那微微的一笑。

关于钱平华遇难，尹尊声回忆：

我见到钱平华时，她躺在西主楼过街楼下阴凉处的一个平板车上。子弹是从左臂进右臂出，但没有多少血。她不断呻吟，人已昏迷。我当时感到一定是内腔大出血，活下来的可能性很小。几小时后就被告知她到北医三院不久就去世了。她是响应《人民日报》社论返校复课闹革命的啊！就这么平白无故地被打死了！老四们都无言问苍天，这是什么革命啊！

扣动了扳机的是精密仪器系制02班的陈志堃，据说其他几个瞄准的射手没有扣动扳机。为此，陈志堃坐了15年的大牢。陈志堃是从天津名校跃华中学毕业的，他从小的家庭环境，相对同时代的中国人来讲是相当优越的。他和他的姐姐都是清华大学的学生，而且姐弟二人都是学校射击代表队的。他的聪明能干是不用说了，只可惜他良心泯灭。他一枪打穿了钱平华的胸膛；也把他自己送进了铁窗，在监狱里度过了自己的青春。他一枪打碎了钱平华父母的心，也打碎了他自己父母的心。他给钱平华的父母、亲友带来了永久的伤痛，也给他自己的父母、亲人带来了终身的创伤。

在钱平华中枪前半小时，有两个老四从市区返校，走的是与钱平华同样的路径，在同样的位置成为枪击目标。这两个人中有一位是从朝鲜战场回来的老兵，经验丰富，听到枪声后说："不好，开枪了！"他拉起同伴就跑，迅速脱离了险境。

钱平华中枪后第二天中午，工化系化005班×××骑自行车，从东主楼前往西主楼。炎炎烈日下，主楼广场悄无一人，只有远处蝉鸣鼓噪不停。×××似乎预感到某种危险，他以最快车速尽量缩短在广场上的暴露时间。突然，一声枪响，在广场上空引起清脆的回响。他不知射击发自何方，却意识到这一枪就是朝他开的，于是他拼命快骑。"砰"地又一枪，子弹似乎从不远处飞过。他立即跳下车，低姿推车快跑。又一枪射来，打在他左前方的土堆上，激起一股烟尘。他把自行车猛力往前一推，自己扑倒在地，用军训中练过的匍匐前进，爬到了西主楼的墙角隐蔽处，才敢起身观察情况。

　　驻守在主楼的同学出来了好几个，大家一边询问怎么回事，一边描述昨天钱平华被枪击的情形：大家都说今天好危险啊！他们弄来前端焊着铁钩的一根十几米长的角钢，用它钩住翻倒在地的自行车，将它拖到射击死角区。×××说：那可是我唯一的交通工具啊。

　　×××和前述那两个返校的老四一样，靠警觉和机智逃脱了危险，客观上也为开枪开疯了的陈志堃们减轻了罪孽。

　　2011年清华大学建校100周年时，我重返清华园，我再一次来到9003东翼楼下，刚好遇到一位清华老员工的孩子。当年他的家就住在9003北面的清华老六区，现在他是在9003上班的清华老师。他说："清华武斗时，有一个女大学生，在西主楼前被开枪打死了，这事儿我知道。就是从这里的楼顶上开的枪。"他扬起头，用手指着9003大楼东翼北侧楼顶，继续说："那个扣动扳机的人，后来被公安局抓起来了，判了好多年。当时是好几支枪同时瞄准那个女同学。我们单位的一个工人，当年他就用枪瞄准那个女同学，但没有扣动扳机。他没有坐牢，但他被定为'三种人'，一直在清华当工人，一直没晋级，一个人待着，也没人理，做到退休。"我一听，这个工人这一生也够可怜的。本来，他进了清华大学，当了工人，这多让同时代的年轻人羡慕啊！这里有那么好的学习环境，有大把的晋升机会。但是，就因为年轻时参加了学校的武斗，他把枪口瞄准了钱平华，而打碎了自己美好的一生。他从一个小青年，一直做到退休居然没晋级。在清华这种地方，这几十年怎么熬啊？

　　【上文引自唐金鹤：《倒下的英才》，科华图书出版公司，2015年第三版，298页】

八、大学生

## 文革受难者——钱平华

以下为王友琴《文革受难者》一书中的有关记述：

钱平华，女，25岁，清华大学自动控制系自82班学生，在清华大学两派武斗时期，她于1968年7月18日中午从家乡返校，在清华大学主楼前中枪弹而死。

# 荐健（1946—1970）

孙怒涛　编辑

荐健，男，1946年出生，沈阳人。1964年考入清华大学动力与农业机械工程系，汽02班学生。共青团员。工宣队进校后，因据说他对"伟大领袖"和"副统帅"有不敬言论，对他施加了巨大的政治压力。他于1970年3月中离校失踪，后发现在泰山舍身崖跳下身亡。殁年24岁。

荐健（1946—1970）
（陈长坤提供）

## 永远难忘的思念——追忆荐健同学

金文进　陈长坤　廖常初（均为汽0）

时光流转，物换星移；回首往事，感慨万千。荐健同学罹难已逾

八、大学生

四十七年，其音容笑貌宛若目前……

1970年前后，已经是毛主席亲自派出的工人、解放军毛泽东思想宣传队进驻清华大学一年半了。清华园里没有出现任何的生机与希望，反倒是一片死气沉沉。空气是沉重的，四千名零字班、零零字班两个年级的学生心里躁动异常，他们中的绝大多数都不想再继续待下去了，他们想改变一种生活，渴望着尽早走入社会。

是啊，一年半的时间不算很短了。工宣队进校制止了清华两派的武斗，恢复了正常的学校秩序，同学们是由衷地欢迎的。但是，同学们期盼的大学生活却依然没有踪影。

最高指示说工人阶级要领导一切，工宣队肩负领导大学的使命，似乎就是对我们进行改造、改造再改造。于是，我们每天的功课就是从宿舍到汽车楼，在工宣队的带领下学习最高指示，进行斗私批修。几个月后，学校开始清理阶级队伍。工宣队的负责人迟群作动员报告，号召有问题的师生要像竹筒倒豆子一样，把所有的问题都倒出来，清华是全国的典型。

我们汽02班天生是一个温和的集体，在学校零字班中再平常不过了。在清华团、四两派严重武斗期间，绝大多数同学都不参与，而是选择打道回府——当逍遥派去了。留在校内的不过五、六位，而且即便留校的也鲜有参与武斗的，更绝不参与对学校领导干部与老师的暴力行动。所以清队，我们班没人受到波及。

清队之后，当然不会让我们闲着，就是没有休止地下乡下厂接受教育了，说白了就是劳动改造。我们在工宣队的带领下到京郊高丽营拔过麦子，到通县双桥农场割过稻子。农村去过了，工厂更不能落下，到北京汽修七厂、北京内燃机总厂、北京汽车厂。号称专业对口，实际上，我们除了劳动就是劳动，没有学一天的专业。这样的生活，不厌倦才怪了！我们都盼望结束这种生活，更何况我们的九字班学长都提前走人了。

工宣队的领导似乎也已黔驴技穷了，再这么圈着学生也不是办法。1970年初终于传来了让我们"毕业"的消息，而且是零、零零两个年级同时走人。清华还是全国试点单位，3月先行毕业，其他高校则要稍后。消息传来,我们都很兴奋。迟群亲自给我们作了毕业动员。为了给自己贴金,他还盛赞我们这两届学生是清华历史上质量最高的学生,是经过无产阶级文化大革命考验的。还调侃说"清华毛毛虫,出去一条龙"。

动员之后,各班的工宣队就开始逐个与学生交谈,征求意见。

我们班的工宣队员一共是三人,为首的是杨克俭师傅,好像是新华印刷厂的。另外两位都姓刘,一高,一矮,我们叫一个大刘,一个小刘,来自北京汽修厂。平常他们与同学们的关系也还不错。

但是,我们没想到的是,所有同学都先后落实了分配的信息,只有荐健同学没有动静。当时不让按时毕业分配是非常严重的问题,比如在武斗中致人死伤的学生就不让毕业的。工宣队师傅说荐健有严重的问题,要推迟毕业,不能分配。据有同学回忆,几天前工宣队就派人抄了荐健的家(宿舍,也就是他的床),抄走了他的日记和部分书籍,以搜集反动证据。

我们班几乎所有同学都不知道荐健有什么问题。文革中,我们的印象荐健既不团(派),也非四,没有参加武斗,手上没有血债,他的家庭出身也没问题。工宣队透露说荐健对毛主席的亲密战友林彪同志不满,有不敬言论,说毛泽东思想是马列主义的顶峰不科学等等,因此荐健必须作出深刻检查,检讨不深刻就不能毕业。为此,工宣队师傅要求汽02班团支部要帮助荐健认识错误、改正错误,作深刻检查。

文革中,学校的党团组织全部停止了活动。工宣队进校后,于69年底逐步恢复了党团组织。汽02班没有一位党员,因此也就是成立了团支部,陈长坤为团支部组织委员,书记好像是刘俊杰(或孟嗣宗)。在70年3月11或12日的某一天下午,在工宣队师傅亲自坐镇下,团支部专门召开了一次会议,帮助荐健同学。但是,说实在话,汽02班的所有团员,包括所有团干部都不认为荐健有多大的问题。所以,这个专门召开的帮助会上一点火药味也没有,大家的发言只是机械地按工宣队的说法要求荐健作一个认错的表示,大家内心里还是希望荐健能与大家一起毕业。荐健同学在会上似乎没有表态。

工宣队对这样的结果显然不满意，他们要亲自出马。据说当晚，有工宣队某人亲自找荐健谈话。究竟是哪一位，究竟谈些什么，无人知晓。但是第二天，荐健就不见了。

工宣队员急忙派几位同学到学校各个角落及市里有关的地方寻找。

金文进同学深感事态严重，曾对去寻找的同学说，应该到这三个地方去找：一是香山的树上有没有挂着；二是南京长江大桥有没跳江；三是泰山有没跳崖。这几个地方都是他曾经游历，并且回来赞美过的。当然没人把金文进的话当回事，同学们都在收拾行装准备离开学校。而且多数同学还是认为不会有多大的事，荐健可能是出外散散心，早晚会回来，早晚会毕业。没人去这三地方找。

3月14日，陈长坤第一个离校。到18日，所有分到外地的同学全部离开了学校。当年零、零零两届留校的学生有700多人，但汽02班只有三位同学留校，大概是当时学校所有班级中留校人数最少的班级之一了。

1972年前后，我们在外地的同学陆陆续续地从不同的渠道听到了一个震惊的消息，我们班的同学荐健没有等到毕业的一天，自他在毕业前夕离校出走之后再也没有回来，自杀了。而且据说他是以一种决绝的方式从山东泰山的舍身崖上飞身跃下的，结束了自己年轻的生命，时年仅24岁。据说死时，他还给他的父亲留下了一句话：你的儿子为保卫毛主席的革命路线英勇献身了！

噩耗传来，汽02班的同学无不感到意外，无不感到痛心。一个和我们朝夕相处近六年的好同学，一个身心健康、青春年少的清华学子就这样地走了，走得匆忙，走得惨烈，来不及说声再见！许多人都在心里暗自发问，荐健同学，你有什么想不开的？你为什么要选择以这样的方式结束自己的生命？你为什么要轻生啊？就不能忍一忍吗？非要戴一个"反动的帽子"走吗？

但是，在那个年代，我们都在各地底层挣扎，都还在接受再教育，我们无暇过问，也无权过问。我们也只能在心里默默地哀念，祈祷！

打倒四人帮以后，听说系里为荐健开了追悼会，他的姐姐代表亲属到校。可惜四十多年过去，现在已难寻悼词和有关的资料了！当年的关键人物——工宣队员也已不知去向。荐健的父母早已过世，他的姐姐年事已高，对往事她们也不想再提。

四十年后，汽02班的同学绝大多数都已经退休，大家重聚清华园。一群白发翁媪，回首四十年前，大家不由地谈到了荐健，又勾起了几多回忆：

荐健，沈阳人。单从外表上看就与众不同，一米八几的身材，魁梧的个子，方型大脸，脑袋似乎比我们班上所有同学都大，一头棕色略带天然卷曲的短发尤其显眼。大家在心里都有点疑惑，他是否是混血？

金文进曾几次从殷佩霖同学手里抢来推子给他理发，边理边说着："我开收割机在东北大平原上割麦子啰！"

荐健曾经担任汽02班的政治课代表，他似乎对政治有一种特别的喜好。那时，教我们班政治课的是寇士琪老师。寇老师很有口才，枯燥的政治在寇老师的口里却能讲得生动有趣。文革初，谭力夫的"老子英雄儿好汉，老子反动儿混蛋"曾经席卷清华园。寇老师曾勇敢地站到大礼堂上与血统论者激辩，并被赶下台。

文革初期，荐健表现也与众不同。他曾领着我们班几个同学到乙所找校领导询问，原清华大学校党委副书记艾知生亲自出面接待，回答了荐健代表同学们提出的问题。

1966年6、7月份，荐健的形象留给大家的印象很深刻：上身是白圆领汗衫，下身穿一条旧长裤改制的蓝色大肥短裤，一手端一个特大白色搪瓷缸，一手摇着大蒲扇。晚饭后，在闻亭或水木清华独坐，常常深夜回屋。他在思考，思考眼前这场运动会怎样发展。他得到的结论是，现在中央派工作组来清华、北大搞运动，然后把学生派往全国当工作组，在全国搞运动，像我们高年级的同学参加四清运动一样。后来的大串联，似乎就像荐健的思路的演化。作为政治课代表的荐健，对政治有着相当的敏感。

在随后大串联的几个月里，荐健去了许多地方。以至我们调侃说过："荐健走遍全国，山也乐来水也乐。"

## 八、大学生

1967 年初，荐健来到无锡，当时我班金文进、庄无咎、张以平、殷佩霖、王桔廷几位同学在无锡油泵油嘴厂劳动，我们一起游览了锡山公园和太湖。

金文进同学回忆：大约 1967 年，有一段时间，荐健沉闷下来。一个傍晚，我和他在工字厅聊及当前的文革运动，谈到江青的时候，他对这位如日中天、身居"中央首长"的第一夫人，轻蔑地称其为"娘们"。而对国家主席刘少奇被打倒一事，说出"未必"一词。我当时非常吃惊，对他的说法不敢深想，更不敢告诉任何人。但是，我对他产生了判断：荐健对文革有自己的想法。

荐健还是一个热心肠的人。1967 年，我班史名垂得了重病，住到北医三院。1968 年，荐健一直伺候着得了白血病的我班史名垂同学，求医、问药、联系血源。当我们躲避武斗回老家时，他一直在医院，直到料理完史名垂同学的后事。这件事，表现了荐健的热心、侠义，对同学的友谊和爱心。另一方面，也起到回避运动的作用。

史名垂走了，工宣队来了，荐健回到了班里。

那时，工宣队员每天组织全班同学一起学习文件或文章。其实当时许多人对工宣队产生了抵触情绪，高压之下，不得不低头。荐健却采取了对工宣队抵触的行为，坚决不来班上的"学习班"。荐健不愿参加集体学习，而要坚持自学。他认为，学习马克思主义，要从"根上"开始学起。要系统地学，不能断章取义，"活学活用"。徐志军回忆曾见他在寝室里看《法兰西内战》一书，他还当面指着某位工宣队说你看过这书吗？

他的见解现在看来，是十分正确的，而在当时是要遭到批判的。鉴于此，荐健并没过多地公开他的思想，发表言论，而是在痛苦地抵制，默默地承受着恶劣环境的巨大压力。

有一次系里召开批判系总支书记蒋企英大会。大会组织者领呼口号："打倒蒋企英！""蒋企英不投降就叫他灭亡！"我们都举手跟着喊，只有荐健不张嘴也不举手。当狂热的青年们彻夜拥挤在五道口书店门口，煞有介事地争购尚未出版的"毛选五卷"时，荐健却在研读马克思、孙中山、黑格尔的书。他独立思考，有自己的见解，在当时是凤毛麟角，高压之下宁折不弯的性格更是稀罕之极。

1969年4月1日晚，8点钟的中央广播新闻里通告了中共九大开幕。校园里又是一夜狂欢，欢呼九大开幕，全北京乃至全国都在狂欢。二号楼宿舍里却静悄悄，荐健同学躺在床上，肯定不会睡着，不知想些什么，不屑随波逐流。金文进推门进去，不打开灯，黑暗中劝他起来，出去走走，这么重大的政治活动不去表个态，会给他带来麻烦。荐健却很少开口。金文进甚至说到，我希望你能和大家一起毕业时，他大声说："还能不给我毕业？"他并不认为这有什么问题，还是没有起来。

金文进回忆：1969年五月，我和庄无咎同学买了张公交月票。一天，我俩邀上荐健同学去八达岭玩。从德胜门乘长途汽车到南口转火车。一整天荐健沉浸在欣赏巍峨的长城、春光明媚的山色之中。我们想趁他高兴之时，劝说几句。可是几次一提话头，荐健便一口回绝："不说那个，今天是来玩的。"从八达岭回来，荐健和我决定步行到南口，庄无咎仍然乘火车到南口。我俩乘着傍晚的山风，在下坡路上一路小跑。载着庄无咎的火车却姗姗来迟，行如虫爬，到一个车站，还要歇好一会儿，以冷却刹车发热的铁轮子。铁路和公路在峡谷的两侧蜿蜒向下伸展，火车在我们的左侧山脚下时现时隐。我俩的双腿常常跑在火车的前面。待我俩在南口挤上回北京的最后一班公交车时，天已黑了，笑话庄无咎要在南口过夜。不料，到德胜门下车时，发现庄无咎也从另一车门下来，三人一阵欢笑。这天，荐健玩得很高兴，我和庄无咎却有失所望，没能劝动他。

荐健同学热爱生活，喜好广泛，爱写诗歌，有一阵还买菜做饭。荐健很有情趣，一场大雪过后，他就会张罗同学们去颐和园，去香山赏雪游玩。毕业前的一个雪后，他和几个同学一起游览北海公园，那是我第一次去北海公园。雪后的北海异常宁静，空中传来一位女士高亢的歌声："北国风光，千里冰封，万里雪飘……"荐健和大家一样，留恋着即将离开的北京。荐健企盼毕业、企盼离校、企盼早日到社会中去安身立命。

荐健，一个多么好的同学啊！热爱生活，充满激情。很难想象，

八、大学生

这样的一个同学会走上绝路？你既不反党，更没有反对毛主席，你没有喊过反动口号，也没张贴过所谓反动大字报，甚至你在临终之前想的还是保卫毛主席的革命路线。你不过是一个有独立思想的青年，难道思想也有罪吗？你不过是在小范围里吐露了一点个人对时政的看法，为什么就不让毕业？是谁给了你这么大的压力，是谁让你走上绝路？今天已经无解了，已经成为历史的谜团！

今天我们再回忆当年你的片言只语，荐健你不但无罪，反而是先觉者，一个了不起的人。你以一死对那个时代进行了最有力的抗争，对思想专制进行了血泪的控诉！

2009 年，金文进曾去山东旅游。一个内容就是重登泰山，追念荐健同学。泰山的后山脚下，昔日四周直壁如斗的水池，是荐健献身的场所吗？现在已扩大成湖泊，还建有一个泰山文化大广场，乘汽车转缆车上岱顶的泰山景区专车在这里出发。冯玉祥先生的墓移到了高处。荐健的遗骨更不知哪里去了！

又据说荐健是从王母池走的。我两次去王母池，小小的尼姑庵，只有一个周长数米、浅浅的石砌的放生池。我问道姑，有没什么传说，回答说"没有"。

荐健同学啊！班上那么多人没有拉住你，你没能等到粉碎"四人帮"的日子，你没能熬过十年浩劫，却独自走了！

荐健，你在哪里？

荐健在我们的梦里，在同学们的心里。

荐健是值得骄傲的，是汽 02 班的骄傲，是清华大学的骄傲，是那个时代的骄傲。

2017 年 5 月 2 日修订

【上文引自孙怒涛：《真话与忏悔》，中国文化传播出版社，2018 年，533 页】

# 陈贯良（1946—1971）

孙怒涛　编辑

陈贯良，男，1946年出生。1964年考入清华大学电机系，发01班学生。共青团员。1970年毕业留校，年底被分配去清华大学在江西南昌郊外的鲤鱼洲农场。1971年2月开始的清查516运动中，受到整肃。一天，他爬上电力变压器，背靠开关想自杀，但未成功，因此遭到更严厉的批判。3月，在吃中饭的路上，他趁看守不备，穿越马路时迅捷钻进行驶中的一辆拖拉机下，被辗压身亡。殁年25岁。

陈贯良（1946—1971）
（侯国屏提供）

## 陈贯良之死

侯国屏（发0）

这是一个沉重的题目，几十年来我经常想，但不愿写，同学一场，现在还是写写吧。

如果不是文革，我不怀疑他会成为一个优秀的人才，虽然有他自己的原因，但他主要是被清华、被文革毁了。

他来自江苏农村，1964年考入清华，在电机系发01班学习。刚一入学，他是我们班团支部的宣委。踏实肯干、为人热情、虽不像有的同学那么才华逼人，但作为来自农村的同学，也已经相当不错了，德、智、体全面发展。我印象特别深的是他的弹跳力奇好，虽然只是剪式跳高，但班上也没几个男生可比。

大二时，从1965年秋季开始了"九评"学习，在辅导员的教育引导下，大家都开始斗私批修，家庭出身不太好的人压力就更大。没想到他竟然出身于一个富农家庭，于是沉重的包袱背上了，作为团干部他不断地发言，检查、剖析自己的家庭，与家庭划清界限，但他还是开始自卑了，不再那么开朗、热情，奋发向上，他大概感觉前途黯然失色了。虽然家庭有问题的同学不少，但我们全系整个年级170多人，出身地、富家庭的太少了。

"九评"学习也让我深深感到清华的学生思想工作体系的厉害。我虽然家庭出身也不太好，但小、中学学习一直拔尖，高中毕业前夕，还差点被发展入了党。到清华后，学习自然不可能拔尖，"九评"学习后，政治上也自卑了，绝了入党的念头，从此，夹起尾巴做人。

文革开始后，他大概一直处于矛盾的心理中，一方面自卑，另一方面又想积极表现。记得"老子英雄儿好汉，老子反动儿混蛋"的对联猖獗那两天，他的情绪低到了极点，剃了个光头，已经熄灯很晚了，依然坐在11号楼楼道东头的廊灯下闷头写日记，他有一个毛病是极爱面子，心事重重，不多说话。虽然班上同学与他关系还不错，但那时，也只能会意地相视一笑。

后来，他离开了我们班，整个文革期间都在班外活动。他的情况班上同学（哪怕是同一派的）估计也不了解。我怀疑他后来之所以去一教与"狗熊"有关，因为狗熊在老红卫兵跑到清华鼓吹反动对联时表现显眼。那天，一大批中学红卫兵和某些大学的红五类们跑到清华举着那对联游行示威，并在大礼堂挑起辩论，当时我在现场，上台发言要求先报家庭出身,一个北航的大学生上台十分张狂,"我老子是革干",啪地拍一声桌子,"我就是好汉!",又拍一声桌子。清华一位同学上台发言,台下嚷嚷要他报家庭出身,他似乎刚刚说了声"小业主",就被轰得说不下去了。后来一位络腮胡子的清华学生上台了,他第一句话就是:"我出生革干家庭,但我坚决反对这副对联",这在当时,在那个现场,是极不容易的,他就是后来的"狗熊"。不知道陈贯良那天是否在礼堂现场。

据陈贯良自己说,他是在前哨广播台管机务的,至于他是否参与了一些出格的事,我们一无所知。因为 7.27 后,未在校的同学对武斗中的事大都是不闻不问,特别是对几个不在班上活动的同学的事。

他的思想包袱比较重,经常一个人坐在那里发愣。当时,有一个"一教事件"的传闻。据说在二校门处的毛主席塑像上发现弹孔,分析射击者应该来自一教方向。这件事被定性为反革命事件。他肯定因此被审查了,但可能问题不大,因为最后毕业时还被留校了。工宣队师傅喜欢他,他干什么活都出色,一般人比不了。

70 年 3 月毕业,我也留校了。8 月 7 日清华江西鲤鱼洲农场遭遇风灾,从北京又去了一批刚留校的同学,我和他都在其中。他大概因为什么事情耽误了,年底才到农场。那时已经开始冬季的农田水利建设——挖水渠。在南方农村长大的他,干农活更厉害,干得又快又漂亮,一个人能顶 3~4 个人,一身腱子肉让众老九们感叹不已。

但是好景不长,可能是 71 年 2 月初,清查 516 运动突然开始,他当然地成为我们连的重点,而我因为与他是同班同学,也受牵连。

运动开始后不久,某一天,大家正在吃饭,忽然外面一道闪光,全连的灯都灭了。一些人跑出去后又回来报告,有人爬到悬空挂的电力变压器上自杀,"空开"跳闸了。原来是他,乘人不备爬上去,后背靠上一对开关点触电,结果引起短路跳闸。

事后知道,他竟然只受了轻伤,只是背上灼伤了两片,其余问题不大。当晚,军代表马上召集全连大会,愤怒声讨 516 分子陈贯良自绝于人民的滔天罪行。(以我对他的了解,心中暗想,有的人自杀一次没成,就不会再自杀了,而他这个人,既然已经走出了这一步,那

八、大学生

恐怕很难阻止他要死的决心。）

他很快被转移到了农场团部，加强了看管。但时间一长，看管人慢慢放松了，结果终于发生了他的第二次自杀。据说，关押他的住地到食堂要过马路，就在那天中午，去吃饭时恰好赶上有车经过，他抓住那稍纵即逝的一瞬毫不犹豫地就钻到车轮下，那应该是一辆挂斗重载的拖拉机，人好像当场就被压死了。清查运动不久也戛然而止，我也可以到连部以外的地方随意走动了，但他已离开人间。

8月农场撤销，回到北京，才听说了校内清查516时许多稀奇古怪的事情。最离奇的事出在自动化系，在专案组的"政策攻心"下，留校的原团派总部委员L某交代，清华井冈山下属有一个516兵团，他是该兵团的组织部长，经他手发展了600多名成员，并交代了成员名单。次日，迟群特意来到自动化系，亲自向专案组了解了情况。很快，全校的清查掀起高潮，一大批516分子被揪了出来。……

在唐少杰整理的《清华大学文革时期"非正常死亡"人员名单》关于陈贯良的记载如下：

陈贯良，男，1946年生。清华电机系01班学生。共青团员。1971年3月在清华大学江西南昌郊外鲤鱼洲农场跨越马路时，趁势钻进行驶中的拖拉机下，被碾压身亡。

这可能来自运动后期档案中的记载，是有意含糊的一个中性结论，据说陈的弟弟来过清华，大概算是给他家人的一个交代吧。

十年文革的种种事件中，清查516大概是最无厘头的，死了那么多人，但始终说不清它的来龙去脉，最后，也没有列为林彪、四人帮的罪行之一。奇冤！

2011年1月4日初稿<br>2013年12月18日修改

【上文引自孙怒涛：《历史拒绝遗忘》，中国文化传播出版社，2015年，760页】

# 九、中学生

郭兰蕙
范崇勇

# 郭兰蕙（1947—1966）

### 周文业、孙怒涛　编辑

郭兰蕙，女，19 岁，清华附属中学高中二年级（高 64 级）学生。1966 年 8 月 20 日，因所谓"家庭出身不好"，畏惧红卫兵同学的"批斗"，服毒药后，被阻拦救治，不幸身亡。殁年 19 岁。

郭兰蕙（1947—1966）
（戴建中提供、李劲修复）

## 文革受难者——郭兰蕙

以下为王友琴《文革受难者》一书中的有关记述：

郭兰蕙，女，清华大学附属中学高中二年级的学生，她因所谓"家庭出身不好"遭到红卫兵同学的"批斗"。她在 1966 年 8 月 20 日服毒自杀，19 岁。

清华附中是红卫兵的发源地。推行"老子英雄儿好汉老子反动儿混蛋"的组织路线，是红卫兵的最大特点之一。1966年8月，清华附中红卫兵不但对老师校长和校外居民实施暴力迫害，而且也折磨攻击同学中所谓"家庭出身不好"的人。

郭兰蕙的父亲在1949年以前曾经在当时的政府中工作，由于这样的"家庭出身"，她就成了"混蛋"。8月20日是星期六，红卫兵通知郭兰蕙，下星期一要开会"帮助"她，实际意思就是要"斗争"她。郭兰蕙在回家的路上喝了来苏水。到家的时候，她母亲看到她脸色不对。知道她服毒以后，立即把她送到医院，到医院的时候她还没有断气。

两位认识郭兰蕙的学生说，红卫兵曾经在学校当众宣布，由于郭兰蕙是自杀的，医院曾经打电话到清华附中询问她是什么人，是否"有问题"，清华附中红卫兵接了电话告诉医院，郭兰蕙是"右派学生"，于是，医院不给抢救，让郭兰蕙躺在医院的地板上慢慢死去。红卫兵不但对郭兰蕙自杀毫无怜悯之心，而且用得意洋洋的口气在学校里告诉其他学生这些情况，显示他们主宰生死的权力和威风。

郭兰蕙死时只有19岁。

在郭兰蕙死亡两个星期以前，该校高一（二）班学生杨爱伦也因相同的原因试图自杀。杨爱伦的父亲在1949年以前的政府海关做事，于是被认定为"坏家庭出身"。她在1966年7月底就开始在班里被红卫兵"斗争"。清华附中红卫兵的领导人之一曾经到她的班上详细指示如何整她。她被禁闭在一间小屋里，被强迫写"检查交代"。被关押一周后，1966年8月8日，杨爱伦逃出校园，到附近"清华园"火车站一带卧轨自杀。火车头把她铲出了轨道。她没有死，但是脸部和身体受到重伤，并且失去了手指，成为永久性伤残。

在清华附中，有相当数量的女同学被剃了"阴阳头"，即把头发剃去半边。笔者采访过的该校人员有限，就已经知道了被剪"阴阳头"的女同学的如下名字：高三的张蕴环，高二（1）班的杨柏龄和陈向明，初二（3）班的王淑英和孙淑绮。

著名作家史铁生在1966年时是清华附中初二（3）班的学生。当笔者问起他的班上是否打了同学，他回答说，打了，打得不重。

笔者问，不重是多重？

史铁生说，打了两个女同学。是红卫兵打的。让她们跪在教室里，用皮带和拳头打了，剪了她们的半边头发。这两个女同学是王淑英和孙淑绮。她们受折磨的原因就是"家庭出身不好"。

记得笔者当时不禁追问：这怎么还叫"不重"？

这当然不是因为史铁生用词不当，而是因为在清华附中，残酷的事情太多，给女同学剪"阴阳头"就相对成为"不重"了。

电视记者萧燕是清华附中652班的学生，也就是说，1966年的时候是初中一年级，14岁。他的父亲是作家萧军（关于萧军，可参看《文革受难者》一书中的"老舍"）。1997年笔者采访他的时候，他说："我们班没有狠斗我。但体罚了几次，叫我交代老子的问题，罚站。有一次用了一堂课长的时间，叫我交代问题。有几个初中的学生制造了一个案子，说丢了东西，是我偷的，拿了我的鞋去对印子，拿铁链条抽了我的脸。"

当时笔者对他所说的"没有狠斗我"也印象很深，就像对史铁生说的"打得不重"一样。不能不想，在清华附中，要多狠才算狠？多重才算重？

郭兰蕙生前爱好文学，喜欢看小说，但是，显然她不是因为太敏感太多愁善感才自杀的，她死在既"狠"也"重"的迫害之中。

戴建中校友收集的清华附中老同学们对郭兰蕙同学的回忆：

郭兰蕙，1947年出生，1966年8月19岁时去世。

郭兰蕙父亲在1949年前曾在政府中工作，红卫兵称郭是"反动军官"出身，母亲是通州一家医院的护士长。在郭兰蕙小时父母离异，郭和一个弟弟随母亲生活。郭兰蕙小时可能在东北生活过，说话有东北口音。

郭兰蕙在北京管庄中学上初中，王友琴是比她低一级的同学。她1963年考入清华附中，分在高633班。1964年清华试行"大中小学一条龙"，在清华附中从高二起办起预科班，四个高63级班级重新分为两个预科班，两个普通班，以郭兰蕙的出身，只能分在新的普通班高631班。一年后郭兰蕙又留一级到高64级。

现在我们见面的同学中,有一、两位和郭兰蕙同学两年,多数同学一年。

大家回忆,记得"她经常穿一件很好看很显眼的彩色格子长袖汗衫","穿着好像是与众不同,上衣有点儿修身,爱穿球鞋,戴的眼镜是那种紫色半框金属丝的"。郭兰蕙有时独自吟念"黛玉葬花词",男生感觉"怎么来了个林黛玉?弱柳扶风,命运恐不会太顺!"

有一位女同学回忆:

"我在高633班时和郭兰蕙住邻床,一直到高二分班时一块儿分到高631班的,和她关系还可以,她比较寡言少语。到高631时,班干部觉得郭兰蕙小资味浓情绪不好,交给我一工作,多与郭兰蕙聊聊。(我哪里会?我连团员都不是呀!我也是边缘学生!)后来发现她挺爱写东西,班里负责板报的就让她多多投稿,后来她真给板报组写了不少稿。估计后来高631班事件越来越多,这一切都没有了下文。""一直到高二和她聊的多些,我是老劝慰比我还想不开的人,顺便也自我安慰了!"

对于郭兰蕙留级的原因,同学们有两种说法:一种说她是"病休","我了解的就是抑郁!那时跟她聊天就觉得她老不高兴,身体不好吃东西也少,老这疼那疼的,腰细的估计一尺多点儿。""高二下学期就不怎么看见她来上课了。"另一种说她是因为拒考化学、外语两门课而留级。(详见赵伯彦回忆录。)

对于郭兰蕙离世的经过,也有两种说法。我们同学记忆:

郭兰蕙是在1966年8月一个星期六,由于班上"清华附中红卫兵"要在下周"批判"斗争她,她就在回家路上喝下了来苏尔(一种消毒防腐药),到家后母亲发现她脸色大变,急送到医院抢救,来苏尔不是剧毒药经洗胃抢救是完全可以活下来的,但是在文革时自杀就是自绝于人民就是坏人,医生是不敢抢救的,电话打到清华附中,清华附中红卫兵说这是"右派学生",不用管她,结果郭兰蕙被直接送到太平间,在太平间里躺了7天7夜,她妈气得直抽她嘴巴,这可以想象到当妈的心情是多么悲伤和无奈!这是我们学校死得最惨的一个,活活地在太平间躺了7天才断了气。我们当时处于被斗被压制状态,无法到现场,是听清华附中红卫兵得意炫耀他们怎样阶级立场坚定,对待"右派学生""要像严冬一样残酷无情"。另一种说是在家即将回校时喝下敌敌畏,送到医院后,两位清华附中红卫兵又到病房大

(前排左起第三位是郭兰蕙)

(后排站立者左起第四位是郭兰蕙)

闹,医生不敢抢救而死去。(详见孙中才:《小梨儿》)

我们现在所能找到的郭兰蕙照片:这两张照片摄于1964年暑假,高633班预知即将分班,在颐和园知春亭南边的最后合影。

感谢诸位师哥、师姐对文革死去同学的深情厚谊!我们也永远怀念郭兰蕙同学!

戴建中　2024.6.26

【编者注:1977级校友戴建中曾与郭兰蕙同学在高中同班过一年,文革爆发时是清华附中高三学生。】

## 在红色风暴中挣扎求生
### ——清华附中一个"右派学生"的自述（节选）

赵伯彦

附中远离城市，消息来源只有报纸和广播。接下来几天，只是听说王府井有红卫兵在剪瘦裤腿儿，剁尖头皮鞋，剪女人长辫子，剃男人"大背头"，砸老字号的牌匾，改旧有街道的名称，捣毁寺庙的佛像，焚烧历代的书刊……中央文革组长陈伯达还跑去观战助威。报纸上也大呼"好得很"。我们正自顾不暇，没兴趣关心这些。由于无人来管，我每天主要是和肥哥到清华园里游泳，以期练好身体以备将来的考验。那两三天总是看到原来同班的女生郭兰蕙手搭扶梯，久久伫立池边，一站几个小时，却从不下水。我当时只是感到她在班上应是属于被孤立与被伤害的，不过也并未多想。谁知后来她竟服毒自杀了！此是后话不提。

学校里死了人，是物理老师刘澍华，就是"八二六"那个晚上在附中五楼大教室暴打黑帮时，他被当作"大流氓"挨了打，想不开当晚跳进清华浴室的高烟囱里摔死的，因为是直立跳下，两条腿骨都插入了腔子，人都短了一截。此人原籍甘肃，出身贫苦，只他一人在京打拼。他这一死，家里留下寡妻幼子瞎爹，极为凄惨。此事旅美学者王友琴女士有专著详细介绍过。

再有就是高二女生郭兰蕙，就是我和肥子在游泳池边见她之后不久。她是回家路上喝了来苏水（又有说是喝了敌敌畏或福尔马林的）。后来她妈把她送到医院，附中她们班的女红卫兵头头周某听说了，带了人去跟医生说此人是右派学生，思想极其反动。医生听了惧怕红卫兵不敢抢救，她就躺在医院太平间地板上干熬。人还没死，身体已然开始溃烂，七天后才痛苦死去。她服毒死亡的过程我后来见到过不下四个版本，按照红卫兵卜大华的说法，他们做得可算是关怀备至、仁至义尽。

其他版本虽然细节处说法不一，却都是极为凄惨。总之，共同的事实是：在红卫兵当政的清华附中，在他们如日中天之际，就在他们斗争学生正狠，将要大规模打人之前，她，高二女生郭兰蕙，一位十九岁的花季女孩，服毒死了！

听此噩耗我喉头一阵发紧，又想起了两个月前那清华西湖游泳池边的一幕：那身穿泳衣久立不动，扶栏伫立凝视湖面的身影，犹如一尊不可侵犯的女神雕像。郭兰蕙啊，你竟是这样去了！

### 忆郭兰蕙君

鲁迅曾经写过《纪念刘和珍君》一文。称女性为"君"的，除了日本人，我只见过此一例。这个"君"字，我想当是含有鲁迅认为该女品德高尚，心存崇敬之意。我觉得以郭兰蕙同学的平生所为，"郭兰蕙君"这个称呼当不为过。

郭兰蕙是我高中分班后印象最深的一位女生。

刚分了班，有人指着一个女生说，这位性格有些怪异。有人说她曾晚上独自窗前静立几个小时，不知想些什么。我观此女，腰身纤细，短发齐肩，戴一副紫边眼镜，穿一件花格衬衫。倒也没甚特别，没有在意。但后来发生的两件事，却深深打动了我，令我对她刮目相看。

第一件就是附中有名的"娄熊事件"。

该事件的起因说来极其简单。分班不久，我班的娄某到食堂吃早饭，当天恰逢我班学生在食堂值日打饭，娄某见打菜的熊某菜勺子哆哆嗦嗦，心中不快，就说了两句。熊某不服，两人呛呛起来。娄伸手推搡了熊一把，其实不重。其他同学见状赶快拉开。这本是件平常小事，只因附中校规较严，早上发生的事儿，当日上午课间操时管校务的张老师就特地提出批评。本以为事情完了，岂料晚上自习课将下，各班广播小喇叭通知别走有事。接着万校长讲话，说我班的打人事件很恶劣，性质严重，要严肃处理云云。当时班上就炸了锅，七嘴八舌，说是平常小事一桩，已经批评过了，何必又要小题大做？莫不是看着熊某老子官儿大（时任驻英代办），这次想来个借题发挥，显示校方重视阶级路线？恰好纸笔都有，于是众人凑词儿，由我执笔，立刻写了张大字报，标题我记得是"这是为什么？"三十几个人签上名字，次日一早就贴在了食堂黑板上，以示抗议。岂料这下儿捅了马蜂窝，校领导闻讯如临大敌，我班下午专门停课讨论，校级领导们多人驾临观察记录，还有其他班的干部子弟也来旁听助威。辩论了两三个下午，因有领导压阵，班上干部子弟一方渐渐占了上风。平民学生们哪里见过这种阵势？纷纷被压服，到食堂大字报上涂掉了名字。我和老戴见势不妙，也赶紧默不作声，不再争辩。只有郭兰蕙君还在据理力争，却已经显得势孤力单，绝难力挽狂澜了。最后万校长作总结发言，语重心长告诫大家要谨言慎行，还专门举出反右斗争有大学生口无遮拦，被打成右派的惨痛教训，显然是在对我等平民学生施以警告。

1968年我和老戴专门就这件事把"万狗"传至四楼图画教室问过（此处称呼老万为狗像是大不敬，其实是叫习惯了，一时间难以改口。时至今日，郑、戴、刘、赵我们哥儿四个仍在以"某狗"互相戏称，却也都不以为意，这也可算是文革余毒罢）。他说起因是那天晚上，主管附中的大学领导邢家鲤闻听了此事，专门找来强调说现在（1964年秋）贯彻阶级路线形势吃紧，熊某又是高干子弟，若是把事向上一捅，上面怪罪下来怕吃不消，强令老万严肃处理此事。于是才有了老万晚自习后那个小题大做莫名其妙的讲话。这也印证了当初我等的估计不错，真的是那个狗屁阶级路线闹的。

第二天再看那贴在食堂黑板的大字报上，密密麻麻的名字俱被涂去，唯有三人名字赫然在目，就是我和老戴以及郭兰蕙君。老戴问我怎么办，涂不涂名？我想事已至此，涂了也是顽抗到最后的三人，学校若有黑名单，那上边早已记了一笔，涂又与不涂何异？况且人家女生尚且不惧，先前已经为我等撤退抵挡了一阵，现在我等先逃，留下她一个名字孤零零在那儿，岂不太不仗义？就说不要涂，放在那儿，看他们怎么办！过了几天，黑板消失了，不知是谁收走的。后来学校还真的给了娄某一个记过处分。

事儿虽过去，郭兰蕙君却留给我深刻印象。老戴和我遇事尚可互相帮衬壮胆，她一个女生，独自一人与众人辩论抗争，毫不退缩，坚持到了最后。这需要有何等的勇气与胆量？可见此女心存正义，刚直不阿，真女中豪杰也！想那时的学生，不管真的假的，哪个不是积极要求进步、靠拢组织？她鄙视这些俗人媚态，兀自特立独行，不肯同流合污而已，又何怪异之有？

第二件事，就是到了高二期末，先是化学考试，试卷发下只有半分多钟，坐在我后面的郭兰蕙君就已起身，把一张写上名字的白卷放上讲台，人却开门头也不回地走了。

等到考俄语时，她又是如此。教俄语的高清才老师问：

"怎么不答题？"

"不会。"

"会多少答多少！"

她理也不理，依旧开门去了。

成绩下来，郭君其他成绩都还可以，唯有化学和俄语两门成绩是零分，按照规定留到了下一级。我想，她绝对不是成绩不行无奈留级，因为能考进清华附中，学习就都是各学校拔尖儿的。必是看不惯班上干部子弟飞扬跋扈，又可能觉得班里俗人太多，不屑与我辈为伍，所以决意断然以"留级"方式离开此班。

傻丫头啊！就算你是愤世嫉俗，自我清高，又何必如此？全校如此，舆情使然。难道去到新班，情况就能好转？但是，我依然对她的勇气和决心深感钦佩。

我想，依照当时的环境，我等俗人，都在各自奔波忙碌，为了争取自己那小小的生存空间，稍稍改善一下自身的处境，都在尽心竭力，有的甚至是低三下四，曲意奉迎，更有不惜做出种种不堪之举者。反观郭兰蕙君，宁折不弯，拼着性命也要坚守心中保有的一方净土，视死如归，绝不改变自己一贯清高的那颗恒心。这样的刚烈女子，当今社会又能有几人？虽然不足效法，难道不该对这一奇女子心存深深的敬意吗？

有时我想，若是那几天我估计到她可能发生不测，近在咫尺，过去开导几句，或许她也不会寻此短见？但随即就打断了思路，否定了此举。一则当时男女生之间极少讲话，我不可能过去与她交流。再者就算当时劝她活了下来，以她纤弱之身躯，刚烈之性情，又如何能捱过那血肉横飞的"八二六"之劫难？到那时，受苦受辱不说，她又岂肯继续苟活？看来，此举竟是郭兰蕙君当时最好的抉择了！

于是我又想，这或许当初就是个错误？她本就不属于这个世界，世人也难懂她。只是因了某种未知原因，来到世上度劫历难，现在劫数已满，如大观园里的芙蓉仙子，重又回了本就属于她的世外天堂？

我也再不纠结。

打开电脑，搜到郭兰蕙的名字，凡提到她的死，都只是寥寥数语而已。有人说她服毒是在 8 月 20 日，是个星期六，起因说是班上红卫兵头子通知她下周一接受批斗，她想不开便寻了短见。日期我未曾核对，其实那不重要，因为众人早已将她忘却。但我却坚信她几天前在游泳池边就已抱定了必死的决心。今日这段文字，就算是我对她"为了忘却的记念"吧。

郭兰蕙君，我不愿用"一路走好"这句俗语套话敷衍你，因为你走得不好。你孤芳自赏，离群独处，如深谷幽兰，摒却一切世俗的熏染，独自耐受袭来的风雨，只为知你懂你者送出一抹淡淡的幽香。你洁身自好，不惧强暴，拼却十九岁豆蔻年华，似流星刺破这沉沉黑幕，甘为长夜前行者辟出一束隐隐的微光。

放心走吧，郭兰蕙君。这世上不值得你留恋，也别在意旁人的"品评"。你洁来洁去，去得决绝。你不曾亏欠任何人，反是这世界亏欠了你太多太多。但愿在那个彼岸世界里，没有尔虞我诈，没有恃强凌弱，没有人世间的一切虚伪、庸俗和烦恼，愿你在天堂快乐。

【编者注：上文节选自赵伯彦：《在红色风暴中挣扎求生——清华附中一个"右派学生"的自述》，刊登于《昨天》2024 年 2 月 28 日第 242 期。戴建中提供，并加了如下说明——】

已故同学赵伯彦的回忆录《我的文革生涯》（刊登于《昨天》2024 年 2 月 28 日第 242 期，编者改题目为《在红色风暴中挣扎求生——清华附中一个"右派学生"的自述》）中有对郭兰蕙的详细回忆。此中可以看出郭兰蕙好像性格孤僻，但另有其勇敢刚烈的一面。我把有

## 九、中学生

关节选和孙中才的文章一并附录在后。

关于赵伯彦回忆录中讲到的高631班"娄熊事件",我介绍一些背景情况。1964年分班不久,一天早饭时,高631班娄琦与熊刚为咸菜份量起了言语冲突,然后娄推搡了熊一把。当天全校课间操时教导主任批评了娄,同学们以为此事到此结束。但因当时北京重点学校四、六、八中干部子弟正在给中央写信,指责学校领导没有贯彻阶级路线,没有保护好干部子弟。因此,清华大学领导得知附中打架事件非常重视,要避免城里学校风波的传导。当晚附中校长发表全校广播,以极其严峻的口吻和偏袒的态度再次批评了娄琦,因为熊刚是熊向辉(当时驻古巴大使,后任外交部副部长)之子,就提高到阶级路线、阶级感情高度。这使高631班许多同学不平,写出大字报贴到学校食堂,又引起其他班同学响应,两三天之内批评学校工作的大字报贴了半个大饭厅。几日之后校方开始反击。学校党支部首先召集班上的干部子弟开"小会",秘密了解情况,商讨对策,校长、副校长、分团委书记亲临班会,以势压人,试图一举平息这次小小的"学潮","分化瓦解""各个击破"、层层开会、个别谈话、"背靠背""面对面"种种高压手段一齐上,"反对校领导"、"对党的阶级路线不满"、"犯了政治性错误"等等帽子一古脑儿压下来,除了十来个干部子弟,几乎全班同学"人人过关"。在第三次校领导参加的班会上,原本是要逼迫"负隅顽抗"的赵伯彦、戴建中等人检讨认错,不料从不在会上发言的郭兰蕙挺身而出,批评学校处理不公,不应该这样对待学生,而且郭兰蕙激辩不退,完全打乱校领导意图,无功而返、不了了之。这次"娄熊事件"是清华附中文革前出现过的最大最有影响的学生表达真实意愿的事情。其后高631班分裂为两派,文革中发展到红卫兵几乎把郑光召同学打死!直至今天互不来往、绝无"和解"!

现在看郭兰蕙为什么"抑郁"?"娄熊事件"引发对学校、对教育的失望;由文革和红卫兵看穿了当时的"革命"和社会,生而没有意义,死亦无憾!

作者赵伯彦简介:1946年12月25日出生于河北省辛集县。

1960-1966 年在北京清华附中初中、高中学习，1966-1968 年在北京清华附中遭遇文革。

1969-1971 年在陕西省延安市延川县关庄公社插队，1971-1977 年在陕西省第五建筑工程公司当工人。1978-1981 年在西安交通大学机械系学习。1981-1990 年在陕西工学院（现陕西理工大学）任教，1991-2006 年在北京联合大学机械工程学院任教。2021 年 10 月 13 日病逝。他的回忆录《我的文革生涯》真实、深刻地记录了文革中的一个片段，对于文革历史研究、对于防止文革回潮都具有现实意义。其中"忆郭兰蕙君"是他生前认为回忆录中写的最有感情最满意的一节。

## 小梨儿

### 孙中才

最轰轰烈烈的"红八月"过去半年多了，新的一年到来两个多月了，天却依然很冷，加上学校里的所有暖气都停了，我们整天都处在寒冷之中。永平、群益和我把被褥搬到了教学楼一楼西头，在这个原生物教研室里住了下来。这里已经有人住过，我们搬进来时，里面正好有两个双层的大木床。永平几乎不来，只我和群益常住。天冷了，出去串联的不少同学开始转回来了，宿舍在宿舍楼阴面房间的人开始在教学楼里找地方。教学楼里的房间大多朝阳。于是，常见有人来光顾我们的这个原生物教研室。要避免打扰也很容易，只要标明此处已有人占用，且是一个战斗小组之类就行了。群益拿来纸墨，大笔一挥，"农奴戟"，黑墨写在黄纸上，非常醒目。贴在门外，从此安宁。

这一天，早晨醒来，发现满校园被雪覆盖了，不知道昨天夜里什么时候下的。积雪不厚，薄薄一层，却把一切都盖了个严实。我从上层的床上，隔窗向外一望，天已大亮，有两行脚印从清华北门出来，穿过操场中间的横道，径直到教学楼里来了。这么冷的天，谁会这么

## 九、中学生

早就来学校呢？正在纳闷，忽然听见有人敲我们的门。群益赶忙起床，穿上衣服，去把门打开了。我还没有完全穿好，刚系好腰带。只见一个阿姨领着一个男孩子进来了。阿姨显然已是中年。那男孩，看样子比我们略小几岁。两人都已经很冷，群益立即请他们在永平的床上坐下，并从对面的厕所里打来冷水，插上电源，等水烧热，好刷牙洗脸。不知道群益从哪里找来了两个作废的大干电池，取出里面的石墨正极芯，把它们隔开距离，平行地穿过一个破肥皂盒盖的两侧，两个末端各接上一极导线，放到水里，一通电，就成了一个热水器。它成了我们屋里唯一的热气儿来源（除了我们自身和阳光以外）。

经自我介绍，我们知道了，阿姨是去年八月里自杀的那位女同学的妈妈，男孩是那位同学的弟弟。而且，经阿姨提示，我们才确认了今天是星期天。那位女同学叫郭××，死的时候19岁，她是休学一年后留下一级，插班到现在这个新班里的，与同学们不是很熟悉。据说，她不合群，总是喜欢单独行动。停课闹革命以后，她也依然如故。不知从哪里传来的，她可能出身不好，妈妈作风也不好，好像多次离婚。她妈妈现在就带着她和她弟弟过。她刚死不久，我就听说了，而且回想起，这个人我认识。

七月里的一天中午，我们一大批人在大游泳池里游泳，我们班的大部分同学都游的挺好，似乎只有我不敢随大波近前，一直在池边练习。一位不认识的女同学过来，笑我太笨，让我爬上岸去，看她给我做个示范。我便翻身上去，看她做动作。哎呀，什么示范呀，游起蛙泳，两腿和两臂都动作过大，只见用力不小，却不见明显效果，几乎没往前走。要不是穿着杂有绿色的泳衣在身，可能就更像癞蛤蟆，而不像青蛙。尽管如此，她还是可以充当我的教练的。听她妈妈一说，我稍加回忆，记起来了。她个子不矮，有些瘦，戴一副白框的眼镜，不爱说话，郁郁的，好像全身都有些憔悴。怎么自杀的呢？

阿姨向我们讲述着。自己是通县一家医院的护士长，离婚后，再婚过一次，后爸对这两个孩子实在不好，就又离了。要说作风不好，事实就是这样的。那个星期六下午，郭××回家来。星期天，我值班，上午去了医院，中午回家吃的饭。郭××说，和往常一样，她还是打算三点多钟返校。谁曾想,还不到四点钟,他弟弟忽然跑到值班室来了,告诉我说,姐姐不好了,在地上打滚,满嘴吐白沫,两个鼻孔里呛出来的满是鼻涕。我跑回家一看,是喝了敌敌畏乳液,中毒了。还好,敌敌畏的毒性要有足够的水才能尽力发挥,现在,短时间之内还不至于有生命危险。只是她体质软弱,反应稍强。从嘴里吐出来的和从鼻子里呛出来的,痰液不多,毒液不少。毒素排出来一些,有利于抢救。送进急诊室,值班的大夫不多。见中毒不是很重,又听说是自杀,所有在场的人,都有些犹豫。做了必要的处理后,就转到观察室里来了。一夜过去,病情没有很大发展,只是天亮以后,呼吸更加困难,后来竟明显的窒息了。找来大夫,发现是会厌软骨痉挛,把气管堵住了。做了气管切开手术,插入呼吸导管,人救过来了,只是眼睛还是睁不开,昏迷的更深了。

午后,从学校里来了两个女同学,冲进病房就骂。耍流氓,畏罪自杀,自绝于人民,罪该万死!一开始还有人来围观,后来一听说是红卫兵小将来造反,就都乖乖地躲开了。大夫们也赶紧溜走了。直到下午很晚了,医院估计小将们不会再来了,才正式开始抢救。但已经晚了。又坚持了一段时间,接近后半夜,便彻底断气了。

可能完全出于一个护士长的职业习惯,阿姨平静地、清清楚楚地讲述着,群益和我却都惊异了。那位弟弟却是毫无表情然而非常耐心地坐着,似乎什么都没听进去。估计他已经记不清妈妈讲过多少回了,而且,其中的主要情节他都亲眼见过。

听完阿姨的话,群益主动打问:

"阿姨,你看,我们能为您做点什么呢?"

这一问,阿姨愣了,可能也真的明白了,眼前的这两杆"农奴戟"能干什么呢?而且,就在这几个孩子面前,也难以掩饰失策后悔的表情,或许内心正在自问:自己带着儿子,今天跑到这里来,具体的到底要干什么呢?见到别的人也会如此,能起什么作用呢?话说完了,今天自己要得个什么呢?一阵尴尬之后,妈妈拉起儿子,走了。

50年后,回想起和这母子俩的第一次见面,我不禁有些不寒而栗。猜想,那娘俩很可能是一夜难以入睡,痛苦难耐。天还大黑,妈妈就带上儿子到女儿生前的学校来了，连要来干什么，和要得到点儿什么都没想过。来得太匆忙了。结果，来是茫茫，去是茫茫；阴天茫茫，雪地茫茫。若在这时想起"黄河怨"里的歌词，"生活啊，这样苦，日子啊，这样难，鬼子啊，这么没心肝！"那是很容易让人想不开、寻短见的。

天，仍然挺冷，屋子里依然不暖和，但时令进到了春天，人却更贪睡了。听到外面有声音，眯眼一看，天已见亮，可我和群益仍然一个翻身，又睡着了。再一醒来，天早大亮，却刚有人走动。啊，又是一个星期天了！那时，我们很少有人有手表，学校也不打铃了，我和群益主要靠人们走过窗下的嘈杂声来判断时辰。平日的三顿饭，星期天的两顿饭，在校的同学们必定纷纷走过我们的窗下，去食堂。

正在又要似睡非睡之际，门被敲响了。一问，是那母子俩又来了。通县，那么远，怎么这么早就到了？

"赶头班车过来，一路挺快的。"

头班车？五点半就上车了。现在应该八点半了，同学们正陆陆续续地往食堂里走去。星期天八点半开饭。这娘俩，又一次在寒风中走了三个小时了。这一次，比起上一次，目的明确多了。阿姨希望我们帮忙找几个郭××的同班同学，了解一下，自己的女儿到底是什么问题。这，应该能做到的，正值开饭，绝大多数同学都在食堂里。群益让我跑一趟。到了食堂一打听，真有一位郭××的同班同学周××，是男同学，但确实和郭××熟悉。说明来意，周××立即跟上我来了。周××告诉阿姨：

"郭××上学期刚来我们班，很少与人说话，只是到了期末，我们一起聊过几次音乐，算是熟悉吧！"

阿姨问到：

"他有什么特别的问题吗？"

"应该有的。如果没有，不会这样。但是，她在我们班里一直很老实，文革开始了，也仍然像没有这么个人一样！"

……

沉默了一会，周××接着说道：

"她的问题不在学校里,可能是在社会上。在学校里,我们确实看不到她有什么过分的。"

听了周××的话,我和群益都依然感到心情不爽,但阿姨却比上次轻松了不少。

周××告辞了,阿姨和弟弟仍然坐着,并和我们聊了起来:

"人已经死了,自杀本身就是大错。这个我明白,可她弟弟最近进了中学,突然就这么不爱说话了。邻居和他的小同学们不了解情况,议论纷纷也是正常的。可是,可别再把这个孩子毁了呀!"

阿姨和弟弟走了,群益和我赶紧刷牙洗脸,然后跑去吃饭。我们跑出教学楼西小门时,看见那母子俩正从教学楼正门的门厅里出来。弟弟隔着松墙向我们挥手。迎着阳光,他那右半边脸上的青灰色胎记格外明显。

到了第三个星期天了。这天,我们起得不晚,刷牙洗脸以后,去吃饭。等我们从食堂里出来往回走时,才见大波同学迎面涌来。在楼道里一拐弯,就看见那娘俩已经等候在我们的门口了。这次更简单,阿姨请我们给她写个文字的东西,能说明郭××在学校里没发现问题、不是畏罪自杀就行。我们有些为难了,我们这杆"农奴戟"算个啥组织呀,我们写的东西有人看吗?阿姨说,只要是你们学校的小将说的,我们医院会相信的。简单了不要紧,哪怕只有几句话,能说得确切就行。最好盖个公章,有红印,更管用。群益跑去西小院,拿回两张公文纸,拿起钢笔很快就写好了一张,递给我看。很简单的两句话,具体的,我现在实在记不起来了,主要意思是,郭××在学校里未发现有任何问题,应不属于畏罪自杀。还给群益,群益又看了几眼,才递给阿姨。阿姨看后,十分高兴,好,好。你这字可是不一般的好啊!我告诉阿姨,他的画比字更好。阿姨刚想收起那张纸,突然又说道,能找个公章盖上吗?群益拿起那张纸,又跑了一趟西小院,盖上了一个"清华×中××××红卫兵"红印。

阿姨高兴地将那纸收好,却无辞意,仍旧坐着,对着我们又讲述起来,也很像似喃喃自语:

"不是畏罪自杀就好。尸检报告上写得清清楚楚,'处女膜完整',会有什么大问题?她休学在家时,一天也不出屋。开学了,按时回家,按时返校,路上要走两三个小时。在社会上有问题?她哪有那么多时间去接触社会呀!"

……

那时,我们都还小,我还不能确切地知道"处女膜完整"是什么意义,只觉得那一定是和滔天大罪有关的。之后,我也没有问过群益,估计他也不懂。

"这回好了,有了学校方面来的证明,我能说得更清楚了!"

阿姨高兴了,弟弟那从来都一直紧闭的双唇,也有了几丝轻松。我们都为这娘俩高兴!

人高兴了,话题也就自然地往高兴的方向上转了。

阿姨回忆起,那天,那两个女同学来观察室大骂,骂到声音最高时,郭××突然呼吸急促,导管里痰液出声。骂人的急忙讯问守在一旁的妈妈,她能听得清么?阿姨回答,她的大脑应该还完全健全,听力也没问题,能听清的。听罢,两个骂人的突然跑出屋去了。

"当时,可把我吓坏了。很担心她们要是在外面找到棍棒之类,再转回来,可怎么办?"

阿姨高兴地告诉我们,她们再没有回来,而且,从此再也没有露面。郭××走的还算安静!

阿姨叹了一口气,继续说道:

"哎,这孩子,也真是的,没什么问题,为什么偏要走这条路呀!头天晚上,他和弟弟一起吃小梨儿,还多高兴呀,还多活泼呀!"

阿姨竟然沉浸在甜蜜的回忆里了!

我们也都记起来了,去年秋天,北京的京白梨大丰收,马路边上常见席子上堆起一大堆小梨在卖。一块钱三斤,很便宜,当然,不是很甜。

"在下班的路上,我买了三斤,拿回家,这姐弟俩吃得那个高兴,那个快乐。都是不小的人了,可看上去还都那么小,还都没长大!……小梨儿,小梨儿。"

顺着阿姨的话,我的眼前似乎也出现了一堆小白梨,一个个浑圆、晶亮。

小梨儿，小梨儿！

整整50年过去了，又一次想起这件事儿，我突然觉得，那"不属畏罪自杀"是符合事实的，但若咬文嚼字，却意义不妥。这位女同学"自杀身亡"是事实，而且真的是"畏惧"。到了该回学校的时候，却吓得不敢上路，宁肯喝下毒药，也不敢回去上学，能不是"畏"吗？真是惧怕得要死了。怕什么？怕罪恶，一个19岁的姑娘，生命遭遇了罪恶。遭罪了，害怕了。那罪恶，不外乎两个：一个是自己对别人作了孽，犯下了罪孽；另一个是别人对她欺压作恶，犯下了罪恶。她没做过孽，是别人对她犯了罪。她深感忍受不了，先死了。生命被罪恶吞噬了。

仔细想来，"畏罪自杀"才是贴切的，只是，不是害怕自己的罪孽已经败露才自杀，而是恐惧别人的罪恶铺天盖地才寻死。

谁都知道，这样解释"畏罪自杀"，实在有悖于我们的文化传统，不合用的。而那"不属畏罪自杀"，在我心里也不合用的。

合用的，我想，或许应该是：小梨儿。

阿姨向我们吐露出愉快的记忆，而我们，却无论如何也不能随上阿姨的愉快而愉快。我们让一个生命的"被吞噬"给压住了。一块钱三斤的小梨儿，能有多少甜蜜？却给一个家庭的最后一个完整，留下了永恒的愉快。令人心里升起一股奇异的谢忱！

小梨儿啊，小梨儿！

2017.03.10 于北京家中

【编者注：上文作者孙中才当年是郭兰蕙的同班同学。戴建中提供。】

# 范崇勇(？—1968)

孙怒涛　编辑

范崇勇，男，清华中等技校学生。1968年7月28日凌晨，团派总部决定全体人员携带武器撤离清华。范崇勇、范仲玉等部分人员乘车撤离去200号试验化工厂，车上有人为防外人截车将手榴弹拉环拉出。途中，因翻车引爆手榴弹，被炸死。

范崇勇(？—1968)

鲍长康校友（化9）的回忆：

28日凌晨4时左右乘车撤往昌平县清华200号原子基地的"井冈山"数十人，行至沙河附近时，因司机数日未眠，驾车睡着，汽车翻入路旁稻田。车上李康群为防备外人截车，带了三颗手榴弹，都开了盖。车翻时，手榴弹被引爆，炸死2人，伤5人。

【上述文字摘自鲍长康等编辑：《钟声在这一天敲响》，华忆出版社，2023年，第154页。】

# 十、清华工人

王　章
佟英亮
段洪水
范仲玉
于贵麟
邢孝若
韩启明

十、清华工人

# 王章（1933—1966）

孙怒涛　编辑

王章，男，1933年出生。清华大学行政生活处第三饭厅炊事员。1966年8月24日"二校门"被毁后，被"清华大学红卫兵"关押在清华生物系馆内，9月25日上吊身亡。殁年33岁。

王章（1933—1966）

## 忍看长辈成新鬼

张比（物9）

1968年12月我离开清华园的时候，正值工人解放军毛泽东思想宣传队进驻清华，开展"清理阶级队伍"之时。回想自1966年6月开始的两年半来的所见所闻，特别是近几个月来的经历，鲁迅的两句诗不禁冒了出来，那就是"忍看朋辈成新鬼，怒向刀丛觅小诗"。我不敢怒，也觅不出诗句。只是把第一句篡改了一个字，成了"忍看长辈成新鬼"。这是因为两年半来，我看到了太多的长辈惨死，成为史无前例的运动中的冤魂。

今天，我把我了解的55年前的一些事情写下来，作为"文革小故事"的点滴，献给那些长辈，也留给后辈们。

## 工人叔叔王章

我是在小学四年级时认识王章叔叔的。那时我10岁，他22岁。

那是一个冬天，贪玩的我和另一个男孩到大操场玩，快中午了，天气很冷，我们就说到附近的三院去暖和暖和吧。三院一进门有一个工人休息室，一位工人叔叔见我们冻得直打哆嗦，就把我们拉了进去。屋里面炉火正旺，叔叔给我们一人倒了一碗开水，让我们在炉边烤火。

三院

叔叔很年轻，略黑的脸上带着和蔼的笑容。他自我介绍说叫王章，是这里的工人，负责打扫卫生和管理炉火。炉子上烤着的窝头片发出诱人的香气，他给了我们一人一片。肚子饿了，我们就大口吃了起来。看到这位叔叔这样和气，我们就央求他给我们讲个故事。没想到王叔叔看过不少书，肚子里的故事很多。他就讲了一段西游记里的孙悟空大战金角大王银角大王的故事。

讲完故事，王章说他还要干活，让我们以后来玩。我们就回家了。

以后，每到星期天，我会经常去三院找他，听他讲故事。

直到后来我上中学住校，就很少去了。8年以后，我考上了清华，又看到王章，他说他早不在三院了，在食堂当炊事员了。那时，他也不过30岁。

十、清华工人

1966 年 6 月，工作组期间，我被打成了"蒯派"，后来听说，王章也挨了工作组和保工作组的人的整。

工作组离校后的 9 月份，又听说王章自杀了，死时才 33 岁。我不知道他为什么挨整，也不知道为什么工作组都走了，他还要自杀。有人说工作组期间和工作组走后他被关押过，在压力下一时想不开，就走上了绝路。我一想，我在当"蒯派"的时候虽然没有想自杀，但也压力很大，吃不下饭，睡不好觉。我们物九有一位同学卧轨自杀致残，另一位一次触电一次跳楼自杀未遂。在强大的政治高压下，没有多少社会阅历的年轻人，被什么阶级的"铁拳"打得无处可逃，终于心理崩溃，就是不可避免的了。

这么多年过去了。我眼前还有时掠过王章那微黑的带着笑容的脸，耳边响起他讲孙悟空故事的声音。

三院是清华校园内最早兴建的建筑物之一，于清华建校不久的 1912 年建成。1926 年冬，中共北京市委负责人陈为人召集清华园内的第一批地下党员——图书馆职员王达成、留美预备部学生雷从敏、大学部学生朱莽等 3 人，在三院的一个房间内秘密开会。会上，王达成、雷从敏、朱莽组成清华的第一个地下党支部，王达成任书记。三院成为清华第一个中共支部的诞生地。

现在的三院已经不在了，原中共中央政治局常委宋平写下的"三院遗址"题词，保存在清华档案馆里。

人们可能只知道这里诞生过清华第一个党支部，不会知道在这里工作过一位被迫自杀的工人王章。

这样一个善良无辜的年轻工人的生命，在工作组和"革命派"的眼里，竟然不如蝼蚁。今天的清华园里，早没有人记得王章的姓名，他的灵魂安放在哪里？

我在这里写下他的姓名和关于他的事情，祈祷他的灵魂早日安息。

2024 年 1 月 25 日

# 佟英亮（1908—1967）

孙怒涛　编辑

佟英亮，男，1908年生。清华大学精密仪器系门卫。1967年1月9日在北京林业科学院附近上吊身亡。殁年59岁。

佟英亮（1908—1967）

十、清华工人

## 段洪水（1949—1968）

孙怒涛　编辑

段洪水，男，1949年出生，北京人，家住北京西城区甘石桥胡同。父亲为自来水公司职工，母亲是家庭妇女，还有两个妹妹。1962年入学北京海淀区花园村中学，1965年初中毕业后，到清华大学修缮科工作。1968年5月30日在武斗中死亡，殁年19岁。

段洪水（1949—1968）
（1965年，初中毕业。崔平提供）

【上述介绍由段洪水的初中同学及好友崔平提供。】

"四派"在浴室的二楼楼梯焊了一道坚固的铁门，很难从浴室的一楼冲向二楼。清晨，"团派"登上了与浴室相邻的九饭厅平房顶，准备从这里搭梯子攻上浴室的楼顶。"四派"立即到屋顶迎敌，砖头、石块如雨泼下，清华大学修缮科工人段洪水在攀登梯子时，被守楼的"四派"长矛刺中，从梯子摔下，当场死亡。

【上述文字摘自鲍长康等编辑：《钟声在这一天敲响》，华忆出版社，2023年，第17页。】

在强攻浴室中，老团红鹰战团修缮科工人段洪水当场身亡。无线电系无801班张天海（原名张添海）同学在清华校友网上写道：

浴室之战我在场，……段洪水在浴室北面，爬梯子上去，但梯子不够长，在老四的乱刺之中，很艰难地边自卫、边爬上了边缘，与上面的几个老四长矛对刺。不支，被刺倒在楼顶的边缘上，不能动弹；接着一个老四又用长矛使劲一刺，段因此滚落，坠落地上。应该是被刺中又加上坠落而亡。现场非常惨烈，令人热血沸腾。

【上述文字摘自唐金鹤：《倒下的英才》，科华图书出版公司，2015年，第三版，第178页。】

## 文革受难者——段洪水

以下为王友琴《文革受难者》一书中的有关记述：

段洪水，男，19岁，清华大学修建队工人，在清华大学两派武斗中，于1968年5月30日被长矛刺中后摔下梯子致死。

## 范仲玉（ ？—1968）

孙怒涛　编辑

范仲玉，男，清华大学修建队工人。1968年7月28日凌晨，团派总部决定全体人员携带武器撤离清华。范仲玉、范崇勇等部分人员乘车撤离去200号试验化工厂，车上有人为防外人截车将手榴弹拉环拉出。途中，因翻车引爆手榴弹，被炸死。

鲍长康校友（化9）的回忆：

28日凌晨4时左右，乘车撤往昌平县清华200号原子基地的"井冈山"数十人，行至沙河附近时，因司机数日未眠，驾车睡着，汽车翻入路旁稻田。车上李康群为防备外人截车，带了三颗手榴弹，都开了盖。车翻时，手榴弹被引爆，炸死2人，伤5人。

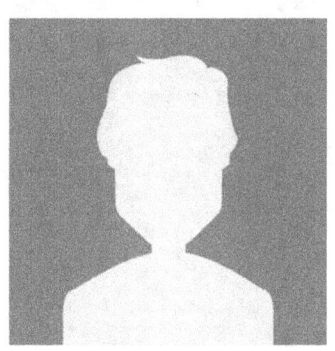

范仲玉（ ？—1968）

【上述文字摘自鲍长康等编辑：《钟声在这一天敲响》，华忆出版社，2023年，第154页。】

# 于贵麟（1928—1968）

孙怒涛　编辑

于贵麟，男，1928 年生。清华大学自动控制系工人。1968 年 11 月 28 日在陶然亭公园南豁口投河自杀。殁年 40 岁。

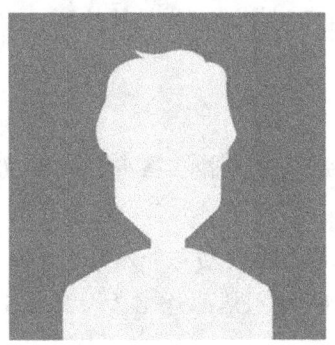

于贵麟（1928—1968）

# 邢孝若（1907—1969）

孙怒涛　编辑

邢孝若，女，1907年生。清华大学图书馆在编临时工（采编）。1969年12月29日在清华16公寓跳楼重伤，1970年5月19日死亡。殁年62岁。

邢孝若（1907—1969）

# 韩启明（1923—1971）

孙怒涛　编辑

韩启明，男，1923年生。原清华大学汽车队司机，团派总部委员，清华"工总司"负责人之一。后调原籍河南杞县医院，清查"五一六"时调回清华重审。1971年7月18日在清华校外大石桥处割断大动脉血管自杀。殁年48岁。

韩启明（1923—1971）

# 十一、校外人员

罗征敷
韩忠现
李文元
王松林
潘志鸿
张旭涛
郭佑妹

# 罗征敷（1940—1968）

孙怒涛　编辑

罗征敷，男，1940年出生。北京第一机床厂的工人。团派在炮制"罗文李饶反革命集团"冤案的过程中，抓捕了"主犯"罗征启。1968年3月27日，罗征启从三堡逃跑脱险。4月3日晚，由专案组负责人孙毓星（孙耘）带队一行9人到罗征启父母家查抄罗征启的照片用以制作通缉令。守候在院子外面的王庆章等人看到一个急速跑出的身影，驱车抓住一看，正是罗征启的弟弟罗征敷。王庆章把他的双手捆绑起来，把一团棉纱强塞到他的嘴里，套上头套[1]，对他殴打脚踩，然后把他扔在嘎斯吉普车车厢的中间地板上。孙毓星同意将他带回学校审问，以搞到罗征启的最新消息。开车后，孙毓星已看到罗征敷的嘴唇与脸面都呈青紫色，但未能立即停车抢救。回到清华后，罗征敷已经窒息身亡，二根肋骨骨折。殁年28岁。

---

[1] 孙毓星多次声称他们没有给罗征敷套麻袋。罗征启在《清华文革亲历记》一书中写道："罗征敷因反抗遭殴打，并被用麻袋套住头"，唐金鹤在《1968年初制造"罗文李饶反革命集团"》一文中写道："再用麻袋把罗征敷套上"；何浩在《我的所见所闻》一文中也写道："头上还套了个麻袋似的东西"。孙毓星是现场目击者，他的话当然应当重视。但罗征启、唐金鹤、何浩的信息来自一直与北京市公安局交涉的何浩父亲（罗征启、罗征敷的姐夫），来自公安局，他们的说法更具权威性。我发现，团派给被抓的人套上头套蒙住双眼，不让受害者看到、记住沿途的景物和施害人，这是惯例。如：绑架林贤光时，"用一个黑书包扣在我的头上"（林贤光：《我与红教联》，见孙怒涛：《历史拒绝遗忘》，中国文化传播出版社，2015年第一版，316页）；绑架罗征启时，"一个人用块布蒙住我的眼睛"（罗征启：《清华文革亲历记》，华忆出版社，2022年第一版，69页；绑架陈楚三时，"他们很熟练地用一块黑布蒙住我的双眼"（胡鹏池、陈楚三、周宏余：《从生物馆到200号》，时代文化出版社，2021年，135页）；和统领绑架时，"他们先把我的白衬衫脱了，用它把我的双眼蒙住，用拳头打我的腹部。"（胡鹏池、陈楚三、周宏余：《从生物馆到200号》，时代文化出版社，2021年，165页）；刘冰被绑架后把他转移到200号时，"那些人把我们三人用黑布条紧紧缠住眼睛"（刘冰：《风雨岁月》，清华大学出版社，1998年第一版，133页）；谢引麟、黄安妮被绑架时，"他们一伙人七手八脚地就把我和黄安妮捆上手，蒙上眼，然后，用一床被子一卷，就把我们扛走了。"（谢引麟：《一九六八年，我在"魔窟"94天》，见胡鹏池、陈楚三、周宏余：《从生物馆到200号》，时代文化出版社，2021年，359页）。这次抓捕罗征敷的行动中，王庆章等人没有理由不给罗征敷蒙眼。所以我基本采信罗征启、唐金鹤、何浩的说法。考虑到孙毓星否认用了麻袋，我的判断是：团派在抓罗征敷后，给他套上了一个头套，但不一定是麻袋。头套可以是布袋、衣服、布条等物件，也可以是麻袋，随身带了什么或现场拿到什么就是什么，只要能蒙住双眼就行。

十一、校外人员

罗征敷（1940—1968）
（罗迪威提供）

## 清华文革亲历记（摘录）

罗征启（1951级营建学系）

4月5日上午，我听到两派的广播台所播内容有些不对劲。团派的广播，一个劲地骂罗征启，并且一连说了几个"死"字：死不悔改、死不认罪、死有余辜等等。而414的广播，则一再声明，要贯彻中央关于要文斗不要武斗的指示，武斗伤人要依法处理。听得我心惊肉跳，我感到一定出事了，因为父亲在他们手里。不会是父亲出事了吧？我心急如焚！

陪我住的几个学生吃过早饭都到"密室"来，他们都感到出事了，也估计最大的可能是我的父亲。他们一方面陪着我，另一方面派两个人去打探一下确切的消息。

十点半左右，打探消息的学生回来了。几乎同时，414广播台播出了414总部的声明：老团于4月3日晚抓了罗征启的胞弟罗征敷，在回学校的路上，罗征敷因反抗遭殴打，并被用麻袋套住头，造成室息身亡。对此，414严正声明这是犯罪行为，要求政府严肃法办杀人凶手等等。

接着，汲鹏、宿长忠又来安慰我，我一直无言相对。

我的内心被痛苦、自责、压抑、愤怒交替撕扯着，我说不出话。我只能问法利亚长老："这难道也算是'磨炼'吗？为什么不发生在我的身上，而要我的父亲、弟弟和朋友替我受罪？我真是后悔，我不该从三堡逃跑，我……"

我记得在《基度山恩仇记》里，当爱德蒙·邓蒂斯知道他的老父亲（老邓蒂斯）因他被陷害入狱而无依无靠，活活饿死时，他非常伤心、悲痛。他当时的心情，我现在感同身受，完全可以理解了。

记得我上小学时，我的铜墨盒上镌刻着父亲亲手写的孟子的一段话："身体发肤，受之父母，不敢毁伤，孝之始也。"我1951年上清华时，父亲又给我一个铜墨盒，上面镌刻着另一段孟子的话："立身行道，扬名于后世，以显父母，孝之终也。"如今，虽然我知道，这孝道之"始"和"终"，都有更深刻的内涵，但是，我实在无颜面对先贤的这两句经典的话。我自己的发肤没有毁伤，却伤害了父母和兄弟，这算什么"孝之始"呢！更不用说"孝之终"了。

弟弟去世以后，据说中央有位领导发话了，说必须依法处理，杀人要偿命。于是团派总部委员孙耘等人就出面自首，承担责任，并且很快放了我父亲和林维南（我直到几个月以后才见到他们）。团派的大字报铺天盖地，广播台也不断叫骂，主要目标是"反革命分子罗征启"。接着又在4月15日左右抛出了一个"罗文李饶反革命集团"，似乎这个"集团"能定性，孙耘等人就可以无罪释放了。

两派的矛盾，如果只是思想观点上的争论，那倒也罢了。而今提高到革命与反革命的高度，伤残致命，甚至殃及亲属，我真无法想象将来何时、由谁、用什么办法来收场！

此后有很长一段时间，我在我父母、亲友面前，尽可能回避这一话题，我不敢面对。

我从三堡逃跑以后，"团派"专案组就急了。孙耘等人到我家把我父亲抓走，把我爱人的同班同学林维南抓走了。林维南的爱人刚生孩子吓坏了。他母亲刚从印尼躲避反华浪潮回到祖国，她只会讲印尼话和客家话，不会讲普通话，无法和专案组交谈。她阻挡专案组抓自己的儿子，专案组一脚把老人踢倒，摔伤了。过几天就死了。从林维南和我父亲那里问不出我在哪里，他们又到我家。我弟弟（罗征敷，第一机床工人）正在家里写控告信，控告他们抓人。专案组就把他也抓走了。我弟弟拼命挣扎，他们把他扔到吉普车上。几个人用脚踩，还抓了一把擦车的棉丝塞到他嘴里，再用麻袋套上。拉到清华甲所（"团派"总部）打开一看，人已经死了。他们就把尸体送到北医三院太平间，说：这是反革命分子，被群众打死了。北医三院将死人事件报告了公安局。414 的群众也嚷嚷：说"团派"抓了三人，出了两条人命。"团派"的孙耘和另一个姓王的同学只好到北京公安局自首，承担责任。当时人多手杂，七手八脚，到底是谁打死的，也不好确定。就把孙耘当首犯，送到海拉尔关押，从 1968 年一直到 1979 年。

【编者注：罗征敷是罗征启的胞弟。上文摘自罗征启：《清华文革亲历记》，华忆出版社，2022 年，112、428 页】

## 我的所见所闻——"文革"期间家里经历的事情

何 浩

罗征启的大姐罗征敬，大姐夫何梓华（2018 年去世）是我的父母。罗征启的二姐罗征敏（2014 年去世）是与他联系最密切的姐姐；罗征启在家里排行是老三，所以，我通常叫他三舅。罗征启后面还有一个妹妹和两个弟弟。大弟弟罗征敷（"文革"期间去世），排行老七，我称他七舅；小弟弟罗征叙（我称小舅）患有先天智障，也于 2011 年病逝。

我于 1960 年出生。由于母亲下放，我一岁多还走不好路时就被送进了幼儿园。每到周末，经常是外公把我接回家。那时候我基本上每周末都在外公和外婆家生活。1967 年我年满 7 岁，到了上学的年龄，被"赶"出了幼儿园。当时正值"文革"，小学停止招生，直到

1968年实行了"复课闹革命"后才入学。在此期间，我基本上住在外公外婆家。

当时外公外婆家住在北京站附近的铃铛胡同17号，一个小四合院里。四合院有11间房（后落实政策时才明确），七舅和小舅也都住在那里。"文革"开始时，红卫兵抄了外公外婆的家，说我外公成分不好，是"资本家"，又说是"汉奸"。这次抄家把家里几十年积累下来的重要东西全部抄走了，只剩下了几件旧家具。随后不久，外公外婆就被轰出四合院，被强制安置在附近的南裱褙胡同15号，一个住了十几户的大杂院里。院子对面是老农业部大楼，与院子一墙之隔的是一所幼儿园。罗迪威（罗征启的女儿）小时曾上过这所幼儿园。

外公外婆被安置在院子南侧的两间平房里，直到1987年落实政策后才搬离那里，前后在那生活了20多年。两间平房坐南朝北，屋里南墙没有窗户，终日见不到阳光。那时，外公外婆居住里面一间，七舅和小舅居住在外屋。我从幼儿园回来后就和外公外婆一起住。记得一到冬天房间很冷，家里靠生蜂窝煤炉子取暖。上厕所更不方便，院里一进大门不远处有个"茅房"（旱厕），男女共用。

据母亲介绍，七舅罗征敷出生于1940年。我印象中，七舅是一个十分老实人，平时不大讲话。他个子不高，浓眉大眼，身材显得比较魁梧。据长辈说，七舅在1959年响应号召，去黑龙江的北大荒参加建设，直到1964年才回到北京。当时的北京第一机床厂在建国门外，距离北京站不太远。回京后，七舅就被分配到北京第一机床厂当工人，上下班离家较近。

据罗征启（三舅）回忆，"文革"期间的1968年年初，"团派"在清华召开对罗征启等人的批斗大会。那时候开批斗大会"犯人"是要被押上台上的，之前挨打受骂不说，上台时脖子上还要挂上"地富反坏右"的牌子，有的还要双臂向后撅着做"土飞机"样子，时间长了谁也受不了。罗征启闻讯要批斗他后立即逃离了清华。

那时候"团派"人到处都找不到罗征启（三舅），因为当时三舅已被我爸爸秘密藏在了张自忠路3号（铁一号）人民大学校园里。那里有一间人大新闻系的摄影暗房，我印象中是在红二楼丙组一层里的一个房间，三舅就被藏在那里。每天父亲偷偷地给他送饭，生怕让别人看到，引起怀疑。父亲只能利用送饭的机会告诉他外面发生的事情。三舅也只能通过父亲了解他爱人梁鸿文和女儿罗迪威的情况。

没有罗征启的下落，怎么找到他呢？1968年1月29日，那天正是阴历的大年三十，是举家团圆的日子。我们一家、二姨、七舅和小舅都等着三舅一家回来与外公外婆一起过除夕之夜。以往的家庭聚会三舅一家永远是最后一拨到。除夕那天，三舅和舅妈早早从幼儿园里接了女儿罗迪威，带着孩子到日坛公园玩。那里是他们带孩子经常去的地方，后来变成了"接头"的地点。傍晚时候三舅一家回到家里，家人相聚大家都非常高兴。

"团派"人深知，利用过年家庭团圆的时机到外公外婆家或许是抓住罗征启的最好机会。傍晚，天逐渐黑下来。忽然，我感到院子里一片躁动，外婆当时在院子里，好心的邻居赵叔叔（他是上海人，老婆是宁波人）和外婆用上海话说赶紧让三舅到他家躲一躲。正说着几个不认识的人冲进房间，外婆也跟着进来。他们和外婆外公嘀咕了什么，说是查户口的。当时家里人都慌了，乱作一团，那几个人见到三舅拉着他往大门外走，三舅只得把哭闹的罗迪威交给舅妈抱着。紧接着外婆、父亲、母亲、二姨等家里人也跟了出去。我看爸爸出去了，我也跑了出去，一直追到大门口。这时候我看见院子里已经围了很多人观望。大门口外只见有大约4~5个人围着三舅说些什么，然后就把他押上了车。回来外婆哭个不停，老两口预感到三舅这一走恐怕是凶多吉少！外公外婆一直唠叨着什么时候才能见到儿子呀！

说实话，在那个信息不发达的时代，一旦找不到人，就别想得到一点消息。父亲、二姨不停地安慰外公外婆。父亲说他想想办法，通过别的方式和渠道去打听三舅的下落。

据父母和三舅后来的回忆，三舅被押送回清华后遭到审讯，受到虐待。之后又被押送到昌平三堡继续审讯。后来从三堡跳楼逃跑。

三舅从三堡跑了以后，一路辗转回到了城里。在德胜门附近，他用公用电话通知外公，告诉家里他是逃出来的，暂且平安。这部分内容详见罗征启的《清华文革亲历记》（以下简称"回忆录"）。

据父亲回忆，三舅在德胜门也给我爸爸打了电话。之后，他到人大宿舍（张自忠路3号，铁一号）找到我父亲。由于当时家里有人，说话不方便，于是，父亲就和三舅商定晚上到日坛公园见面，商讨下一步方案。为了保证三舅的安全，尽可能让他少接触人。三舅离开前，父亲对他说，暂且不要到铁一号来，担心这里会走漏风声。说完三舅就去日坛公园了。

本来父亲是想把三舅藏在二姨家，可当时二姨尚未结婚，与人合住在一起不方便，也怕不安全，于是父亲就想到了他的大学同学郁正汶叔叔。接着，父亲就赶紧联系了郁叔叔。郁叔叔和父亲既是同学，又是好友。"文革"期间他经常去外公外婆家，父亲、母亲、二姨等人，还有大院里一个戴黑框眼镜的，比父亲年轻一点的张叔叔（我的印象中，他是个有点背景的人，能够了解很多上层的消息），他们常常在这里讨论当前政治，分析形势。那时，外公外婆居住的东城区南裱褙胡同15号房子几乎成了他们每周聚会的地点。

三舅从三堡逃离出来后仍面临着人身安全的问题。怎么安顿是父亲想的首要问题。据我父亲回忆，父亲和郁叔叔商定，先把三舅安排在郁叔叔的小舅子李叔叔那里。那时，李叔叔住在北京三里屯附近（罗征启回忆录中有误，不是"三里河"），与郁叔叔家很近（我小时候曾经去过郁叔叔家）。晚上，父亲在日坛公园与三舅见了面，告诉他做出的安排后，郁叔叔带着父亲和三舅去了李叔叔家。三舅被秘密安排在李叔叔那里藏住了近一个月，之后被"四一四"人接回清华。

三舅在藏住期间，父亲问三舅说，住在这里不是长久之计，以后该怎么办呢？三舅表示他要回清华，当时父亲不希望他回去，因为"团派"和"四一四派"两派对立，他又是从三堡逃出来的，回去显然是自投罗网。而三舅却认为，"最危险的地方也可能是最安全的地方"。既然如此，父亲就先让郁叔叔前去打听清华校内的情况，嘱咐他联系清华"四一四派"那边的人。同时，父亲也让陈天敏叔叔（原人大新闻系的老师，父亲的同事，关系很好，后调到广东暨南大学）去清华打听情况，联系"四一四"。陈叔叔在三舅最困难的时候帮了很多忙。陈叔叔帮助联系清华"四一四"的这个情况，在罗征启的回忆录中没有提及。

三舅逃出三堡后又被"四一四"接回清华的过程，在罗征启的回忆录和他人的回忆录中写得比较详细，在此不做赘述。

据当时"团派"头目孙耘（孙毓星）后来的回忆（来自于网络，孙自写的信件），1968年3月27日罗征启逃离三堡，"团派"发现罗征启跑了以后气急败坏，到处张贴罗征启的通缉令。我记得我小时候有一天爸爸带我一起外出，看到张自忠路3号（铁一号）大院门口的外墙上贴着罗征启通缉令，上面还有他的照片。父亲拉着我停下脚步看了看通缉令的内容。我下意识地用眼睛望着父亲，他使劲拽了一下我的手低声对我说："别说话"！说完拉着我就走。走到一个没人的地方，父亲说那是通缉你三舅的，要抓你三舅，并嘱咐我谁问你都说不知道！

"团派"人认为罗征启跑了以后不会回清华，他一定会去他的父母家。于是，4月3日孙耘带着一帮人晚上来到南裤褙胡同15号，我的外公外婆家。晚上外公、外婆、七舅、小舅和我正准备吃晚饭，我看着小舅正在生七舅的气，嘴里嘟嘟囔囔的，不知道因为什么两人闹的不高兴。当时七舅在院子里。就在这个时候，听见院子里一片嘈杂声，听着脚步声离家越来越近，几个人冲进家门，喊着：罗征启呢，罗征启呢！他们边喊边搜查。外婆见状吓了一跳，心慌意乱，不知出了什么事儿。上次三舅被带走后一直没有他的下落，外婆慌忙问：阿启怎么了，阿启怎么了？那些人问：罗征启有没有回来？外婆说：不是让你们带走了吗？接着那几个人看屋里没有就退了出来。

七舅虽然年轻，但毕竟也是经历了"文革"政治运动，见证了抄家，上次抓三舅的事情。七舅一看就知道清华的人又来抓三舅了。大杂院里邻居们都跑了出来围观。他从人群里出来迅速往院外走，想赶紧躲起来。"团派"一群人一看七舅往外走，连忙喝声：站住！七舅一听心慌，加快了脚步。外公、外婆也跟着追出来，嘴里不停地喊：弟弟，弟弟（家里人称呼七舅为"弟弟"）！后来听说七舅被门外守候的"团派"人抓住了。

据父亲回忆，七舅被抓上车后他不停地挣扎着、反抗着，嘴里大声呼唤。"团派"那些人用沾满油污的棉纱堵住他的嘴，直至塞到他的喉咙里。头上还套了个麻袋似的东西，用脚踩在他的身上不许他动弹。车一路开到清华后，那些人打开一看，七舅已经闷死了，憋死了！

在抓捕七舅的过程中，那些人对他拳打脚踢，对其进行非人的虐待。七舅去世时年仅 28 岁。一个年轻鲜活的生命就这样被断送了！

关于七舅被抓而死的具体情况主要是听我父亲回忆说的。之前，我父亲曾几次和我谈及七舅的死亡过程，几次描述的情况都基本相同。上面关于七舅去世过程的记述基本上是根据我父亲最后一次的回忆录音（2018 年）而写的。

那时候"团派"人大概是想从七舅口中打听罗征启的下落。七舅死了没有抓到活口，过了几天，他们又把外公抓到清华，边打边问，要外公说出罗征启在什么地方。其实，父亲为了不让外公外婆担心，也为了三舅的安全，三舅藏身之地家里只有三个人知道：父亲、母亲和二姨，家里二位老人根本不知道三舅的下落。那些人看外公确实提供不了什么信息，三天后就把外公放了回来。见外公鼻青脸肿，满脸是伤，一瘸一拐地回来，外婆边哭边问情况。外公气愤地说：在里面那些人对我又打又踹，不仅不给吃的，还罚站，一站就是一天。我从来没受过这样的罪呀！

据父亲回忆，七舅死了以后，"四一四"和"团派"都要抢七舅的尸体，都说对方是凶手，抢着要化验尸体，都想把责任推给对方。"四一四"指责是"团派"害死了罗征敷；而"团派"说是罗征敷本身就有病，想证明不是他们害死的。

父亲说，这件事后来被北京市公安局立了案。最终七舅尸体被送到公安局，经法医鉴定为窒息而死。之后，市公安局通知我们家属，从大局出发，在没弄清情况之前先不要处理尸体。结果就将罗征敷的尸体暂时存放在北京第六医院的太平间。

一个多月后，家属得到通知可以对罗征敷尸体进行火化。那天，父亲、母亲、二姨和表姨婆（母亲称呼她"彩姨"）都去了。为了不让外公外婆两位老人伤心，火化的事情没有告诉他们二老。父亲说，火化当天，他和二姨到北京第一机床厂借了个大卡车，几人把罗征敷的尸体抬上车，从北京第六医院一路护送到八宝山火葬场进行火化。

七舅去世后，父亲、母亲和二姨一起去北京第一机床厂谈七舅的后事问题。厂里工作人员问母亲（代表家属）家属有什么要求，当时母亲悲痛欲绝，泣不成声，言不能表。父亲马上说：第一，要查清凶手是谁，把凶手绳之以法，以命偿命；第二，罗征敷的后事请第一机床厂协助家属办理。除了家属配合调查外，也希望单位出面协助公安机关调查；第三，罗征敷去世后，他还有个小弟弟罗征叙（智障）在念中学，希望厂里将来能够给他安排个工作；第四，事情查清楚后，将来抚恤金的事情还需要厂里协助办理。

七舅去世的消息过了很长一段时间才告诉外公外婆。他们听了后真是悲痛欲绝！因为他们承受不了几年之内失去两个儿子的打击（1964年四舅罗征政因病去世）！没多久外公就病了，很长时间身体才恢复。后来外公变得少言寡语，一天到晚闷闷不乐。而外婆在遭受失去七舅后变得坚强起来，家里家外很多事情都由外婆操持。

从表妹罗迪威那里得知，孙怒涛先生在收集整理清华文革死难者的资料，七舅是其中之一，于是我开始回顾少年时代"文革"给我留下的记忆。时至今日，"文革"期间在南裱褙胡同15号经历的这些事情依然历历在目。

当年，我父亲全程参与了七舅去世后处理他后事的相关事宜，包括：多次到公安局了解情况，配合调查。到北京第一机床厂与有关负责人谈家属的意见，联系安排处理七舅火化的事情，等等。在家里一些重要事情上我父亲经常是代表家人表达意见。

罗征启在清华遭到迫害之时，父亲为了保护罗征启和家人起到了关键性的作用。好在父亲生前与我进行了几次深入的交谈，最后的一次是在2018年，并对那次谈话进行了录音，使我对那个阶段家里发生的事情有了更详细而深刻的了解，增强了我的记忆。我在南裱褙胡同15号生活近二十年的经历给我留下了不可磨灭的印象！

（本文写于2024年4月14日）

【编者注：上文作者何浩是罗征敷的外甥】

## 岁月的伤痕——"文革"留给我的记忆

### 罗迪威

上个世纪六十年代,"文革"席卷了整个中国,也夺走了我七叔——罗征敷年轻的生命。他于 28 岁那年不幸去世,成为"文革"期间无辜死难者中的一员。

今年初,孙怒涛先生为收集、整理清华"文革"死难者资料与我联系,希望我能提供一些有关七叔的资料,并写写对七叔的回忆及对他无辜罹难这件事的感想。

应孙怒涛先生的邀请,我把所想到的写出来,不是为了揭开过去的伤疤,更不是为了讨债,而是以此表达对七叔的追思,对祖父母、父母、亲人的怀念,以及对所有在那个时代遭受不幸与伤害的人们深深的同情。

七叔以及那个年代留给我的印象并不十分清晰。尽管如此,在查找七叔资料的过程中,零零碎碎的回忆一点一滴地汇集在了一起,不禁觉得,往事不堪回首,思绪如烟云缭绕,驱之不散。

七叔去世那年我才四岁。只记得他有着不高不瘦的身材,浓浓的眉毛,还有一双大得出奇、略微有些突出的眼睛。当时还年幼的我对七叔的性格及为人不甚了解,也不知道他的喜好和志向。

我出生后不久后便被送到爷爷奶奶家,跟着他们一起生活了几年。我还记得爷爷、奶奶、七叔、小叔叔、表哥和我,一起住在北京站旁边南裱褙胡同十五号大杂院里的情景。那是两间连在一起的、坐南朝北、总共只有十几平米的房子。我、表哥和爷爷奶奶睡在里屋,两个叔叔睡在外屋。整个房子黑乎乎的,南边的整面墙没有窗子。里屋没有门,只有一扇朝北的窗,窗外有一棵大枣树。外屋除了一扇上方有四小块玻璃的门,还有一扇极小的窗,门和窗都是朝北的,因此在房子里几乎终日不见阳光。

整个院子里只有一个单人的"茅房"(公共厕所),男女共用。进去之前必须先喊"有人吗?",否则就会遭遇尴尬。全院中间有一个水龙头，那是我们和邻居们唯一的自来水水源。由于距离北京站很近，我们当时能清晰地听到北京站大钟整点播放的《东方红》乐曲，随后是"当、当、当"报时的钟声。写到这儿，我脑海中又回荡起了那熟悉的旋律和钟声……

记得当年七叔下班回家后经常抱我、逗我，我也很喜欢跟七叔玩耍。从家里的相册中一共找到六张七叔的照片，除了一张是他自己的标准像，另五张都是他抱着我的合影，可见七叔对我的喜爱！我也隐约记得大人们当年常常说七叔最喜欢我了。

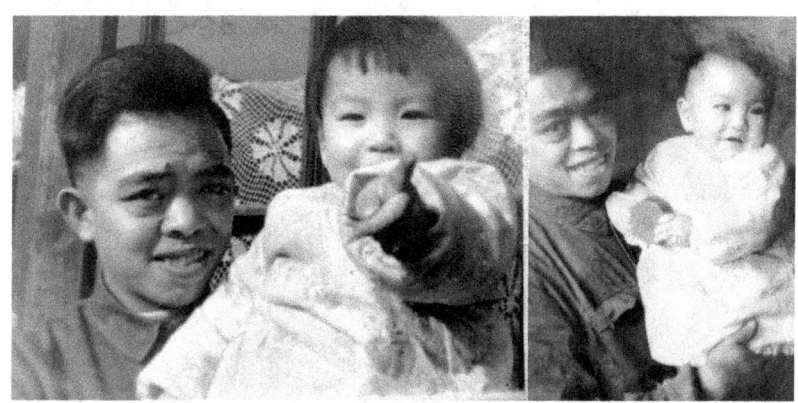

罗征敷抱着侄女罗迪威

七叔有一件棉大衣，颜色记不清了，但我脑海里总有一幅这样的画面：他右手抓着大衣，潇洒地扛在右肩，面带微笑，阳光自信，那是七叔留给我的最后印象。

再后来，记得我总是问长辈七叔哪里去了。现在已记不清大人们当时是怎么回答我的。想来他们也只能是含糊的搪塞。如何能跟一个只有几岁大的孩子诉说家中的巨大不幸与无助？又怎能说得清楚？

爷爷奶奶共育有九个儿女。父亲排行老三，六叔、八叔在我出生前就已病逝，四叔病逝于我出生的1964年，小叔叔排行第九，天生弱智，他于2010年去世。

在我年长了几岁之后才知道，爷爷奶奶原来住在北京站附近铃铛胡同的一个有十几间房子的院子里。整个宅院是爷爷买下的。"文革"开始后，我爷爷被诬陷为"资本家""特务"，惨遭批斗，奶奶被赶去扫马路。紧接着铃铛胡同的家被抄，院子充公，爷爷、奶奶、七叔、小叔叔、表哥、还有我都被赶到南裤裆胡同的大杂院里。那里是我幼年记忆的起始。

当时的我年纪太小，还不懂事，并不清楚整个家所经历的遭遇，更不知道当年的爷爷奶奶心理承受着多大的痛苦与悲伤。回头看他们一生所遭受的种种不幸，每一件都是常人难以承受的打击：在他们仍在世期间就先后失去了四个儿子；特别是"文革"期间七叔惨遭迫害致死；作为长子的父亲背着"罗文李饶反革命集团"头号人物罪名被抓走，一时生死不明……

七叔的离世和父亲的生死不明给当时的爷爷奶奶带来了何等的恐惧以及锥心之痛！在经历了如此大的生活落差后，又要靠着怎样的信念和何等强大的内心才能支撑着活下来？

我的父亲罗征启是一个很坚强的人，但也为曾经受迫害的经历感到难过，更对自己连累了家人而深感内疚与自责。这种愧疚感一直长存于他的心底，挥之不去，伴随终生，直至他于2022年去世。

我的母亲梁鸿文则在当年迫于政治压力，精神上受了刺激。我曾几次目睹她情绪和行为失控的情形，近些年，还有两次被我的两个女儿看到了，她们感到十分惊恐与不解。当年的政治运动带给母亲的精神创伤也伴随着她直至2022年去世。

七叔的离世，给我的记忆留下了难以抹去的阴影，又犹如一个深深的烙印，永久地刻在了心里。想来爷爷奶奶的悲痛一定远远超过我的感受。白发人送黑发人是人世间巨大的悲哀，我无法想象七叔的死给两位老人带来了怎样的绝望与苦楚！这是终身不可磨灭的创伤！

"文革"期间，我父亲与清华大学其他干部一起被打成黑帮，受到关押批斗、刑讯逼供、残酷毒打以及精神折磨。"文革"结束后，"罗文李饶"案件才得以彻底平反和解决。父亲恢复工作后，积极努力促成了许多人继续学业深造或工作安排，其中也包括了孙耘。

孙耘曾是我父亲"专案组"的负责人。在父亲被抓逃脱之后，"专案组"到我爷爷奶奶家绑架了七叔，导致七叔被残害致死，孙耘也因此被关押。父亲认为，当年很多青年人被轰轰烈烈的政治运动冲昏了头脑，以至于看不清是非，做出了一些极端的事情，从某种意义上说他们也是这场运动的受害者。父亲被平反后了解到了孙耘的处境，写信给有关部门说明情况，使他得以释放，继续学业深造，并取得优异成绩。

父亲的这一举动得到了我爷爷奶奶、妈妈、姑姑和姑父们的理解和接受。父亲的无私宽容、不计前嫌也得到了清华大学广大师生的敬仰和称赞。在那个充满动荡和压抑的年代，人们的内心被恐惧忧愁所笼罩，而我的亲人们却以他们的实际行动告诉我，即使经历了黑暗时刻，仁爱与宽容仍然可以存留于心灵深处。他们的行为为我们燃起了希望之光。这不仅仅是一个善举，更是人性最美好的展现。

在此，我还要感谢孙怒涛先生和他的团队，以及那些为记录历史而不懈努力的人们。这是一项十分艰巨的工作。记录史实，还原真相，不仅费时费力，需要求真务实和严谨负责的态度，更需要极大的勇气去开展工作。

历史是一面镜子，是人类发展与社会进步中必不可少的教科书。希望历史永远不会重演！

2024 年 6 月

【编者注：上文作者罗迪威是罗征敷的侄女、罗征启老师的女儿。】

## 1968 年初制造"罗文李饶反革命集团"

唐金鹤（焊 8）

老团保卫组从林维南和罗老师父亲那里问不出罗老师的下落，4月 3 日晚，团保卫组孙毓星带领校足球队、精仪系精 702 班王庆章和摩托车队、机械系制 84 班张建国，一行 9 人，由张建国带路，乘坐校汽车队司机小李开的一辆苏式嘎斯吉普，又来到罗老师父母家。

当时罗老师的父母亲被驱赶到北京站附近的一个平房小院的偏房居住。车在院门外停下，留下司机和张建国、王庆章。孙毓星带人进到屋里，一通乱翻。留在车上的张、王两人发现了从院子里急速跑出一个身影，于是就驱车追赶，追出几百米后将他抓到车内，发现这个人是罗老师的弟弟罗征敷。28岁的罗征敷是北京第一机床厂的工人，当时正在家里写信，控告清华井冈山团派，私自抓走清华校外的人——罗征启老师的父亲。

这种苏式嘎斯吉普车体型较大，在车身两侧靠边的长板凳上，可以挤下很多人。他们就把罗征敷扔到这两排对面座中间，绑缚住双手。王庆章用脚踢、踩拼命挣扎的罗征敷；王是校体育代表队足球队的队员，他的脚很有力，当场踢断了罗征敷的两根肋骨。他们怕罗征敷的叫喊声惊动广场上执勤的解放军，就决定向他口中堵棉纱。张建国说："棉纱"，司机小李就顺手递给张一团擦汽车用的棉纱，张建国把这团棉纱塞到罗征敷的嘴里，再用麻袋把罗征敷套上。

车回到老团保卫组所在的清华甲所，王庆章对脚下的罗说："到了，你自己下车吧。怎么不动弹？上车是我们把你接上来的，怎么下车也要等着人接啊？"但罗趴在那里，就是不动。取下麻袋，才发现罗征敷已经没有呼吸了。可能因棉纱塞得过深，堵住喉咙，被闷死了。无辜的罗征敷就这样，被活活折磨死了。

孙毓星居然在孙怒涛的《良知的拷问》一书第144页上编出了一套谎言，说什么："我上车后见到一人俯卧在车厢中央，开车后将他翻过身来，才看到他嘴唇与脸面都呈青紫色，心里不免打鼓，就让打开后面的篷布通通风……。"在这里，我们见不到罗征敷被套上麻袋，被踢断肋骨，见到的只是孙毓星他们在全力抢救。他公然地为自己，为他们这帮人的罪行做辩护。

老团他们把尸体送到北医三院太平间，他们说："这是反革命分子，被革命群众打死了。"在他们看来，反革命分子就应该被打死，死了也是活该。但北医三院将死人事件报告了北京市公安局。

孙毓星带领老团专案组的人，抓了三个清华以外的人：罗老师的爸爸，罗老师的弟弟罗征敷，还有罗老师太太的同班同学林维南。光天化日之下，这伙人私闯民宅，强行绑架，把上前阻拦的老人踢倒、摔伤、致死；把无辜的罗征敷折磨至死。他们的"革命行动"搞出了两条人命。他们与旧社会的地痞流氓、土匪强盗有何不同？

【上文引自唐金鹤：《倒下的英才》，科华图书出版公司，2015年第三版，29页】

## 我的文革心路历程（摘录）

孙 耘（无8）

在校内，我们搞到罗征启的'活材料'，抓了他们的'现行'，就等于掐到414的七寸，足以在政治上把他们打垮，所以很有些得意。没想到大意失荆州，我们只好做两手准备，一方面由保卫组和代表队继续抓捕，另一方面准备开批判大会发通缉令，抛材料、造声势压老四。我曾拿着材料找到海军宣传队的办公室负责人胡保清，要求他们支持发通缉抓捕。他只能含混地回答：是反革命就要抓嘛。不敢明确表示反对。保卫组和代表队这伙人胆子越来越大，侦察、抓人的手法也更纯熟。为了找到罗征启踪迹，还抓过他老父亲及同学林维南。我们自恃抓'反革命'是'革命行动'，就随心所欲毫无顾忌地蛮干，套用罗兰夫人的一句话，'革命，革命，多少罪恶假汝之名以行'。

我听到代表队那些人讲述跟踪、蹲守、化装查访等活动，感到新鲜、刺激，就想跟他们一起去见识见识。抓林维南那次我去了，没有进屋，只在楼道下边观看。强行带走林维南时，屋里发出了凄厉的尖叫声。后来听说，他的老母亲受到惊吓，做下病根，没有多久就去世了。前些年我问过罗老师，得知林维南一家作为华侨已离开大陆多年。我无缘与林维南先生见面，只有借此机会向他及他们全家表示我真诚的歉疚之意，祈望得到他们的原谅。

实际上，罗征启当时已经被老四朋友保护在科学馆里了，我们不可能抓到。按照计划，抓不到人就发通缉令，而印通缉令缺照片，因为他们在清华的小家已经'坚壁清野'了，于是决定去城里他父亲家抄照片。

4月3日晚，我们一行9人乘坐苏式嘎斯69型吉普车出发。这种车体型较大，两排靠边的长板凳可以挤下8个人。当时罗家被驱赶到北京站附近一个平房小院的偏房居住。车在院门外停下，留下司机小李和张建国、王庆章两位同学。我带人进屋，有人找照片，有人宣讲'政策'，有人哄骗他的小弟弟。大约二十分钟后，我们拿着一本相册出大门时被告知：抓到罗征启弟弟了。我上车后见到一人俯卧在车厢中央，开车后将他翻过身来，才看到他嘴唇与脸面都呈青紫色，心里不免打鼓，就让打开后面篷布通通风。车回到保卫组所在地甲所，几个人抬着他下车，放到地板上就开始做人工呼吸。我心知不妙，赶紧找来刘汉忠医生。他略作检查，就摇摇头委婉地说：脉几乎摸不出来了，赶紧送医院吧。我急忙从总部会议上叫出陈继芳和王良生，说明情况，一起去北医三院。到三院时人家不接收，只开出"人已死亡"的证明，这时大约是晚上11点钟。闻讯我们很为震惊，人命关天哪。可是我们想不出什么原因导致死亡，遂决定马上去卫戍区报案。夜半时分，军管会一位领导出来接见，听了事情的过程汇报，就问：谁是带队的？我说：是我。他在我的名字上画了一个圈，又在抓人的张建国、王庆章名字上画了圈，然后说：这三个人留下，别人都回去吧。第二天早上把我们三人一起送到半步桥看守所。

在拘留审查中我们都如实讲述了事情的经过，公安局很快就弄清了案情。实际情况是，当我带人进入罗家时，留在车上的张、王两人发现了一个急速跑出的身影，于是就驱车追赶，追出几百米后将他抓到车内，发现是罗征启的弟弟。他们将其按在车厢中间的地上，绑缚双手，怕他的叫喊声惊动广场上执勤的解放军，就向他口中堵棉纱。王同学并无此类经验，竟将棉纱塞得过深，堵住喉咙，结果'闷住呼吸孔道，窒息死亡'。根据这个情节，军代表说：'你们这事还算误伤'。

我心里明白，人命关天，即使强调动机是'抓反革命'，也不能随意伤害生命。俗话说'杀人偿命,欠债还钱',你既敢为,就得敢当;况且,出于责任和义气,作为头头还应该多承担责任。抱着这样的心态,初进班房时尽管杂念很多,我还能表现得比较从容冷静,而且像我们心目中的革命者一样,总要写点不合辙的诗文激励自己。

我深知,罗征敷之死给他本人和全家带来巨大的伤害和痛苦,是外人无法想象的。几十年来,我的愧疚和悔罪,我所接受的惩罚,都无法弥补其万一。尽管罗老师代表全家多次表示了原谅之意,但我无法心安理得,无法原谅自己。我和孙怒涛一样,也相信'人在做,天在看',唯有努力行好事作好人,用自己的全部身心和实际行动去赎罪,以不负死者和生者。

【上文摘自孙怒涛:《良知的拷问》,中国文化传播出版社,2013年,144页】

嘎斯69吉普车外形和车内(网络照片)

## 文革受难者——罗征敷

以下为王友琴《文革受难者》一书中的有关记述:

罗征敷,男,28岁,北京第一机床厂工人,他的哥哥罗征启是清华大学干部。1968年4月3日,清华"井岗山兵团保卫组"要抓他的哥哥没有抓到,抓了与清华大学并不相干的他,用擦车棉纱堵住他的嘴,将他塞入汽车后车厢拉回清华,途中罗征敷被活活闷死。

# 韩忠现（1932—1968）

周文业、孙怒涛　编辑

韩忠现，男，北京第一食品厂革委会委员。1968年7月27日，作为工宣队员来清华制止两派武斗。当晚，在9003大楼室内休息时，被冲入的团派武斗队员、冶金系0字班学生廖光黔用长矛刺死。殁年36岁。

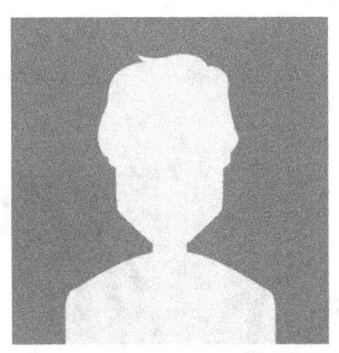

韩忠现（1932—1968）

## 又死人，枪响 9003

鲍长康（化9）等

第一食品厂革命委员会委员韩忠现当时正在二楼一个房间跟同事谈话。几个同学冲了进来，抓住了他们两个人。接着，一支长矛刺在韩忠现的胸膛上，刺破了动脉。他按住伤口，刚走到门口就晕过去了。他的同伴背起他，还没走到楼梯那儿，韩忠现就已经咽气。他的衣服和同伴的衣服上都浸透了鲜血。后经查明，用长矛捅死韩忠现的学生是冶金系0字班的廖光黔。

【上文摘自鲍长康等编辑:《钟声在这一天敲响》,美国华忆出版社,2023 年,第 143 页。】

## 文革受难者——韩忠现

以下为王友琴《文革受难者》一书中的有关记述:

韩忠现,男,36 岁,北京第一食品厂工人,"革命委员会"委员,1968 年 7 月 27 日,作为"首都工农毛泽东思想宣传队"成员被派进入清华大学,在清华 9003 大楼休息时,被清华"井冈山兵团"用自制长矛刺死。

1968 年 7 月 27 日上午,强行进入清华大学的"首都工农毛泽东思想宣传队",有三万多人,由 61 个工矿企业的工人组成,由军人统领。目击者说,运送"工宣队"的大卡车一辆接一辆一直排到了离开校园很远的公路上,声势浩大。

在"工宣队"进入学校后,有五名成员被杀死,数百人受伤。韩忠现是被杀死的五人之一。另外四个人的名字是:王松林,潘志鸿,张旭涛,李文元。

当时控制校园的,是清华大学的"造反派组织"名叫"井冈山兵团"。"井冈山兵团"的领袖蒯大富,是清华大学的学生,在 1966 年 6 月 7 月受到刘少奇的妻子王光美的攻击,后来得到毛泽东的亲自支持而成为全国有名的文革先锋人物。从 1967 年 1 月开始,蒯大富执掌清华校园,并且在全国各省市建立"联络站",推动当地的文革运动。从文革受害者的角度讲,这些"造反派"作了大量坏事。从文革领导者的角度看,这些"造反派"是立了大功的人。

1968 年 4 月开始到 7 月 27 日,"井冈山兵团"和清华大学另一个较小的组织"四一四"进行武力对打一百来天。据《清华大学志》(清华大学出版社,2001),这期间有 12 个人被杀死。学校的建筑和设施遭到破坏。

当"工宣队"进入清华大学的时候,"井冈山兵团"认为是有"黑手"指使"工宣队"打击他们。他们还击而打死打伤"工宣队"成员。冲突从中午开始，在傍晚6点钟左右，在学生宿舍楼一带有三名"工宣队"被用自制手榴弹炸死。在晚上10点，有两名"工宣队"成员在9003大楼被用枪和长矛打死。其中之一是韩忠现。

十一、校外人员

# 李文元（1932—1968）

孙怒涛　编辑

　　李文元，男，北京橡胶四厂工人。1968年7月27日，作为工宣队员来清华制止两派武斗。约23时20分，团派枪手、精仪系002班学生孙镇井向在9003大楼外面玉米地边上站岗的李文元射击，击中胃部动脉，在海淀医院抢救无效身亡。殁年36岁。

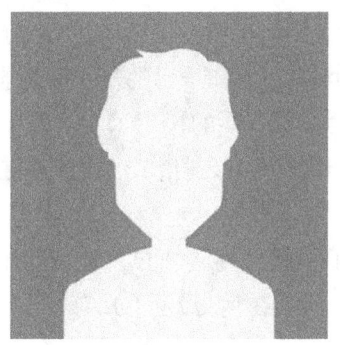

李文元（1932—1968）

## "9003 血案"是怎样酿成的？

胡鹏池（精8）　但桑（自9）

　　顾跃文接着描述了"清楼"的情况：发现各室一片漆黑，悄然无声，室门紧闭。撞开房门，骇然发现每室都有一、二十人聚成一团。我们高喊"请大家出来！出去就不会伤害你们。"于是，屋里的人成群手挽手簇拥着走了出来，有的还高唱"国际歌"，作大义凛然状。唐少杰《一叶知秋》中写道："待深夜团派的60余人增援队伍赶来时，迅速冲下，用长矛刺死在三楼一房间里休息的韩忠现（北京第一食品厂工人），打伤许多任务人。"

被加强了兵力的团派守楼者一部分人端着长矛守在楼前，另一部分人在楼门口赶紧重筑工事。

从楼内撤下来的工宣队及原在楼外的数千人队伍又在楼外重新包围了大楼。

工宣队的外围还有外围，那就是团派的武斗队伍。但他们没有足够的人数形成反包围，只能在树林里和玉米地里偷窥着。

在 9003 楼顶上，或在大楼里某几个窗口，或在树林或玉米地里偷窥的团派队伍里都有可能隐藏着枪手，正伺机进行偷袭与冷射。

约 23 时 20 分，枪手开了枪。枪声响起，一名在玉米地边上站岗的北京橡胶四厂工人李文元应声倒地，一粒子弹射中了他的胃部的动脉，当他被抬到海淀医院时，已经来不及抢救了。李文元也是 36 岁，共产党员，民兵，橡胶厂的模范工人。

枪声响了不止一次，另外还打伤了两个工人。"一死两伤"，全都有名有姓。

枪声再次震惊了那些工宣队领导，他们想不到团派在晚上开枪了。黑暗中，既不知枪手在何方？也不知有多少枪？枪一响，人倒地，非死即伤。枪手在暗处，工人在明处，包围 9003 的数千工人在路灯下成了任人宰杀的目标，这太恐怖了！

工宣队不敢再蛮攻，团派也没有再开枪。在没有月光的苍茫夜色中，9003 大楼的攻守之势维持了暂时的平衡。

后经查明，用长矛捅死韩忠现的凶手是冶金系 0 字班学生廖光黔。据他的同班同学说，后来在清队运动中，廖同学一开始不承认有这事，但这样的事情怎么可能隐藏得了。

后经查明，开枪打死李文元的是精仪系学生孙镇井。被枪击受重伤的是北京光华木材厂工人邓广志、刘孝林，资料显示凶手也是孙同学。1973 年 5 月，廖光黔与孙镇井同时被判刑 15 年。

【上文摘自胡鹏池、但燊：《清华七二七事件》，田园书屋出版社，2017 年，第 308 页。】

## 又死人，枪响 9003

鲍长康（化 9）等

不论是在 9003 楼顶上，还是在大楼里某几个窗口，或在树林或玉米地里的"井冈山"学生中，都隐藏着枪手。

约 23 时 20 分，枪声响起，在玉米地边上站岗的北京橡胶四厂工人李文元应声倒地，一粒子弹射中了他的胃部的动脉。当他被抬到海淀医院时，已经来不及抢救了。李文元 36 岁，共产党员，民兵，橡胶厂的模范工人。

枪声响了不止一次，还打伤了两个工人，是北京光华木材厂工人邓广志和刘孝林。后经查明，开枪的是精仪系 002 班学生孙镇井。

1973 年 5 月，刺死韩忠现的廖光黔和开枪打死李文元的孙镇井同时被判刑 15 年。

【上面文字摘自鲍长康等编辑：《钟声在这一天敲响》，美国华忆出版社，2023 年，第 146 页。】

# 王松林（1932—1968）

孙怒涛　编辑

王松林，男，1932 年出生。北京第二机床厂副科长。1968 年 7 月 27 日，作为工宣队员来清华制止两派武斗。下午 5 点半左右，在东区学生宿舍 10 号楼一楼楼道的楼梯口，被团派的手榴弹炸死。殁年 36 岁。

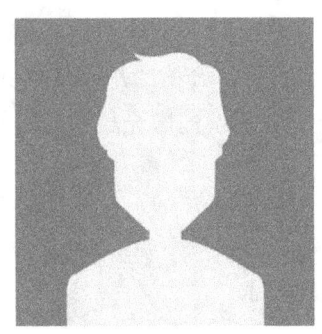

王松林（1932—1968）

## 五颗手榴弹，东区大血案

（二）第 3、4 颗，10 号楼一楼过道楼梯口，死者王松林
　　　胡鹏池（精 8）　但燊（自 9）

时间：下午 5 点半左右；
地点：10 号楼一楼过道楼梯口；
死者：王松林；
凶手：至今不知道。
唐金鹤书 539 页：北京第二机床厂副科长王松林，男，36 岁，

## 十一、校外人员

下午 5 点半左右，在学生宿舍 10 号楼一楼楼道内，被团派人员扔出的手榴弹炸死。

删书 345 页：下午 5 点半，在 10 号楼一楼楼道内，王松林被团派人员扔出的手榴弹炸死。

韩丁的书：一颗手榴弹飞进来，落在楼梯拐弯处。第二机床厂的工人王松林用自己的身体扑上前去，手榴弹在他身下爆炸了。他被炸得很厉害，当他用两只手支撑着起来，看有没有人受伤时，一个长矛手冲向他并刺穿了他的胸膛，他倒在血泊里。

王松林，36 岁，共产党员，是他们车间的党支部副书记。因为他的妻子就在那天要生产，所以同事们都劝他不要跟大家一起来清华。但他无论如何一定要参加这次行动。就在他死去的几个小时后，他的孩子就诞生了。

贵州 411 王云生《魂断清华园》：

任凭我们往五楼砸桌椅板凳也无法阻止这伙烧红眼的暴徒的攻势。眼看六楼很快就要被攻下了，大家正一筹莫展时，总司令袁昌福抓起一颗手榴弹向正在往六楼冲的这伙人头上扔了下去。手榴弹"哐镗"落地，可惜半天没有发出声响。原来是个哑弹。虚惊一场的这伙暴徒，又重新发起了进攻。

……也不知道从什么地方跑上来两个带着清华井岗山红卫兵袖套的红卫兵，他们从身上摸出两颗木柄手榴弹，拉断了引信扔了下去。

一阵惊天动地的爆炸声在五楼迸发出来，五楼顿时开了锅。"炸死人啦！炸死人啦！"近似发疯的叫声从五楼走廊里黑压压的人群中喊了出来。五楼的人惊恐地从烧焦了的楼梯往下拼命地挤，互相抓扯、撕打、谁也不让谁。此时，这伙来势汹汹的暴徒失去了冲进来时的那种疯狂。十号楼得到短暂的平静。……

【上文摘自胡鹏池、但桀：《清华七二七事件》，田园书屋出版社，2017 年，第 275、264 页。】

## 火攻十号楼，东区死人了

鲍长康（化9）等

17 时 30 分左右，二机床厂 36 岁的副科长王松林，在 10 号楼一楼楼道西头，为保护身边的其他工人，扑向一颗手榴弹。手榴弹在他身下爆炸，王松林身亡。那天他的妻子就要临产，同事们都劝他不要去清华。但他还是坚持参加了这次行动。在他死后的几个小时，他的孩子诞生了。

【上面文字摘自鲍长康等编辑：《钟声在这一天敲响》，美国华忆出版社，2023 年，第 129 页。】

# 潘志宏（1938—1968）

孙怒涛　编辑

潘志宏，男，1938 年出生。北京供电局工人。1968 年 7 月 27 日，作为工宣队员来清华制止两派武斗。下午 6 点左右，在学生宿舍 12 号楼西北处附近，被团派武斗队员、电机系电 9 班学生赵德胜扔的手榴弹炸死。殁年 30 岁。

潘志宏（1938—1968）

## 五颗手榴弹，东区大血案

(三)第 4 颗，12 号楼西北场地，死者潘志宏

　　胡鹏池（精8）　但燊（自9）

时间：下午 6 点左右；

地点：12 号楼西北场地；

死者：潘志宏；

凶手：赵德胜。

唐金鹤书 539 页："北京市供电局工人潘志宏，男，30 岁，下午

6点左右，在撤退至12号楼西北面空地时，被追赶的团派人员用手榴弹炸死。"

蒯书345页："下午六点，撤至12号楼西北场地的工人潘志宏被追赶的团派用手榴弹炸死。"

韩丁的书：第三个牺牲的工人是在宿舍楼外面，当他捡起一颗进攻者扔过来的手榴弹向没人处扔去时，手榴弹脱手了，一块弹片射穿了他的眼睛。他的名字是潘志宏，30岁，是北京供电局的工人，一个有经验的干部和党员，他的小女儿在他死后的22天，8月18日出生了。

【上文摘自胡鹏池、但桨：《清华七二七事件》，田园书屋出版社，2017年，第276页。】

## 火攻十号楼，东区死人了

### 鲍长康（化9）等

与此同时，撤至12号楼西北面场地的工人中，北京市供电局工人潘志宏想把学生扔进人群的手榴弹捡起投到无人的地方，未果，被炸死。

【上面文字摘自鲍长康等编辑：《钟声在这一天敲响》，美国华忆出版社，2023年，第130页。】

【编者注：本书引用或摘抄的一些文章中，有些把"潘志宏"写成"潘志洪"。我以唐少杰编辑的《清华大学"文革"时期"非正常死亡"人员名单统计表》为准，在本书中一律改为"潘志宏"。】

十一、校外人员

# 张旭涛（1929—1968）

孙怒涛　编辑

张旭涛，男，1929年出生。北京541厂工人。1968年7月27日，作为工宣队员来清华制止两派武斗。下午6点左右，在东大操场南端的撤退路上，被团派用长矛刺死或手榴弹炸死。殁年39岁。

张旭涛（1929—1968）

## 五颗手榴弹，东区大血案

(四)第5颗，东大操场的南端，死者张旭涛
　　　　胡鹏池（精8）　但燊（自9）

时间：下午6点左右；
地点：东大操场南端；
死者：张旭涛；
凶手：至今不知道。

唐金鹤书539页：北京541厂工人张旭涛，男，39岁，下午6点左右，从10号楼撤退至东大操场，被追赶的团派人员用手榴弹炸死。

删书 345 页："下午六点，……从 10 号楼撤退至东大操场南端的工人张旭涛被追赶的团派人员用手榴弹炸死。"

韩丁的书：愤怒、悲痛，但仍然遵守纪律的工人们冲出了 10 号楼。攻击者拿着长矛从楼上下来，在后面追赶他们，又刺伤了一些人。其中有一个人流血过多，送到医院就死了。这是 39 岁的工人张旭涛，他的 81 岁的寡母为了养活她的孩子做了一辈子的佣人，当她听到儿子的死讯时她哭干了眼泪。

【上文摘自胡鹏池、但燊：《清华七二七事件》，田园书屋出版社，2017 年，第 277 页。】

## 火攻十号楼，东区死人了

鲍长康（化 9）等

7 月 27 日 18 时左右，工人被追赶到东大操场东的一条水沟，也就是京张铁路线下边的水沟。这时下起雨来，从 10 号楼撤至东大操场南端的北京 541 厂工人张旭涛死在 10 号楼到东大操场的路上，有说是长矛扎死的，也有说是用手榴弹炸死的。

【上面文字摘自鲍长康等编辑：《钟声在这一天敲响》，美国华忆出版社，2023 年，第 130 页。】

## 郭佑妹（1908—1968）

孙怒涛　编辑

郭佑妹，印度尼西亚华侨，罗征启太太梁鸿文的同班同学林维南的母亲，人称林婆婆。当时，她正在北京的儿子林维南家里照顾坐月子的儿媳妇杨凤珍。1968年3月27日，罗征启从三堡囚禁地逃跑脱险。几天后，团派保卫组（成员许多是代表队的）去抓林维南，想从他嘴里得到罗征启的消息。林婆婆上前阻挡，被保卫组人员拳打推搡，受到极大的惊吓和刺激，不久一病不起。国庆节前被赶出北京回到汕头，11月2日去世。殁年60岁。

郭佑妹（1908—1968）
（杨凤珍提供）

杨凤珍女士（郭佑妹儿媳）的回忆：

林婆婆郭佑妹，因印度尼西亚反华排华，于1967年带领全家回国，定居汕头。1968年二月底三月初到北京，本意照顾我坐月子，没有想到遇到你林叔被造反派暴打、抓走。

印度尼西亚反华期间，她在印度尼西亚的子女，没有一个被印度尼西亚暴徒殴打或抓走。但是，她在北京的儿子却在她眼前，被红卫兵暴力抓走！造反派比印度尼西亚的暴徒更残暴，她受到很大惊吓和刺激，整天担心，哭不停、吃不下、睡不着，后来感觉头很痛，然后一病不起。当时兵荒马乱，去医院看医生要登记身份，我们只能带她看药房的中医。老中医给她开了几服药，说如果见好，再来；若不见好就不必再来了，治不好。1968年国庆节前，北京市革委会要求在北京的外地人员，全部都要回原地闹革命。报社的军宣队和工宣队，每天到我家催促老太太离开北京。无奈，我们不得不请小妹来北京接老人家回汕头。当时没有救护车，只能向报社借用平板车，老人家躺在平板车上，你林叔和我姐夫把老太太送到北京火车站。回到汕头后不久，老太太就离世了，当年60岁。她从印度尼西亚排华回国才一年多一点光景！

往事不堪回首，往事也不能如烟！回忆往事，仍有撕心之痛！

【编者注：林维南曾是罗征启老师的爱人梁鸿文老师的同班同学，专案组为抓捕罗征启上林家抓走了林维南，害死了林维南的母亲林婆婆。上述回忆是杨凤珍女士给罗征启女儿罗迪威的微信。杨女士现在加拿大温哥华定居。】

罗老师从三堡逃跑后，团派专案组急了。孙毓星带领老团保卫组的人把罗老师的父亲抓走，把他太太的同班同学林维南抓走。林维南太太刚生孩子，吓坏了。林维南的母亲从印度尼西亚为躲避反华浪潮回到国，她只会讲印度尼西亚话和客家话，不会讲普通话，无法和专案组成员沟通。她上前阻挡专案组的人员抓自己的儿子，专案组的×××一脚把老人踢倒，老人当场摔伤，没过几天老人就死了。

【上述文字摘自唐金鹤：《倒下的英才》，科华图书出版公司，2015年第三版，29页。】

## 十一、校外人员

我听到代表队那些人讲述跟踪、蹲守、化装查访等活动,感到新鲜、刺激,就想跟他们一起去见识见识。抓林维南那次我去了,没有进屋,只在楼道下边观看。强行带走林维南时,屋里发出了凄厉的尖叫声。后来听说,他的老母亲受到惊吓,做下病根,没有多久就去世了。前些年我问过罗老师,得知林维南一家作为华侨已离开大陆多年。我无缘与林维南先生见面,只有借此机会向他及他们全家表示我真诚的歉疚之意,祈望得到他们的原谅。

【上述文字摘自孙耘:《我的文革心路历程》,见孙怒涛:《良知的拷问》,中国文化传播出版社,2013年,144页。】

# 十二、文革中毕业的清华校友

滕清泉
李介谦
郑广平
王崇基
蔡　达

# 滕清泉（1941—1970）

孙怒涛　编辑

滕清泉，男，天津人。1960年考入清华大学，精仪系制62班。1967年毕业分配到北京市仪表局所属北京真空仪表厂工作。在清查516运动中，因他曾在团派动态组工作过，又是从清华出来的，常谈论别人不知道的信息，也有对林彪不满的言论，因此被厂政工组审查，要他写交代材料，暗指他是516分子。在巨大的政治压力下，他于1970年12月15日上吊自杀，留下结婚不久的妻子、一岁的女儿以及年迈的父母。殁年29岁。

滕清泉（1941—1970）
（制6董建尧提供，李劲修复）

编者根据制72班赖淑娥（滕清泉遗孀）、制62班张永林、刘学博、黄湘泰等多位校友提供的信息综合：

滕清泉的父母及兄弟姐妹都是诚实的普通人，靠劳动生活。家境贫寒，只有他一人上了大学。他为人谦和，工作努力，很有朝气。1970年秋后，有校友偶然在北京仪器厂院内遇见他，他当时心情不太好，说他们厂里正在抓516份子，在会上领导话里话外暗指他是厂内516份子的后台。他说真没有意思，想过了运动后，就调回天津老家去。没想到不到一个星期，他就上吊自杀了，上吊前还在绳子上垫了一块新手绢。之后，清华工宣队找该校友了解情况，说滕是团派动态组的。该校友说动态组是清华井岗山了解各地文革情况的一个小组，无秘密可言。滕在文革中不怎么活跃。本是红五类的他，因文革中查出他爸曾任伪警而变黑。他情绪较低，没出去串连，故有机会参加了动态组工作。因为他知道的消息比较多，也招致厂里一些人的关注和非议。

滕清泉与班上同学合影（第三排左3，1962年。同班同学董建尧提供）

# 李介谦（1944—1971）

孙怒涛　编辑

李介谦，男，1944年出生。1964年考入清华大学电机系，企01班学生，广东潮州人。家境非常贫困，入学来校时仅带一凉席，没有棉被。在校享受全额助学金。1970年毕业，分配到苏州长风机械总厂（航空部171厂）。1971年在清查516运动中，被隔离审查，因不堪承受残酷迫害，用电线缠身，触电自尽。殁年27岁。

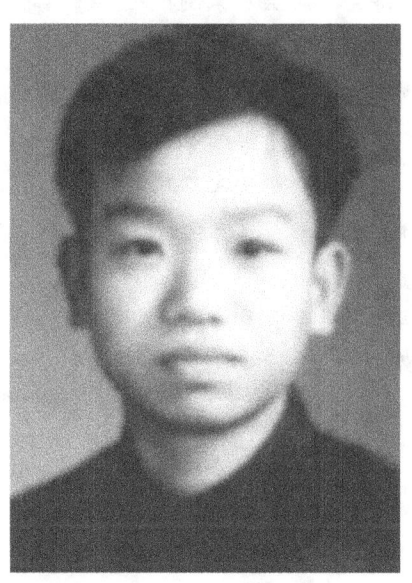

李介谦（王文中提供）

侯国屏校友（发0）文谈到杨冀平同学对李介谦的回忆：

又听说一件死人的事。是我们年级另外一个班的李介谦，他其实文革中并不算活跃，因为家有高堂，出身又好，所以毕业分配时他的方案非常好，去了苏州某单位。在清查516时自杀了。

这两年看到校友网上杨冀平写了她所知道的关于李介谦被整死的情况，摘要如下：

"70年我们一共有5个清华同学一起分到苏州同一个单位。李介谦又正好和我分在同一个部门。按理说我们这些北京来的学生又没有介入过苏州的文革，有什么风吹草动应该伤不到我们一根毫毛，谁知后来的一场清查516分子的运动却让李介谦命丧黄泉。

我们那个部门的党支部书记，是个好大喜功，心狠手辣的家伙。清查516运动一来，他就派人内查外调，李介谦文革中比较活跃，成了第一个目标，其实后来查来查去也没有查出什么名堂，但是，办专案的人都是心狠手辣的人，不让吃，不让睡，轮番提审，要他交代罪行。据说李介谦饿得连水池里人家倒掉的鱼骨头都要捡起来吃，可想而知饿到什么程度了。办案没多久，传来消息，李介谦自杀了，党支部书记煞有介事地拿了撕成布条的床单，在大会上宣布，李介谦自绝于人民。据知情人背后讲，那些人对李介谦拳打脚踢，是真自杀还是被打死的无人知晓。一条年轻的生命就这样消失了。但过后这个党支部书记啥事也没有，照样安安稳稳当他的官。

我们单位另一个部门有一个北航分来的学生，曾经是北航驻新疆联络站的，文革中也是个骨干分子，幸运的是他所在部门的党支部书记比较仁慈，没有立案，把他保下来了。大家都说，***（即北航来的这人）要是在我们部门，十个有十个死掉了。

所以一个人一生中碰到的领导是"心慈手软"还是"心狠手辣"，命运大不一样。"

【上文摘自孙怒涛：《历史拒绝遗忘》，中国文化传播出版社，2015年，第763页，侯国屏：《陈贯良之死》】

十二、文革中毕业的清华校友

李介谦（前左），1965 年　　　　李介谦（右），1965 年暑假

李介谦（左2），1965 年春节

李介谦（前中），1965 年暑假

【上面照片均由李介谦的同班同学刘道纯（上图后排右1）提供。】

## 郑广平（1938—1971）

孙怒涛　编辑

郑广平，男，1938 出生，四川成都人。出身贫寒，中共党员。1955 年高中毕业后被选定为留苏预备生，学俄语两年。1957 年因中苏关系恶化，取消了留苏，于 1957 年进入清华大学机械系。1958 年清华成立工程化学系高分子化学专业，转入工化系读本科，304 班学生。1963 年毕业，荣获清华大学"优秀毕业生"称号。由于各方面优异，选定并考上本专业研究生。本应于 1966 年暑期毕业，因文革延误至 1967 年秋才分配。先去北京化工研究院，1969 年 11 月随同内迁人员到四川省自贡市富顺县的化工部晨光化工总厂，在一分厂（研究院）二室工作。在 1970 年开始的"一打三反"运动及然后的清查 516 运动中，郑广平难以承受巨大的政治压力，于 1971 年 5 月 2 日投沱江自尽，留下年轻的妻子和二三个月后就可见到的遗腹女儿。风华正茂的优秀英才，从此夭折，殁年 33 岁。

郑广平（1938—1971）
（1957 年，陈中平提供）

十二、文革中毕业的清华校友

郑广平（中排右7）

【上述照片选自《工程化学系六三届同学入学60周年化304班纪念册（2）》，由陈中平提供。】

## 忆广平

### 刘云清（化研65）

（1）

川南的五月天气已经很热了，"五一"劳动节放假两天，这时正是1971年5月2日的下午，人们都在家里忙碌着，有的在收拾房间，有的在做着各种吃食。突然间人们看到了从沱江边上涌上来一彪人群，好像在抬着什么东西，一边吵嚷着一边沿着厂区的围墙，穿过通往厂区的道路慢慢消失了。

我所居住的"龙王庙"小区面对着沱江在岸边的一个山坡上，高低错落地一字排开13栋楼房，由于所有的楼房都是一面朝外面对着沱江，所以刚才的景象大家都看到了。三线厂里任何消息都传的快，不一会大家就都知道，刚才是从沱江里抬上来一个人，不过那时候沱江里淹死人也是常有的事，这个龙王庙段的沱江又是个回水湾，从这里抬出淹死的人也不足为奇，大家议论了一阵也就没有下文了。

5月3号是假期后上班的日子，在去总厂的班车前，时任总厂革委会副主任的施秀琼老师（原来是清华大学的教师，后来支援三线到了晨光，时任革委会副主任）告诉我，郑广平出事了，昨天在沱江里打捞上来的正是郑广平。

（2）

当时我和郑广平都在"化工部晨光化工总厂"工作，晨光是化工部二局的一个重点三线厂，从事国防化工新材料的研制、生产。1965年开始建厂，分布在四川省自贡市富顺县的一片丘陵里，沿着一条公路，各分厂就排在公路旁边的山窝里。

我是1968年7月分配到晨光的，以后分配到二分厂，在三车间劳动。郑广平则是在1969年11月随同北京化工研究院内迁人员一起到晨光的，被分配到一分厂（研究院）二室。由于二分厂和一分厂之间隔着一座山梁，距离也有两公里多，交通十分不便，根本没有公交车辆，再加上两人的工作没有什么交集，所以我们平时也很少走动，只是有时在富顺、邓关赶场碰到时说一些最近的情况，彼此的联系也就是如此。

当时，四川省的文化大革命已经进入了革命大联合的阶段，尽管四川省的武斗还没有完全停止，但在晨光厂这个山沟里还是按照化工部的要求实现了"革命大联合"，总厂原来两派的头头们为了瓜分革委会的名额在互相争斗，我们这些刚分配来的大学生基本上处于逍遥的状态。

晨光厂在成立了"革命委员会"以后，在1970年9月被军管，军管会来自西藏军区，总厂厂部有总厂军管会，各分厂也有分军管小组负责领导各厂的运动、生产。当时总厂由"革命委员会"领导，各分厂也在军管小组的领导下成立了办事组、政工组和生产组，各厂的运动就由政工组领导。

当时由于全国的局势动荡，生产活动很不正常，晨光厂也未能开展正常的生产活动，厂里大部分人都是"八九二三"分子（即上午8点上班9点就没事下班了，下午两点上班，3点就能够回家了）。所以当时大多数人就忙着做美食、做家具。虽然如此，政治学习是不能少的，所以厂里按照省里和部里的指导按部就班地开展着"文化大革命"不同阶段的运动。

从1970年年初开始，在晨光厂就开展了"一打三反"运动，具体一打三反是什么内容，现在已经没有人还能记得了，在当时主要就是要有问题的人交代问题，而对于在外地，特别是在北京参加过文化大革命的学生，主要就是要交代"516"的问题。

在军管会的领导下"阶级斗争的弦"越绷越紧，一打三反的嗓门越唱越高，军管会某人在球场大会上作动员报告，高叫"晨光确有证据的516份子有×××人"，军管会主任再强调补充一句"三个×"，其架势好像不抓出几百个反革命不善罢甘休。

我和郑广平几乎同时被列为"嫌疑人"，被要求交代问题。当时的套路是，一旦你被要求交代问题，就会有运动的领导找你谈话，跟你交代"政策"，无非是"坦白从宽，抗拒从严"的那一套，让你交代问题的范围则十分地"虚"，也总会提示你一些莫名其妙的语言，让你摸不着头脑。好在我所在的二分厂，具体负责领导运动的干部，不是么积极或者说不那么认真，所以对我来说的"运动"，不过就是"走程序"而已，真正有实质性的内容，就是基干民兵不让你参加，评选先进不给你批，预备党员不给你转正，仅此而已。车间里的工人师傅对此也没什么反应，平时对我的态度也没什么变化。到913以后，好像什么事都没有了一样，既没有什么结论，也没有什么平反，似乎给你转为正式党员也就一切都一风吹了。可以说，我是幸运的。

但郑广平的境遇却和我不同，据和他同科室的同事回忆，当时他们工作较忙，经常三班倒作实验，他和郑广平总在一个班，看出他越来越沉闷，总是心事重重，不知何故？他回忆道"一天，他对我说：我文革中犯了大错。我问他什么错，他说：在清华时是群众组织"井岗山兵团"一般成员，某天在路上碰上清华群众组织头蒯大富(工化系学生)，让其参加在高级党校的一个会，与会后方知是高级党校准备炮轰康生的串联会。此时的背景是1966年12月，全国是一片"打倒"声，"刘、邓"已被打倒，连中央文革的陶铸即将被打倒，凑点材料企图打倒某人也不新鲜。未曾想到反康生之事江青几天后讲话表态，定为"反革命黑会"，高级党校有关人员被整，而对清华"小将"未予追究。"，现在一打三反来了这件事怕是要追究了。

不过，我在二厂这边听到的消息还有比这更为严重的问题，那就是"完蛋歌"的问题。了解清华文革情况的人都知道"完蛋歌"，这是414派引用了林彪的一段语录作为414的战歌，据说郑广平曾经和另一个人写过一张大字报《完蛋歌就是反动的法西斯黄色歌曲》，投鼠还需忌器，他怎么这么糊涂，为了打派仗竟然把当时还如日中天的"林副统帅"给卷进来了，可是这样一来"反林彪"的帽子就会扣上来了，这不更为严重？

据后来远在江西的黄瑞和给我寄来他在被审查期间交代材料中涉及我的部分里面记载，对于我来说还有一项重大的事件就是参加"揪刘火线"，其实我并没有参加过揪刘火线，只是天真的黄认为这些事只要向"组织"谈清楚就没有事了，殊不知他这揭发一点对另外的人可能就是致命的问题，像我们所在的山沟里的人听到"围困中南海"岂不是天大的问题？我猜想这个问题恐怕也是军管会掌握的郑广平的问题之一。

当时他的事情早就向军管会"交代"了，据他当时的同事回忆，当时军管会的确未触动他，现分析可能认为不是本单位之事，等以后再说，对他没有一张大字报，也没开过批判会，他所任102连（即研究院2室）2班班长也未免职。

但郑广平觉得越来越不踏实，不知道下一步会是怎样？他住单身宿舍，每天下班后在办公室明为写材料，实为发呆，事情太简单，的确写不出多的情况。郑在精神折磨中苦苦地熬着度日。

直到1971年5.1放假两天，5月2日下午他步行到一分厂和二分厂之间的桂圆林沱江畔，据目击者（一位渔民）言，一位年轻人在沱江边来回拼命奔跑，似乎要达到非常疲劳的状态，然后就一头栽进江中，被湍流的江水无情地冲走了。广平会游泳，此举说明它已彻底绝望，决意要离开自己的亲人，离开远在重庆尚未分娩的妻女，离开他的同学、朋友，离开当时这个说不清道不白的世道。

他未留下任何遗言。当时研究室的领导是很理智的，上报时定性为游泳溺水身亡。在那个年代如定为"自杀"，会开除公职、党籍，停发安葬费等，对死人都不放过，家属也会受牵连。广平走后不多久，其妻产下一女。广平后继有人，这对死者的在天之灵总算是一丝安慰。

背景是沱江，郑广平投水的江段。

（3）

郑广平的经历也可谓坎坷，他出身于成都龙泉驿的一个贫苦家庭，1955年高中毕业（17岁）后被选定为留苏预备生，学俄语两年，但1957年中苏关系恶化，取消了留苏，于1957年进入清华大学机械系，1958年清华成立工程化学系高分子化学专业，转入清华大学工化系(现化工系)读本科，碰上了6年制，1963年才毕业。毕业后由于各方面优异，选定并考上本专业研究生，本应于1966年暑期毕业，不想1966年6月初文革开始，全部66届毕业生1967年才分配。

郑广平人很聪明，学得灵活，知识面广，学习成绩在班上名列前几名。他关心政治，热心社会活动，属于那种"又红又专"的学生。荣获清华大学"优秀毕业生"称号。

这样一条鲜活的生命离开了他所热爱的世界，一名大有前途的化学工程师离开了他钟情的事业，但他是在极不情愿的情况下离开的，是在被迫无奈的情况下离开的。在当年那个"以阶级斗争为纲"的年代里，人们不时地要被卷入一个个阶级斗争的漩涡，抓住你身上任何一点点"线索",给你上阶级斗争的纲,上阶级斗争的线,郑广平就是如此被卷进了一场"一打三反"的运动里,被逼迫交代莫须有的所谓"罪行"无奈之下而寻了短见的。如今,"文化大革命"虽然在理论上被否定,但愿当年一打三反的悲剧永远不会重现,因此记载下郑广平的往事以资纪念。

### 田兴和忆广平同学

郑广平是我的同学、同事、好友,他离我们而去已37年之久。回首往事,历历在目,心潮难平。

广平出生成都郊区龙泉驿,家境贫寒,然自幼聪颖好学,17岁高中毕业后,以"留苏预备生"之名,在北京学习俄语,后因中苏关系恶化而中断学习。1957年进入清华大学机械系,1958年清华成立工程化学系高分子化学专业,我和广平有缘同班学习。我俩同住一室,朝夕相处,又是班级篮球队左右锋搭档,友情甚笃。广平智商高,学得灵活,知识面广,学习成绩在班上名列前几名。他关心政治,热心社会活动,属那种"又红又专"的学生。荣获清华大学"优秀毕业生"称号。1963年毕业后,我分配到北京化工研究院,广平留校读研究生3年,正赶上文化大革命。

1969年我和妻子王素云(清华工化系140教研组实验员)调至三线建设的晨光化工研究院一分院(四川富顺县的一个山丘),同去的还有同班同学关儒扬、瞿彩莉夫妇,贺国森,陈振兴。不久,广平也来了,我们又成为同事。

1971年,结婚不久的广平被重点审查,罪名是反"四人帮"的"高参"康生。学习、工作、生活基本上一路顺风的广平被这突如其来的政治压力弄懵了。一夜间,广平像变了个人似的,忧心忡忡,表情呆滞。在那人性扭曲的年代,审查者不断施加压力,他哪里说得清楚?广平的痛苦可想而知。当时,我也是内控对象,有些眼睛盯得很紧,想宽慰广平几句都得小心翼翼。逐渐升级的审查,沉重的思想负担,广平的精神支柱被彻底击倒。

不幸的事终于发生了。1971年劳动节放假,5月2日广平溺水身亡，年仅32岁。这天雨下得特别大，仿佛天公在哭泣。目击者告知，一位年轻人在沱江边拼命奔跑，一头栽进江中，被湍流的江水无情地冲走了。广平会游泳，此举说明它已彻底绝望，决意要离开自己的亲人，离开远在重庆尚未分娩的妻女，离开他的同学、朋友，离开当时这个说不清道不白的世道。

广平走了，一个风华正茂、才华横溢的青年走了。留下了悲痛，留下了惋惜，留下了思念，留下了某种启示。

人的一生，坎坎坷坷，曲曲折折，痛苦与愉悦共存。借用他人的一句话，人要学会消化痛苦，方能增加一份愉悦。能否这样讲，一帆风顺对人生固然可贵，但难能可贵的应该是人要学会在逆境中生存的本领。当时"四人帮"还未倒台，阴云仍笼罩在人们头上，就在当年"九一三"事件发生后不久，研究院有人私设公堂，把一个粗壮的青年折磨至死。但我一直在想，我能为广平的家人做点什么？我试着给广平家人写了一封信，表明我对广平问题的态度，信中有一句话称广平至少不是我们的敌人。广平家人见信十分激动，立即邀我见面。这是一个寒冷的冬天，我借出差之机来到郑家，见到广平的母亲，一位慈祥的老人。广平的三姐把我介绍给老人，告诉她我是广平的同班同学、好朋友，特地来看望她的。我与广平同年同月生，身高差不多。我面对老人，心中的酸楚阵阵涌起，情不自禁地在老人身边左右，为她端茶，披衣避寒。此情此景，老人开始生疑。广平的三姐不时打岔，方打消了老人的疑虑。广平去世后，广平的家人一直以广平出国执行任务，短时间回不了家来安慰老人。可怜的母亲，直到她仙逝都不知道最值得她骄傲的儿子广平早已离她而去。

许多时间以来，我依稀感觉到自己肩上多了一份责任。我们侥幸活着的人应该为死者未竟的事业多作些努力。我以为这才是对死者最好的怀念。

2008- 5- 2　　写于成都

## 杨国威忆郑广平

郑广平同志是经历最不顺的人。与我同岁的郑晚我9年才工作。

1967年，北京院主迁人员还未到晨光一厂，所有大学生临时安排为公家物品卸车等工作的搬运队。郑于1969年11月与我们随迁人员一道，分配到二室，与我在一个组，由于他知识渊博，为人亲切，我们相处得很好。

当时，晨光一厂基本上无派性，也无运动，到也很平静。1970年晨光被军管，军管会大施权威，9月将知识分子集中的一厂改为"一片"，所有机构改为军事化，研究室改为"连"，专题组改为"班"，连长、班长任命的首要原则必须是党员，郑广平是党员，成为102连（原二室）2班班长，我是他的兵。

1970年底开始，在军管会的领导下"阶级斗争的弦"越绷越紧，一打三反的嗓门越唱越高。我们这时工作较忙，经常三班倒作实验，我和郑广平总在一个班，我看出他越来越沉闷，总是心事重重，不知何故？一天，他对我说：我文革中犯了大错。我问他什么错，他说：在清华时是群众组织"井岗山兵团"一般成员，某天在路上碰上清华群众组织头蒯大富(工化系学生)，让其参加在高级党校的一个会，与会后方知是高级党校准备炮轰康生的串联会。此时的背景是1966年12月，全国是一片"打倒"声，"刘、邓"已被打倒，连中央文革的陶铸即将被打倒，凑点材料企图打倒某人也不新鲜。未曾想到反康生之事江青几天后讲话表态，定为"反革命黑会"，高级党校有关人员被整，而对清华"小将"未予追究。但郑广平落下一块心病，总觉得什么时候要大遭殃，故心神不定。我反复安慰他、劝他，你仅是一般不知情的与会者，不会把你怎样。我这种软弱无力的劝解与军管会搞运动的强力叫嚣相比，安慰对他几乎不起作用。当时他的事情早就向军管会"交代"了，军管会的确未触动他，现分析可能认为不是本单位之事，等以后再说，对他无一张大字报，也无批判会，102连2班班长也未免职。但郑广平觉得越来越不踏实，不知道下一步会是怎样？他住单身宿舍，每天下班后在办公室明为写材料，实为发呆，事情太简单，的确写不出多的情况。郑在精神折磨中苦苦地熬着度日，直到1971年5.1放假两天，5月2日下午他步行到二厂下游跳沱江自尽，未留下任何遗言。当我第一时间得知时，内心悲痛不已，但又不能表述，102连多数同志也有同感，这么优秀的高才生不到34岁就走了。

  此事至今已40年，他的死我总不能忘怀，郑广平同志是被"阶级斗争"的腥风黑雨摧残死的。现在可以告慰他的在天之灵，江青等"四人帮"早已倒台，康生这个坏蛋已被钉在历史的耻辱柱上。如郑广平活到现在该有多么好啊！

2011.5.13

  【编者注：《田兴和忆广平同学》和《杨国威忆郑广平》两文均由刘云清提供，录用时对与郑广平无关的文字作了少量删节。】

# 王崇基（1943—1971）

孙怒涛　编辑

王崇基，男，1943年出生。1962年考入清华大学动农系，汽8班学生。校足球队队员。1968年秋毕业，分配到邢台拖拉机厂工作。在1970年开始的清查516运动中，不堪承受残酷迫害，自杀身亡。殁年28岁。

王崇基（1943—1971）
（1962年入学照，杨光提供）

## "牤牛"——左边后卫王崇基

王庆章（精7）

王崇基原是六二级六八届的，和大彭、赵育同届，是动农系汽八班的，此人身高与赵育差不多，约一米七五、七六左右，但身体看起来壮得很，红红的脸膛，浓浓的双眉，一对大大的眼睛，小伙儿长得

## 十二、文革中毕业的清华校友

挺标致,嗓音浑厚还带点磁性,遇事好激动,典型的肝胆气质类型。为人正直,讲道理,也讲义气,容不得半点儿虚假。他的不足是脾气倔,好钻牛角尖儿,想不通的事儿很难自己想明白钻出来。在场上踢球喊叫起来声音特大,于是得一外号"牤牛"——查字典意公牛。

好像他不是科班出身,属于在学校从小踢球水平比别人高入选校队,经常参加比赛,踢得也就像模像样。他中学是三十一中的,足球水平在西城还不错(当然比不了四中),足坛名宿孙洪年老先生就在该校任教。进队后他着重基本功的训练,像我们这些不是科班训练出来的,基本动作都有毛病,行家一眼就能看出。有一段时间,教练重点抓基本功的练习,大家都受益不小。王崇基进步很快,原来发门球怎么也踢不远,经矫正后,也能踢过中场了,高兴的他一天到晚嘴里不停地哼着小调,还时不时地和队友们交流心得体会。

63年底,"九评"学习时,因平时经常看"圣经"一类的书受到批评(谈不上批判,代表队里的"九评"学习运动温和得多),想不通,造成自己思想上负担,又染上了肝炎,就休学了一段时间,他也因此掉到九字班,和范伯元一班了。归队时,不但身体恢复得很好,对大家在运动中的批评,也想通了,很快就又融入队里了,还参加了全国足球乙级联赛及后来一年多的几乎所有比赛。

六八年秋,终于盼来了毕业分配,他虽和"范桶"一班,但他却比范早分配,而且到邢台地区

文革中的王崇基

报到,直接就分到邢台拖拉机厂——当地一座知名国营大厂,约有两三千职工,由于专业对口,离北京又不远,不但他自己满意,大家也为他高兴。离京赴邢台那天,在京的队友和好友都去车站为他送行,

"范桶"和赵育还与他约定,待他俩去西宁报道时,按电报里说的车次在邢台火车站再见一面。过了也就十来天的样子,范、赵二人也买了去西宁的车票并电告了"牤牛"。

列车大约行驶了四五个小时就到了邢台。再说"牤牛",头天接到电报就开始计划,车到前,在当地最有名的铺子买了两只烧鸡(确切地说是两只扒鸡-当地的名特产),吃起来又酥又香有点入口即化的感觉。哥们儿太知道来客是何等人物,"神马"饭量了,于是又让店家切了二斤猪头肉,对着拿在手中的两样物件儿,他搂了一眼,又掂了掂,点点头嘬了嘬嘴——够了!又拿了一瓶衡水老白干67度的,付完钱直奔车站而去。等了约莫十几分钟,范、赵乘坐的列车就到了,于是,前面描写哥儿仨在疾驰的列车上,相聚、相会、吃肉、划拳、喝酒、依依泪别的情景就发生了,不赘述。那会儿,毕业后送别队友的场景,真的是让大家一辈子不忘!——尽管每人此生仅此一次!

可惜的是,一年多后,王崇基在运动中遭迫害,被打成所谓的"贝多芬俱乐部"的黑后台,批斗、挂牌、游街、非法关押,身体和精神受到极大的打击,身边又没有人帮助他排解,最终不堪忍受,自杀身亡!成为足球队最早去世的队友,而且是非正常死亡!

王崇基
(后右1,1964年颐和园欢送毕业队友)

【上文引自《清华大学体育代表队1950-60年代纪实,第二卷 回忆与思考(上)》,自印本,2014年10月,第236页。杨光提供。】

十二、文革中毕业的清华校友

部分足球队队员（前中为王崇基，1968年。杨光提供）

足球队住2号楼2074室队员合影（左2王崇基，1966年初。蔡德立提供）

# 蔡达（1944—1972）

孙怒涛　编辑

蔡达，男，1944 年生。1962 年考入清华大学工程物理系（物 8 班）。1968 年底毕业分配到安徽繁昌 803 地质勘探队工作。在清查 516 运动中被迫害，于 1972 年农历正月初三凌晨上吊自尽，留下年轻的妻子和一周岁的儿子。殁年 26 岁。

蔡达（1944—1972）
（姚志修提供）

## 忆蔡达友

姚志修（物 8）

【关于清查五一六运动的概况】

据可查阅的公开资料，所谓"五一六集团"是指在文革时期的

十二、文革中毕业的清华校友

1967年6月间成立的"北京钢铁学院五一六红卫兵团",其矛头针对周恩来和国务院。经毛泽东授意,陈伯达、江青等出面,在群众造反派的打击下,该组织于1968年全面崩毁。但1970年3月27日中共中央发出《关于清查"五一六"反革命阴谋集团的通知》,全国性清查运动由此展开。凡为各级掌权者视为异己分子,均属清查整肃之列。陈伯达在庐山会议倒台后的1970年8月被指认为该集团的操纵人。毛泽东和林彪更于当年10月分别指示务将运动进行到底。1971年"9.13事件"后,林彪被列为该集团的为首者。人为随意制造的这场阶级斗争持续到1974年批林批孔运动。1976年"四人帮"垮台后中央说,清查"五一六"是"四人帮"及其各地代理人制造的假案。在此运动期间,全国约有300—1000多万人被打成"五一六"分子,数十万人被打死、自杀、致残、逼疯。在清查期间,我属于怀疑和监控对象,而学友蔡达则被逼自杀。

清华物八年级时期(1962—1968)蔡达与我不在一个小班,平素接触不多。在我的印象里,他是一位讲纯正北京普通话、谈吐温文尔雅的同学,1964年几次参加歌颂党、歌颂领袖的大型音乐舞蹈史诗《东方红》在北京人民大会堂的演出。据同宿舍同学回忆,他性格开朗,乐于助人。1968年冬毕业分配末期,他在8号宿舍楼主动告诉我,我俩分配到安徽繁昌县桃冲安徽省重工业厅所属的803地质勘探队,队部设在繁昌县的桃冲。繁昌通铁路,东经芜湖,北折可抵合肥,东往可达南

蔡达(中)在文革中与同班同学的合影

京、上海，交通很便利，他显得比较高兴。我们相约按规定在年底前去报到。

直到1969年的元月2号，我才在芜湖换乘长途汽车到达繁昌桃冲。下车后我沿斜坡向上往大队部走，只见蔡达像小鸟一样，从队部的二楼招待所飞奔下来，跑到我跟前连连埋怨道："你怎么迟到了？我早就报到等着你呢。"我回答说，因上海家里有事耽搁了，元旦放假，元月2日报到与12月31日报到是等价的。蔡达、我和清华工化系、北京工业学院分配来的几个毕业生一起在招待所住了几天，我听他们说桃冲有一个开采多年的中等铁矿，采矿作业面在地下数十米至上百米，该矿与地质队关系不错，就提议大家要求队部安排我们去地下矿参观。蔡达马上阻止我说：组织对我们十分关心，让我们领了价值超过百元的劳保用品，工人师傅连夜加班，给我们每人制作了木板大床，我们来是接受再教育劳动锻炼的，不宜提参观要求，不要给组织增添麻烦，还是早点下基层钻机组好。我说，劳保用品是沉重的翻毛大皮鞋、上下短身厚雨衣、带胶手套，木板床重得两个人抬都费力，说明我们将要在钻井组从事十分繁重的体力劳动。只怕我们分下去后，再也没有机会集合在一起来参观地下矿区了。但我还是接受了他的意见，没有向领导提参观要求。只隔了一天，我们清华四人便分到铜陵新桥的四分队，蔡在3号机组，我在5号机组，工化系的孙崧城在4号机组。3、4、5号钻机场地开始时相距数百米，半年后相隔几座山。刚到四分队时，这三个机组的20余人住在一个大房间里，蔡达经常在蚊帐里掏出其妻子笑容可掬的照片看，照片背面写着一行秀丽的字"她永远向你微笑"，蔡成了我们劳动锻炼大学生中最幸福的一个。钻探工作实行三班制，钻机有时安置于稻田，有时定位在山坡，昼夜运转。我俩碰见的机会不多，蔡达很安稳，偶尔见面私下表示不知这样的锻炼何时才结束。

1971年社会上和勘探队开展清查五一六时，他在南陵县，我在铜陵县。我们自知不是五一六分子，都很坦然。有一次他托人捎信给我，说他爱人来探亲邀我去小聚，我就搭队里的卡车去了。为显示我俩见面的公开性和说话方便，蔡达带我坐到山丘竹林边交谈。工人师

## 十二、文革中毕业的清华校友

傅从我们面前十几米的路上经过，打趣地喊：你们两个五一六在密谋什么？我们哈哈大笑回答：是啊，是啊，你也来参加吧。他们夫妇招待我一起吃饭，我才知道他爱人姓周，是淮南市的老师，优雅大度又十分聪颖。据蔡达同事说，蔡工余时常与妻子下一种五角星棋盘的跳棋，多数周赢蔡输。

以后清查运动变得越来越紧。文革初期，蔡达曾在首都红卫兵的合肥联络站待过，而我是杭州联络站的人员。我们俩以不同形式被管制了：我原先一个人在山下给水站值班，被重新发配到山上钻机组干集体活；不得听取9.13林彪事件中央文件对群众的传达；走出驻地须请假；队部毛泽东思想宣传小分队不远百里，来为我们钻机组表演节目，一位斗志昂扬的胖女孩边歌边舞，手指着我鼻子厉声吼道：你，你，你，你就是五一六！对蔡达则更严厉，在没有任何文件出示告知的情况下，将他从钻井组调出，隔离到大队部的一个小房间，专案组整天吩咐他写交代材料。我听说他在大队部情绪低落，一天趁被叫到大队部接待外调的机会，天黑后借机去招待所储藏室取被子，特地到储藏室对面的小屋看望他。蔡达对我说，文革初期他在合肥联络站没有做过坏事，专案组要他揭发的几个对象是群众组织的负责人，他们均还担任着省市革委会的职务，并且经常出现在报纸的正面报道中，他实在想不通。他还说，一起分配来接受再教育的毕业于北京工业学院的胡某，现在进了政工组，成为管他的专案组副组长，自己肥皂短缺，向胡借块肥皂他都不肯。我说：胡某是组织的人，当然政治第一，与我们不一样，你何必在意，肥皂可向大队部梁某等其他同学借。我进一步宽慰他道：一场运动，长者二、三年，短则一年半载，我们见得很多了，世上没有过不去的坎。第二天上班时分，革委会严主任将我喊去训斥了一顿，说有人揭发我昨晚去蔡达房间通风报信。我申辩道，我睡招待所被子薄，去储藏室取加被，刚好看见对面的蔡达，随便聊了几句，没有讲要紧的话。

不久我接到上海母亲病重要我回去的电报，翻了几座山去分队部请假没有获准，只得跨越两个县去大队部告假。我在大队部办公室听说蔡达基本不与人讲话，一日三餐总是等大家餐毕离开食堂后才单独一人去吃饭。开饭时我就故意很晚去食堂,想在那个公共场所与他见一面,但左等右等没有等到他来。我只得走出食堂回招待所,路上正遇到蔡达拿着两个空碗去食堂,我走近他,没有问候,只自言自语地大声说:"我因母亲生病来大队请假,准备明天回上海。"算是正式与他打个招呼,他正视我一眼后微微摇头,示意我不要多说……这是我俩最后一次的面对。临离开大队部时,我又被军代表喊去训话,他严厉地说:看在你父亲烈士的份上,让你回家看望母亲,在火车上要好好思考自己和别人的五一六问题!

1971年的冬季特别冷,临近年关下了大雪。1972年农历正月初三我一个人在山上钻机值大夜班,同班组的地质队原团委书记摘帽右派高某早晨8点来接我班,他走进空旷的帐篷目无旁人地大声宣布:我们队里另外一个五一六见马克思去了!我心里一惊,没有理睬他,披上大棉袄就下了山。以后听说,周老师大年夜带着一周岁的儿子乘长途车来桃冲探亲看望蔡达,队领导不让他们一家三口单独待在一起,更不许他们住在一起,要求周翌日早晨赶回淮南。蔡受不了刺激,初三凌晨悬梁自尽,发现时胸口尚温热。队部又叫周老师从淮南赶来,要她与蔡达划清界线。

蔡达的骨灰盒一直存放在保卫组,据说天阴雨湿时里面的工作人员很害怕。1973年秋后地质队的清查运动逐渐冷却熄灭,保卫组要我转请蔡达亲属处理骨灰。蔡达母亲和周老师复信我,说蔡达平素敬佩周总理的清白为人,嘱我将蔡的骨灰撒到长江里。受托后,我和孙崧城同学向队部要了辆吉普车、五元钱,买了一瓶好酒,抱着红布包裹的蔡达骨灰盒,驱车到荻港长江边,花钱雇了一艘民船。船行驶到江中央水清处,我俩将蔡达的白骨片一小把一小把、肃穆地撒到清波中,最后洒酒入江祭奠。

在周老师帮助下,1974年我以视力差不合劳动保护要求为由,从地质勘探队调到安徽师范大学物理系工作,从此改变了生活轨迹。我是地质队30多名劳动锻炼大学生中第一个调离的人。

在周老师等不懈坚持下,1979年5月11日中共安徽省委形成中发(1979)40号通知文件。通知说,清查蔡达等人的案件"是'四人帮'及其在安徽代理人推行修正主义办案路线的一起假案",决定给"在学习班中致死的蔡达同志""予以平反昭雪,由原单位负责做好善后工作。"文件还说,牵连此案33人,有名有姓的8人,其中3人受迫害致死。但文件没有具体指明谁是"四人帮"在安徽推行这条修正主义办案路线的代理人。

蔡达父亲是中国戏剧家协会的资深俄语翻译和编辑,曾翻译出版过《托尔斯泰夫人日记》。改革开放后,蔡达儿子获国内学士和硕士、美国博士学位,现在中国科学院一个研究所工作。清华工化系8字班同学和地质队同事孙崧城获美国博士学位,在加拿大的一家化工企业工作至退休,他说地质队的经历终生难忘,在清查五一六时,有工人密报他说过"人怕出名猪怕壮"的反动话,他在接受政工人员查问时答:此话是毛主席说的,才得以解脱。

回首往事故友感慨万千。在那个压抑昏晦的年代,蔡达美好的小家庭就这样被莫须有的清查运动彻底破坏,而我等芸芸众生则无时不在惶恐中生活。我们的心深深打上了文革痛苦的烙印,终身难于忘却。

**附件:** 中共安徽省委文件[中发(1979)40号]为蔡达等同志平反昭雪的通知。

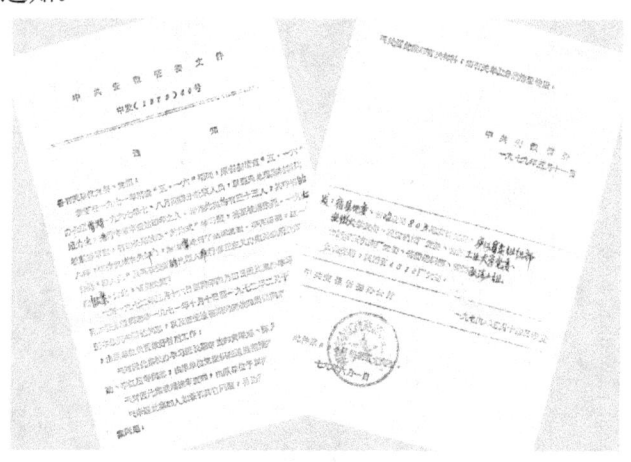

【上文引自孙怒涛:《历史拒绝遗忘》,中国文化传播出版社,2015年,845页。】

## 附录

# 清华文革死难者名录

孙怒涛 编制

重要说明:

1. 本表是在唐少杰教授编辑的《清华大学"文革"时期"非正常死亡"人员名单统计表》[1]的基础上加工编制的。唐教授的统计表对于清华文革史的研究是一项基础性的工作,功莫大焉!在此,向唐教授表示衷心的谢意!
2. 本表序号1~58抄自统计表。内中发现少许差错,用脚注作了订正或补充,灰底字表示与原表的不同之处。
3. 本表序号59~65是新增的。

| 序号 | 姓名 | 性别 | 出生年份(或年龄) | 原单位 | 原职务 | 政治面貌 | 死亡时间 | 死亡方式或死亡地点 |
|---|---|---|---|---|---|---|---|---|
| 1 | 史明远 | 男 | 1936年 | 清华大学自控系 | 助教 | 共青团员 | 1966.7.5. | 在京郊十三陵服毒药身亡 |
| 2 | 郭兰蕙 | 女 | 19岁 | 清华大学附属中学高中二年级 | 学生 | | 1966.8.20. | 因所谓"家庭出身不好",遭红卫兵同学的"批斗",服毒药后被阻拦救治,身亡。 |

---

[1] 唐少杰教授的名单统计表引自孙怒涛:《历史拒绝遗忘》,中国文化传播出版社,2015年,第1441页。

| | | | | | | | |
|---|---|---|---|---|---|---|---|
| 3 | 侯协兴 | 男 | 1937年 | 清华大学土建系[2]给7班 | 学生 | 右派学生[3] | 1966.8.26. | 在清华2号楼五楼（层）上，跳下自杀。 |
| 4 | 刘澍华 | 男 | 1937年 | 清华大学附中物理教师 | 附中校团委副书记 | 中共党员 | 1966.8.27. | 在清华公寓小区，从高烟囱跳下自杀。 |
| 5 | 王章 | 男 | 1933年 | 清华大学行政生活处第三饭厅 | 炊事员 | | 1966.9.25. | 8月24日"二校门"被毁后，被"清华大学红卫兵"关押在清华生物系馆内，上吊身亡。 |
| 6 | 佟英亮 | 男 | 1908年 | 清华大学精密仪器系 | 门卫 | | 1967.1.9. | 在北京林业科学院附近，上吊身亡。 |
| 7 | 张怀怡 | 男 | 1945年 | 清华大学工程数学力学系力901班，体育代表队[4] | 学生（团支部书记）[5] | 中共预备党员 | 1967.3.25. | 在其日记中被发现有"反革命言论"，受到批判，从清华学生宿舍2号楼顶楼跳下身亡。 |
| 8 | 肖化时 | 男 | 1943年[6] | 清华大学无线电系无706班 | 学生 | 中共党员 | 1967.8.1. | 参加武汉造反派群众组织的横渡长江的活动中，因现场混乱，横渡者拥挤踩踏而溺水死亡。[7] |
| 9 | 李磊落 | 男 | 22岁 | 清华大学电机系电9班 | 学生 | | 1967.8.7. | 在湖南常德参加群众武斗，乘车转移伤员时遭遇机枪扫射致死。 |

---

2　此处原为"建工系"。本表中原来还有用"建筑系""土木系"的，都改为"土建系"。
3　此处原为"群众"。
4　增添了"体育代表队"，张怀怡是集中队员。
5　据力901班的几位同学证实，张怀怡在班上时未担任过团支部书记。
6　此处原为空白。
7　此处原为"在与武汉'百万雄师'进行的武斗中致死。"

| | | | | | | | |
|---|---|---|---|---|---|---|---|
| 10 | 刘仁堂[8] | 男 | 23岁 | 清华大学无线电系无91班 | 学生 | | 1967年8月中旬 | 在辽宁鞍山市参加当地群众武斗时，致死。 |
| 11 | 羌于正 | 男 | 22岁 | 清华大学动力与农业机械工程系农9班 | 学生 | | 1967.8.29. | 在回家穿越南通城区时，为躲避两派武斗，[9]不幸被流弹击中，致死。 |
| 12 | 周定邦 | 男 | 1930年 | 清华大学水利系水力学教研组 | 讲师 | 1953年加入中共，1957年时被开除党籍 | 1967.12.25 | 在宿舍跳楼身亡。 |
| 13 | 黄报青 | 男 | 1929年 | 清华大学土木建筑系 | 系党支委员、副教授，民用建筑教研组副主任 | 中共党员 | 1968.1.18. | 跳楼身亡。 |
| 14 | 姜文波 | 男 | | 清华大学土建系给01班 | 学生 | | 1968.4.27.[10] | 被团派武斗群众追赶，跳楼摔死。 |
| 15 | 谢晋澄 | 男 | 24岁 | 清华大学自动控制系[11]自94班 | 学生 | | 1968.4.29. | 武斗中，被团派汽车撞压致死。 |
| 16 | 孙华栋 | 男 | | 清华大学无线电系无01班 | 学生 | | 1968.5.15. | 被团派武斗人员绑架，遭毒打致死。 |
| 17 | 许恭生 | 男 | 24岁 | 清华大学冶金系冶82班 | 学生 | | 1968.5.30. | 大武斗中，在东大操场北侧，被414派众人长矛乱刺致死。 |

---

8　此处原为"刘庆（刘仁堂）"。刘仁堂在文革中曾改名为"刘庆"，但他的学籍卡上的姓名仍然是"刘仁堂"。
9　此处原为"在江苏南通市参加当地群众武斗时"。
10　此处原为"4.26."。
11　此处原为"自动化系"。

| | | | | | | | |
|---|---|---|---|---|---|---|---|
| 18 | 段洪水 | 男 | 19岁 | 清华大学修建队 | 工人 | | 1968.5.30. | 武斗中，在攻楼时，被414派众人长矛刺中，摔下梯子致死。 |
| 19 | 卞雨林 | 男 | | 清华大学工化系[12]003班 | 学生 | | 1968.5.30. | 武斗时，胸口被团派武斗者射出的毒箭（体育比赛用箭）击中，致死。 |
| 20 | 周久庵 | 男 | 1907年 | 清华大学图书馆 | 职员 | 民盟盟员 | 1968.6.4. | 在北京大学靶场西侧水坑内，溺水自杀。 |
| 21 | 张义春 | 男 | 1921年 | 清华大学体育教研组 | 讲师 | 群众 | 1968.6. | 在宿舍自缢身亡。 |
| 22 | 刘承娴 | 女 | | 清华大学统战部 | 副部长 | 中共党员 | 1968.6.18. | 在团派看守处，跳楼死亡。 |
| 23 | 朱玉生 | 男 | | 清华大学土建系房01班 | 学生 | | 1968.7.4. | 武斗对峙中，在科学馆外战壕中被团派枪弹击中致死。 |
| 24 | 杨志军 | 男 | | 清华大学电机系高01班[13] | 学生 | | 1968.7.5. | 武斗对峙中，在科学馆外值班巡逻时[14]，被团派枪弹击中致死。 |
| 25 | 杨树立 | 男 | | 清华大学动力与农业机械工程系汽车拖拉机实验室 | 实验员 | | 1968.7.6. | 乘坐向动农馆运送粮菜后返回主楼途中[15]，被团派开枪击中心脏。 |

12 此处原为"化工系"。
13 此处原为"电01班"。
14 此处原为"修筑战壕时"。据现场目击者姚荣达回忆：7月5日上午，轮到他和杨志军在科学馆后门值班，他们俩都在门外巡视。杨志军被一教西北角暗堡里射来的子弹击中颈动脉，当场倒地，血向外喷射不止，很快身亡。
15 此处原为"土装甲车外出购菜"。土坦克是给动农馆送粮菜的（并不是外出购菜），驾驶员是周家琮，杨树立坐在身后。返程回主楼时，遭到团派在二校门西南角地堡内枪手赵德胜射击，杨树立中枪，送北医三院抢救，死在手术台上。

| | | | | | | | |
|---|---|---|---|---|---|---|---|
| 26 | 钱平华 | 女 | 23岁 | 清华大学自动控制系[16]自802班 | 学生 | | 1968.7.18. | 从家乡返校,在清华主楼前被团派枪弹击中致死。 |
| 27 | 范仲玉 | 男 | | 清华大学修建队 | 工人 | | 1968.7.28. | 凌晨,乘车撤离途中,因同车团派的手榴弹拉环拉出,翻车爆炸,致死。 |
| 28 | 范崇勇 | 男 | | 清华大学中等技校 | 学生 | | 1968.7.28. | 同上 |
| 29 | 赵晓东 | 男 | 1910年[17] | 清华大学附中体育教研组组长 | 中教二级教师 | | 1968.8.9. | "清理阶级队伍运动"中被关押,在清华附中主楼四楼跳下身亡。 |
| 30 | 陈祖东 | 男 | 1912年 | 清华大学水利系施工教研组主任 | 教授 | | 1968.9.20 | "清理阶级队伍运动"中被追查他自己和别人的"历史问题",在圆明园遗址上吊自杀。 |
| 31 | 黄志冲 | 男 | 1934年 | 清华大学工程化学系 | 系党总支副书记 | 党员 | 1968.9.26. | 在清华荷花池二宿舍本人住室,自缢。 |
| 32 | 周华章 | 男 | 1918年 | 清华大学基础部数学[18]教研室 | 教授 | 民盟盟员 | 1968.9.30. | 在其住所跳楼自杀。 |
| 33 | 徐毓英 | 女 | 1932年 | 清华大学精密仪器系 | 讲师 | 中共党员 | 1968.10.9.离校出走 | 武汉长江(不详)。[19] |
| 34 | 王慧琛 | 女 | 41岁 | 清华大学基础部体育教研室[20] | 教师 | | 1968.11.6. | "清理阶级队伍运动"中,在北京香山公园,与丈夫殷贡璋一起上吊自杀身亡。 |

---

16 此处原为"自动化系"。
17 王友琴《文革受难者》写的是1909年出生。
18 此处原为"教学"。
19 据校友提供的信息,徐毓英因议论江青被工宣队追查、批判,坐火车到武汉,从长江大桥投江自杀。
20 此处原为"外语教研组"。

| 序号 | 姓名 | 性别 | 年龄 | 单位 | 职务 | 政治面貌 | 死亡日期 | 情况 |
|---|---|---|---|---|---|---|---|---|
| 35 | 殷贡璋 | 男 | 42岁 | 清华大学基础部体育教研室[21] | 教师 | | 1968.11.6. | "清理阶级队伍运动"中,在北京香山公园,与妻子王慧琛一起上吊自杀身亡。 |
| 36 | 杨景福 | 男 | 36岁 | 清华大学基础部外语教研室 | 讲师[22] | | 1968.11.6. | "清理阶级队伍运动"中,跳楼自杀身亡。 |
| 37 | 程国英 | 男 | 1922年 | 清华大学土建系、美术教研组副主任 | 讲师 | | 1968.11.12 | 在清华园荷花池南边土坡上,自缢身亡。 |
| 38 | 于贵麟 | 男 | 1928年 | 清华大学自动控制系 | 工人 | | 1968.11.28 | 在陶然亭公园南豁口,投河自杀。 |
| 39 | 李丕济 | 男 | 1912年 | 清华大学水利系 | 教授 | | 1968.11.29 | "清理阶级队伍运动"中,被关押时,跳楼自杀身亡。 |
| 40 | 邹致圻 | 男 | 57岁 | 清华大学机械系 | 教授 | | 1968.12.10 | "清理阶级队伍运动"中,跳楼自杀身亡。 |
| 41 | 程应铨 | 男 | 49岁 | 清华大学土建系 | 讲师 | | 1968.12.13 | 1957年被划为"右派分子",在"清理阶级队伍"运动中被"审查",投水自杀身亡。 |
| 42 | 李文才 | 男 | 46岁 | 清华大学工程化学系 | 副主任、副总支书记 | 中共党员 | 1969.1.9. | "清理阶级队伍运动"中,在家中上吊自杀。 |
| 43 | 路学铭(路学周) | 男 | 41岁 | 清华大学体育教研室 | 讲师 | | 1969.2.8. | "清理阶级队伍运动"中,跳楼自杀。 |
| 44 | 李玉珍 | 女 | 58岁 | 清华大学图书馆 | 职员 | | 1969.4.23. | "清理阶级队伍运动"中,跳楼自杀。 |

---

21 此处原为"外语教研组"。
22 此处原为"教师"。

| | | | | | | | |
|---|---|---|---|---|---|---|---|
| 45 | 王大树 | 男 | 31岁 | 清华大学电机系 | 助教 | | 1969.5.24 | "清理阶级队伍运动"中，在大兴县红星公社一村庄附近服毒自杀。|
| 46 | 邢孝若 | 女 | 1907年 | 清华大学图书馆 | 在编临时工（采编） | | 1969.12.29.跳楼重伤 1970.5.19.死亡 | 在清华16公寓跳楼。|
| 47 | 蒋健 | 男 | 1946年 | 清华大学动力与农业机械工程系汽车02班 | 学生 | 共青团员 | 1970.3. | 在泰山舍身崖，跳下身亡。|
| 48 | 杨哲明 | 男 | 1933年 | 清华大学精密仪器系 | 系工程制图教研组党支部书记、讲师 | 中共党员 | 1971.2.9. | 在精密仪器系楼馆内上吊身亡。|
| 49 | 栗乃志 | 男 | 1946年 | 清华大学试验化工厂 | 学生党支部书记、教师 | 中共党员 | 1971.2.11. | 从北大200号宿舍楼楼顶跳下，[23]跳楼身亡。|
| 50 | 陈贯良 | 男 | 1946年 | 清华大学电机系01班 | 学生 | 共青团员 | 1971.3. | 在清华大学江西南昌郊外鲤鱼洲农场跨越马路时，趁势钻进行驶中的拖拉机下，被车辗压身亡。|
| 51 | 韩启明 | 男 | 1923年 | 原清华大学汽车队，后调原籍河南杞县医 | 司机 | 群众 | 1971.7.18. | 在清华校外大石桥处，割断大动脉血管自杀。|

---

[23] 此处原为"在清华2号楼四层楼顶层"。《屈死的"516"冤魂——栗乃志》一文作者王克斌写道：栗乃志是从北大200号宿舍楼楼顶跳下身亡的。王克斌参加了次日晨对栗自杀的声讨会。主编向另一位魏同学求证，得到确认。他与栗同系且同时留校，当时同住在与清华200号相近的北大200号的宿舍楼里，是栗跳楼以后的现场目击者。

| | | | | | | | |
|---|---|---|---|---|---|---|---|
| | | | 院,清查"五一六"时调回清华受审 | | | | |
| 52 | 周寿宪 | 男 | 1925年 | 清华大学电子工程系 | 副教授 | 1976.5.30[24] | 在其住所上吊[25]自杀。 |
| 53 | 罗征敷 | 男 | 28岁 | 北京第一机床厂 | 工人 | 1968.4.4. | 团派抓捕罗征启,未遂,绑架其弟罗征敷。罗征敷遭毒打及被踢断两根肋骨后,被用棉丝塞住嘴,被扔在吉普车车厢中间的地板上[26],拉回清华,窒息死亡。 |
| 54 | 韩忠现 | 男 | 36岁 | 北京第一食品厂 | 革命委员会委员 | 1968.7.27. | 在9003大楼三楼一房间休息时,被团派长矛刺死。 |
| 55 | 李文元 | 男 | 36岁 | 北京橡胶四厂 | 工人 | 1968.7.27. | 在9003大楼外被团派开枪打死。 |
| 56 | 王松林 | 男 | 36岁 | 北京第二机床厂 | 副科长 | 1968.7.27. | 在学生宿舍10号楼一楼楼道里,被团派手榴弹炸死[27]。 |
| 57 | 潘志宏 | 男 | 30岁 | 北京供电局 | 工人 | 1968.7.27. | 在学生宿舍12号楼西北处附近,被团派手榴弹炸死。 |
| 58 | 张旭涛 | 男 | 39岁 | 北京541厂 | 工人 | 1968.7.27. | 在东大操场南端的撤退路上,被团派长矛刺死或手榴弹炸死[28]。 |

24 此处原无日期。
25 此处原为"跳楼"。据周寿宪之子周捷回忆文,系上吊自杀。
26 此处原为"被装入汽车后箱内"。据负责行动的孙耘交代:抓到罗征敷以后是扔在吉普车车厢中间的地板上。
27 鲍长康对王松林"被团派手榴弹炸死"的说法表示质疑,认为10号楼住的全是外地造反派,与工宣队发生了激烈的对抗,手榴弹非团派所扔。但贵州411王云生的《魂断清华园》和许爱晶的《清华蒯大富》均认为王松林是被团派的手榴弹炸死的。
28 刺死或炸死,两种说法都有。

| | | | | | | |
|---|---|---|---|---|---|---|
| 59 | 郭佑妹 | 女 | 60岁 | 印度尼西亚华侨，罗征启太太的同学林维南的母亲 | | 1968.11.2 | 1968年4月初，团派保卫组在抓林维南时，她上前阻挡，被拳打推搡，受惊吓后一病不起，半年后死亡。 |
| 60 | 李鸿顺 | 男 | 1941年 | 清华大学工物系604班 | | 失踪日期1967.9.17 | 1967年9月，在毛泽东南巡到达杭州前，以"清华井冈山"记者身份在浙江活动李鸿顺曾与驻守在杭州刘庄、汪庄的部队有所接触，引起中央安保部门的高度警觉。9月17日，李鸿顺去舟山后至今50多年来一直处于失踪状态，生死不明。根据种种迹象表明，基本可以认定他是在返回杭州后被秘密逮捕，死于狱中。 |
| 61 | 滕清泉 | 男 | 1941年 | 清华大学精仪系制62班 | | 1970.12.15 | 1957年秋毕业分配到北京真空仪表厂工作。在清查516运动中，上吊自杀。 |
| 62 | 李介谦 | 男 | 1944年 | 清华大学电机系企01 | | 1971年 | 分配到苏州长风机械总厂，在清查516运动中，用电线缠身，触电自尽。 |
| 63 | 郑广平 | 男 | 1938年 | 清华大学工程化学系研究生304班 | 中共党员 | 1971.5.2 | 1967年参加工作，四川省自贡市化工部晨光化工总厂。在清查516运动中，投沱江自尽。 |
| 64 | 王崇基 | 男 | 约1943年 | 清华大学动农系汽8班 | | 约1971年 | 1968年秋毕业分配到邢台拖拉机厂工作。在1971年的清查516运动中，自杀身亡。 |
| 65 | 蔡达 | 男 | 1944年 | 清华大学工程物理系物8 | | 1972年正月初三 | 工作在安徽繁昌803地质勘探队，清查516运动中上吊自杀。 |

# 站直了，别趴下！
## ——致文革死难者亲属

孙怒涛

### （一）

我要诚实地，也是非常遗憾地告诉读者：这本《实录》记录的 65 位死难者中，有一位死难者的名字不是实名，而是用了化名——郑广平。

郑和郑妻都是清华校友。在校时我认识他们，但不是很熟悉。

郑妻听说我在做郑的实录，通过友人传话给我：在实录中不能出现她、她的女儿、她的亡夫的名字。

郑是清华研究生毕业后，在他的工作单位清查 516 运动中死难的。我听友人说，郑妻经历了常人难以承受的痛楚和困苦，牺牲了自己的幸福，没有再婚，把郑的遗腹女独力抚养成人。对此，我非常钦佩！我也听闻她不愿写回忆纪念文，甚至不愿谈论她的亡夫。这创伤太重太深，我完全理解。

这几年我编著了几本书，我对文章的作者和作品所涉人物的署名问题一向都很慎重。作为历史类著作，既要尽量实名，也要为有可能产生风险的某些人隐名。我想做郑的实录，早就考虑好了，无论是我写的郑的生平介绍还是郑的同学写的回忆纪念文，不会提及郑妻、郑女的实名。但是，既然是做郑的实录，郑的名字肯定要用实名的。一个去世了五十多年的死难者，做他的实录，没有任何理由不使用实名。对他，也与对其他的死难者一样，应该且必须用实名，这是对死难者起码的尊重。

但是，郑妻的态度非常坚决，她要求我在实录中不能出现郑的实名，这让我非常惊讶，也不能理解。

难道郑在生前干了见不得人的丑事？肯定不是！据我了解，郑聪慧过人。高中毕业后先在留俄预备班读了二年；再上了清华的机要专业，本科读了六年；研究生又读了三年。这在当年已是中国的最高学历了。如果说清华学子是天之骄子，那么郑就是骄子中的佼佼者，千里挑一的青年才俊。

郑妻所顾虑的是，郑女现在有一份体面的、稳定的工作，她的档案中有郑的名字，别有用心的人会利用《实录》对郑女网暴，对她造成极大的伤害。

这本《实录》肯定会面世，但是能读到它（包括电子版）的人，在国内不会超过万分之一。知道郑女是郑的女儿、能接触到郑女的档案且会挑起网暴的，又只是万万分之一了。这样的几率实在太小了！打个比方：出门去，在绿灯时过马路，却被一个成心报复社会的疯子开车撞死了。出门有风险，但人们不会因为出门有被撞死的风险而不敢再出门了。

再说了，郑的名字为什么会成为网暴郑女的理由呢？难道她出生前父亲的非正常死亡是她的罪过吗？这样的死法难道是可耻的、不可告人的事儿吗？施害者要刻意隐瞒自己的罪行和名字，这可以理解。死难者亲属高调宣扬自己是文革受害者的不多，但也不会如此地刻意隐瞒自己是受害者呀！我实在难以理解。

"你能保证绝对不会有网暴的可能性吗？"——我不敢保证。

"你能承担得起网暴的严重后果吗？"——我无法承担。

严厉质问之下，我只能选择退却。

本想为死难者讨回一个历史公道，却反被受害者责难记恨，何苦呢？

有人说，这是郑家的私事，何必多管闲事？郑要是正常死亡的，我才没必要做他的实录呢。但郑是在文革中非常死亡的，是那个非常年代的社会大事件中的一例。从社会学的意义上说，郑的自杀并不只是属于郑家的私事。

国保、网信办、文化局对我联合约谈，要求我不得再做实录，否则后果会很严重。但他们不敢说做实录是错误的。我对他们的无理要求可以坚决顶回去。但是郑的家属听上去合情合理的要求我无法回避：一切为活着的人考虑是唯一的准则，万万分之一的风险也要杜绝。因此，我只能放弃做郑的实录。可以这样说，国保没有达到的目的，客观上他们"帮着"做到了。

唐少杰教授通过查阅档案，编辑整理了一份《清华大学"文革"时期"非正常死亡"人员名单统计表》，共58人。这对清华文革的研究，功莫大焉！

但这张表格对每一位死难者的介绍太简单了。如：一对体育教研组的中年教师，表格上只写着"在香山公园上吊"。在这冷冰冰的几个字后面，又有怎样伤心欲绝的故事呢？当人们在香山公园的山脚下发现吊着一具尸体，把他从树上放下来后，发现他的口袋里有一张纸条，上面写着"山上还有一个"。人们赶紧往山上寻找，果然又找到一个上吊的死者，口袋里也有一张纸条："山下还有一个"！我想，这对清华的教师夫妇在商量如何自杀的时候，会是一种什么样的凄惨悲哀的心情？他们夫妻感情笃深，要共赴黄泉了也得确保不落下亲爱的他（她）。

看着那一个个熟悉的，或不相识的名字，他们的背后全都有悲惨的故事。我在做实录的时候常常泪眼婆娑，夜不能寐，精神极受折磨。

我就是要通过收集整理他们的资料，把一个个普通的名字变成一个个鲜活的生命呈现在读者面前，他们是在"用滴血的眼泪控诉着文革的罪恶，以生命的代价警示了历史的教训"（《实录》扉页语）。这就是这些死难者的时代意义，也是他们为推动社会进步所做的一次特殊"贡献"。

郑在离研究生毕业还有一二个月的时候遭遇了文革，后来分配到工作单位又碰到清查516运动。一向顺利的他没能跨过这道坎。要是他再硬抗半年，也就挺过去了。

据一位目击者说，1971年的5月2日，他在江堤上大叫狂奔，待筋疲力尽之时，纵身一跳，投入沱江。他会游泳，水性很好。他担心事到临头可能会求生不死，于是先要消耗掉自己的体力。他把聪明才智最后一次用在如何了结自己的生命上。啊！多么的凄惨悲壮！

郑没有列入《清华大学"文革"时期"非正常死亡"人员名单统计表》内，他不在58人名单中。但他是清华毕业的校友，又是因清华文革的事儿遭到迫害死难的。像他同样命运的校友，到目前为止已经找到五个。本来，五十多年来，他们一直都是默默无闻的，人们早就忘记了他们，比那些已经公开的58人还不如。现在，因为《实录》，他们的名字和悲剧人生将铭刻在清华文革史里，后人将永远记住他们，怀念他们。

我看着郑的遗像，他的眼睛是那么的清澈明亮。他绝望地、鄙夷地盯着我，似乎在指责我，怨恨我，为什么那么无情地要把他从《实录》里拿下来，不让他和与他同命运的那些受难者在一起，难道要他在他葬身的沱江上空永远游荡吗？

我的心在滴血！我闭上双眼，悲愤地、残忍地对他说：世界上所有的人都已经把你遗弃！在清华文革65个死难者中，只有你一个是无名无姓（假名假姓）的孤魂野鬼。郑—广—平，你算是白—死—了！

## （二）

这几年来，我接触过好几位文革死难者的亲属，他们的表现各不相同，大体可分三类：

第一类，通过出书、讲座、访谈等形式，主动记录死难者的思想，宣传他们的精神，让后人后世记住他们，流传下去。典型的有遇罗克的弟弟遇罗文，刘文辉的弟弟刘文忠。他们的这类活动往往是被压制和打击的。这类人是很少数，我很钦佩，对他们致以崇高的敬意！

第二类，亲属不太愿意主动回忆、记录这血淋淋的往事，重揭历史的伤疤。但是，如果有人愿意记录这段历史，亲属是赞同的，配合的，虽然在态度上也有很积极的或比较被动的差别。尽管不堪回首，内心深处还是牢记着这些死难者。譬如，已经93岁的楼庆西老师为妻子刘承娴写了深情的回忆纪念文；还有滕清泉的遗孀、杨景福的妹夫、罗征敷的侄女等亲属，都写了回忆纪念文或提供了死难者的资料信息。他们这样做既是正常的作为，但也是很不容易的。

第三类，刻意忘却死难者，反对、阻挠别人记录死难者，甚至连死难者的名字都讳莫如深。这类亲属是极个别的。我对他们的心情是：哀其不幸，叹其不争！

社会环境确实险恶，自我保护无可厚非。但是，过分的逆来顺受、卑躬屈膝，并非是自保的最佳办法，客观上却是助长了极权的淫威和邪恶的气焰——正是他们才是害死亲人的元凶！

亲爱的死难者亲属们：站直了，别趴下！——只有这样才能让死难者真正安息，只有这样自己才是一个真正的"人"！

## 《清华文革死难者实录》征稿启事

  在清华文革中，共有 58 位非正常死亡的不幸罹难者。他们都是清华的师生员工，还有几位因清华文革而牺牲的工宣队员。这些死难者都是无辜的，他们用滴血的眼泪控诉着文革的罪恶，以生命的代价警示了历史的教训！我们活着的人们有责任记录他们，怀念他们，没有任何理由遗忘他们！

  为此，我决定收集、整理清华文革死难者的资料，编辑成《清华文革死难者实录》，保存对他们的记忆。

  实录宗旨：忠实记录每一位死难者。

  实录内容：死难者的生平小传、照片、遇难经过、亲友的回忆纪念文。已经在报刊杂志公开刊登过的文字也在收录范围之内。

  实录对象：主要是清华文革的死难者，也收录清华校友毕业后在文革中的死难者及清华文革中的失踪者。

  实录现状：已经收录了 30 位死难者的资料，有的比较详细，多数缺少小传，有待补充完善；还有 28 位死难者，资料空缺，亟待挖掘，以填补空白。

  我公开向社会征集文稿。热切盼望广大校友和各界朋友的热心帮助和有效支持。

  本启事欢迎广而告之。

征集者：孙怒涛（1960 级校友）

微信号：jiulian301(又涛声)

邮箱： snt100@163.com

2024 年 1 月 9 日

# 编 后 记

## 孙怒涛

### （一）

2023年年底，我在清理电脑时，发现了一份2012年由周文业整理，孙立哲、史际平策划的书稿《清华大学"文化大革命"非正常死亡实录》（下称原稿）。我已记不得是哪位友人转发给我的了。当年，我因为忙于编辑清华文革的文集，只匆匆浏览了一遍，没有认真阅读。现在仔细一看，这是一部还在编撰中的未定书稿，内容很珍贵呀！十几年过去了，这部书稿正式出版了没有？或者因何原因没有出版？我一概不知。

我询问了一些好友，他们都说没见过有清华文革死难者的专著出版。

在清华文革中，根据唐少杰教授整理的资料，共有58位非正常死亡的罹难者。他们绝大部分都是清华的师生员工，还有几位因清华文革而死亡的校外人员（主要是727进校的工宣队员）。这些死难者都是无辜的，他们用滴血的眼泪控诉着文革的罪恶，以生命的代价警示了历史的教训！我们活着的人们有责任记录他们，记住他们，纪念他们，没有任何理由遗忘他们。

为了这部原稿不至于被埋没，我决定以原稿为基础进行增补，正式出版，以便留存于世。

周文业编辑的原稿包括：

1) 前言；
2) 第一部分"综述和简介"，对死难者作了分类统计和分析；
3) 第二部分"小传和纪念文章"，为黄志冲、陈祖东、周华章、李丕济、邹致圻、黄报青、周寿宪、程应铨、刘澍华、赵晓东、周久庵、张怀怡、谢晋澄、郭兰蕙、韩忠现等15位死难者作了实录；

4) 后记。

我在继续编辑时，为表示对原稿的尊重，原稿的结构、框架、分类、编排全部予以保留；对原稿的内容（前言、第一部分、第二部分、后记）没有改动——这些全部属于原稿的编辑周文业。

需要说明的是，原稿的第一部分存在一些差错：（1）对死难者所作的分类统计和分析，是以唐少杰编辑的《清华大学"文革"时期"非正常死亡"人员名单统计表》为依据的。我发现统计表有少量的差错。统计表的个别差错虽是非原则性的，但会对数据的统计和分析结果产生影响并造成差错。对此，我未予以修正。（2）死难者的简介基本取自统计表，也有差错，请以"第二部分 死难者小传和纪念文章"中各死难者实录条目开头的生平介绍为准。

我对原稿的改动仅有两点：（1）书名改为"凝固的生命——清华文革死难者实录"；（2）把原稿的后记移至前言的后面。

## （二）

接着，我先就我手里现成的资料对原稿做了补充。

2015年，我出版了《历史拒绝遗忘》，其中的"亡灵祭坛"板块收录了十篇有关清华文革死难者的回忆纪念文。这次，我把谢晋澄、张怀怡的回忆纪念文补充到原稿的相应实录中去，新增了史明远、栗乃志、杨树立、李磊落、钱平华、陈贯良、罗征敷等7位死难者的实录。

2018年，我出版的《真相与忏悔》中录用一篇对荐健的回忆纪念文，这次我也增添到实录里。

至此，共有23位死难者做了实录。

但对于总数多达58位的死难者而言，还是太少了！

我决定发布征稿启事，公开向校友征集死难者资料。

同时我对"清华文革死难者"作了如下界定：

文革死难者是指因文革原因致死的非正常死亡者。清华文革死难者，包括了三部分：

1. 文革期间清华大学（包括附中、附小、中技校等）在校师生员工因文革而致死的死难者；
2. 校外人员因清华文革而致死的死难者；
3. 文革中毕业的清华校友，因清华文革的原因，在外单位文革中的死难者。

虽在清华文革期间非正常死亡，但非因文革原因而致死的，不属于清华文革死难者范畴（如电机系电 0 女同学李某某因个人原因卧轨自杀致死）。

（三）

2024 年初，我将《清华文革死难者实录征稿启事》发布在几个清华大群上，以期收集更多的死难者资料。三天后的 1 月 12 日，杭州市西湖区的国保、网信办、文化局三部门联合对我约谈"喝茶"，要我不得公开征稿。连记录、怀念文革死难者都要干涉，真是岂有此理！这些死难者是我们敬爱的师长，是我们亲爱的同学，我问：难道我们收集整理死难师长、同学的资料，这也有错吗？他们不敢说有错，只说可能会有不可预测的负面影响。我对此嗤之以鼻，直言我将继续做下去！

近十年来，我每年都会被"喝茶"若干次，有的年份被喝十几次。对我进行"喝茶"的部门有公安局、网信办、文化局、宣传部等，层级从省、市、区到社区。像这次三部门联合对我约谈是第一次，说明他们对我的监控和管制又升了一级。

文革死难者离开我们已经半个世纪了，他们中的许多人，校友们连他们的名字都没有听说过。我们现在才系统地收集整理他们的资料，做他们的实录，实在有点太晚了。但是如果现在再不做这件事，让后人去挖掘他们的资料，可能会像考古那样的艰难。我们要是再不做这件事，愧对这些不幸的死难者，也愧对我们该负的历史责任。

在许多校友/校外朋友的帮助和努力之下，我又收集到刘承娴、李文才、周定邦、张义春、程国英、路学铭、王大树、殷贡璋、王慧琛、杨景福、李玉珍、侯协兴、肖化时、刘仁堂、羌于正、李鸿顺、姜文波、孙华栋、许恭生、卞雨林、朱玉生、杨志军、范崇勇、王章、段洪水、范仲玉、李文元、王松林、潘志宏、张旭涛、郭佑妹、滕清泉、李介谦、郑广平、蔡达、王崇基等36位死难者的资料，填补了空白。对原稿中黄志冲、黄报青、周寿宪、程应铨、刘澍华、赵晓东、周久庵、郭兰蕙、韩忠现的实录也有较多的补充。至此，共对59位死难者做了比较详细的实录。

增添了扉页和编后记。

本书由原稿的10万字扩充到现在的35万字，收集到的珍贵照片共有190多张。

## （四）

很荣幸，我邀请到了著名文革史研究学者、电子杂志《昨天》主编何蜀先生为本书作序。向何蜀先生表示衷心的感谢！

向为本书撰写文章的作者们和提供资料的热心朋友们表示衷心的感谢！因为有了你们的文字和照片，读者才能感知到死难者栩栩如生的形象，他们才那么鲜活生动地站在我们的面前！

我感谢所有帮助过我，为本书的出版尽心出力的校友/校外朋友们！他们中有王家媛、刘新华、李安国、吴涤非、吴保人、姚燮庭、陆国庆、张世雄、李伯川、颜慧中、胡小胡、马絜、陆元吉、张雪梅、周克宁、曾大雄、张思浩等（已在书中署名的作者和资料提供者不再重复列出，还有可能个别遗漏的）。我向你们真诚致谢！

在本书编辑完成之际，我要郑重声明：周文业先生及其团队十多年前先行作了开创性的工作，为本书作出了巨大的贡献。要是没有他们的奠基，并基本完成了书稿，就不可能有本书的问世。为此，特向周文业先生及其团队表示崇高的敬意和衷心的感谢！此外，我还要特别说明，本书出版是我所为，与周文业先生没有任何关系，也不承担任何责任。本书由周文业先生编辑的部分，未经他的授权就公开发表，实在是万不得已，深表歉意！

虽竭尽全力，为65位死难者都做了实录，但因条件和能力所限，有一小部分实录做得不够完善，有的还缺照片；还有徐毓英、杨哲明、佟英亮、于贵麟、邢孝若、韩启明这 6 位死难者的实录信息仍然与统计表一样简单，没增加新的内容。这是非常遗憾的，我内心深深感到愧疚和无奈！

欢迎广大读者特别是死难者的知情者和亲友们对本书内容纠错和补充，完善死难者的生平介绍、照片、遇难经过和回忆纪念文。我希望在我的有生之年能再版修订一次。联系邮箱：snt100@163.com。

## （五）

我在《历史拒绝遗忘》的前言里说过：

文革死难者是最不幸的群体。我们要记住他们，不能让他们只留下一个名字，更不能只是一个数字。我们应该让后人知道他是怎么样的一个人，他的学习、生活、为人、家庭，以及同学朋友对他的印象，还有他在文革中的表现，最后因为什么原因、受过怎样的折磨，一个鲜活的生命就此消失了。正是这些确凿的、血淋淋的例证，让后人相信并记住文革确实在神州大地，在高等学府，在我们这代清华学子身边发生过、横行过、肆虐过、祸害过。

文革，是清华百年历史上最黑暗、最残暴、最不堪回首的一页。我们坚信，无论还要等待几年，或者几十年，在清华园里必定会建立一座文革死难者的纪念碑。我们今天所做的工作，就是率先在我们的心里竖起这座无形而永存的墓碑！

现在，通过这本《实录》，这些死难者的形象一个个鲜活地、立体地站立在人们的面前。我们等待着清华园里会有一座文革死难者纪念碑，那上面镌刻着每一位死难者的姓名、照片和生平。他们会无言地控诉着文革的罪恶，以及制造文革罪恶的极权体制！

2024 年 7 月 24 日<br>
于西子湖畔

www.ingramcontent.com/pod-product-compliance
Lightning Source LLC
Chambersburg PA
CBHW052129070526
44585CB00017B/1749